MOEWIG
SCIENCE FICTION

Zum Buch

Nach *Das Glück von Brins Fünf* und *Das Feuer, das am nächsten liegt* ist dies Cherry Wilders dritter Roman über den Planeten Torin und seine eigenständige Kultur, die durch das Auftauchen von Erdenmenschen eine Art Kulturschock erleidet. Fortan müssen die Einheimischen mit der Erkenntnis leben, daß es außerhalb ihrer noch auf niedrigem technischem Niveau angesiedelten Zivilisation andere Welten und Wesen gibt, die ihnen überlegen sind. An Selbstbewußtsein und einer gefestigten Struktur fehlt es ihnen allerdings nicht, und die behutsame Präsenz der Terraner hilft ihnen, ihre Identität zu bewahren. Gefahren drohen eher aus dem eigenen Lager. Der junge Rovan Welroyan Wentroy erlebt diese bedrohlichen Veränderungen hautnah. Ein bißchen sehnt er, der junge Adlige, geknebelt von Ritualen und der übergroßen Persönlichkeit seiner Großmutter, diese Veränderungen sogar herbei. Als er allerdings erkennt, daß der Kopf der Revolte, der Zauberer Orath Veer, die jungen Revolutionäre, seine „Schnitter", für seinen eigenen Machtdrang verheizt, setzt Rovan seine eigenen PSI-Kräfte dafür ein, die alte Ordnung wiederherzustellen. Gedankt wird es ihm im Intrigenfeld der konkurrierenden Clans nur wenig. Im Gegenteil. Das gegen ihn ausgestreute Gift zwingt ihn, seinen eigenen Weg zu gehen . . .

Zum Autor

Cherry Wilder, mit bürgerlichem Namen Cherry Barbara Grimm, wurde 1930 in Neuseeland geboren. Sie lebte lange Zeit in Australien, studierte in Großbritannien und ließ sich Mitte der 70er Jahre in der Bundesrepublik nieder. 1974 erschien ihre erste Erzählung in der von Kenneth Bulmer herausgegebenen Anthologie „New Writtings in SF: 24". Den Durchbruch in der Science Fiction erreichte Wilder mit ihrem mehrbändigen Zyklus über den Planeten Torin. In dem Zyklus wird die Geschichte eines irdischen Raumfahrers erzählt, der auf dem Planeten Torin strandet. Die Werke von Cherry Wilder zeichnen sich besonders durch die anschauliche Schilderung fremder Welten und Kulturen aus.

1
Eine Adelsfamilie

(I)

Der Gobelin hing an einem stillen Platz, einem gekrümmten Abschnitt des Korridors im untersten Stockwerk der Villa. Es war ein Ort, an dem man warten konnte, abseits von dem Verkehrsstrom, der in das Audienzzimmer meiner Großmutter hinein- und heraushastete. Dort befand sich eine breite Fensternische, die das angenehme Licht der Wälder und Felder hereinließ, doch sonst nichts weiter als dieser Wandteppich, ungefähr 1,30 auf 1,60 groß. Sorgfältig gewoben und gearbeitet, sehr alt, war er doch nur eine Kopie: Das Original hing im Tempel am Windfelsen. Meine Schwester und ich waren wahrscheinlich nicht die ersten, die ihn sich so genau ansahen, aber wir saßen so oft vor ihm, daß es war, als gehöre er uns. Die Wälder und Felder und der Fluß, ein großer Fluß, lebten noch einmal auf dem alten, schimmernden Seiden- und Leinenstoff. Es gab dort große Bäume und Tiere unter den Bäumen. Die dargestellte Szene war geheimnisvoll und voller Kraft: Es gab keine Gewalt in ihr, aber eine bestimmte Spannung, so als ob etwas im Begriff sei zu geschehen, als brächte der grüne Vogel, der von einer Aura goldenen Lichts umgeben war, dem jungen Krieger in der Mitte eine Botschaft.

Drei Krieger befanden sich in der Nähe eines bäuerlichen Altars, eines steinernen „Wind-Tisches" von der Art, wie sie auch in den Feldern um die Villa zu stehen pflegten. Vor dem Altar war ein Stoppelfeld, das erhaben gearbeitet war, so daß man die Stengel des geschnittenen Getreides fühlen konnte. Neben dem Stein lagen Früchte in Haufen und Kürbisse. Das Licht fiel direkt vom Himmel auf den metallenen und ledernen Brustschild des einen Kriegers, auf ein gekrümmtes Schwert und einen langen Speer. Der Krieger war jung, aufrecht und groß, hatte helle Haare und dunkle Augen. Die eine Hand ergriff den Speer, die andere war zum Himmel erhoben, um den herabfliegenden Vogel zu grüßen.

Zur Linken gab es, in halb kauernder Stellung, einen weiteren Krieger, der dritte saß auf einem Felsen, umfaßte ebenfalls einen Speer: Diese beiden waren ebenso schwer bewaffnet, und ein Haufen Waffen lag neben ihnen, Pfeile und ein mit Juwelen besetzter Bogen. Die Gesichter dieser beiden waren dunkel, ihr Haar dunkelbraun und dunkelrot, das Licht glühte auf ihren prächtigen Ausstattungen wie Blut. Der Name der Szene war in Schriftbuchstaben gestickt, nicht gebunden oder geknotet: *Enstar toval ni penggor*. Junge Krieger danken – oder bringen Opfer – für die Ernte. Ein vollkommen angemessenes und gleichgültiges Thema für einen Gobelin, ein Titel, der durch nichts auf das Leben hinwies, das aus diesen alten Fäden strömte, oder das neue Leben, das wir ihnen gaben.

Dieser große junge Krieger in der Mitte konnte niemand anders sein als Seret, meine Schwester, groß und aufrecht mit langen, hellen Haaren und dunklen Augen. Ich war unschlüssig, nahm einmal die eine Identität, manchmal die andere an: dieser Krieger oder jener, die Tiere, Wollhirsche, der lauernde Wolf mit einem roten und purpurnen Fell. Als dann die Zwillinge, unsere Vettern, zu uns kamen, wußten wir sofort, wer sie waren: Froy, mit blutfarbenen Haaren, kauerte zu Füßen seines Bruders Aral, der den Speer hielt. Und ich, hatte ich überhaupt keine Identität? War ich der Vogel, grün, umschlossen von goldenen Strahlen, der Vogel aus unserem Familienwappen, der Geist des ganzen Geheimnisses?

Ich bin Rovan Welroyan Wentroy aus Welas Familie und Gunos Blut und von den entfernteren Müttern Varan, Stela und Melvero. Ich habe dies alles zu meinem eigenen Vergnügen niedergeschrieben und in eine lange Geschichte eingearbeitet, für niemanden sonst. Wenn Dorn, der einzige Schreiber zweier Sprachen, davon Gebrauch zu machen wünscht, so sei er willkommen. Die Fäden meiner Geschichten sind seltsam verwunden und mit Blut befleckt. Ich habe *meg-ray* begangen, habe meine Familie und meinen Clan entehrt, so oft, daß dies zu meiner Lebensweise geworden ist.

Ich denke, es wird das beste sein, wenn ich den Faden an einem Tag aufnehme, der acht Jahre nach der Zeit liegt, zu der ich mir meinenWeg in die Geschichte der Familie erschmetterte. Ein Tag im Sommer des Jahres 274 des sogenannten Neuen Zeitalters. Ich erwachte früh, aber die Villa war bereits erwacht. Ich war allein in unserem Schlafzimmer im dritten Stock. Ich ließ meinen Geist umherstreunen: Ich hatte ein gewisses Verständnis und Freude an meinen Kräften entwickelt. An diesem Sommermorgen nun war ich überall in dem großen weißen Haus. Ich war der Wind, der die hölzernen Fensterläden bewegte, ich war der Strahl des Sonnenlichts, der in die dunklen Ecken fiel, ich war die Bewegung der Blätter und Steinchen im Dachgarten. Ich blickte hinaus und umher und sah die grauen, seidigen Wasser des Troon, die sich dem Großen Ozean entgegenwälzten. Ich sah das Rot, Braun und Grün der Sommerbäume, das liebliche Fleckmuster der Felder, die um die Villa lagen, die kleine Stadt Linlor, reinlich und weiß. Ich sah unseren kleinen Fluß, den Lin, mit seinen blumenübersäten Ufern und Dickichten, wo die Vögel nisteten.

In der untersten Ebene der Villa gab es Lärm und Aufregung. Gäste würden kommen, es war ein besonderer Tag. Mirin handelte an der Hintertür mit den Lieferanten und wurde von ihnen wie üblich fertiggemacht. Großmutter hatte sich in ihrem Arbeitsraum neben dem Audienzzimmer eingeschlossen und ging mit zwei Schreibern die Abrechnungen durch, wobei sie jene, wie üblich, fertigmachte. Wela war schon seit Stunden auf und beaufsichtigte die Bohnenernte auf dem Feld, das Stels Runde genannt wurde. Eine ungewöhnlich große Zahl von Bohnenpflückern hatte sich in diesem Jahr eingestellt: Unglück im Norden, eine schlechte Ernte, eine schlechte Wollschur. Das war das erste, was wir davon gehört hatten.

Seret war allein im runden Garten unter dem Fenster unseres Schlafraums. Es interessierte mich, aber ich hatte mein Wort gegeben, nicht zu spionieren. Sie absolvierte ihre Trainingsübungen. Ich sah, ich konnte nicht verhindern zu sehen, wie sie sprang und spurtete und ihre Arme nach vorn warf. Ich erinnerte mich daran, daß, neben den Gästen meiner Großmutter, die Zwillinge heute kommen würden.

Der Gedanke an unsere Dohtroy-Cousins Froy und Aral freute und erregte mich, doch gleichzeitig war ich eifersüchtig. Ich war vor eine Mauer der Verschwiegenheit geraten, durch die ich, wegen meines Versprechens, nicht hindurchsehen konnte. Letztes Jahr war Seret sechzehn Jahre nach ihrem Erscheinen gewesen und hatte das Alter erreicht, um an den Sommer-Übungen im Tempel am Windfelsen teilzunehmen. Wir hatten erwartet, daß dieses Zusammentreffen junger Clanangehöriger eine weitere Veranstaltung von erstickender Langeweile sein würde, ein weiterer Runenbandkreis, eine weitere Sache, die wir nicht ausstehen konnten. Tatsächlich, Sommerübungen! Und in einem uralten Tempel! Doch die Zwillinge, die an einer Veranstaltungsreihe teilgenommen hatten, stießen einander an und setzten ihr dunkles Lächeln auf.

„Es ist besser als das ...“ war alles, was sie sagten.

Die Zwillinge waren unsere wahren Geschwister, wir haßten gemeinsam unser Leben auf genau die gleiche Weise. Wir sehnten uns danach zu fliegen, die Welt zu bereisen, lange zu schlafen, lange aufzubleiben, zu reden, bevor man uns ansprach und ohne die formelle Huldigung, von allen Clanversammlungen wegzubleiben, unsere Erzieher die Treppe hinunterzuwerfen und den Rat der Ältesten in einen Bottich mit Fischeingeweide zu tauchen. Seret fuhr zu den Sommerübungen und kehrte mit demselben dunklen Lächeln zurück.

„Es ist besser“, sagte sie, „warte nur ...“

Sie nahm mir das Versprechen ab, nicht ihre Gedanken zu lesen. Sie vollführte das ganze Jahr über ihre Trainingsübungen mit einer Beharrlichkeit, die sie niemals zuvor gezeigt hatte.

Aber an diesem Sommertag war ich zumindest erfreut, daß ich einige Tage mit den Zwillingen und Seret zusammensein würde, bevor sie alle wegführen und mich allein zurücklassen würden. Ich dachte mit steigender Neugier an die besonderen Gäste meiner Großmutter.

Guno Deg war stets eine starke Stütze der Familie der Menschen, der Himmelsteufel, der Klein-Augen, gewesen. Das hatte zum Teil politische Gründe, Widerstand gegen Tiath Pentroy und seine Fraktion. Wir hatten die Geschichte der vier Fremden auf Torin auf zweierlei Weise gehört: die offizielle Version von der Großmutter und eine Menge aus dem Geschwätz der Bediensteten. Keins ihrer Wunder war uns vorgeführt worden. Wir hatten nicht gesehen, wie Scott Gale den Wettflug des Vogel-Clans gewonnen hatte, wir hatten nicht gesehen, wie das Schiff der Leere, die *Heron*, zum Hauptkontinent geflogen war. Tatsächlich war der einzige Spaß, den wir von der ganzen kaum glaublichen Episode gehabt hatten, ein Theaterstück, das von der Schauspieltruppe Balkaveers vor vier Frühlingen im äußeren Hof vorgeführt worden war. Seret und ich hatten noch Tage nach der Vorführung getanzt und waren in die Luft gesprungen und hatten den runden Garten in unsere eigene Spielmatte verwandelt.

Der Gedanke an dieses wunderbare Stück erregte mich immer noch. Ich hatte immer noch ein hölzernes Geschenk, die Form eines Sterns an einer Kordel, die von dem wunderschön bemalten Wagen geworfen worden war, der von dem Ameisenesser auf die Bühne gezogen worden war. *„Der Mensch ist gekommen ...“*

„Der Mensch ist gekommen wie Saat von einem Stern,
Der Mensch ist gekommen wie ein Funke des Feuers,
Der Mensch ist niedergestürzt,
Die Welt ist neu entstanden,
Die lange Erntezeit beginnt ...“

Ich sprang auf, lachend, in das Schlafzimmer hinein, und benetzte Gesicht und Körper am Waschbecken. Als ich meine Kleider anlegte, rief ich Seret laut im Geist. Ich rief die Worte der Schauspieler und fing ihre undeutliche Zustimmung auf. Ihre Geisteskräfte waren normal, nicht mehr. Ich wußte, daß meine Worte bei ihr so klar wie Flötentöne ankamen. Es half, wenn einer von uns in dem rot-schwarzen Raum, am Ort der Strafe, allein war.

Ich zog das meiste von den Sonntagskleidern an, die man mir herausgelegt hatte: Hemd, Tunika, Weste, Sandalen, aber verdammt wollte ich sein, wenn ich bei diesem warmen Wetter Pluderhose oder Überziehärmel tragen sollte. Ich mochte die Weste, die mit kleinen gelben Steinen bestickt war, die das Licht einfingen. Ich entschied mich, zu Ehren der Besucher meinen hölzernen Stern zu tragen.

Der Vorhang im Eingang wurde plötzlich zur Seite geworfen, und da stand Charan, unser Erzieher, mit zwei Gärtnern. Charan kam in den Raum gestürmt, schrie mich an und schlug mir auf den Kopf.

„*Meg-ray*!“ schrie er. „Schande! Ihr vergaßt die Stufen und die Vorhänge!“

Ich wich zurück, meine Ohren klangen noch von dem Schlag, und starrte auf diese schreckliche Kreatur. Er war klein – ich war bereits einen Kopf größer als er – und hatte einen sehr geraden Rücken mit einem runden Kopf, den er ein wenig schief hielt. Wäre er zwei Fingerbreit weiter geneigt gewesen, hätten wir unseren Tutor als mißgestaltetes Glück vermieten können. Seine Augen waren hellgrün und standen vor, seine Brauen schienen nach hinten abzufallen, seine Oberlippe war sehr lang, und sein Kinn war verkürzt. Er sah wie eine unangenehme Art von Reptilie aus, ein häßlicher Sonner oder eine der legendären gezackten Schlangen, die Torin in alter Zeit unsicher gemacht hatten.

Sogar dadurch, daß ich zurückgewichen war, hatte ich Regeln gebrochen und meinem Strafrunenband am Gürtel seiner grünen Robe drei Knoten hinzugefügt. Die richtige Handlungsweise wäre gewesen, eine niedrige Verbeugung zu machen und das Zeichen für Dank für die Verbesserung und ein Zeichen für die Erlaubnis zu reden. Ich wußte nur zu gut, was er meinte: Ein Kind des Clans hatte bei einer kurzen Reinigungszeremonie am Haupteingang zur Villa anwesend zu sein, bevor die Gärtner die Stufen wischen konnten, die Blumengebinde anbringen und den Türvorhang aufhängen konnten. Ich war nicht beauftragt worden, dies zu tun – Seret hatte es vergessen. Die Gärtner sahen entgeistert aus, und die eine, die Tari genannt wurde, bewegte ihre Finger schnell hinter Charans Kopf: „Entschuldigung ..."

Ich war zu ärgerlich, als daß ich irgend etwas anderes tun konnte, als meine Strafe hinzunehmen und Serets Rettung zu versuchen.

„Es wurde keiner beauftragt", sagte ich kalt.

In meinem Geist rief ich Seret, unten im runden Garten. „*Die Vorhänge, die Stufen ... dringend*!" Dieses Mal kam ihre Antwort viel klarer: „*Verfluche diesen Charan*!"

„Benehmt Euch", giftete Charan, der nicht wußte, daß er uns beiden antwortete.

„Verdammt sollt Ihr sein", sagte ich grob. „Macht, daß Ihr aus meinem Schlafzimmer kommt!"

Er stolzierte auf mich los und schlug mit seinem Stock auf den Boden. Es war ein dicker Stock aus rotem Holz, in den Zeichen eingeschnitzt waren, und, obwohl er großartig Show damit machte, Drohgesten und Ähnliches, schlug Charan uns damit niemals, nur mit seinen Händen.

„Die Verrücktheit muß ausgetrieben werden", sagte Charan sanft. „Ihr werdet Euch mittags bei Eurer Großmutter, Hoheit Guno, melden."

Ich sah den ganzen Tag wie einen ausgeblasenen Kerzenkegel verlöschen: keine Menschenfamilie, wahrscheinlich auch keine Zwillinge. Der Strafraum. Ich stieß plötzlich und gut gezielt zu, und sein Stab rutschte über den gekachelten Boden nach hinten zwischen die Schlafsäcke, so daß er fast fiel. Die Gärtner lachten laut. Ich bin nicht sicher, ob sie wußten, daß der Ausrutscher mein Werk war, aber Charan wußte es, und ich sah in seinen vorstehenden Augen ein Aufblitzen der Angst.

In diesem Augenblick kam ein lautes, pfeifendes Geräusch aus dem Sprechschacht im Korridor. Charan drehte sich auf dem Absatz um und ging, um zu antworten. Ich hörte nicht, was gesagt wurde, aber Tari, die Gärtnerin, steckte ihren Kopf wieder in den Raum.

„Die Hoheit Seret", sagte sie grinsend. „Sie erwartet uns an den Stufen, damit wir mit der Zeremonie beginnen."

„Ist er weg?" fragte ich.

Sie zwinkerte zustimmend.

„Ihr seid immer noch auf der Strafenschnur für heute mittag", sagte sie. „Vergeßt das nicht, Hoheit."

Es war immer noch recht früh, ich hatte noch Stunden der Freiheit übrig. Ich band eine dünne Silberschnur um meine Schläfen, nach Art der Gelehrten, und schlenderte die Rundungen aus weißem Stein weiter und weiter hinunter, um mein Frühstück einzunehmen.

(II)

Die Villa besteht aus Reihen von Kreisen, die ineinandergreifen. In der runden Eingangshalle waren Diener auf Leitern damit beschäftigt, bestickte Verkleidungen über die weißen Abschirmwände zu hängen. Ich ging in den ersten einer Reihe von kleinen ovalen Räumen, die an den Arbeitskreis oder die Koch- und Arbeitsräume der Villa grenzten. Ich setzte mich auf eine Bank aus Rohr und aß Melone, Bohnenkuchen und eingelegte Eier, bis Seret kam und mich fand.

Wir sind von verschiedener Tönung, aber unsere Gesichter sind ähnlich, obwohl Seret hübsch ist und ich nicht. Ihr Gesicht ist hellbraun, denn sie wollte niemals einen Sonnenschleier tragen, ihre Gesichtszüge sind stark gebogen, angespannt. Ihre Augen und Wimpern sind sehr dunkel, fast schwarz, doch ihr Haar ist noch von einem hellen, kindlichen braunen Blond. Mein Haar ist bereits so braun wie Holz geworden, mein Gesicht ist schmal, ich bin dünn, nicht so gut gebaut oder athletisch im Körperbau wie Seret oder die Zwillinge.

Als ich sehr jung war, konnte ich kaum glauben, daß Seret und ich verschiedene Wesen waren: Sie war der Körper, ich der Geist. Ich kann sie bewegen, sie stoßen, aber nur ein wenig, bevor sie bemerkt, was vorgeht. Ich konnte sie aus dem Weg eines fallenden Baumes springen lassen, ich konnte sie von der Spitze eines Turms stoßen. Liebe und Haß sind wie Wahrheit, zweiseitiges Netz, durchschossen mit sich verändernden Farben. Ich dachte, daß ich Seret liebte, sie war meine treue Schwester, meine Freundin, zumindest meine Verbündete und Leidensgenossin.

Seret und ich rannten durch die Kette kleiner, mit Vorhängen abgeteilter Räume, die die Kette bildeten, bis wir zur Nord-Tür kamen, die zur Außentreppe führte.

„Das Dach!" sagte Seret. „Wir werden nach den Hochfliegern Ausschau halten!"

Wir nahmen nicht die Treppe, sondern stürzten in Athans Stuhl, eine solide Flechtwerkkonstruktion, die wie ein Bienenkorb geformt ist. Seret lehnte sich nach draußen und löste den Bremsstock, und wir segelten aufwärts, an dem Gegengewicht, einem Sack Steinen vorbei, der auf dem Weg nach unten war. Der Lift brachte uns nur zum Treppenabsatz des dritten Stocks. Wir ließen den leeren Stuhl wieder hinunter, um etwaige Verfolger zu täuschen, und stiegen über eine Leiter aufs Dach.

Auf dem Dach war keine Wache aufgestellt. Der gemusterte Steingarten war von den abgefallenen Blättern des Zwergrotholzbaums, der in Kübeln wuchs, freigefegt worden. Wir ließen uns in einer kleinen, mit wildem Wein bewachsenen Laube nieder, die nach Südwesten hinausging. Dort saßen wir, überwältigt von der Hitze und Schönheit des Sommertags. Wir sahen die Bohnensammler, die bereits von Stels Runde zurückgestolpert kamen. Wir blickten landeinwärts, zu den Hainen der Rotholzbäume, wo die Buschweber ihre Lager aufgeschlagen hatten, auf den nebligen, rötlichen Dunst über dem Wüstenweg, der zum Tempel des Windfelsens führte.

„Schau!“ rief Seret. „Oh, Feuer ... das gibt ein Unglück!“

Ein goldener Ballon wurde wie ein Blatt über das Landefeld gewirbelt, ich konnte sehen, daß die Vasallen aus den Lagerhäusern gerannt kamen, um seine Seile festzuhalten.

„Die Besucher“, sagte ich, „ungefähr zwei Stunden zu früh. Sie sind da unten noch nicht mit dem Aufwischen fertig.“

Ich wußte, daß ich es Großmutter erzählen mußte. Es würde ihr kostbare Zeit ersparen, es würde die Ehre der Wentroys retten. Meine vornehme Verwandtschaft würde in einem Wirrwarr von Leitern und Besen angetroffen werden, wenn ich nicht meine Kräfte verwendete. Ich seufzte und ließ meinen Geist einen Lichtstrahl seines Lichts aussenden.

„Großmutter ...“

Der Geist von Guno Deg ist wie das Innere eines Reiseweckers, laut und voller ineinandergreifender Teile.

„Was? Wer ist das? Rovan ... ich habe zu tun!“

„Großmutter, die Besucher sind angekommen.“

„Was? Ist das einer deiner dummen Witze?“

„Ihr Ballon ist auf dem Feld. Golden ...“

„Feuer und Sturm!“

Es gab einen Ausbruch von Energie, der mich wie ein Schlag auf die Stirn traf. Ich zog mich geistig zurück, unten im Haus begannen überall Gongs und Klappern zu erklingen. Seret und ich lachten wieder.

„Rovan!“

Die Stimme meiner Großmutter meldete sich wieder wie eine Klapper.

„Hoheit?“

„Wo bist du?“

„Mit Seret und Haddo auf dem Dach.“

„Ihr geht alle drei sofort zur Eingangstür!“

Wir nahmen vom Treppenabsatz die Außentreppe, so daß wir nichts verpassen würden. Es gab nicht viel zu sehen, außer daß die ortsansässige Kompanie der Wentroy-Vasallen zum Landefeld raste, wobei die Nachzügler sich bückten, um ihre Stiefel zuzubinden.

Endlich hörten wir vom Garten her die Kommandorufe der Wachoffiziere. Von innen zogen die Diener den Türvorhang zurück, Reth Ningan, der Große Haushofmeister, klopfte mit seinem Stab, und die Botschaft flog über eine Reihe von Dienern in den Audienzraum zurück. Die Türen des Audienzzimmers flogen auf, und Guno marschierte quer durch die Halle, um die Besucher zu begrüßen, als sie an der Türschwelle erschienen.

„Willkommen!“ rief sie. „Willkommen auf Linlor!“

Da waren sie, alle vier, sie trugen silberne Overalls und ihre harten runden Helme, die, wie wir sahen, so gearbeitet waren, daß sie genau ihre harten, runden Köpfe bedeckten. Menschen, Fremde. Sie waren furchterregend, weil sie so gewöhnlich waren ... Nur einer, Scott Gale, war ungewöhnlich groß, und er hatte sein berühmtes schwarzes Gesichtshaar zurückgestutzt. Ihre Hautfarben waren verschieden: Sam Fletcher, der

Führer, war rötlich, die kleinere Frau, Karen-Ru, war rosig-braun, Scott Gale hatte eine leichte, ebenmäßige Bräune, wie ein Clan-Mitglied, das Jagen gewesen war, Lisa, die andere Frau, war angenehm braun-schwarz, sehr glatt, wie die Rinde des Deehan-Baumes. Sie wandten ihre Münder nach oben, lächelten offensichtlich mehr oder weniger so, wie wir lächeln, und streckten ihre kurzen, steifen Hände aus. Meine Großmutter drückte ohne weiteres nacheinander die Hände von jedem von ihnen.

Mirin und Wela waren die ersten, die vorgestellt wurden: Sie sahen in ihren Umhängen und mit den Familienbrustschilden sehr gut aus. Wela war immer noch feucht vom Schrubben, das er nötig gehabt hatte, als er von den Bohnenfeldern gekommen war. In Situationen wie diesen war ich um meine Eltern mütterlich besorgt. Ich bemerkte jetzt, daß Guno nicht ihren Brustschild trug, den schönsten von allen, ein schwerer, dicker Ring aus Filz und Samt und Fell mit dem Wentroy-Vogel, der in grünen und gelben Steinen gearbeitet ist, erhellt durch einen großen roten „blut-hellen“ Brillianten auf der Krone des Vogels.

Meine Großmutter ist stets um Einfachheit bemüht. Bei Clan-Versammlungen und den Treffen der Hundert pflegte sie mit Tiath Pentroy, dem Großen Ältesten, in dieser Frage der einfachsten Kleidung zu konkurrieren. Ich habe gesehen, daß sie eine mit Juwelen besetzte Schnalle von ihrem Mantel abnahm, weil Tiath so etwas nicht trug.

„Haddo Welroyan“, sagte meine Großmutter, „unser Glück ...“

Haddo machte eine sehr gute Verbeugung und verdarb sie durch ein Grinsen. Die Menschen grinsten zurück. Ich konnte nicht anders, der Anblick dieser unergründlichen Gesichter erregte meine Neugier. Ich tastete nacheinander jeden Geist ab, als sie weitergingen, um Seret zu begrüßen. Ich griff sanft zu wie mit einer kleinen grünen Gedankenranke.

Es ist unmöglich, diese Geistmusterung zu beschreiben. Man kann sich nur mit Redewendungen, Metaphern, behelfen. Gunos Geist ist ein Reisewecker, Haddos Geist ist ein Kissen, das mit Federn gestopft ist, Serets Geist ist ein Raum mit mehreren Fenstern. Das Abtasten eines menschlichen Geistes war seltsam und abschreckend. Ich wußte, daß sie gedankenblind sind, aber das ist auch Haddo, das sind viele Moruianer. Doch hier gab es einen ganz anderen Raum, ein Vorzimmer, über das ich nicht hinausdringen konnte, weil die Türen verschlossen waren, ein Vorhang, durch den ich nicht sehen konnte. Sam Fletcher, Scott Gale, Lisa mit ihren schmalen braunen Augen ... und plötzlich, im vierten Vorzimmer, ein Lichtspalt. Karen-Ru hatte einen kleinen Schimmer von Geisteskraft. Ich sah Bilder, die ich nicht verstehen konnte. Waren das Gebäude, war das Sonnenlicht auf unmöglich grünem Gras? Bevor ich mich entscheiden konnte, stand Guno da und stellte mich vor:

„Rovan Welroyan ...“

Ich verbeugte mich und lächelte und drückte jedem fest die trockene menschliche Hand und hörte die menschlichen Stimmen auf Moruianisch antworten. Scott Gale konnte es flüssig und Lina war fast ebensogut, aber auch die anderen schlugen sich nicht schlecht. Ich fragte mich, ob die

Geschichten, die ich gehört hatte, über die Medizin, die gelehrt wurde, und die unterrichtenden Maschinen wahr waren. Als die Besucher im Gespräch mit Guno weitergingen, griff ich noch einmal in den Geist von Karen-Ru. Was waren doch das für Bilder? Erinnerte sie sich an ihre Heimatwelt? Ich empfing einen Schock. Eine moruianische Stimme erklang in meinem Kopf.

„Hör auf damit!"

Ich wandte überrascht den Kopf ... die Geistessprache ist ebenso gerichtet wie eine Stimme ... und sah in die Augen eines Moruianers, der jünger war als ich, nicht viel mehr als ein Kind. Die Menschen hatten keine Eskorte mitgebracht. Dies war eine Frage der Politik, der Regeln und Übereinkünfte, die durch Tiath Pentroy und seine Hohe Haushofmeisterin Ammur vereinbart worden waren. Es hätte den Menschen niemals gepaßt, Vasallen und eine Art von Privatarmee zu haben. Der Ballon war von Guno gestellt und von zwei Wentroy-Ballonfliegern gesteuert worden. Aber zwei Moruianer hatten die Besucher begleitet. Ich sah sie zum ersten Mal deutlich und bemerkte, wer sie waren. Ein Mann, so alt wie Seret, groß, kräftig gebaut – trotz seiner wissenschaftlichen Neigungen sah Dorn Brinroyan derb wie ein Buschweber aus – und diese dreiste strohblonde Person, ungefähr dreizehn Jahre nach ihrem Erscheinen, die genügend Geisteskräfte hatte, um mir zu sagen, ich sollte mich benehmen. Sie grinste höchst unverschämt und verbeugte sich.

„Narneen Brinroyan!" sagte sie laut.

Ich mochte sie sofort.

„Das seid Ihr also!" sagte ich. „Schau her, Seret ... zwei Mitglieder der Fünf von Brin, Dorn und Narneen."

„Ja, ja", antwortete Seret langsam und tat so, als beeindrucke sie das kaum, „eine Invasion aus dem Land der Pentroys."

„Nicht mehr!" sagte Dorn lächelnd. „Wir leben jetzt im Delta, auf einer Honigfarm."

„Honig?" warf Haddo begierig ein. „Unsere Bienen hier sind so faul ..."

Wir lachten alle. Die Menge der Diener und Vasallen umgab uns auf dem Weg zum Audienzraum.

„Oh, wartet!" sagte Narneen. „Wir haben für Euer edles Glück etwas, das noch süßer als Honig ist."

Sie durchsuchte den Wunschkorb mit den Geschenken, den Dorn trug, und überreichte Haddo einen ganzen Kuchen aus jener exotischen menschlichen Delikatesse: Schokolade. Mir schien es, als wäre die gesamte menschliche Zivilisation auf Schokolade und Süßigkeiten aufgebaut. Entweder dies, oder die Menschen erwarteten, eine primitive Rasse zu finden, die nach Süßigkeiten lechzte, und so war es. Wir starrten alle auf das Geschenk, entfernten uns aus dem Gedränge, öffneten das Paket und nahmen uns ein braunes Quadrat. Haddo mußte zurückgehalten werden, oder er hätte alles auf einmal hinuntergeschlungen.

„Wir müssen sie verwahren", sagte Seret. „Haddo wird Magenschmerzen bekommen. Bleibt Ihr bei Euren Menschen, oder können wir Euch den Garten zeigen?"

„Wir müssen in der Nähe bleiben", sagte Dorn. „Ich bin ihr Sprecher, wenn ihnen die Worte fehlen."

„Was macht Narneen?" fragte ich.

„Ich bin eine Zeugin", sagte sie mit gedämpfter Stimme. „Die Menschen sorgen sich um ihr Schiff und das Lager in Sarunin, wenn sie abwesend sind. Ich kann von einem unserer Leute gerufen werden, falls ein Notfall eintreten sollte."

„Dann sind die Menschen also so gute Herren?" fragte Seret.

„Herren?" fragte Narneen mit verwunderter Stimme. „Wir machen das für Taucher, für Scott Gale. Er ist unser geschworenes Glück und unser wahrer Verwandter, der unserer Familie gesandt worden ist."

Daraufhin verließen uns die beiden Mitglieder der Fünf von Brin und gingen in das Audienzzimmer, wo die Willkommenszeremonie im Gange war. Als sie ihren Weg durch die Halle nahmen, sprach ich im Geist:

„Mach's gut, Narneen."

Und sie antwortete süß und klar: *„Mach's gut, Rovan Wentroy!"*

Wir hätten natürlich mit zur Willkommenszeremonie gehen können, aber es gehörte zu unseren Regeln, niemals an solchen Dingen teilzunehmen, wenn es nicht unbedingt von uns verlangt wurde.

„Ah, da sind sie!" sagte Charan. „Haddo, geht doch weiter zur Zeremonie – möchtet Ihr nicht, daß die Menschen Eure schöne grüne Tunika sehen?"

Wenn unser Tutor freundlich zu sein versuchte, war es so, als würde ein Wolf einem die Hand lecken.

„Ihr werdet im Speisesaal gebraucht", sagte er zu uns, wölfisch lächelnd. „Hinauf mit Euch!"

Als wir die Stufen zum Speisesaal hinaufgingen, war ich Zeuge eines kleinen Vorfalls, der nicht die unwichtigste Angelegenheit war, die an diesem langen Sommertag geschah. Ich hörte eine Stimme in den Küchenkorridoren aufschreien und blickte über die dicken lackierten Seiten des Treppengeländers. Zwei Vasallenoffiziere hatten eine dünne, zerlumpte Kreatur geschnappt, einen Mann in der Beutelschürze eines Bohnensammlers. Der Gefangene hörte auf, sich zu wehren, und wurde davongebracht. Ich fragte mich, was er wohl getan hatte. Es war seltsam, eine arme und zerlumpte Person innerhalb der Villa zu sehen.

„Hast du das gesehen!" bemerkte Seret. „Und das an einem Tag wie diesem!"

„Was mag der Bohnenpflücker wohl getan haben?"

„Wir werden das schon noch herausfinden!" Seret sprang leicht die Treppen hinauf. „Erinnerst du dich nicht an den Faden? Er muß sofort ‚vor dem Fest' seinen Prozeß bekommen."

„Hölle!" sagte ich. „Wird Guno das wirklich tun?"

„Sie muß."

Es war ein alter Faden, doch ein wahrhaftiger, und er führte zu einer weitgehenden Aufklärung von Streitigkeiten und „Verbrechen" vor jedem Fest im Haus. Niemand durfte unter Verdacht sein, ohne Verhandlung oder ohne Strafe, wenn das Haupt des Clans Wentroy sich mit seinen Gästen zu einem Fest niederließ.

Seret und ich verbrachten unsere Zeit in dem Speisesaal nicht allzu unbequem. Von der Küche wurden für die Helfer kleine Leckerbissen heraufgeschickt, und ein gewisses Maß an Blödsinn ließ sich durchaus treiben mit den Tüchern und Girlanden, wenn Reth Ningan uns den Rücken drehte. Inzwischen waren die Besucher willkommen geheißen, zum Waschen und Kleiderwechsel nach der Reise in den dritten Stock gebracht und in der Villa herumgeführt worden. Bevor ich es recht bemerkte, erklangen die Klappern, die zum Mittagessen riefen.

„Was nun?“ fragte ich Seret. „Die Strafschnur. Wird Guno sich mit mir ebenfalls ‚vor dem Fest‘ beschäftigen?“

„Geh zumindest in den Audienzraum hinunter“, sagte sie.

Als wir die Treppen hinabgingen, war Reth Ningan vor uns. Ich rannte hinunter und ging neben dem alten Haushofmeister.

„Guter Reth“, sagte ich, „wird es eine Verhandlung ‚vor dem Fest‘ geben?“

„Oh, Hoheit, ja“, sagte er mit seiner scheppernden Stimme, „ja, natürlich, ja ...“

„Was hat der Bohnenpflücker getan?“ fragte ich.

„Es ist eine schreckliche Sache“, sagte Reth, „ein schreckliches Mißgeschick. Mein Herz setzte für zehn Pulsschläge aus – und ihrer edlen Mutter ging es ähnlich ...“

„Erzähl es mir, Reth.“

„Er hat ihn gestohlen!“ keuchte der Haushofmeister. „Er muß ihn sehr schnell gestohlen haben. Ich habe ihn deutlich gesehen, er war als einziger in der Nähe.“

„Lieber Reth, beruhigt Euch – *was* hat er gestohlen?“

Ningan blieb auf der vorletzten Runde der Treppe stehen und sah mich an, seine alten gelben Augen schmerzerfüllt.

„Den blut-hellen Brillanten“, sagte er. „Den gehüteten roten Stein vom Brustschild Eurer Großmutter. Er ist aus dem Reinigungsraum verschwunden.“

Seret und ich schwiegen erschrocken. Wir gingen hinter Reth weiter hinunter und bogen in unseren gekrümmten Abschnitt des Korridors an der Tür des Audienzraums ab. Eine schwere mittägliche Stille herrschte in der runden Halle und kein Windstoß bewegte die Lagen reichen Stoffs auf den gipsernen Trennwänden. Der Audienzraum war voll und schwieg still, als Guno Deg die summarische Gerechtigkeit ‚vor dem Fest‘ austeilte. Wir konnten hören, wie die Beschuldigung vorgelesen wurde und die Zeugen aussagten – unsere liebe Mirin, Reth Ningan, Wela, der diesen Bohnenpflücker mit einer Schnur in die Küche geschickt hatte, die für seine durstige Mannschaft mehr zu trinken bestellte, der Offizier der Wache, der den Gefangenen gesucht und erwischt hatte. Dieser letzte war eine Omor, stark und mit klarer Stimme.

„Wir haben sichergestellt, Hoheit, daß dies der einzige Fremde war, der heute im Arbeitskreis gewesen ist!“ sagte sie. „Er wurde vom Haushofmeister gesehen, wie er aus dem Reinigungsraum kam. Ich überlegte, daß kein Diener dieses Hauses so eine Tat vollbringen würde – den Blut-Hellen zu stehlen.“

Guno sprach jetzt vom Podium. Ich wußte, daß sie dort in allem Pomp saß, mit ihren fremden Gästen neben sich, und daß es ihr nicht besonders peinlich war, auf diese Weise Recht zu sprechen. Ein bißchen genoß sie es sogar.

„Jetzt müßt Ihr sprechen!“ sagte Guno. „Wie ist Euer Name?“

Es gab eine lange Pause, und dann sprach der Gefangene laut mit angestrengter Stimme. Sein Akzent war breit und nördlich.

„Ich bin Deem von Nedlor, genannt Deem Baran, der Schiffswart.“

„Den Familiennamen!“ herrschte Guno ihn an.

„Ich werde ihn nicht nennen!“ antwortete der Gefangene. „Ich brauche das nicht, es ist nicht ihr Unglück. Ich bin unschuldig, Hoheit. Ich habe nichts gestohlen. Ich nahm die Schnur von Hoheit Wela und brachte sie zur Küche und nahm auf dem Weg zurück zur Scheune eine falsche Abbiegung. Ich bin niemals in einem festen Haus, so groß wie dieses, gewesen. Ich blickte in drei Räume auf einem Korridor – eine Art Wachplatz, dann war gegenüber ein Raum mit Schätzen und farbigen Stoffen, dann weiter unten ein kleiner mit Besen, dann schließlich die Tür, die hinausführte. Ich ging zur Scheune zurück, und bald kamen der Offizier und zwei Vasallen dorthin, die fragten, wer im Haus gewesen sei. Ich meldete mich.“

Seret schüttelte ein wenig mit dem Kopf.

„Der arme Narr“, flüsterte sie. „Warum hat er den Blut-Hellen genommen? Einen silbernen Trinkbecher hätte niemand vermißt.“

Die Beweisaufnahme schritt fort, schnell und klar. Reth Ningan rief die Wache, ließ die Räume auf dem Korridor durchsuchen. Der Offizier glaubte, Deem Baran hätte den Stein draußen versteckt oder ihn einfach weggeworfen, um nicht entdeckt zu werden. Schließlich tat ich das, wovor ich zutiefst gezögert hatte. Ich begann mit meinem Geist den Korridor abzusuchen, die Szene des Verbrechens abzutasten. Der Reinigungsraum, der Weg zur Küche – Reth, der Haushofmeister und Mirin waren beide dringlich in die Küche gerufen worden, weil eine große Pastete eingefallen und verdorben war: Sie mußten einer Veränderung des Festmahls zustimmen. Ich ließ meinen Geist auf dem Korridor umherschweifen, die Wäscherei gegenüber, ein Haufen dreckiger Tischdecken, wieder der Reinigungsraum – die undeutlichen Umrisse all derer, die ihn während des Morgens betreten hatten. Ich schreckte mit einem Keuchen zurück und zwang mich zurückzukehren. Und dann wußte ich es. Es war zum Lachen und zum Weinen zugleich.

„O Feuer!“ sagte ich. „O Fluch!“

Ich sprang auf und ging zu der Tür des Audienzraumes. Im Geist sprach ich zu meiner Großmutter mit größter Dringlichkeit.

„Großmutter! Stoppt die Verhandlung. Der Schiffsmann ist unschuldig.“

„Rovan, sei still!“

„Großmutter ... ich bitte Euch, für unsere Familienehre ... Erfindet eine Entschuldigung ... setzt die Verhandlung aus ...“

Guno Deg, auf dem Podium, eine runde kleine Gestalt, voller Würde in ihrem Festkleid, schlug mit der flachen Hand auf den Arm ihres goldenen Korbthrons.

„Ruhe!“ schrie sie den Offizier der Wache an, der gerade sprach. „Rovan Welroyan, wenn du irgend etwas über diese Angelegenheit weißt, so sprich es sofort aus. Dein privates Flehen hat in dieser Untersuchung keinen Platz!“

Ich zögerte. Ich war wirklich unschlüssig. Was ich zu sagen hatte, würde für fast jedermann peinlich sein. Und doch, sollte es sein? Ich sah das braune Gesicht des Gefangenen, das nun von Hoffnung gezeichnet war, und ich hörte sein Gebet, hinter seinen Augen. *„Eenath, rette mich“*, wiederholte der Unglückliche. *„Eenath, schick ein Wunder, um deinem Diener zu helfen.“*

Ich schlenderte in den Raum vor dem Podium, so ruhig, wie ich zu sein wagte.

„Es hat keinen wirklichen Diebstahl gegeben!“ sagte ich laut. „Der Schiffsmann ist unschuldig. Er hat die Wahrheit gesagt.“

„Was meinst du mit ‚kein wirklicher Diebstahl‘?“ verlangte Guno zu wissen.

Sie ängstigte sich. Vielleicht glaubte sie, daß ich oder Seret den Blut-Hellen genommen hatte.

„Es war ein böser Streich“, sagte ich und ging quer durch den Raum.

Ich hatte die Person, die ich suchte, gefunden, und ich hielt ihn mit den Augen fest, da ich hoffte, Handgreiflichkeiten zu vermeiden.

„Haddo nahm den Blut-Hellen, Großmutter. Er hat ihn jetzt in seiner Ärmeltasche.“

Ein Geräusch zwischen einem Seufzen und einem Murmeln vieler Stimmen erhob sich um den Thron und ging durch den Audienzraum. Ich erreichte Haddo, der versuchte, unter seinen Stuhl zu kriechen, zog ihn auf die Füße hoch und streckte meine Hand aus.

„Komm schon, Haddo“, flüsterte ich, „gib den roten Stein her. Ich verspreche dir, daß du nicht bestraft wirst.“

Dort stand er, zitternd und mit rotem Gesicht, Tränen liefen ihm die Wangen hinab. Er fummelte in dem Ärmel seines hellgrünen Festtagskleides und zog den Blut-Hellen heraus. Ich umfaßte ihn fest, und er war so kalt wie ein Stein aus dem Flußbett. Sein Licht schimmerte zwischen meinen Fingern hervor. Ich zog Haddo halb bis zum Fuße des Podiums und gab Guno, meiner Großmutter, den Stein nach oben. Es war in jenem Augenblick unmöglich, ihre Gedanken zu lesen.

„Hmmh!“ knurrte sie. „Wir haben viel Scherereien gehabt. Deem Baran, Ihr seid entlassen. Hoheit Wela wird Euch zum Ausgleich für diese Sache doppelt bezahlen.“

Sie nickte Reth Ningan zu, und er entließ die Menge der Zeugen und Zuschauer. Sie gingen murmelnd aus dem Raum.

Sie wandte sich ihren Gästen zu: „Mein Großkind Rovan verfügt über gewisse Geisteskräfte", verkündete sie mit steinerner Stimme. „Ich glaube, sie sind gut verwendet worden. Mirin, liebes Kind, führe die Besucher in den Speisesaal."

Ich wagte nicht, meine Augen zu heben und in die menschlichen Gesichter zu blicken, die diese seltsame Szene des Familienlebens beobachteten. Nur Narneen Brinroyan, die neben ihrem Bruder Dorn seitlich vom Podium gesessen hatte, sprach zu mir in ihrem Geist, als sie alle fortgingen.

„Gut gemacht!" sagte ihre süße Stimme. *„Du hast den Schiffswart gerettet."*

Endlich waren wir drei allein, und ich dachte daran, was für eine seltsame Gruppe wir in unseren reichen Gewändern abgaben: das große Glück, das seinen verstrubbelten Kopf hängen ließ, die untersetzte Figur meiner Großmutter, die über uns auf dem Podium drohend aufragte. Sie setzte sich jetzt auf den Rand der Plattform nieder und tröstete Haddo bärbeißig.

„Komm schon, lieber Haddo", sagte sie. „Wir müssen an diesem Tag ein fröhliches Glück haben. Du weißt, daß es falsch war, den roten Stein zu nehmen?"

Haddo nickte und begann laut zu schluchzen. Guno seufzte und ging zu ihrem Korbthron zurück, um ihren Brustschild zu holen, den man für die Verhandlung herbeigebracht hatte. Sie hakte das Juwel an seinem Platz fest und nahm den hübschen Kragen um. Nun hielt sie eine Kordel aus silbrigem Metall und Seidenfäden mit einer „Wasserfall"-Dekoration in der Hand, Trauben kleiner glitzernder grünlicher Steine, die zusammen aufgezogen waren. Sie hielt es hin und legte es Haddo über den Kopf.

„Da", schmeichelte sie, „du mußt niemals mehr andere Juwelen nehmen, doch diese kannst du jetzt behalten und an Festtagen tragen."

Haddo hörte auf zu weinen, befingerte seine neuen Juwelen.

Er beugte sich nieder und berührte mit seiner Stirn einen von Gunos gelben langzehigen Hausschuhen. Wieder fröhlich, tanzte er ein wenig herum.

„Geh hinauf zum Mittagessen!" befahl Guno. „Und denk daran, daß du kein Dieb sein darfst!"

Haddo tanzte und hoppelte aus dem Raum, und Guno wandte sich mit einem langgezogenen Seufzer mir zu.

„Du warst auf der Strafschnur", sagte sie, „und du hast mir während dieser ganzen Angelegenheit keine einzige Huldigung erwiesen."

Ich machte jetzt eine Huldigung und sagte mit kaum kontrollierter Bitterkeit: „Ich wartete darauf, bestraft zu werden, Großmutter, als ich auf die Wahrheit in dieser Angelegenheit stieß."

„Wahrheit ..." sagte sie sanft. „Und was ist die Wahrheit über deine Strafe?"

„Die Wahrheit ist, daß Charan ein brutaler Kerl und ein Vieh ist!" schrie ich. „Er betrat mein Schlafzimmer, schlug mich und beschuldigte mich ungerechtfertigt für die Vergeßlichkeit von ... von ... jemand anderem. Und die Wahrheit ist, daß er, was immer Ihr mit mir machen werdet, für die Sache bei der Verhandlung meinen Qualen noch neue hinzufügen wird."

„Rovan, Rovan", sagte meine Großmutter traurig, „Charan ist grob, das weiß ich, aber so muß ein Erzieher sein. Sollte ich dann also Seret die Strafe erteilen?"

„Nein!" sagte ich instinktiv. „Ich werde sie auf mich nehmen."

„Bestrafung verschoben!" schnappte sie. „Du wirst dich bei mir melden, wenn die Gäste fort sind."

Sie streckte ihre Hände aus, und ich half ihr vom Podium herunter. Sie trat vor mir hinaus, rief ihrer Eskorte, die in der Halle gewartet hatte, ein Kommando zu, und sie alle stiegen die Treppe hoch. Ich schlenderte in den warmen, leeren Raum hinaus und sah Seret auf dem ersten Treppenabsatz auf mich warten. Sie wies mit einem Nicken zum Vordereingang hin. Eine Gestalt trat aus den Schatten heraus. Es war Deem Baran, der Schiffswart, den ich gerettet hatte, der nun in einen neuen Mantel gekleidet war, ein Teil seiner Bezahlung.

Er stand und sah mir ins Gesicht. Er war ein freier Bürger ohne eine Spur eines Dieners an sich, jetzt, da seine Schrecken vorüber waren.

„Hoheit Rovan", sagte er, „Ihr habt mir einen großen Dienst erwiesen. Ich denke, Ihr müßt die Kräfte eines Zauberers haben."

„Genug um zu finden, was verlorengegangen ist", sagte ich.

„Eenath möge es mir vergönnen, daß ich eines Tages in der Lage sein werde, Euch einen Gegendienst zu erweisen", sagte er, sich verbeugend.

„Mach's gut, Deem Baran."

Er machte eine Geste, daß ich sein bescheidenes Geschenk annehmen sollte. Er preßte mir einen Ring aus Leder und Perlmutt in die Hand, eine kunstvolle Arbeit. Ich verbeugte mich und machte die Zeichen der Annahme und des Dankes. Ich zog den Ring auf den mittleren Finger meiner rechten Hand. Er ging durch die Falten des Vorhangs davon, benutzte mutig den offiziellen Eingang zur Villa. Für einen Augenblick stand ich da und sah auf den einfachen Ring, sein feines Flechtmuster und die Muschelstücke, die im Licht schimmerten.

„Komm schon!" rief Seret. „Unser Essen wird kalt!"

Wir liefen die Treppe hinauf in den lauten goldenen Raum, wo eben das Festessen begann.

(III)

Nach dem Festessen ruhten alle. Alles in der Villa verlangsamte sich und hielt an wie ein Wasserrad, dessen Zustrom versiegt. Seret und ich ruhten auf unseren Liegesesseln im Schulraum im zweiten Stock, und Charan schnarchte in dem kleinen Runenbandraum nebenan. Ich konnte nicht schlafen – ich hatte kein großes Festmahl zu mir genommen. In meinem Geist wanderte ich schläfrig durch die Stockwerke und fand die Besucher in den Gästezimmern zwei Korridore weiter. Sie waren ebenfalls ruhelos. Sie wanderten von den Matten zu den Liegesesseln und den Fensterbänken, als wären moruianische Möbel ihnen unbequem.

Ich beabsichtigte nicht wirklich, die Menschen zu belauschen, und sie sprachen sowieso in ihrer eigenen Sprache, die ich nicht verstehen konnte. Doch äußerte Scott Gale einige Worte in Moruianisch, bevor ich meinen Geist abwandte, und ich nahm sie mit davon und machte mir darüber Gedanken.

„*Ga-bin-noor* ...“ sagte er sorgfältig „... die Auflösung ... die Knoten öffnen sich.“

Er erklärte es in seiner eigenen Sprache. Seine Freunde sahen alle ernst aus, und Sam Fletcher schüttelte den Kopf. Er äußerte einige weitere Wörter auf Moruianisch mit einem so starken Akzent, daß ich sie zuerst nicht verstehen konnte, aber er hatte gesagt: „*Forro Tavyee*“, was „armer alter Teufel“ bedeutet.

Ich nahm an, daß jemand eine Krankheit hatte, die langsame, tödliche Krankheit, die Auflösung genannt wird. Sie trifft aktive Menschen, meistens in der zweiten Lebenshälfte, und sie werden blaß, schwach, untätig und sterben nach Jahren an etwas, das für sie vielleicht mehr eine Unbequemlichkeit als ein Schmerz gewesen ist. Athan, mein Großvater, war an dieser Krankheit gestorben.

Ich ging alle älteren Leute durch, die ich kannte, angefangen mit meiner Großmutter, meinem anderen Großvater, Orn Margan Dohtroy aus der Feuerstadt, der Kopf der Geburtsfamilie von Mirin, sogar unsere Kusine zweiten Grades Tilje, obwohl sie kaum alt genug war – sie war die Mutter der Zwillinge, die sie allerdings nicht großgezogen hatte. Ich fand niemanden, der die Symptome aufwies.

Ich lachte über mich selbst, als ich die Runenbänder der Familie durchging – dies war eine Schulaufgabe, die ich niemals freiwillig gemacht hatte. Natürlich war die Person, über die die Menschen sprachen, jemand, den *sie* kannten. Plötzlich zitterte ich. Sie kannten die Große Zauberin, die Schöpferin der Maschinen, ein Wesen, das mich im Wachen und im Traum verfolgte. Ich hatte ein eifersüchtiges Interesse an allen Zauberern, von Veer am Windfelsen bis zu den bescheideneren Busch-„Magiern“, die es im fernen Westen geben sollte, an der berühmten Ulgan in Cullin und besonders an Nantgeeb, der Schöpferin der Maschinen. Über sie hatte ich jeden Faden Information gesammelt, den ich bekommen konnte. Nein, es war unwahrscheinlich, daß sie die Auflösung hatte. Einerseits war sie nicht so furchtbar alt, zudem war sie eine Frau und daher für die Auflösung weniger anfällig. Ihre Kräfte waren ungeschwächt. Sie hatte erst letzten Frühling beim Vogelclan einen ihrer seltenen Auftritte gehabt und den Großen Wettflug als einen gefährlichen Unsinn gebrandmarkt, der nicht mehr fortgeführt werden sollte. Sie bestand darauf, daß sie, wenn nicht für jeden Flieger fallende Zelte vorgeschrieben würden, den Fluch der Winde herabrufen könnte, so daß keine Maschine mehr vom Boden abheben könnte. Ob durch Magie oder Mechanik, von dem Moment an saß alles so lange fest, bis ihre Forderungen eilig erfüllt waren. Aber die Flieger Torins, hauptsächlich Clanmitglieder, hatten diese Sicherheitseinrichtung in einen neuen Sport verwandelt. Seret und ich hatten bei gutem Wetter Seidenzelte gleich Blumen, die vom Himmel fallen, über dem Troon erblühen sehen. Seret sehnte sich danach, Fliegerin zu werden, doch ihre Chancen waren schlecht: Wir wußten, daß Großmutter das niemals erlauben würde.

Ich traf Seret, und wir gingen in unseren runden Garten. Wir blieben dort, bis die Große Sonne unterging. Die kleine Dunkelheit legte sich über die Villa, und wir warteten, um die Lampen angehen zu sehen. Ein goldenes Glühen bewegte sich von Stockwerk zu Stockwerk, als die Anzünder herumgingen. Guno nahm das Abendessen mit ihren Gästen im ersten Stock im Vogelraum ein, der nach seinen Gobelins so hieß. Die Menschen würden bald nach einem einfachen Abschiednehmen fortgehen. Sie würden beim Licht der Fernen Sonne heim nach Sarunin fliegen. Ich war traurig, sie nicht alle noch einmal zu sehen.

Wir gingen in den Schulraum zurück, um unsere „*Narisneri*“ zu absolvieren, die vermindert fortlaufenden oder Pflichtstunden, deren Begründung war, daß unsere Ausbildung selbst an Festtagen nicht unterbrochen werden dürfe. An diesem Tag arbeiteten Seret und ich uns leicht durch die Erinnerungsrunenbänder, und Charan, der nach dem Festmahl ungewöhnlich mild schien, erging sich in einem Vortrag über die Herrschaft der Torlogan oder Großen Baumeister. Er spazierte im Klassenraum in seiner besten Art auf und ab, gab feierlich Redewendungen von sich und machte Gesten, die er für ausdrucksvoll hielt.

Schließlich wandte er sich an mich. „Jene traurige Vorstellung im Audienzraum war unloyal auf schlimmste Weise“, erklärte er. „Ihr habt Eure Familie vor der Welt entehrt, Rovan Welroyan.“

„Wäre es nicht viel ehrloser gewesen, wenn ich meine Großmutter eine ungerechte Entscheidung hätte fällen lassen?“ erwiderte ich mild, wobei ich sogar die notwendige Huldigung machte.

„Loyalität und Diskretion sind manchmal ein Faden“, sagte Charan. „Ihr wolltet mit Euren sogenannten Kräften großtun.“

„Meine Großmutter befahl mir zu sprechen!“ sagte ich. „Ich wandte mich privat an sie, aber sie wollte das nicht hinnehmen.“

„Wie könnt Ihr es wagen!“ schrie er. „Wie könnt Ihr es wagen, andere für Eure Untat zu beschuldigen!“

„Es war keine Untat“, sagte ich, so ruhig ich konnte.

„Ihr habt mir widersprochen“, sagte er, worauf er einen Knoten in das Strafrunenband knüpfte, das an seinem Gürtel hing.

„Oh, laß ihn doch zufrieden, Charan!“

Seret redete anmaßend. Sie saß in ihrem Ruhesessel und schnippte ein Erinnerungsrunenband weg. Normalerweise kämpften wir unsere Schlachten getrennt, der eine zeigte Verlegenheit, während auf den anderen eingeredet wurde.

„Eine Verschwörung, was?“ Charan stampfte mit seinem Stab auf. „Seht Euch vor, Hoheit Seret – Euer Verhalten läßt ebenfalls viel zu wünschen übrig.“

„Ich hatte für diesen Tag genug Erziehung“, sagte Seret.

Sie stand ruhig auf und ging zu dem Balkon des Klassenraums.

„Geht auf Euren Platz zurück!“ fauchte Charan. „Die Stunden sind noch nicht beendet ...“

„Ich habe genug“, sagte Seret in einem drohenden Ton. Die Atmosphäre im Klassenzimmer hatte sich verändert. Ich war auf Serets Widerstand nicht vorbereitet, aber er erregte mich. Ich sah Charan für einen Augenblick lang als wehrlos gegen unsere vereinte Kraft. Als er auf den offenen Balkon trat, krümmte Seret ihre Hand hinter ihrem Rücken. Die Geste und die Worte, die mir ihr Geist zuriefen, sagten ein und dasselbe:

„Stoß zu!“

Ich stand auf, unter dem Schock keuchend, und Charan wandte sich um, um mir ins Gesicht zu sehen. Seret bewegte sich mit einem schnellen tanzenden Schritt. Sie schnitt Charan den Weg ab, so daß er nicht vom Balkon konnte. Sie stellte sich so hin, daß sie, wie ich wußte, in der Lage war, eine ihrer seltsamen Angriffsbewegungen zu machen, die sie jetzt seit einem Jahr geübt hatte. Ich hörte, wie Charans Atmen sich veränderte. Er hatte Angst.

„Stoß zu!“ drängte Seret wieder im Geist.

„Nein!“ schrie Charan, der gegen die Steinumfriedung des Balkons zurückwich. „Nein ... Hoheit ...“

Ich sah ihn schon hinunterfliegen, mit dem Kopf zuerst, die Beine hilflos baumelnd. Aber ich zögerte, und in diesem Moment ertönte an der Tür des Schulraums ein durchdringendes Klopfen. Reth Ningan selbst erschien, immer noch in Eile nach einem langen harten Tag.

„Entschuldigen Sie, Charan!“ sagte er. „Hoheit Seret möchte bitte in die Halle kommen. Hoheit Rovan soll sofort seiner edlen Großmutter aufwarten!“

Die angespannte Gruppe, die wir bildeten, löste sich sofort auf. Ich bin sicher, der alte Reth bemerkte nichts. Charan war gerettet, oder vielleicht war ich gerettet. Seret eilte aus dem Schulzimmer, ohne den Erzieher eines Blickes zu würdigen, und ich folgte ihr. Reth Ningan geleitete uns beide die Treppen hinunter. Ich war zu mitgenommen, um zu fragen, worum es sich bei der Aufforderung handelte.

Guno saß bei einer einzigen Sturmlampe allein. Die Ringe mit den Kerzendreiecken, die den Raum zum Abendessen erleuchtet hatten, waren alle gelöscht worden, und von ihren ausgedrückten Dochten hing ein süßer, scharfer Geruch in der Luft. Meine Großmutter hatte ein Botschaftsrunenband im Schoß, und sie ruhte ihre Augen hinter einer Hand aus, wie sie immer tat, wenn sie müde war.

„Hoheit ...“

Ich machte die Huldigung, und sie sagte, ohne ihre Hand von ihren Augen zu nehmen: „Setz dich, Kind.“

Ich setzte mich auf die Kissen zu ihren Füßen. Die Vögel, große und kleine, schienen auf den Wandbespannungen über uns in dem spärlichen Licht herabzuschießen und zu flattern.

„Ich habe eine Anfrage bekommen, die dich betrifft, Rovan“, sagte Guno endlich. „Es wird Zeit, daß wir uns über deine Zukunft Gedanken machen.“

Ich war verwirrter als jemals zuvor. Ich blickte auf das schwere graue Runenband, das in ihrem Schoß lag.

„Reichen deine Geisteskräfte nicht so weit?“ fragte sie mit einem halben Lächeln. „Dieses Runenband kommt vom Ersten Zauberer des Tempels am Windfelsen. Er nennt sich Orath Veer – Veer der Lehrer. Ich sah diesen jungen Zauberer, bevor er dieses alte Amt übernahm. Er nahm an jener berühmten Mittjahreszeremonie in Itsik vor drei Jahren teil, als das Schiff *Heron* zum Hauptland flog. Er und sein Vorgesetzter, Veer Vorowel, segneten die Aussprachekette, die durch den Großen Ältesten einberufen worden war.“

„Hör dir das Runenband an“, sagte sie und sah mich an, während sie es sich durch die Finger gleiten ließ.

„‚Eures Großkindes Kräfte sind stark, so glaube ich. Er ist zum Zauberer bestimmt: sorgfältige Disziplin und frühes Training sind wichtig. Diese ehrwürdige Institution, unser Tempel, ist ein Ort, an dem sich, den Augen der Welt entzogen, ein junger Geist zu seiner vollen Stärke entwickeln kann. Vielleicht wird die Hoheit Rovan auch vom Kontakt mit großen Geistern im Zufluchtsort profitieren. Ich sehe mich veranlaßt, Älteste Guno, um sofortige Entsendung dieses Kindes zur Teilnahme an den Sommerübungen zu bitten.‘“

Ich war zu betäubt von diesem wunderbaren Glücksfall, als daß ich etwas hätte sagen können. Ich blickte meine Großmutter mit offenem Mund an, und dann lächelte ich. Ich glaubte, ich würde niemals wieder zu lächeln aufhören können.

„Kann ich? Oh, kann ich mit ihnen gehen?“

Ich wußte, daß alles bereits entschieden war. Die Zwillinge mußten das Runenband überbracht haben. Sie waren zusammen mit Seret in der Halle, wo sie auf Gunos Zustimmung warteten.

„Hast du das Runenband ein bißchen verstanden?“ fragte Guno. „Ist es eine Überraschung für dich?“

„Die größte Überraschung, die ich jemals erlebt habe!“

Sie wußte sofort, daß ich die Wahrheit sagte.

„Nun, du kannst teilnehmen“, sagte sie. „Ich nehme an, es wird das beste sein.“

„Großmutter“, sagte ich, „wenn dies meine Zukunft ist ... was wird für Seret geplant?“

„Sie wird nach Rintoul gehen, um die Regierungsgeschäfte zu lernen“, sagte Guno. „Sie wird mir ins öffentliche Leben folgen. Du weißt, wir sind besorgt um die Zahlen für die Hundert. Sie wird eintreten, bevor sie noch vier mal fünf Jahre beendet hat.“

Das war eine schwerwiegende Entscheidung. Ich hatte keine Ahnung, wie meine Schwester solch ein Leben ertragen würde.

Guno winkte mir mit den Händen den Segen zu, und ich war entlassen. Ich stürmte aus dem Vogelraum. Ich war ein neues Wesen, die Welt war neu geschaffen. Auf dem spärlich erleuchteten Treppenabsatz traf ich auf Mirin, die wartete, und rannte in ihre Arme.

„Weißt du es schon?“ flüsterte ich. „Ich werde zum Tempel gehen.“

„Ich wußte, daß dich das freuen würde“, sagte sie.

„Schläft Wela?“

„Ja, er muß für den Rest der Bohnenernte früh aufstehen.“

Plötzlich warf ich einen Blick in eine andere Welt, ein anderes Leben, das niemals gewesen war und niemals sein konnte. Ich lebte mit meiner Familie, mit Mirin und Wela und Seret, und wir hatten keinen Clan. Wir lebten einfach, wir waren Buschweber oder Bauern oder sogar Stadtleute aus Otolor. Aber es war ein Traum. Wir waren hier in der Villa, beherrscht von meiner Großmutter. Wir waren gefangen in dem Netz der alten Fäden wie die kleinen Vögel und Insekten im Netz eines Spinners. So küßte und segnete Mirin, meine Beutelmutter, mich, und ich rannte in die sanft erleuchtete Eingangshalle hinunter.

Sie saßen unter dem Gobelin: Seret, Froy und Aral. Die Zwillinge, dunkel, hübsch, es schien, daß sie noch eine weitere Handbreit gewachsen waren, sahen mehr denn je wie die Krieger in dem Bild aus. Froy hielt sogar einen Stab mit Metallspitze, der für alle Welt wie ein Speer aussah.

„Da ist er!“ sagte Aral. „Haben wir unseren grünen Vogel für den Lehrer eingefangen?“

„Ich komme mit euch.“

Sie jubelten gedämpft, und ich stand bei ihnen, lachend und jubelnd. Die furchtlosen Tage hatten begonnen.

2
Veer, der Lehrer
(I)

Wir brachen früh am nächsten Tag zum Tempel auf und machten einmal unterwegs Rast. Dann überzeugten wir die Diener, daß es unserer Würde nicht abträglich wäre, wenn wir allein weitergingen. Einige Zeit vor Untergang der Großen Sonne erreichten wir den höchsten Grat der Windfelsberge und begannen den sich windenden Abstieg auf einem schmalen Pfad. Zu beiden Seiten befanden sich alte Felsbehausungen, Vogelnestern ähnlich, mit zerbröckelten Außenwänden.

„Wer hat in diesen alten Nestern gewohnt?“ fragte ich Froy. „Einsiedler ...“, sagte er, außer Atem. „Flachssammler für den Tempel.“

Meine Begleiter blickten alle drei erwartungsvoll nach vorn, und an einer Wegbiegung sah ich, was sie vorwärts drängte. Da lag der Tempel unter uns im milden Licht des Nachmittags. Ein rotgoldenes Sandfeld erstreckte sich weit und wellig zwischen zwei Hügelketten, und auf diesem Feld fanden sich riesige Haufen behauener Steine. Ich erkannte ein Gebäude, schwer und einfach gebaut, mit Gleitern auf dem Dach und ein weiteres, einen gewundenen Pavillon, dessen aufsteigende Terrassen mit Hecken aus Wüstenpflanzen bewachsen waren. Der Rest der Tempelanlage war verfallen. Obeliske gab es dort, einsame Kolonnaden und in Hügel zusammengefallene Mauerwerke. Im Schattendunkel neben diesen Monumenten konnte ich Gartenanlagen und Windschutzhecken aus Strohgeflecht erkennen. Kleine Gestalten bewegten sich auf den Wegen zwischen den Ruinen, als hätte ein Zwergenvolk sich in der Stadt der Riesen niedergelassen.

Seret und die Zwillinge waren erfüllt von einem neuen Gefühl des Glücks und der Erregung, das sie mir ohne Worte zu vermitteln suchten: mit der Berührung einer Hand, einem strahlenden Blick. Wir kamen nach unten und gingen unter einem Steinbogen hindurch, der aus dem Fels gehauen war, dann durch einen weiteren Bogen und standen schließlich vor einer Gittertür aus Holz und Metall. Dort standen zwei große Omor in den aus Flachsfaser gewebten, leinernen Tempelgewändern von ungefärbtem Rosabraun; sie öffneten die Gittertür.

Vier Gestalten in Staubschleiern traten mit einem feierlichen Lächeln hinter dem dünnen Stoff hervor. Sie trugen alle kurze Sommertuniken und Stiefel. Ich brauchte keine Geisteskräfte, um sie zu erkennen: eine der Schwarzen Pentroys, der wir beim Runenbandkreis unterstellt gewesen waren, zwei Galtroys, Jahrschwestern aus einer Familie im Delta und unser Vetter Mard von dem Curran Wentroy, der Enkel des Alten Corrif. Diese vier unterhielten sich lebhaft und sprachen zuerst mit Seret und den Zwillingen.

„Wer bringt diesen neuen Schnitter?“

Seret, Froy und Aral antworteten im Chor mit ihren Vornamen.

„Warum bringt ihr ihn?"

„Damit er bei der Ernte helfe!"

Dann war ich an der Reihe, und mir war gerade genug beigebracht worden, um eine korrekte Antwort zu geben.

„Wie heißt du?"

„Rovan."

Nur den Vornamen, keine Familiennamen.

„Rovan, schwörst du bei den Geistern des Windes und des Feuers und den Geistern dieses altehrwürdigen Ortes, ohne Furcht einzutreten, mit Freude zu lernen und niemals die Geheimnisse preiszugeben, die hier mitgeteilt werden?"

Ich berührte meine Stirn und schwor den Eid. Es erinnerte mich an ein Spiel: Ich mußte ein Versprechen geben, bevor ich mitmachen durfte. Alle entspannten sich, und bevor ich es gewahr wurde, waren wir alle im Tempelgelände.

„Endlich frei!" sagte Seret. „Seid ihr schon lange hier? Seid ihr eingestimmt, seid ihr geschärft?"

„Beides!" sagte Mard und nahm seinen Staubschleier ab. „Aral, wir sind mit der Nachtwache dran heute."

Dann klopfte der Kleine von den Pentroys, Rinre, Froy auf die Schulter und sagte: „Hast du deine beste Klinge poliert?"

„Und ob ich das habe!"

Froy sprang auf dem Weg nach vorn und ging in Kauerstellung. Rinre folgte und teilte schlau und geschickt Fußtritte aus. Froy war ebenso schnell, und Rinre wäre beinahe zu Fall gekommen. Die wahre Bedeutung der Bewegungen, die Seret im runden Garten geübt hatte, wurde offenkundig. Eine der Galtroys, die die Haare mit bunten Kordeln in Büscheln zusammengebunden hatte, trat hinzu und begann einen Gegenangriff auf beide, Froy und Rinre, und wehrte sie ab, bis ihre Schwester um die Gruppe herumgerannt und ihr zu Hilfe kam.

„Wie heißt das?" fragte ich. „Muß ich diese Kämpferei lernen?"

„Kämpferei?" rief Aral. „Siehst du nicht, daß das Messertanzen ist, kleiner Rovan?"

Ich war überrascht. Messertanzen war eine alte Kriegskunst, etwas, das in die Zeit der Clankriege und davor gehörte. Es lebte, soweit wir gehört hatten, nur noch in einem richtigen Tanz weiter, der bei Familienfesten von Spielern oder Tänzern vorgeführt wurde.

„Aber das Messertanzen ist doch verlorengegangen."

„Der Lehrer hat es wiedergefunden", sagte Aral mit einem Lächeln.

Er wirbelte auf dem Weg herum, bis seine blutfarbenen Haare rund um seinen Kopf abstanden.

„Und das läßt er euch lernen?" fragte ich ziemlich ängstlich, denn ich wußte, Messertanzen war etwas, das ich nie besonders gut können würde. Alle verstummten bei meiner Frage. Ich hatte einen Moment lang tiefste Angst, sah aber, wie ihre Augen ein neues Licht ausstrahlten, und spürte ihren Geist voll Liebe und Wärme.

„Hier lernen wir gern, Rovan", sagte Mard, mein Vetter.

„Wir lernen nach unseren Fähigkeiten", sagte Eyaro, die Galtroy mit den Büschelhaaren, und legte dabei einen Arm um ihre Schwester Iffarl.

„Du kannst alles vergessen, was man dir beigebracht hat, all die alten, nutzlosen Fäden, und nur das behalten, was für das große neue Werk nützlich ist."

Sie alle redeten zusammen:

„Wir lernen in Liebe ..."

„Du wirst schon bald verstehen ..."

„Wir lieben den Lehrer ..."

Diese Dinge wiederholten sie und umzingelten mich und brachten mich ins Tempelgebäude. Ich fühlte mich warm und glücklich, aber ein Faden meiner Furcht blieb hängen. Ich hielt die Idee, die nutzlosen Ideen zu vergessen, für in Ordnung ... obwohl es eine ziemliche Verschwendung zu sein schien, etwas zu vergessen, woran wir uns so lange abgemüht hatten. Aber würde ich auch verlernen müssen, was mit den Geisteskräften zu tun hatte? Am Tempeleingang drehte ich mich um und sah auf den Weg und den rotgoldenen Sand und die wenigen Ruinen, die vor der Felswand lagen. Ich sandte eine erste sanfte Berührung aus, leicht wie ein Windhauch. Ich *war* ein Windhauch an diesem alten Ort. Der Sand flog auf und wirbelte in Wellen und Wolken um die aufrechten Säulen, und zum ersten Mal spürte ich eine Präsenz, die mich beobachtete. Ein Seufzen, vielleicht ein Wort war in meinem Kopf: *„Willkommen."*

Dann wurde ich fortgezogen, hinein in eine Halle aus dunklem, alten Stein; sie war seltsam eckig gebaut, als hätten die alten Baumeister keine Kreise und Vorhangmauern bauen können.

Zwölf oder fünfzehn mal fünf junge Clanangehörige schubsten sich fröhlich umher; es herrschte Ferienstimmung. Ich wurde einer Gruppe von ungefähr fünfzehn Neuankömmlingen zugeteilt, alle sechzehn Jahre alt nach ihrem Erscheinen, ein Jahr älter als ich. Als ein Bläserklang von einer Holztrompete ertönte, setzte sich die ganze Gesellschaft auf den binsenbedeckten Boden, unsere Gruppe ganz vorn, nahe bei einem Podest. Ein weiblicher Zauberer in einem blaugrauen Gewand kam lächelnd durch die Halle; sie sagte uns ihren Namen, Mitje, Zweiter Zauberer, und hieß uns willkommen.

„Hier gibt es keine Clans", sagte sie. „Hier sind die Fäden aufgelöst. Vergeßt alles, was ihr über die Sommerübungen früherer Zeiten gehört habt. Der Tempel ist immer ein Ort des Lernens und des Einklangs gewesen, aber jetzt haben wir eine Wegrichtung. Ihr habt sehr viel Glück, neue Schnitter, wie euch die älteren erzählen werden. Ihr seid die Verkünder des Neuen Zeitalters, ihr hört seine Botschaft direkt von Veer, dem Lehrer."

Sie verschränkte die Arme über der Brust und fing an, leicht und rhythmisch auf ihre Oberarme zu klopfen. Die Bewegung wurde von allen um uns herum aufgenommen, und wir machten es ihnen nach, bis jeder leise klopfte. Die Zauberin sang eine einfache Weise, begleitet von der Holztrompete und einer kleinen Trommel, die die Omor spielten.

„Rin-Van Ul-Tso,
Rin-Van Ul-Tso
Mara no Torin-na
Mara no Es-run“

„Erde und Luft,
Wasser und Feuer,
Weben die große Welt,
Weben das Licht und das Dunkel.“

Wir sangen alle mit, und obwohl die Worte einfach waren, war eine Kraft in dem Lied: Der Rhythmus der Instrumente und die Stimmen wurden kräftiger und pulsierten in uns. Mit einem prasselnden Geräusch flammte in einem Steinbecken am Ende des Podests ein breiter Feuerschein auf. Sieben große Gestalten, in Leder und Metall gekleidet und mit schweren Gesichtsmasken, traten aus dem Schatten und entzündeten Fackeln an der Flamme. Meine Nachbarin, ein mürrisches Wesen von dem Südlichen Pentroy, die vielleicht unter normalen Umständen keine zwei Worte mit mir gewechselt hätte, griff meinen Arm und flüsterte: „Stakaia!“

Ich sah, daß sie recht hatte ... sie trugen die Rüstung der Schutzwachen. Sie rochen stark nach Feuer-Metall-Magie und der tapferen alten Zeit. Zwei, drei der Älteren, die um uns saßen, standen auf und gingen auf das Podest. Ich erkannte einen als Aral Dohtroy.

Er sprach als erster in einem Singsang: „Hört die Legende der Großen Ernte und vernehmt ihre Wahrheit für das Land von Torin!“

Darauf sprachen sie die Worte wie einen Gesang im Chor oder allein:

„Veer Uroveer, der erste und größte, lebte vor langer Zeit, als die Clans gegründet wurden, als die großen Tiere und Reptilien die Erde bevölkerten. Torin war jung, und das Volk von Torin war eine herrliche Rasse, stärker als es jetzt ist, tapfer und kriegerisch, mit Kräften des Geistes und Körpers, die später verlorengingen oder dahinschwanden.

In jener Zeit gab es einen ersten Besuch aus den Welten eines fernen Sterns. Eine Gruppe heller Krieger kam herab und mischte sich unter unser Volk und lehrte uns ihre Weisheit. Die Bindungen mit den Clans, die sich auf diese Krieger als ihre Vorfahren berufen, waren keine des Fleisches und Blutes, sondern nur des Geistes, denn diese Geisteskrieger waren nicht von der gleichen Substanz wie wir.

Die Zeit dieser Hellen auf Torin war kurz. Die Große Sonne ihrer Heimatwelt wurde heller und starb den Feuertod, und sogar Torin, weit entfernt, blieb nicht verschont von dem Feuer ihres Todes. Die Feuerberge brodelten auf und spalteten die Welt; der Himmel war schwarz; das restliche Land Torins war verdorrt und trocken; sogar die großen Tiere waren vernichtet. Die Geisteskrieger kehrten ins Nichts zurück.

Die Zeit danach war der Lange Winter von Torin; das Gewebe unserer vergangenen Herrlichkeit war gänzlich zerfallen. Nur Veer Uroveer, der Erste und Größte, bewahrte die Weisheit der Hellen, verband sie mit der seinen. Selbst diese Weisheit war verborgen: Die Runenbänder und die alten Schriften, prophetische Worte, waren schwer zu entziffern und schwer zu verstehen.

Aber auf den Winter folgt der Frühling und die Zeit des Pflanzens. Generationen von Zauberern haben an den Runenbändern gearbeitet und ihre Kräfte geübt. Veer Doran, die Wächterin, Zauberin jenes Neuen Zeitalters, das den Torlogan folgte ... sie brachte die Fäden der alten Prophezeiungen zusammen. Hört, wie die Worte sich fügen:

'Wenn die alten Lieder des Sommers dem Gesang der Schnitter weichen,
Wenn die Knoten gelöst sind und die alten Fäden zerrissen,
Wenn der Lehrer den Tempel wiederaufbaut und den Stein zur Seite rollt,
Wenn die Wolle zum Weben fehlt und das Mehl für das Brot,
Das ist die Zeit, in der eine neue helle Rasse sich auf der Erde findet,
Sie bringt Reichtum und Ehre ohne Maß für die Auserwählten im Land.

Sie bringen die Große Ernte,
Die Ernte von Erde und Luft,
Die Ernte von Wasser und Feuer,
Verzweifelt nicht, junge Krieger,
Seht die aufgegangenen Sonnen an,
Die neu erstandene Erde,
Die tapfere Zeit kommt zurück!'"

Ich kann nicht erklären, wie sehr die Erzählung und die Prophezeiung mich erregten. Ich hatte selten eine gut erzählte Geschichte gehört, vielleicht war meine ganze Fähigkeit zum Zuhören vom Haß auf Charan, den Erzieher, vergiftet.

Die Wunder nahmen noch kein Ende. Ein tiefes polterndes Geräusch ertönte wie ein Donner, und ein paar von den Neuankömmlingen zogen die Köpfe ein. Ich saß aufrecht, ebenso wie die Pentroy neben mir, aber ich muß gestehen, wir tasteten nacheinander und faßten uns bei den Händen. Dann bewegte sich am rückwärtigen Ende des Podestes die ganze Wand. Unter fürchterlichem Quietschen und Schütteln, man meinte, der ganze Tempel stürze uns auf die Köpfe, rollten zwei riesige Steinblöcke seitwärts in ein dunkles Loch und nahmen sogar auch das feurige Becken mit in die Dunkelheit.

Dann leuchtete ein kleines Licht aus dem Dunkel und wurde heller; ein kleiner scharfer Ton von einer hölzernen Trommel erklang mehrmals. Wir sahen, wie eine Gestalt erschien, vor unseren Augen Gestalt annahm. Das Licht schien aus der Gestalt selbst, während sie immer deutlicher wurde. Da stand Orath Veer, groß, gebieterisch, wie ein Gott. Er trug ein langes Gewand, das aus Licht gewebt schien, mit Regenbogenfarben und schillernden Streifen übersät, die in den Augen schmerzten. Sein Kopf war mit einem dichten, rotbraunen, zeremoniellen Kopfschmuck in Form einer Perücke gekrönt, darüber trug er einen hohen Helm aus den heiligen

Metallen Sonnengold und Sternengold. Seine Stirn war breit und ruhig, seine Gesichtshaut glänzte. Seine Augen waren hell mit einem Ausdruck von Adel und Weisheit, der all die Prunkgewänder an ihm überstrahlte und bis zu jedem von uns durchdrang.

„Willkommen!" sagte Veer mit einer vollen, weichen Stimme, die durch das alte Gebäude hallte. „Willkommen, junge Krieger. Der Tanz der Schnitter hat begonnen, die Kleider der Geduld und des Schweigens sollen abgeworfen werden!"

Der Trommelrhythmus hatte sich geändert, und die Älteren begannen einen Willkommensgesang, eine Variation des ersten Lieds, das wir gesungen hatten.

„Mara no Torin-na,
Mara no Es-run,
Orath Ta-van."

„Webt die große Welt,
Webt das Licht und das Dunkel,
Willkommen dem Lehrer."

Der Chor schwoll an und ebbte ab wie die Wellen des Großen Ozeans, aber zum ersten Mal wurde ich nicht ganz mitgerissen. Ich starrte auf die helle Gestalt des Zauberers und machte mir über ein technisches Problem Gedanken. War Veer, der Lehrer, leiblich anwesend, oder erlebte ich zum ersten Mal die mächtige Zauberkraft der Projektionen?

Jetzt sah ich zu, wie Veer, der Lehrer, aus der seltsamen Vertiefung in der Tempelmauer heraustrat und mit Hilfe der älteren Schüler, die die Legende erzählt hatten, auf dem Podest nach vorn schritt. Der Lichtschein, der von ihm ausging, verringerte sich nur geringfügig: Ruhe gebietend, hob er die Hände.

„Ich bin hier mitten unter euch", sagte er mit dieser starken Stimme, die unsere Liebe erzwang. „Ich werde unter euch sein, während ihr lernt und euch vorbereitet für das Große, das kommen wird. Wetzt eure Klingen ... macht euch stark an Geist und Körper. Werft alte Hemmnisse über Bord, wie ihr alles abwerft außer eurem eigenen Namen. Bei der morgendlichen Wachablösung werde ich wieder mit euch sein."

Der Trommelrhythmus wechselte wieder. Veer schritt zurück ins Dunkel und entschwand den Blicken. Bevor er sich gänzlich in Dunkelheit auflöste, kamen die Steine mit dem gleichen Poltern wieder in Bewegung, und die Wände schlossen sich; das Becken, immer noch voll Feuer, loderte an der Wand hinter dem Podest. Die Stakaia, die bewaffneten Schutzwachen, hatten die Halle verlassen. Nach einer ehrerbietigen Pause traten die Tempeldienerinnen in ihren rosabraunen Gewändern hervor und brachten Tabletts mit Speisen. Ich verschlang meinen Honigkuchen so gierig wie ein ausgehungerter Bohnenpflücker.

„Wenigstens ist das Essen nicht schlecht", sagte der Pentroy-Neuankömmling neben mir.

Ihr Name war Heeth. Sie war kräftig, sonnengebräunt und hatte den Ruf eines Raufboldes. Das erklärte sich leicht – wenigstens glaubten Seret und ich das – aus ihrer peinlichen Verwandtschaft. Es war schon schlimm genug, daß sie einen gewöhnlichen Blutsvater hatte, Peran, den alten Architekten, aber schlimmer noch: Sie war die jüngere Schwester von Murno Pentroy, dem sogenannten Helden. Seret und ich waren uns einig, daß es kein härteres Schicksal gab als dieses; selbst das Los, mit Guno Deg verwandt zu sein, war erträglich im Vergleich zu der ständigen Belastung, Schwarzlockes kleine Schwester zu sein.

Ich hatte mich mit Seret gezankt wegen der Geschichte um Schwarzlocke – ein öder Angeber – und seiner Verbindung mit Nantgeeb. Ich mochte es nicht, wenn irgendwelche Zauberer kritisiert wurden, und meinte, Schwarzlocke müsse mindestens ein fähiger Pilot sein.

Heeth starrte mich jetzt unwirsch mit dem typischen finsteren Pentroyblick an und sagte: „Was machst du denn überhaupt hier, Rovan? Hat sich jemand mit deinem Alter verrechnet?"

„Ich habe besondere Gründe ..." sagte ich.

Ich stieß ganz leicht, und der Anhänger, den sie trug, federte hoch und berührte ihre Stirn. Sie zuckte überrascht zurück und lachte dann.

„Oh, ich hatte vergessen ... du bist ja Gunos heimlicher Schandfleck", meinte sie, „Rovan, der alte Topfzerschmeißer."

„Ausgerechnet du mußt das sagen", sagte ich. „Wie geht es denn deinem großen Heldenbruder? Irgendwelche neuen Kunststückchen vollbracht?"

Einen Augenblick lang dachte ich, sie würde mir ins Gesicht schlagen, aber sie besann sich und lachte wieder.

„Friede!" sagte sie. „Wir sollten lieber keinen Streit anfangen. Tut mir leid, daß ich dich geärgert habe. Will der Lehrer dich als Zeugen oder so was?"

„Zur Ausbildung", sagte ich. „Hör zu, Heeth. Gibt es hier noch jemanden, irgendein anderes Clankind, das Geisteskräfte hat?"

Sie dachte einen Moment lang angestrengt nach und schüttelte dann den Kopf.

„Hier keinen", meinte sie. „Na, ein paar könnten schon ganz gut abschneiden in der ‚Gedanken-Anfängerklasse'. Ich habe eine kleine Halbcousine, eine Galtroy ... auf die Nerven kann die einem gehen, aber sie könnte diese Geistesmacke haben. Aber in dieser Altersgruppe bist du der einzige."

Zu diesem Zeitpunkt betraten vier Nachzügler die Halle und gingen zu den ältern Schnittern.

„Blaues Feuer!" sagte Heeth. „Wer sind *die* denn? Teil des Unterhaltungsprogramms?"

„Nicht ganz", erwiderte ich, mit einem Grinsen über den grausamen Witz. „Das sind die Beutel-Vier, die Vierlinge von den Delta-Luntroy."

Sie sahen äußerst seltsam aus: untersetzte Wesen mit unschönen Gesichtszügen, zwei Mädchen und zwei Jungen, alle völlig gleich aussehend und alle in altmodische Umhänge aus grauem und blauem Stoff gekleidet. Es hieß, daß eine ihrer Großmütter bei der Geburt der vier aus Scham gestorben sei, daß sie überhaupt niemals erschienen seien, daß sie in die Haut eingenähte Masken hätten, damit man sie unterscheiden konnte und daß sie in einem besonderen Haus gehalten würden, fast ein Gefängnis, um sie vor neugierigen Blicken zu verstecken. Sogar ihre Namen wurden als Hinweis darauf ausgelegt, daß sie nicht sehr erwünscht waren, denn sie hießen einfach Dru, Druto, Yod und Uyod: Erstes, Zweites, Drittes und Viertes. Dennoch war Luntroy ein beliebter Clan unter seinen Peers, und der ältere Zweig, der unter der Leitung der Alten Noon stand, hatte den Ruf besonderer Fairneß.

Jetzt kamen die Vierlinge, die „vier Flachsblüten an einem Stengel", eilfertig in die Halle, wobei ein scheues Lächeln ihre reizlosen Gesichter aufhellte, als sie sich den Schnittern zugesellten.

„Die sehe ich nun wirklich zum ersten Mal", sagte Heeth. „Glaubst du, diese Geschichten sind wahr?"

„Ich kann es kaum glauben", meinte ich.

Ich sah, daß alle vier Schulterknoten aus roten Bändern trugen, Trauerzeichen.

„Wen haben sie verloren?" fragte ich. „Doch sicher nicht die Alte Noon."

„Nein", erwiderte Heeth, „die alte Firn. Noch eine Großmutter dahin."

„Ich frage mich, ob sie an der Auflösung gestorben ist", sagte ich. „Weißt du von einem Clanangehörigen, der daran leidet?"

Ein Schatten glitt über ihr Gesicht; sie schüttelte den Kopf. „Ich habe nichts gehört", sagte sie kurz.

Ich wußte, daß sie log. Ich hätte in dem Moment ihre Gedanken sondieren können, zögerte aber. Wir hatten einen Anfang in Richtung Freundschaft gemacht, und jetzt war eine Zeit des Friedens. Gerade in diesem Moment wurden wir von den umstehenden Älteren aufgerufen.

„Neue Schnitter in ihre Quartiere!"

Wir Neuankömmlinge wurden mit freundlichen Schübsen in einen Kreis gebracht. Von allen Seiten wurden wir von unseren Geschwistern und alten Freunden und anderen, weniger bekannten Clanangehörigen begrüßt.

„Morgen kommt ihr zu euren Wachgruppen", sagten sie. „Der Lehrer wird zu uns kommen."

Seret flüsterte mir zu: „War es nicht schön? Verstehst du langsam?"

Ich stimmte mit ganzem Herzen zu. In Wahrheit hatte mich die Zeremonie erregt und verwirrt. Ich war auch verwirrt von der Wirkung, die sie auf die Älteren hatte; sie glaubten jedes Wort, das gesagt worden war, und mit einemmal sehnte ich mich danach, auch zu glauben. Die große Ernte: die Welt verändert und erneuert nach *unseren* Wünschen.

Ich marschierte mit den neuen Schnittern davon, Mitje, der Zweite Zauberer, führte uns. Durch einen Steingang kamen wir in einen viereckigen Raum, in dem sich steinerne Zellen ohne Vorhänge und mit Bettzeug und Bettmatten befanden. Uns wurden Plätze zugeteilt – meiner war als letzter neben dem Eingang –, dann gingen wir zu einem Badehaus, in dem es hallte wie in einem Gewölbe und mit Wasser so kalt wie ein Gebirgsbach. Ich saß in meiner Zelle und packte den kleinen Rucksack mit Kleidung aus, den wir als einziges mitzubringen angewiesen worden waren. Eine Omor brachte mir ein Honigwassergetränk; sie sprach meinen Namen und lächelte und sagte, ich solle versuchen zu schlafen.

Es war früh in der Nacht; die Ferne Sonne war noch nicht aufgegangen; ich war nicht besonders müde, tat aber, wie man es mich geheißen hatte. Gute-Nacht-Wünsche hallten zwischen den Zellen, dann war Stille. Ich konnte den schwachen Lichtschein der metallenen Öllampe sehen, die in dem großen Raum, wo wir lagen, an Seilen von der Decke hing. Ich schlief nicht, konnte aber ein wenig dösen. Weniger als eine Stunde darauf wurde ich gerufen; eine Stimme sprach sanft in meinem Geist:

„Rovan ...“

„Ja ...“

„Komm, Rovan ...“

„Wohin? Wer ruft?“

Ich stand auf, tastete nach meinen Sandalen, so leise ich konnte, und ging aus meiner Zelle hinaus, immer noch in der Nachttunika. Rund um mich schliefen die anderen neuen Schnitter fest; nicht einer rührte sich.

„Nimm die Schlangenlampe.“

Ich ging den Weg zurück, den wir gekommen waren, durch den kalten Gang, und ein paar Schritte weiter fand ich eine Metallampe in der Form einer Schlange, die in einer Wandnische stand. Als ich sie hochhob, sah ich einen zweiten Gang vor mir und jenseits davon eine weitere Halle. In dem Raum, wo wir der Zeremonie beigewohnt hatten, konnte ich die Älteren lachen und springen hören, aber ich wußte, daß mein Weg nicht dorthin führte. Im Geist fragte ich:

„Wo? Wohin muß ich gehen?“

Ich bekam keine Antwort, und ich wußte, dies war eine Prüfung meiner Kräfte. Auch eine Mutprobe war es: Ich sondierte ins Dunkel des Gebäudes und fand es kalt, dunkel, alt. Doch ich wußte, wo es entlangging. Ich ging in die Halle hinein und fand vier Treppenaufgänge, die in die Schwärze hinaufführten. Ich sondierte aufs neue und spürte eine Präsenz wie einen Lichtschimmer. Ich wählte eine Treppe und stieg hinauf, über Steingeländer auf schattendunkle, steinerne Orte blickend. Ich sehnte mich nach der Helligkeit der Villa oder der hellen Geräumigkeit unseres Stadthauses in Rintoul.

Der Treppenaufgang führte geradewegs nach oben durch die Galerie mit ihren aufgerollten Läden, direkt über den Eingangshallen. An einer Stelle konnte ich durch ein Fenster auf die Tempelummauerung sehen, die jetzt von der Fernen Sonne beleuchtet war; an einer anderen konnte ich, wenn ich mich hinunterlehnte, gerade den hellen Platz sehen, wo die Schnitter ihren Messertanz übten. Dann befand ich mich auf der zweiten Ebene des Tempels in einem weitläufigen, quadratischen Gang, modrig, schwarz und still wie ein Grab.

Doch ich wußte, wohin ich zu gehen hatte. Viele Räume waren von diesem Gang aus zu erreichen, Räume, die nicht mit Vorhängen oder Rolläden geschlossen waren, sondern mit Türen aus Holz und Metall. Unter einer oder zwei dieser Türen schien Licht hervor, aber ich ließ mich nicht täuschen; das Licht, nach dem ich suchte, war weiter vorn. Am Ende dieses ersten Ganges hielt ich bei einer offenen Stelle in der Wand an, kein Fenster, sondern ein weiter Vorbau mit eckigen Säulen, der geradewegs über das Ende des Gebäudes zu ragen schien. Das Licht der Fernen Sonne drang nicht über die Säulen dieses Vorbaus hinaus. Ich stand in der Dunkelheit, im kleinen Lichtkegel der Schlangenlampe, und blickte auf den ausgeblichenen Sand und die stillen Ruinenhaufen.

Direkt zwischen zwei Säulen sah ich den anderen großen Tempelbau, den spiralförmigen Pavillon. Er war schwer, doch gefälliger als der kantige Bau, in dem ich mich befand; ein Weg führte in einer Spirale vom Boden bis zur Spitze, dessen unterer Rand dicht mit Pflanzen bewachsen war. Ich wollte den Ort mit meinen Sinnen erforschen und versuchte kurz, eine Verbindung herzustellen, erhielt aber einen Schock, der mir die Sinne wirbeln ließ. Nie war mir etwas so Fremdes und Furchterregendes begegnet; selbst die Erfahrung, den Geist eines Außerplanetarischen zu sondieren, war nicht so fremdartig. Es war, als hätte ich zum erstenmal mit einer Welt von Geistern, Dämonen Fühlung genommen ... ein Reich der Kälte, bedrohlich und verboten. Mein Geist schreckte zurück, und so schnell ich konnte, suchte ich nach Verbindung, nach jenem Schimmer des Geistlichtes, das mich bisher geleitet hatte.

Ich wandte mich zum rechten Arm des Ganges und rannte fast zu der Tür, von der ich wußte, daß es die richtige war. Ich schlug mit der flachen Hand dagegen, und da sprach wieder die Stimme in meinem Geist:

„Die Tür ist nicht verschlossen."

Ich machte mir an der Tür zu schaffen, drückte mit der Hand, dann mit der Schulter dagegen, denn außen war kein Griff. Da half nichts: Ich trat zurück und stieß mit aller Kraft meines Jayarn zu. Die Tür flog so gewaltsam auf, daß alles, was sich an Gegenständen dahinter befand, polternd umstürzte. Ich lief hinein ins Licht und in die Wärme des Gemachs.

„Bravo!" sagte eine vertraute Stimme. „Himmel ... das nenne ich Kräfte haben, Rovan!"

Ich sah einen Fremden, lächelnd und mit ausgestreckten Händen. Endlich war ich in die Nähe Orath Veers gekommen.

Außer der Stimme und, aus nächster Nähe, den Augen, gab es nichts, was er mit der glitzernden Erscheinung bei der Zeremonie gemeinsam hatte. Ich bemerkte, daß er jung war für den Ersten Zauberer des Tempels, vielleicht dreißig Jahre nach seinem Erscheinen. Er war etwas über mittelgroß und kräftig athletisch gebaut, er bewegte sich wie ein Schauspieler oder Tänzer. Sein Haar war ungewöhnlich kurz geschnitten und lag an wie eine braune Kappe, kaum über die Ohren reichend. Er hatte ein gutaussehendes, lebhaftes Gesicht, beherrscht von bemerkenswerten, lohfarbenen Augen, mit denen er jeden unwiderstehlich für sich einnahm, der ihm begegnete.

Ich sah sofort, und es war wie ein Schock, daß er kein Clanangehöriger war. Sein Aussehen entsprach genau dem, was er ursprünglich gewesen war: ein Städter, tatsächlich ein Mitglied einer Kaufmannsfamilie aus der freien Stadt Otolor. Mit sorgsam leer gemachtem Geist stellte ich mich vor ihn und machte eine Huldigung.

„Nein, tu das nicht!" sagte er mit einer warmherzigen, wundervollen Stimme. „Du brauchst den Kopf nicht mehr zu beugen oder in die Hände zu klatschen, Rovan. Wir bevorzugen dieses Begrüßungszeichen ..."

Er kreuzte die Arme über der Brust, wie wir es bei der Zeremonie zum Klatschen gemacht hatten, breitete sie wieder aus und hielt die Handflächen zu beiden Körperseiten nach oben als Begrüßungszeichen der „offenen Tür". Ich ahmte die Bewegung nach und lächelte zum ersten Mal.

Der ungewöhnliche Raum, in dem wir standen, war, wie ich dann bemerkte, üppig mit dunklem, alten Stoff ausgestattet, der die ganzen Steinmauern bedeckte; auf dem Boden lagen Binsenmatten mit hübschen runden Teppichen darüber. Ein steinerner Alkoven war in eine Wand gebaut, wo in einem flachen Metallkorb ein Feuer brannte: der erste „Kamin", den ich je gesehen hatte, in die Wand eines Raumes gebaut und mit einem eigenen Rauchloch oder Schornstein. Das Zimmer war voll mit schönen und interessanten Dingen, die entweder auf Steintischen oder frei aufgestellt waren.

Da waren Edelsteine in Baum-, Vogel- und Tierform gearbeitet, alte, blankpolierte Waffen und alte Rüstungen ... einschließlich jener, die ich beim Türaufstoßen umgeworfen hatte. Es gab Töpfergefäße in allen Formen und Größen mit Bildmalereien, Lampen, darunter eine, die wie ein Rad aussah, das von der Decke hing, mit zwanzig Kerzenkegeln darauf.

Das Ende des Raumes war mit Läden verschlossen, bis auf eine Lücke in der Mitte: eine Öffnung auf den Säulenvorbau, durch die ich den spiraligen Bau erkennen konnte, der mich erschreckt hatte.

„Was ist das für ein Tempel?" fragte ich.

„Das ist das Grab", sagte Orath Veer. „Hast du noch nichts vom Hügel der Toten gehört?"

Ich erinnerte mich, das war die Begräbnisstätte für bestimmte herrschende Geister: Erste Zauberer ebenso wie bestimmte Krieger alter Zeiten wurden nach ihrem Tod hier aufbewahrt, aber auch die Torlogan und die Großen Alten von Torin. Das erklärte nicht, warum der Ort solch eine bedrohliche Atmosphäre hatte. Ich war schon vorher an Gräbern gewesen und hatte sie als traurig und kalt, aber kaum furchteinflößend empfunden. Vielleicht hatte einer der alten Zauberer den Ort mit einem Bann belegt, um Grabräuber fernzuhalten ...

Ich wandte mich wieder der Wärme des Gemachs zu. Mit seiner ganzen Anhäufung von Dingen glich es mehr einem Raum in einer üppigen, bequemen Villa. Ich setzte mich jetzt mit Orath Veer, und er fing an, sanft und vernünftig über die Schulung der Kräfte eines Zauberers zu sprechen. Es war das erste Mal, daß jemand das mit mir tat, und obwohl ich müde zu werden begann, konzentrierte ich mich, so sehr ich konnte.

In dem Programm aus Auswendiglernen von Runenbändern, Weit-Sprechen, Projektion, Jayarn schien es nichts zu geben, was ich nicht zu Zeiten würde lernen können. Es gab ein Übungsmuster mit Fasten und anderem, das sich hart anhörte, aber ich freute mich auch auf diese Proben. Veer sprach mit einem Lächeln immer wieder von der Zeremonie, der ich beigewohnt hatte: den Hoffnungen auf die Große Ernte, den Prophezeiungen, die erfüllt würden. Für ihn war dies das Ziel aller Schulung.

„Ja, aber wie soll das geschehen?" rief ich schließlich, mitgerissen von seinem Eifer, dem Geist, der aus seinen glänzenden Augen blickte.

„Verstehst du nicht, kleiner Rovan?" Er lächelte. „Die Prophezeiung ist eine Aufzeichnung dessen, was geschehen wird, geschehen muß."

„Aber die Schnitter, Ihr selbst, der Lehrer ... es ist doch nicht unsere Aufgabe, hier zu sitzen und abzuwarten, daß sich diese Dinge erfüllen", sagte ich. „Die Fäden selbst, an denen die Welt hängt, müßten anders werden."

„Das werden sie!" sagte er. *„Alles arbeitet in unserem Sinne.* Denk daran. Was für dich wichtig ist, das ist, an die Lehre zu *glauben."*

„Sie ist wunderbar", sagte ich. „Aber so gewaltig. Ich kann kaum glauben ..."

„Ich werde dir helfen!"

Wir saßen mitten im Zimmer, nicht weit vom „Kamin", da federte Orath Veer hoch und zog an einem dicken, mit Seide gebundenen Seil, das an den Wandbedeckungen hing. An der Seite des Raumes gegenüber dem Vorbau raffte sich ein ganzer Teil der dunkelgrünen Vorhänge zur Seite. Da war der Gobelin. Er reichte vom Fußboden bis zur Decke, fünfmal so groß wie die Kopie, die in unserer Villa hing. Die Figuren hatten Lebensgröße, und es gab viel mehr davon, und alle scharten sich hinter die drei jungen Krieger im Vordergrund. Doch die Kopie war gelungen ... der Ausdruck der Krieger, das Geheimnisvolle, das Herabsteigen des grünen Vogels, das war alles da in der alten Arbeit. Ich sprang mit einem glückseligen Aufschrei hoch, und es zog mich, diesen wundervollen Anblick von nahem zu betrachten.

„Du kennst die Kopie, und du kennst deinen Platz in dem Werk", flüsterte Veer an meiner Schulter. „Ich frage mich, wie der Titel der Kopie lautete."

„Junge Krieger Danken für die Ernte", sagte ich, traumverloren das Werk anstarrend.

„Nein, das ist ein Irrtum", sagte Orath Veer. „Diese alten Fäden sind manchmal schwer zu entziffern. Sieh dir den wahren Titel an: *Enstar Otoval Nothebor*, Junge Krieger Rufen zur Großen Ernte auf."

So glaubte ich in jenem Moment so fest wie nur an irgend etwas, meine eigenen Kräfte ausgenommen.

Damit war meine erste Unterredung mit dem Lehrer beendet. Ich ging fort und zurück zu meiner Zelle, um zu schlafen und mich auf das neue Leben vorzubereiten. Die dunklen Tempelgänge kamen mir warm und freundlich vor, so daß ich die Schlangenlampe kaum nötig hatte. Als ich an einem der anderen Räume vorbeikam, unter dessen schwerer Tür Licht zu sehen war, erlaubte ich mir, einen genaueren Blick ins Innere zu werfen. Ich sandte meine Gedanken sanft und vorsichtig aus. Der Zweite Zauberer, Mitje, saß allein in dem Raum, in dem es fast keine Einrichtungsgegenstände gab: In ihm befanden sich eine runde Matte, ein paar alte und fadenscheinige Teppichrahmen an den nackten Steinmauern und ein großes Lager aus Sand und Steinchen, wie ein Steingarten.

Ich blieb stehen und versuchte, mir einen Reim auf die rätselhafte Szene zu machen, wobei ich sorgfältig vermied, in den Kreis von Mitjes Aufmerksamkeit zu geraten. Sie saß auf einem Holzschemel auf der runden Matte und konzentrierte sich auf das Sandfeld. Sie war groß, mittleren Alters und hatte ein mildes Gesicht und ergrauende Haare, die so merkwürdig kurz geschnitten waren, wie die Zauberer sie tragen, um dem zeremoniellen Kopfschmuck Platz zu lassen. Neben ihr auf der Matte lag ein langer Holzstock mit einer Metallspitze. Sie hatte ein Muster in den Sand gezeichnet: eine Doppelreihe rechteckiger Kästchen mit einem Zeichen in jedem Kästchen. Mitje konzentrierte sich sehr stark, ihre Lippen bewegten sich; sie nahm den Stock auf und legte ihn leicht auf jedes Kästchen mit Ausnahme eines einzigen. Ich brach plötzlich mein Sondieren ab und eilte davon; ich hatte verstanden und war bestürzt. Doch bis ich im unteren Stockwerk und in unserem Schlafsaal angekommen war, hatte ich auch dies akzeptiert.

Im Tempel war es jetzt still; ein paar Lichter brannten noch hoch oben an den Wänden, und die Ferne Sonne schien durch die Ritzen der Läden. Die älteren Schüler hatten ihre Übungen beendet und waren schlafen gegangen. Ich spürte ein plötzliches Verlangen, Seret zu finden in diesem riesigen, unvertrauten Haus, aber ich suchte nicht nach ihr. Statt dessen ging ich in meine Zelle neben der Tür, meinem Kästchen, wo das Anfangszeichen meines Namens in den Sand geschrieben war; das einzige Kästchen, wo Mitjes Stock nicht angehalten hatte. Die anderen neuen Schnitter schliefen fest, doch nicht ganz friedlich; sie murmelten im Schlaf. Sie wurden im Schlaf gelehrt. Mitje lehrte jeden von ihnen, mich ausgenommen ... vielleicht war das Honigwasser besonders zubereitet gewesen, ihres zum Einschlafen, meines nicht. Mein eigener Geist war unbehelligt gelassen worden, wenigstens dieses eine Mal, für das Gespräch mit Orath Veer. Ich legte mich auf mein hartes Bett und schlief in der murmelnden Dunkelheit ein.

(II)

Am nächsten Tag begann ich meine Schulung, und die Sommertage waren voll; es gab kaum Zeit, in der ich nicht lernte oder übte.

Orath Veer hatte eine Schwäche für die Zahl sieben; wir sagten uns, daß er vielleicht die Fünferregel brechen wollte, die in Torin herrschte. Alle Jungen Schnitter zusammengenommen ergaben eine Gemeinschaft von elfmal sieben mit einem Anhängsel ... mir selbst. Ich war der Sieben von Valdin Faldroyan Galtroy zugeordnet, dem Sohn des verrückten Erfinders Faldo Galtroy, dessen Landgleiter gerade populär wurden. Es war allgemein bekannt, daß Valdin und seine Schwester Thanar, ein Neuankömmling, der ebenfalls zu uns sieben gehörte, sowohl vernachlässigt als auch verwöhnt waren. So brachten sie zum Beispiel jeder einen neuen „verbesserten“ Landgleiter mit, und ihres Vaters Verrücktheit schienen sie als nichts Außergewöhnliches zu betrachten. Ich mochte Valdin, der stark und ruhig war, ausgesprochen gern, und anfangs brachte ich einige Zeit damit zu, Thanar heimlich zu betrachten; sie war sehr schön.

Weiterhin gehörten zu unserer Sieben ausgerechnet Heeth Pentroy und die Luntroy-Vierlinge. Dieses seltsame Gemisch war bald in bestem Einverständnis, unsere Runenbänder paßten zueinander. Heeth hielt sich mit ihren Schlägen zurück, die vier Flachsblüten sprudelten jeden Tag über vor stiller Begeisterung, die schöne Thanar war, wenn ihre Schüchternheit einmal verschwunden war, ein Teufelskerl, und Valdin hielt uns alle zusammen. Sie akzeptierten mich sogar sehr höflich als ihr Anhängsel, obwohl ich wegen meines Schulungsprogramms recht häufig kam und ging. Wir waren eine lustige Sieben, nicht allzu gut im Messertanz oder bei Jagdspielen, aber glücklich beim Früchtezählen, Gärtnern oder wenn wir im Runenbandraum zu tun hatten.

Dieser goldene Raum befand sich neben der Gemeinschaftshalle im untersten Tempelstockwerk; er hatte neue gemusterte Glasfenster mit vergoldetem Seil zwischen den Scheiben, so daß das Sonnenlicht beim Sortieren und Schriftrollenlesen hineinschien.

An einer Wand des Runenbandraumes hing noch ein Wandteppich, genauso groß und fast ebenso schön wie der in Orath Veers Gemach. Sein Titel war „Der wiedererbaute Tempel“, alle Obeliske standen aufrecht, die Ruinen waren zu Tempeln und Lagerhäusern erstanden; die tiefen Brunnen, aus denen wir Wasser schöpften, hatten neue Schutzdächer aus Stein anstelle der Strohdächer; überall in der Anlage blühten Gärten. Eines Tages fanden wir Orath Veer persönlich vor, als wir in den Raum kamen; er saß vor dem Wandteppich und betrachtete ihn eingehend. Er lächelte und begrüßte Valdins Sieben, und gleich darauf, als wir an unsere Arbeit gehen wollten, rief er uns zu sich.

„Er ist ungenau“, sagte er und wies auf den Teppich. „Eine phantasievolle Wiederherstellung von irgendwelchen Webern, die wenig über die ursprünglichen Gebäude wußten. Ich werde ihn genauer wiederherstellen.“

Der Tempel und das dazugehörige Land wurde uns allen lieb und vertraut. Es kam vor, daß wir morgens oder unter der Fernen Sonne plötzlich ein Trommel- oder Gongsignal für eine „Freiheitsrunde“ bekamen. Dann schwärmten wir alle aus, johlten, so laut wir nur konnten, rannten, sprangen und rollten uns im Sand zwischen den alten Monumenten. Das war eine von Orath Veers gelungensten Erfindungen; seit diesem warmen Sommer am Windfelsen habe ich immer wieder das Verlangen nach einer „Freiheitsrunde" verspürt.

Der Erste Zauberer war ein guter Lehrer und mehr als das; immer war er unter uns, wenn wir arbeiteten, in schlichter Kleidung nahm er an den sportlichen Übungen teil, oder er verwandelte sich in die funkelnde Gestalt, die wir zu Anfang gesehen hatten.

Trotz all der Dinge, die ich zu tun hatte, streifte ich überall im Tempel spähend und lauschend umher. Nie war mir das verboten worden. Es war ausgeschlossen für mich, Orath Veer oder Mitjes Gedanken zu sondieren: Sie waren, wie bei allen Zauberern, abgeschirmt, normalerweise durch ein einfaches Mittel, einen dünnen grauen Metalldraht, den sie in einem Kopfschmuck oder einem Band um den Kopf trugen. Dies blockierte alle Gedanken außer ihren eigenen.

Es gab Dinge zu sehen und zu hören in jenem Sommer am Windfelsen, die mir Rätsel aufgaben und die Zeit noch spannender werden ließen. Auf dem Tempeldach standen sieben Übungsgleiter, verrückte alte Drachen, mit denen die Älteren bei günstigem Wind in die Einfriedung hinuntersegeln durften. Wie konnte ich der Versuchung widerstehen, die günstige Aussicht von meinem Gedankenraum zu nutzen, als zur Zeit der Mittagsruhe einmal ein richtiger Gleiter ankam und ich eine Besuchergruppe vom Dach herunterkommen hörte? Ich sah, daß der Gleiter ein prächtiger Pedalflügler war, der drei Clanangehörige, alle ein wenig älter als unsere Älteren, befördert hatte. Es waren Jathan Noonroyan Luntroy, Cullo Dohtroy, eine bekannte Fliegerin, und ihre enge Freundin Yann Galtroy. Orath Veer kam reich gekleidet in halbzeremonielle Gewänder heraus und führte sie zu seinem Gemach. Eine Schülergruppe zu Besuch bei dem alten Lehrer ihrer Sommer-Übungen? Aber das waren nie seine Schüler gewesen ... er war erst seit drei oder vier Jahren in seinem Hochamt.

Es kamen auch andere Besucher ... Sie erschienen nachts und wurden von Stakaia, den bewaffneten Wächtern, durch die Anlagen geführt. Zur Zeit der Jahresmitte machte ich eine Fastenzeit von einem Tag und einer Nacht als Vorbereitung für eine Prüfung meiner Kräfte; ich saß allein in meinem oberen Raum. Ich hörte das Geräusch schwerer Stiefel und sah, wie die Wache drei Fremde in Veers Gemach führte. Einer war ein junger, mit dem Staub der Reise bedeckter Dohtroy-Vasall, der andere machte größeren Eindruck: eine gewaltige Omor, vernarbt und scheußlich aussehend, ihre Kleider hätten die abgelegten Kleider eines Clanangehörigen sein können, zerlumpter Putz mit einem Brustschild der Pentroy darauf. Der dritte war ein alter Mann, blaßgesichtig und in Schreiberkleidung, vielleicht der Rechnungsschreiber einer Stadtfamilie. Was mochte Veer mit solch beunruhigenden Leuten zu schaffen haben?

Am Vortag der Sommersonnenwende, nachdem ich meine Fastenzeit beendet und meine Prüfung gemacht hatte, hatte ich für den Rest des Tages frei. Ich machte mich auf die Suche nach Seret und den Zwillingen; Aral war der Führer ihrer Sieben, zu der auch die vier Schnitter gehörten, die uns im Tempel empfangen hatten, und sie galten als Ältere unter den Älteren, eine auserwählte Gruppe. Ich fand sie auf Wache im Marvan-o-van, dem Windvogelnest, das sich auf einer der oberen Ebenen des Totenhügels befand, dem höchsten Punkt, den man auf diesem heiligen Hügel betreten durfte. Ich winkte Seret von unten zu und fing an, den breiten gewundenen Aufgang hochzusteigen.

Es war ein ausgezeichneter Aussichtspunkt: Ich konnte die Schnitter auf dem ganzen Gelände bei den Übungen sehen, ein paar Omor bei ihrer Arbeit in den Gemüsegärten und an den alten Stümpfen des Tempelflachsgartens, von deren Anlage her die gesamte Zeitrechnung Torins sich datiert hatte bis zum Neuen Zeitalter.

Mir war unbehaglich hier auf dem Totenhügel; während ich hinaufstapfte, klopfte mir das Herz in der Brust, und ein Gefühl des Grauens zog sich hinter meinen Augen zusammen. Ich ging an den vielen tiefliegenden Nischen in den Wänden vorbei, in denen die Toten einbalsamiert und umwickelt hinter Steinplatten lagen, die so alt waren, daß ich manche der alten eingravierten Schriften nicht entziffern konnte. Nichts strahlte aus von diesen alten Entschlafenen, ich stellte mir vor, wie sie in ihren Totenhemden aufrecht standen, diese vielen verwelkten Hülsen. Die Quelle meiner Furcht schien von etwas im Innern des Hügels auszugehen und auch sehr stark von oberhalb der obersten Ebene, von etwas ganz auf der Spitze.

Ich stieg weiter aufwärts, fast bis zu der Plattform, auf der ich die anderen reden und lachen hörte; es war noch viel Platz übrig in dem Hügel. Ich ging an der neueren Steinplatte vorüber, hinter der sich die Überreste Relrin Relroyan Pentroys, des vorletzten Großen Ältesten befanden. Danach folgten, hinter einem stacheligen blühenden Wolfszahngebüsch, die Grabstädten von drei Ersten Zauberern, darunter auch Veer Danval oder Grünblitz, die die Sommerübungen geleitet hatte, als Mirin, meine Beutelmutter, jung war. Ich versuchte, mich zu beruhigen, meine Furcht zu kontrollieren, und fast gelang es mir. Ich kam an der Grabplatte mit der Namensinschrift des Großen Ältesten Nethyo Nethroyan Galtroy vorbei, der für kurze Zeit das Amt geführt hatte, bevor der Pentroy-Clan seine Vormachtstellung wieder einnahm. Ich gelangte zu der Plattform und lief meinen Geschwistern und Vettern in die Arme.

„Was soll denn das?“ rief Seret. „Aus der Puste nach all dem guten Training!“

„Das Fasten“, sagte ich. „Das war nie meine Stärke.“

Ich fühlte mich schon wesentlich besser, sogar ohne das Maisbrot, eine Tempelspezialität, und die Züge aus den Wasserflaschen an ihren Gürteln, womit sie mich versorgten. Die Nähe dieser starken, schönen, lebhaften Wesen war wie ein Schutzwall gegen alles, was mir Angst machte. Die anderen Angehörigen der Sieben begrüßten mich und übernahmen die Wache aus Rücksicht auf den Familienbesuch. Alles war angenehm und entspannt, voll Liebe, geistig und körperlich.

Man hatte uns auseinandergesetzt, wozu diese Sommerübungen in der Vergangenheit auch gedient hatten. Junge Clanangehörige erhielten die

Gelegenheit, sich kennenzulernen, und Paarungsspiele waren die Vorbereitung für das Abstimmen der Fäden aufeinander und die Gründung von Familien. Wir jedoch waren eine neue Rasse ... die Schnitter, die mehr, weit mehr taten, als bloß sich zu umarmen und in der Sonne Fangen zu spielen. Die Große Ernte war wichtiger für uns als das Abstimmen der Fäden.

Aber als ich da so mit Seret und Froy und Aral in einem vergnüglichen Haufen zusammenlag, wußte ich, daß ihre Fäden tatsächlich gut zueinander paßten; sie waren wie eine Dreierfamilie. Seret brauchte sich keine Sorgen zu machen, daß sie vielleicht mit irgendwelchen Leuten, aus denen sie sich nichts machte, „weggebunden" würde. Ich war nicht eifersüchtig, nur froh und glücklich für sie. Ich wußte, daß ich nicht teilhatte an ihrer Verbundenheit, aber es störte mich nicht. Tatsächlich war mir der Gedanke irgendwo, weit hinter den Augen, willkommen, meinen eigenen Partner, meine eigenen Partner, zu suchen. Das gab einem etwas, worauf man sich freuen konnte, abgesehen von der Großen Ernte natürlich.

Im Moment versuchte ich, ihnen zu erzählen, was mir im Kopf herumging. Waren die merkwürdigen Tempelbesucher beteiligt an dem großen Werk? Wie sollten die Prophezeiungen in die Tat umgesetzt werden? Diese letzte Frage stellte ich zuerst und erhielt fast wörtlich die gleiche Antwort wie von Orath Veer: Hab Geduld. Alles arbeitet in unserem Sinne.

„Beim Feuer!" rief ich aus. „Habt ihr überhaupt keine Phantasie, ihr großen älteren Schnitter? Was wird geschehen?"

Sie lachten laut auf und knufften sich gutmütig.

„Hört ihn an!" sagte Seret. „Hab' ich es nicht schon immer gesagt, daß er ein feuriger Rebell ist, mein kleiner Bruder?"

„Was willst du denn machen, Rovan?" fragte Aral. „Wirst du die Palisaden von Sarunin niederreißen, das fremde Schiff mit deiner Kraft zertrümmern und ihm unseren rechtmäßigen Schatz entreißen?"

Ich war entsetzt über seine Worte. Der Gedanke, den Menschen irgend etwas mit Gewalt wegzunehmen, war mir nie auch nur flüchtig in den Sinn gekommen. Ich verbarg meine Bestürzung und sagte: „Aber das ist es doch gerade, daß die Große Ernte uns *geschenkt* wird! Und, um des Windes willen, ist es nicht eine Art geistiger Ernte, von der die Rede ist?"

„Nicht ganz", meinte Seret. „Zeig's ihm, Froy."

„Dies ist uns *geschenkt* worden, Rovan", sagte Froy, und seine dunklen Augen funkelten.

Er holte ein in Stoff gewickeltes Päckchen aus seiner Tunika und faltete es vorsichtig auseinander. Drin lag ein Messer in einer Lederscheide. Ich konnte sofort erkennen, daß es keine moruianische Arbeit war, es hatte eine gewisse glänzende Starrheit an sich, die von menschlicher Machart sprach. Als Froy es umdrehte, sah ich fremdartige, sonnengoldfarbene Schriftzeichen. Er öffnete einen harten, überzogenen Druckknopf und zog den Dolch heraus. Er war aus silbrigem Metall, hell wie ein Spiegel und tödlich scharf. Nie zuvor in meinem Leben hatte ich einen so bedrohlichen metallischen Gegenstand gesehen. Dagegen mußten unsere besten und echtesten Messer wie aus Holz aussehen.

„Das haben euch die Menschen geschenkt?" fragte ich erstaunt. „War das letztes Frühjahr, als ihr mit der Alten Orn Margan fort wart?"

„Jedem eins", sagte Aral und öffnete seinen Tunikabeutel. „Solche Sachen haben sie auf dem Schiff *Heron,* und wir haben herausgefunden, wo der Rest war."

„Wir sind dreimal dagewesen und können jederzeit wieder hingehen. Wir sind jetzt zum Menschenlager zugelassen, weil Orn Margan mit ihnen befreundet ist. Sie haben keine Geisteskräfte."

Ich wollte so nicht reden, mir war zutiefst unwohl dabei. Ich versuchte, ehrlich zu sein.

„Ich muß sagen, ich mag die Menschen", sagte ich. „Sie sind eigenartig, aber interessant. Sie haben uns nichts Böses getan ... haben uns vertraut ..."

„Seht ihr?" sagte Seret. „Er fängt an zu verstehen. Alles arbeitet in unserem Sinne, Rovan. Die Menschen sind sich nicht im klaren darüber, welche Rolle sie in dem großen Werk spielen müssen."

Ich wechselte abrupt über zu der anderen Frage.

„Es kommen Besucher zum Lehrer, aus Rintoul und Weiß-der-Windwoher", sagte ich, „einige sind Clanangehörige ..."

„Psst ..." machte Froy. „Es geht weiter. Sieben mal sieben dieser heiligen Messer, ihr Metall heißt übrigens *Stahl,* sind in den Norden geschickt worden, das weiß ich."

„Habt ihr sie aus dem Schiff genommen?" flüsterte ich.

„Eine ganze Hartpapierkette voll", sagte Aral stolz. „Es waren genau sieben mal sieben und eins dazu darin."

„Wo ist dieses eine?" fragte ich.

„Gut aufgehoben, kleiner Bruder", sagte Seret mit einer Hand an ihrer Taille. „Bereit für den Tag, an dem wir mit Orath Veer zusammenstehen!"

„Welcher Tag ist das?" fragte ich.

„Das ist noch nicht bekannt", sagten Froy und Aral zusammen. Schnell sondierte ich einen Geist, dann alle drei, und in jedem zeigte sich eine Version desselben Gedankens oder Bildes. Die jungen Schnitter, alle um den Lehrer geschart, grimmig bewaffnet und hoch aufgerichtet, standen sie da in einem Dunstschleier von rosigem Stein. Ich zog den Geist zurück, fröstelnd fast vor Aufregung. Mir war klar, daß es keinen Zweck hatte, weiter mit ihnen darüber zu reden ... sie wurden kontrolliert, sie hatten Anweisungen bekommen.

„Auf jeden Fall siehst du mehr vom Lehrer als wir", sagte Seret. „Du bist gesegnet. Du solltest wissen, was offenbart wird."

„Sei nicht eifersüchtig", sagte ich. „Ich lerne, übe und faste ... aber ich habe wirkliche Freude am Lernen."

„Mehr als mit Charan!" meinte Seret.

Das machte mir mehr Angst als alles andere, was gesagt worden war. Wieder überkam mich ein wildes Haßgefühl für diesen bestialischen Erzieher, der so ungerecht und grausam war.

Ich lenkte meine Gedanken schnell von all den beunruhigenden Antworten auf meine Fragen ab und kroch zurück in die Wärme und Nähe, die wir teilten. Dies waren meine wahren Verwandten, ich mußte ihnen vertrauen und mit ihnen in Sicherheit sein. Ich nahm Zuflucht zu Gedanken an den Lehrer. Orath Veer mußte wissen, was am besten war. Die Große Ernte war vorbestimmt – was immer sie brachte, *mußte sein*. Ich tröstete mich sogar mit dem Gedanken an Gehorsam: Ich, Rovan, war ein Schüler in Ausbildung, ich würde meine Anweisungen befolgen, und nichts Böses würde mir geschehen. Mit Sicherheit konnte mir kein Vorwurf gemacht werden, weil ich Befehle entgegennahm ...

3
Seltsame Begegnungen
(I)

Das Fest der Vier Winde, zu Hause immer die Zeit für Drachenfliegen und Riesenspaß, war eine Enttäuschung im Tempel. Wir schliefen lange, und als wir aufwachten, waren alle Feuer schon seit Morgengrauen ausgelöscht. Den ganzen Tag gab es kaltes Essen, und wir verbrachten einen Teil des Tages mit Meditation. Am Nachmittag gab es doch noch ein bißchen Spaß mit den alten Gleitern: Vier davon wurden mit Girlanden aus Flachsfäden behängt und anstelle der Drachen vom Tempeldach abgeschossen. Froy und Aral und die übrigen Dohtroy machten uns wahnsinnig mit ihren angeberischen Geschichten von Feuerwerken und aufregenden Dingen, die es zur Sommersonnenwende in Tsagul, der Feuerstadt, gab. Daraufhin gab es Freizeit für alle und eine spontane „Freiheitsrunde", vor Ende des Tages wurden ein paar Strafen verhängt.

Am nächsten Tag, als alle Zeremonien beendet und die Kochfeuer wieder angezündet waren, ging ich mit Orath Veer auf dem Tempeldach umher. Es war ein warmer Morgen mit heiß lauerndem Wüstenwind hinter den Hügeln. Der Lehrer war in bester Stimmung und freundlicher denn je, und ich stellte ein paar Fragen.

„Ja", antwortete er, „der Große Älteste wird zu seinen Vorfahren heimgehen. Sein Seelenvogel richtet sein Gefieder zum Flug."

In seinen Augen lag ein gespannter Schein.

„An diesem Tag war es, kleiner Rovan ... heute vor vier Jahren in Itsik, da sah ich die Zukunft in Tiath Pentroys Hände geschrieben. Ich las ihm aus der Hand, das gehörte zur Zeremonie in seinem Reisepalast. Das Schiff aus dem Nichts war gelandet ... ich kann seine Kraft nicht beschreiben ... es herrschte Verwirrung und Aufregung bei der Ankunft Scott Gales, der seine Mitmenschen retten wollte. Ich war dort als Zweiter Zauberer des alten Veer Yorowel, der nicht viel später von uns gegangen ist. Ich sah die Zukunft, die Große Ernte, ganz klar in dem Moment, als ich erkannte, daß der Große Älteste sterben mußte."

„Wie lange, bevor Tiath...?"

„Lange genug!"

Dann wurde seine Stimme weicher:

„Wir müssen weiterkommen. Der erste Teil deiner Schulung ist beendet. Rovan, und du mußt wissen, welches deine Rolle in dem großen Werk ist. Vor dir liegt eine sehr delikate und besondere Aufgabe."

Er ging auf einmal zum Rand des Daches und starrte in die Richtung des Sonnertors, des Haupteingangs zum Tempelgelände. Er lag zwischen zwei Hügelarmen fast eine halbe Webermeile jenseits des goldenen Sandes vor einer Allee zusammengestürzter Säulen.

„Noch mehr Besucher", sagte er. „Was siehst du?"

Ich lenkte meinen Geist bis hinter das Tor und hielt gehorsam Ausschau.

„Das sind ja Wirbler!" rief ich. „Werden sie im Gelände für uns tanzen?"

„Nein", sagte Orath Veer, „das ist nicht erlaubt. Diese ‚Geisteskrieger' müssen außerhalb des Tores bleiben. Aber ich werde ihre Führer empfangen."

„Es ist keine große Gruppe", sagte ich. „Ungefähr vier Fünfen."

Ich öffnete die Augen, als die staubigen Gestalten in ihren blauen Lumpen soeben an dem nordwestlichen Hügelausläufer in Sicht kamen. Ich hatte gesehen, daß sie für eine Reise ausgerüstet waren; sie führten einen Räderkarren und ein Sonnendach, aus lauter blauen Kratzvogelfedern gemacht, mit sich. Jetzt bewegten sie sich leicht zur Seite und bauten anscheinend ihr Lager um den kleinen Brunnen vor dem Sonnertor auf. Veer fing wieder zu sprechen an.

„Zu normalen Zeiten gibt es im Land von Torin nicht mehr als sieben oder acht tätige Zauberer", sagte er. „Wir haben einen Ruf, eine Legende, die viel größer ist als unsere derzeitige Macht. Es gibt viele andere mit mehr oder weniger entwickelten starken Geisteskräften ... Zeugen und einige von diesen Wirblern zum Beispiel.

Ein Zauberer außerhalb dieser edlen Einrichtung lebt davon, daß er seine Fähigkeiten verkauft wie ein Gelehrter oder Schauspieler. Die Ulgan von Cullin sagt im Norden Wetteränderungen voraus und leitet eine Druckerei und eine Wollhirschfarm. Nantgeeb war früher im Dienst der Alten Noon Luntroy; ihr Landhaus im Osten steht auf einem alten Anwesen des Luntroylandes, deren letztem Gebiet im Osten. Sie hat Güter und Kredite mit dem Entwurf verschiedener Maschinen verdient. Flugmaschinen, natürlich ... und die Wasserlifte in den Wolkenkratzern von Rintoul ... ein Teil des Entwässerungssystems der Stadt Otolor. Ihre Kräfte sind sehr groß, aber ihr Geist ist der einer Gelehrten; ich glaube, sie hat keine große Achtung vor irgend etwas außer gewissen ‚Naturgesetzen'. Seit einem halben Jahr hat sie keinen Schüler in ihr Haus genommen – du wirst zu ihr gehen; ich habe das arrangiert."

„Habt Ihr mit Nantgeeb gesprochen?" fragte ich.

„Mehrmals im vergangenen Jahr", sagte er. „Ich habe versucht, einen Dialog mit ihr zu beginnen. Wir tauschen auch Runenbänder aus, allerdings nur über Gebiete ihrer sogenannten ‚Forschung'. Sie hat anscheinend wenig Interesse an den Prophezeiungen oder der Großen Ernte. Sie hat ebenso viele schwache Punkte wie jeder andere auch. Wenn die Zeit der Erfüllung gekommen ist, wenn Esrundar, die Trauerzeit, begonnen hat, dann wird sie informiert werden. Bis dahin muß ich wissen, was sie tut."

Da dämmerte mir, welche Rolle ich im großen Werk spielen sollte, und ich hatte Mühe, es zu schlucken. Wir sahen, wie sich zwei Gestalten von der Gruppe der Wirbler lösten; sie gingen auf das Tor zu und wurden von der wachhabenden Sieben eingelassen. Während sie stetig auf uns zukamen, huschte ich im Geist näher heran und sah sie mir an.

„Nun, was sind das für Anführer?" fragte Veer aufgeräumt.

Ich sah, daß beide groß und dünn waren, wie es diese Leute gewöhnlich sind. Einer war ein alter Mann, braun und knochig, als hätte er so lange im Wüstensand gelegen, bis sein Gerippe mumifiziert war. Der andere war eine Frau, viel jünger, eine wilde, zerlumpte Schönheit. Ihr dunkelrotes Haar, die Farbe hieß „getrocknetes Blut“, hing ihr bis über die Taille; ihre Glieder waren kräftig und braun, die glatten Muskeln standen auf ihren dünnen Armen hervor.

„Ja“, sagte Veer, als er meine Beschreibung hörte, „Petsalee, Gastgeber der Geister, der alte Feueranfacher, und die schöne Astagwey, die Weiße Lanze, eine neue Kraft unter den Geisteskriegern.“

„Warum sind sie hier?“ fragte ich. „Ist es wegen der Sommersonnenwende oder wegen der Großen Ernte?“

„Sie kommen, um zu beten“, sagte Orath Veer, „und weil sie um Rat bitten wollen. Im Norden herrscht große Not wegen der Mißernte und einer Wollhirschkrankheit.“

„Im Pentroyland?“

„Du denkst immer noch in Clan-Begriffen.“ Er lächelte. „Die Not kann sich südwärts ausbreiten.“

Wir gingen vom Dach hinunter; am Fuß der Treppe standen zwei Omor und hielten ein himmelblaues Gewand mit eingewirktem Stern-Gold, dem seltensten Metall der Welt, so heilig, daß es nicht wie gewöhnliches Silber zum alltäglichen Gebrauch verwendet werden kann. Veer zog das Gewand über seine Tunika, und wir schritten langsam weiter nach unten zur Eingangshalle.

„Lehrer“, sagte ich, „was sollen wir glauben in bezug auf die Feuer-Metall-Magie? Der Tempel ist voll mit Feuer und Metall, aber die alten Fäden waren strikt...“

„Die alten Fäden haben sich in letzter Zeit beträchtlich gedehnt“, sagte er, „vielleicht zu sehr. Der Gebrauch von Feuer und Metall sollte auf jene beschränkt sein, die gereinigt sind und diese Dinge für eine gute Sache benutzen.“

So gelangten wir zur Halle, wo Mitje, der Zweite Zauberer, von zwei von den Sieben, die nicht auf Wache waren, zusammen mit den Tempeldienerinnen zur Begrüßung der Gäste Aufstellung genommen hatten. Orath Veer hatte den Zeitpunkt seiner Ankunft gut abgepaßt und trat in seinem großartigen hellblauen Gewand gerade hervor, als die Wirbler hereinkamen. Sie verneigten sich vor ihm, und er hieß sie mit dem Gruß der offenen Tür willkommen; eine Trommel ertönte, und wir machten alle die Begrüßungsgeste.

Als ich die zwei „Geisteskrieger“ ansah, kamen sie mir fremdartig und furchterregend vor. Sie rochen nach dem tiefen Norden, dem Land der Buschweber. Wie sie mit Veer sprachen, waren ihre Stimmen schroff, und ein starker nördlicher Akzent klang in ihnen. Sie gingen auf die Treppen zu, und plötzlich wandte der alte Mann, Petsalee, den Kopf und sah mich an. Sein Gesicht war wie ein Totenschädel, seine tiefliegenden Augen waren dunkel und funkelnd. Er sprach mit dem Lehrer, und Veer winkte mich heran. Petsalee hörte meinen Namen. Veer beschrieb mich als „Nardan“ ... einen Gehilfen oder jungen Schüler; ich wußte nicht, ob mir dieser Name gefiel oder nicht.

„Du bist in meinen Träumen erschienen, Rovan“, sagte Petsalee.

Ich sah in sein schreckliches Gesicht und sagte respektvoll: „Ich bin sicher, es ist ein Zeichen großen Glücks, in Euren Träumen gesehen zu werden, edler Petsalee.“

Orath Veer lächelte milde bei dieser Antwort, so als hätte ein Kind seinem Vater Ehre gemacht. Die drei verschwanden nach oben, und der Tag nahm seinen gewohnten Gang.

Während ich in meinem Gedankenraum in der zweiten Ebene arbeitete, lag mir der ganze lange Tag der Konferenz zwischen Orath Veer und den beiden Geisteskriegern schwer im Bewußtsein. Selbstverständlich lauschte ich nicht, aber die Luft schien angefüllt mit Wellen von Streit und Schwierigkeiten. Orath Veer war den ganzen Tag lang nicht zu sehen; Mitje übernahm alle seine Zeremonien. Ich sah, wie mehrmals Essen in Veers Privatgemach gebracht wurde. In der Nacht fingen die Wirbler unter der Fernen Sonne ihren Tanz vor dem Sonnertor an, und wir standen alle an die Einfriedungsmauer gedrängt, um ihnen zuzuschauen.

Als sie zehn Jahre war nach ihrem Erscheinen und ich acht, waren Seret und ich weggelaufen, um die Wirbler tanzen zu sehen. Eine Gruppe war in Linlor aufgetaucht; sie tanzten auf einem Flußfeld zwischen dem Troon und dem kleinen Fluß Lin. Ich erinnerte mich, wie ich in jener kurzen Frühlingsdunkelheit im hohen Gras gelegen hatte und mitten in ihrem Kreis die blaue Säule des „Wirblerfeuers“ hatte aufflammen sehen. Das Klimpern der Muschelarmbänder, jetzt, als die Wirbler sich zum Tanz auf dem Wüstensand vorbereiteten, brachte mir dies in wunderbarer Klarheit wieder vor Augen. Ich streckte meine Hand aus, legte sie ihr auf den Arm und sagte im Geist:

„Ach, weißt du noch, das Feld am Fluß ...“

Seret antwortete in ihrer undeutlichen Geistessprache, die ich so viele Tage nicht gehört hatte: *„Ruhe. Was soll das, die schlechten alten Zeiten wieder auszugraben?“*

Diese Antwort ließ mich zurückschrecken. Es kam mir vor, als hätte Seret all unsere guten Kindheitserinnerungen von sich gestoßen; es gab nicht so viele davon, wie uns lieb gewesen wäre, und oft lag der Schatten der Clan-Disziplin darüber, trotzdem waren sie gut. Plötzlich sehnte ich mich danach, die Villa in Linlor und die grüne Landschaft wiederzusehen, aber ich verdrängte diesen Wunsch.

Ich lenkte meine Aufmerksamkeit auf die neue Schar von Wirblern, die sich aufs Tanzen vorbereiteten. Während der Abwesenheit ihrer beiden Führer hatten sie deren Abzeichen in der Nähe des kleinen Brunnes im Sand aufgestellt: eine Lanze mit weißen Federn für Astagwey und einen Stab mit rotgefärbten Streifen, wie Trauerbänder, für Petsalee. In der Mitte ihres Kreises flammte das Feuer auf, und wieder begann der dumpfe Rhythmus, die Muschelarmbänder klirrten, und ich lauschte dem neuen Gesang:

„Betet für den Großen Führer Petsalee,
Der fliegt als erster auf den Flügeln des Windes,
Der Umarmung von Eenath entgegen ...
Betet für den Alten Feind,
Fortgeweht gleich einem aufgelösten Runenband,
Der Umarmung von Eenath entgegen, der Geisteskriegerin,
Betet für das Volk des Nordens,
Für das Weberkind, tot im Beutel seiner Mutter,
Für den leeren Bauch und den leeren Pferch,
Für das Volk des Nordens, ausgebrannt und verraten.
Betet für die Ulgan von Cullin,
Betet für die mächtige Wettermacherin,
Sie fliegt nach Hause zwischen Sternen und Wind.
Betet für Nantgeeb,
Kind des Westens, Licht des Ostens,
Vom Blitz gestreift, von den Flügeln des Falken fortgerissen,
Betet für die gefallenen Helden,
Jene von Silberschwingen umhüllten,
Die das Feuer entfachten.
Betet für den stolzen Gleichmacher,
Den Einen, dessen Namen zu sagen wir nicht wagen,
Ins Feuer, ins Dunkel fliegt er zuletzt,
Betet für die Krieger,
Oh betet für die jungen Krieger,
Aus Regenbogenfarben gewebt, aus Schmerz und Leid gewebt,
Betet für sie alle
Auf dem Weg in die Umarmung von Eenath."

Ich lauschte den Worten, die meine Gefühle aufwühlten, auf die ich mir jedoch keinen rechten Reim machen konnte. Die Wirbler waren, wie Orath Veer ja erklärt hatte, zum Gebet gekommen, und sie hatten in ihrem Lied von dem Elend im Norden gesprochen. Sie schwitzten und bluteten von den scharfen Schnitten ihrer Muschelketten; sie fielen hin und wanden sich im Sand. Die Schnitter reagierten mit verhaltenem Stampfen und Rufen; doch als der Tanz vorbei und das Feuer heruntergebrannt war, gingen wir, unsere eigenen Lieder singend, zurück. Im Schlafsaal trank ich diesen Abend begierig meine Tasse Honigwasser leer, und, ob sie nun Schlafkräuter enthielt oder nicht, ich schlief lange und traumlos.

Am nächsten Morgen wußte ich, daß die Unterredung Orath Veers mit den Führern der Geisteskrieger vorüber war. Die Luft war wieder klar. Ich kam in meinen Gedankenraum und fand dort ein Runenband vom Lehrer, das mich bis zum Nachmittag vom Unterricht freistellte. Ich arbeitete allein an einem Text, den ich lernen mußte, und schaute den Schnittern zu, die an einer besonderen Stätte gegen Süden Steinschutt räumten. Plötzlich wurde die morgendliche Tempelstille, für mich jedenfalls, durch eine Stimme, zwei Stimmen, unterbrochen, stark genug, um meine ganze Geistesabschirmung zu durchbrechen.

„Starrsinniger alter Dummkopf...“

„Du läßt dich täuschen. Dieser Herrscher mit der Samtstimme hat dich behext!“

„Du bist alt! Du bist eifersüchtig!“

„Ich diene niemandem außer Eenath. Mach, daß du aus diesem Steinkasten hinauskommst. Tu, was du zu tun hast.“

Die Geistessprache war grob und zornig: Astagwey und Petsalee waren sehr nah ... draußen vor der Tür meines Raumes; jetzt gingen sie zur Treppe. Petsalee sprach erneut:

„Los, geh. Ich weiß, daß er dir Anweisungen gegeben hat.“

„Du bist ja verrückt, Alter!“

„Laß mich allein!“

Darauf war es lange Zeit still. Ich ging zur Tür und öffnete sie. Petsalee war allein im Gang und saß auf einer Steinbank an der Wand. Er war in einen seidenen Umhang in Braun und Blau gehüllt, ein Geschenk vom Tempel, seine eigenen Kleider waren grob und zerlumpt. Ich flüsterte seinen Namen: „Petsalee...“

„Rovan ...“ Er wandte den Kopf.

Im Geiste, so wußte ich, fügte er meinen Clan-Namen hinzu: „Rovan Wentroy.“

„Komm und setz dich ein bißchen zu mir, kleiner Falke“, sagte er laut. „Ich habe nicht mehr weit zu gehen, aber es ist eine lange Reise, sogar für einen Geisteskrieger.“

„Was ist los?“ fragte ich dumm. „Petsalee, was ist los?“

„Sei still. Dies ist kein Ort, an dem wir allzu laut reden können.“

Ich spähte im Tempel umher, wie ich es schon mal an diesem Morgen getan hatte, dann setzte ich mich zu Petsalees Füßen.

„Wir sind allein“, sagte ich. „Veer ist nicht in diesem Gebäude. Ich sehe ihn nirgends. Mitje ist mit den Schnittern, den Schülern, beim Steineräumen. Nur ein paar Dienerinnen sind im Gebäude zum Saubermachen und Kochen.“

„Ich glaube dir“, sagte er. „Es ist aber zu spät für Botschaften.“

„Botschaften?“

„Sei still ...“ sagte er wieder, und ein Lächeln verwandelte sein braunes Totenschädelgesicht. „Haben meine Vögel gestern abend für diese armen jungen Krieger getanzt?“

„Ja, sie haben getanzt und Gebete gesungen.“

„Kannst du dich an den Gesang erinnern?“

„Wenn ich im Geist zu der Szene zurückkehre, ja, natürlich.“

„Erzähle ihn demjenigen, der zuhören wird. Empfiehl mich deinem wahren Lehnsherrn.“

Er atmete tief, als wollte er seine Kräfte sammeln.

„Ich bin in den Oneenbergen geboren“, sagte er nach einer Weile. „Ich wurde in den Dienst von Eenath berufen, nachdem die Sommerpest unser

Land verseucht und fünf Familien getötet hatte. Ich war der einzige Überlebende, vierzehn Jahre nach meinem Erscheinen, ungefähr so alt wie du. Ich brannte das Lager aus, wie meine Mutter mir aufgetragen hatte, und entkam der Flamme und zog nach Nordwesten, bis ich auf eine Gruppe von Geisteskriegern stieß. Wir gehen alle ein- oder zweimal in unserem Leben durchs Feuer. Verlier nicht den Mut ... du stehst unter einer besonderen Vorsehung."

„Petsalee", sagte ich, „das kann ich nicht verstehen ..."

„Ich kann es nicht erklären", sagte er. „Ich sehe nur ein kleines Stück voraus. Ich habe keine Ahnung, wie es zuwege gebracht wird, aber ich weiß, was geschehen muß."

Er stand auf, seine Gelenke krachten dabei, warf mit Bedacht den schönen, seidenen Umhang zur Seite und ließ ihn zusammengeknüllt auf dem Boden des Ganges liegen.

„Mach's gut, Rovan Wentroy."

Er schritt den Gang entlang zur Treppe und verschwand. Ich ging zurück in meinen Gedankenraum und starrte aus dem Fenster auf den goldenen Sand des Tempelgeländes. Im Schatten eines Obelisks auf halbem Wege zum Tor sah ich Astagwey Ausschau halten. Dann kam Petsalee selbst aus der Halle unterhalb meines Fensters heraus; mit erhobenem Kopf ging er langsam und bedächtig über den Sand, seinen groben braunen Umhang von der grauen Schulter geworfen, so daß sein ausgedörrter Körper und seine blaue Federtunika sichtbar wurden.

Ich sah ihn mit einem Gefühl des Verlustes fortgehen. Die Stille und Melancholie der wenigen Augenblicke, in denen er mit mir gesprochen hatte, hafteten mir noch wie graue Fäden im Geiste. Als er genau in der Mitte des Geländes anlangte, einem offenen Platz, wo sich die Sandfläche weit ausdehnt und alle Ruinen und Schatten weit entfernt sind, sah ich, wie Astagwey sich umdrehte und durch das Sonnertor fortlief. Ich konnte sehen, wie der Sand hinter ihren hastenden Füßen hochstob. Plötzlich stutzte Petsalee und schwankte. Ich spürte, wie mich eine große Welle von Schmerz und Furcht traf, und ich wußte, daß sie von ihm ausging. Er hatte sich halb dem Tempel zugekehrt, ich sah, daß er beide Hände vor die Brust geschlagen hatte. Aufrecht stand er da, dann fingen seine langen Glieder an, sich in einem grauenhaften rhythmischen Schleifschritt über den heißen Sand zu bewegen, seine Arme schossen in die Höhe und wieder zurück, sein Kopf zuckte. Ich schrie auf zu ihm im Geist; ich wußte, eine gräßliche Krankheit hatte ihn befallen. Ich konnte nicht hinlaufen zu ihm, rief aber wieder laut zu ihm hinüber, als er auf den Sand fiel, sterbend, das wußte ich, sein Körper wand sich und zuckte im Todeskampf.

Dann war ich mit einemmal dort, war neben Petsalee, kniete über ihm; es war, als hätte ein Lichtstrahl mich aus meinem Körper hinausgetragen und meinen Geist neben ihm zu Boden geworfen, Petsalees Gesicht war eine starrende Maske, sein Mund weit geöffnet; er sah mich ... er sah, wie ich über ihm kniete, und ich wußte, was geschehen war: Ich hatte projiziert. Er konnte nicht sprechen, aber zu mir drang ein wilder Schrei seines

Geistes: „*Todes ... tanz...*" und wieder „*Todes ... tanz!*" Dann war es vorbei; wie ein verwelktes Bündel Stroh lag er auf dem Sand, und ich war wieder in meinem Gedankenraum in der zweiten Tempelebene.

Es hatte nur ein paar Pulsschläge lang gedauert. Niemand sonst hatte mein Abbild neben dem niedergestürzten Geisteskrieger knien sehen; ich hatte allein für Petsalee projiziert. Einige Diener und Schnitter hatten ihn von fern fallen sehen und rannten jetzt zu ihm. Ich lief zitternd aus dem Raum, und als ich mich der Treppe zuwandte, sah ich den Totenhügel durch den offenen Tempelvorbau. Jemand hastete den spiralförmigen Aufgang zwischen den Wüstenpflanzen herunter: Es war Orath Veer. Ich lief die Treppe weiter nach unten und hinaus in die Morgensonne. Schon hatte sich eine Menge versammelt, wo Petsalee gefallen war. Veer und ich kamen im gleichen Moment an, und Mitje drängte sich durch die Menge zu uns, ihr rundes Gesicht wie zusammengefallen vor Angst.

„Oh, die arme Kreatur", sagte sie. „Sein Herz hat versagt!"

„Petsalee ..." sagte Orath Veer. „Möge sein Seelenvogel weit fliegen. Er war alt. Er ist an das Ende seiner Reise gekommen."

„Ich habe gesehen, wie er hinfiel", sagte ich; mir war schlecht und schwindelig. „Ich habe mich ... ihm nahe gefühlt, als er starb. Er hat mit mir gesprochen, bevor er den Tempel verließ."

Ich war zu schüchtern, um vor diesen beiden Zauberern zuzugeben, daß ich mich projiziert hatte. Orath Veer packte mich an den Schultern und sah mir in die Augen.

„Sei stark", sagte er. „Wir müssen lernen, dem Tod ins Angesicht zu sehen. Was hat er denn zu dir gesagt? Rovan?"

„Er sprach von seiner Kindheit", sagte ich, „und von den Gebeten der Geisteskrieger. Er schien zu wissen, daß er sterben würde ... vorgewarnt zu sein..."

„Ja...?"

„Er sagte: ‚Ich weiß nicht, wie es zuwege gebracht wird, aber ich weiß, was geschehen muß.' Dann sagte er Lebwohl."

Orath Veer machte einen tiefen Atemzug; er sondierte nicht einmal meinen Geist, um Einzelheiten des Gesprächs herauszufinden.

„Geh mit Mitje hinein", sagte er. „Ich muß den gefallenen Geisteskrieger zu seinen Gefährten zurückschicken. Du brauchst ein bißchen Ruhe, glaube ich, und etwas Süßes zu trinken."

Ich sah, wie Mitje und er sich anlächelten, als sie den Arm mütterlich um mich legte und mich in den Tempel zurückbrachte.

Beim Aufgang der Fernen Sonne wurde ich in Orath Veers Gemach gerufen, und wir sprachen weiter über meine Aufgabe, meine besondere Aufgabe. Sein Spion sollte ich sein, sein Singvogel mitten im Haus von Nantgeeb, der großen Zauberin. Er hatte absolut keine Bedenken, solch einen Auftrag zu geben, und ich hatte keine, ihn anzunehmen. Er hatte stets seine Verehrung für Nantgeebs Kräfte zum Ausdruck gebracht: Ich sollte alles lernen, was sie mir an Zauberkräften und Wissenschaft beibringen könnte. Gleichzeitig würde ich stark mit Orath Veer geistverbunden sein, um wie ein Zeuge, der in Geistesbindung mit einem Klienten steht, Botschaften zu übermitteln.

„Nantgeeb und dieser Flieger Murno Pentroy müssen sorgfältig mit der Idee des großen Werkes vertraut gemacht werden", sagte Orath Veer. „Ich muß wissen, wo sie ist und was sie tut. Ich muß es sofort wissen und auch später, wenn ich Hirte der Dunklen Tage bin, und über diese Zeit hinaus. Das ist alles, was ich benötige, Rovan. Enttäusche mich nicht."

„Ich werde Euch nicht enttäuschen."

Mir fiel der Eid ein, den ich bei meiner Ankunft im Tempel geschworen hatte.

„Soll ich gar nichts über die Große Ernte sagen? Über die Prophezeiungen?" fragte ich.

„Die Prophezeiungen sind kein Geheimnis", sagte Veer. „Ich werde Nantgeeb und der Welt alles verkünden, wenn die Zeit reif ist. Gib auf alle ihre Fragen eine wahrheitsgetreue Antwort und überlaß mir den Rest."

Wir gingen augenblicklich dazu über, die Geistesbindung herzustellen. Ich hatte gesehen, wie das gemacht wurde, als Guno einmal mittels eines ansässigen Zeugen von Linlor aus Botschaften aussandte. Ich erinnerte mich, wie die beiden im Audienzzimmer meiner Großmutter standen und ein grünes Band dergestalt um ihre Hände wickelten, daß diese sich berührten und das blasse, plumpe Gesicht des Zeugen dicht an Gunos starkem, zerfurchtem Gesicht war. Ich hatte den Geist beider sondiert und eine intensive Konzentration festgestellt. Nun nahm Veer ein himmelblaues Band, und wir setzten uns an seinen Kamin, wo noch ein wenig Glut die kalte Wüstennacht erwärmte.

Wir wickelten und konzentrierten uns; der Geist Orath Veers war wie ein langer, gerader, leuchtender Gang mit Seidenschleiern hier und dort dazwischen geschoben. Selbst als unser beider Geist in Berührung kam, einen Augenblick lang fast verschmolz, nahm ich keine größere Kraft als meine eigene wahr. Ich gewährte den Geisteskontakt und konzentrierte mich auf das Bild des Bandes, das uns zusammenhielt. Dann war das Band völlig aufgewickelt, und wir wandten uns wieder der Stille des Raumes zu.

„Löse die Bindung nie zu schnell", sagte Veer. „Es würde einen Schock und Schmerzen zur Folge haben."

Ich stand auf, ging umher und berührte einige der Schätze. Ich blieb vor der Wand stehen, wo der Wandteppich hing, und nahm das Bild ein letztes Mal in mich auf: die helle, entschlossene Haltung der jungen Krieger, das Geheimnis des grünen Vogels, der in seiner eigenen Aura von Licht herabflog.

„Werde ich meine Familie in der Villa oder in Rintoul sehen, bevor ich zu Nantgeeb gehe?" fragte ich.

„Was?" sagte Veer. „Hast du schon Heimweh, bevor der Sommer zu Ende ist? Hat deine Ausbildung dir Lust gemacht, wieder ein bißchen Clan-Leben zu genießen?"

„Beim Feuer, nein! Dieser Sommer war wunderbar. Aber hin und wieder vermisse ich meine Verwandten doch."

„Ich habe nur Spaß gemacht", sagte Veer. „Ich dachte schon, daß du ein paar Tage mit deiner Familie verbringen könntest, aber es geht nicht. Ich habe eine Nachricht von deiner Großmutter bekommen: In der Villa sind nur ein paar Diener, und es wird nicht für ratsam gehalten, daß du nach Rintoul gehst. Tiath Pentroy ist sehr krank ... solltest du in der Stadt sein, wenn er stirbt, so könntest du nicht fort, bevor die Trauerzeremonien fast abgeschlossen sind. Deine Großmutter sendet dir Grüße und wünscht dir alles Gute für deine Arbeit. Deine Mutter, Ihre Hoheit Mirin, hat einen Korb mit Kleidung geschickt, glaube ich. Du wirst morgen in das Landhaus im Osten fliegen; eine Maschine für dich ist unterwegs."

Das klang alles sehr vernünftig. Es war das Los der Clan-Kinder, ohne Begleitung umhergeschickt zu werden und sich woanders als zu Hause aufzuhalten. Aber ich fühlte, daß meine Großmutter mich wieder einmal fortgestoßen hatte. Als ich in meine Zelle im Schlafsaal kam und meinen Korb voll Kleider von der lieben Mirin fand, der so stark nach der Villa und dem Land am Fluß roch, konnte ich ihn vor Heimweh kaum anfassen.

(II)

Als meine Reise losging, trug ich einen prächtigen grünen Umhang, ein Geschenk von Orath Veer, besser als jene, die er Petsalee oder Astagwey gegeben hatte. Von Seret und den Zwillingen hatte ich mich wie ein echter Schnitter verabschiedet: mit dem Gruß der offenen Tür. Ich stand auf dem Tempeldach, bei mir eine Omor, und sah der Maschine beim Landemanöver zu. Sie flog in einer kräftigen, pfeilartigen Bewegung, die mir zeigte, daß dies ganz und gar keine Wentroy-Maschine war. Es war ein robustes Modell aus Krummholz mit schwirrenden Schwingen an der Spitze und an den Flügelenden, die sich so schnell bewegten, daß man sie nur als etwas Verschwommenes wahrnahm. Sie vollführte eine perfekte Landung auf dem großen Dach, und der Pilot sprang leichtfüßig heraus.

Ich sah, daß es ein junger weiblicher Pilot war, nicht viel älter als ich selbst. Sie hatte ihren Korbhelm und ihre Schutzbrille abgeschnallt und holte ein paar Ausrüstungsgegenstände aus der Maschine. Mir wurde klar, daß ich keine Ahnung hatte, welche Art von Staat in dem Landhaus im Osten gehalten wurde, ob Nantgeeb viele Diener hatte.

„Hoheit Rovan!" sagte die Pilotin und verbeugte sich. „Ich bin Taya Gbir. Bitte legt Euren Helm und Euer Fallzelt an."

Ich begrüßte sie und zwängte mich in die Ausrüstung. Die Omor kam heran, verstaute meinen Korb und half, die Bänder des zusammengelegten Seidenfallschirms festzuziehen. Ich hatte keine Angst vor dem Fliegen, aber ich hoffte, wir müßten nicht aus der Maschine abspringen; die Pilotin mit dem fremdartigen Namen hatte, wie ich sah, auch so einen Schirm. Das gehörte zu Nantgeebs neuester fixer Idee von Luftsicherheit.

Bevor wir in die Maschine einstiegen, wies die Pilotin auf den Namen hin und sagte: „Das ist ein berühmter Vogel, den wir da haben. Er hat das Große Luftrennen gewonnen."

Der Name der Maschine war *Tomarvan;* auf der anderen Seite am Ende standen ein paar unbekannte Runen.

„Wann war denn das?" fragte ich höflich. „War es Murno Pentroys Maschine?"

„Nein", sagte Taya Gbir, „Scott Gale hat sie vor drei Jahren geflogen. In dem Jahr hat Murno den zweiten Platz gemacht."

„Ich war noch nie beim Vogelclan", sagte ich bescheiden, um meine Unwissenheit zu entschuldigen.

Wir waren jetzt fertig; die Omor wollte eine Flügelspitze halten, aber die Pilotin winkte sie fort, und wir starteten ohne Schwierigkeiten. Von unten, wo eine Gruppe von Schnittern bei ihren Übungen war, kamen Rufe: „Guten Wind!" Ich winkte und schnappte einen Abschiedsgruß vom Lehrer auf. Ganz zum Schluß meinte ich, ihn hoch oben zwischen den Säulen und blühenden Bäumen auf der Spitze des spiralförmigen Pavillons zu sehen, auf dem Totenhügel. Dann gewannen wir an Höhe ... das Tempelgelände schrumpfte zu einem flachen, goldfarbenen Feld, mit Ruinen und Schatten gefleckt.

Die Pilotin sprach in einer klaren Geistessprache weiter, der einzig möglichen Art, sich wegen der laufenden Maschinen der *Tomarvan* und wegen des Windes, der an den beiden Kabinensitzen vorbeipeitschte, zu unterhalten.

„Euer Verwandter Thorn, das Oberhaupt des Curran Wentroy, hat in jenem Jahr eine Maschine namens *Utofarl* geflogen, wenn ich mich recht erinnere."

„Seid Ihr auch schon mal in dem Rennen geflogen?" fragte ich.

„Ich nicht. Meistens habe ich zuviel mit Murnos Begleitung zu tun."

Da erkannte ich schließlich meine Pilotin. Sie hatte den Spitznamen Nerril oder Kreisel und wurde oft in Zusammenhang mit Schwarzlocke erwähnt. Der Held, über den wir so oft gestichelt hatten, brauchte einen Aufpasser.

Ich drängte diese ungehörigen Erinnerungen beiseite und fragte: „Gute Pilotin, werde ich Murno Pentroy im Landhaus sehen?"

„Nein", antwortete sie mit einem Anflug von Traurigkeit. „Er ist mit Scott Gale fort. Sie machen eine Forschungsreise zum Nordeis."

„Großer Wind! Warum wollte jemand wohl *da* hingehen?"

Taja brach deutlich in Gelächter aus und hob dabei den Kopf hoch, so daß die Bänder ihres Helms im Wind flatterten.

„Macht Euch keine Sorgen, Rovan Wentroy. Unser Haus ist eine Fundgrube für ‚intellektuelle Neugier'."

„Gut", sagte ich, und mir war leichter. „Ich werde neugierig sein. Was in aller Welt ist das für eine Maschine dort vor Eurem Sitz? Da stehen Zahlen und Runen, und da ist ein Zeiger."

„Das, ob Ihr es glaubt oder nicht, ist eine Zeituhr. Es funktioniert durch eine menschliche Erfindung, das Uhrwerk, in dem Metallfedern und -räder ineinandergreifen. Wie Ihr sehen werdet, beschäftigen wir uns im Landhaus eingehend damit."

„Ist es ganz und gar verschieden von unseren Uhren?"

„So ganz nicht", sagte sie mit einem leisen Lachen.

Wir flogen weiter über die buschige Wüste, bis das Land unter uns zunehmend grüner wurde. Dann kamen wir an den Troon.

„Wir sind nah bei der Villa in Linlor", rief ich der Pilotin im Geist zu.

„Soll ich ein bißchen näher fliegen?"

„Nein", erwiderte ich, „fliegt weiter."

So flogen wir über den Fluß und über die Ländereien der Curran Wentroy am Ostufer; ich erkannte die Bäume, die um die Villen Thorns und des alten Corrif standen ... beide kleiner als unsere. Taya flog ein wenig nordwärts nach Otolor und schwenkte tief über dem Vogelclan-Flugfeld. Zwei große Lagerfeuer brannten dort, und rund um sie herum scharten sich Leute auf dem Gras wie Vögel auf einem Stoppelfeld.

„Was ist das?" fragte ich. „Ein Picknick auf dem Vantroy-Feld?"

„Wohltätigkeitsessen", erwiderte Taya. „Der Stadtrat hat ein Lager für die Armen eingerichtet."

Dann schwenkte sie ab in Richtung Südosten, und wir flogen fast eine Runde auf der Zeituhr, eine Stunde lang. Vor uns erhoben sich die Oneenberge, braun und grün, höher als die Windfelsberge. Ich erinnerte mich, daß Petsalee hier sein Erscheinen gehabt hatte und durchs Feuer gegangen war. Wir setzten auf einem kurzgemähten Flugfeld jenseits einer Flachsanpflanzung zur Landung an. Das Landhaus im Osten war eine stolze, alte, braune Villa mit Windflügeln und anderen merkwürdigen Bauten, die von den Balkonen und vom Dach herausragten.

Niemand war zu sehen, nur zwei weitere Maschinen standen auf dem Feld, eine davon eine Kopie der *Tomarvan*. Eine große Zeltflughalle war da, in der man jemanden hämmern hörte. Dieser Klang verstärkte noch den Eindruck des Friedens, der tiefen Einsamkeit dieses Ortes. Die Sonnen schienen, der östliche Himmel darüber schien ungewöhnlich blau. Ein braungesichtiger Mann mittleren Alters kam aus der Zelthalle und wischte sich die Hände mit einem Büschel Flachsfaser ab. Er sah freundlich und entgegenkommend aus. Ich merkte, wie Tayas Liebe ihm entgegenströmte; er war ihr Verwandter. Als sie beieinanderstanden, sah ich, daß sie die gleichen grünen Augen hatte.

„Hoheit Rovan", sagte Taya, „dies ist Antho, unser Chefkonstrukteur."

Der Name war berühmt, fast schon eine Legende. Ich verbeugte mich, und Antho sagte: „Wie war der Flug, Hoheit? ... Laßt mich Euren Korb tragen."

„Bitte, ich kann ihn selbst tragen", sagte ich. „Ich möchte Eure Arbeit nicht unterbrechen. Der Flug war schön."

Wir waren gut eine halbe Webermeile von der Villa entfernt hinter einer Steinmauer und einer dichten Hecke aus Rotholzbäumen, aber in jenem Moment spürte ich einen Schock, einen Blitzstrahl reiner Geistesenergie, der mich beinahe aus den Stiefeln riß. Ich schrie auf, schlug die Hand vor die Stirn und versuchte, so sehr ich nur konnte, zu blocken. Taya lächelte hinter vorgehaltener Hand, und Antho grinste breit.

„O Himmel“, sagte er. „Die Hauptfeder ist ab, vermute ich...“

„Das Pendel runtergefallen“, sagte Taya, „und alle Teile auf dem Boden verteilt. Das Ding ist auseinandergefallen.“

„Kein Wunder, daß da ... eine Reaktion kam“, sagte Antho.

Er langte in die Beuteltasche seiner Tunika und holte eine kleine braune Schachtel heraus. Er drückte auf einen Knopf und sagte sanft: „Geduld ... Geduld. Alles wird rechtzeitig ticktacken. Du hättest den armen Rovan Welroyan Wentroy fast niedergeschmettert.“

In meinem Kopf klang ein langes, flüsterndes Seufzen. Es war in unserer aller Köpfe. „Tut mir leid“, sagte eine klare Stimme, „Gruß an Hoheit Rovan. Verdammtes, verfluchtes Pendel ...“

Die Stille kehrte wieder zurück; Antho hob meinen Korb aus dem Gras, in das er gefallen war, und wir alle machten uns auf den Weg ins Haus. Ich war schon neugierig auf einige Dinge.

„Was bedeutet der Ausdruck ‚ticktacken‘?“ fragte ich.

„Wie Ihr Euch vielleicht schon habt denken können, macht Nantgeeb gerade eine große, neumodische Uhr“, sagte Antho. „So nennen die Menschen in ihrer Sprache das Geräusch, das diese Uhren machen.“

„So wie wir ‚ad-ad-ad‘ für das Geräusch eines Hammers sagen würden“, warf Taya ein.

„Oder ‚Nrun-nrun‘ für einen Trommelschlag!“ sagte ich.

„Genau!“ stimmten beide zu.

„Ticktack gefällt mir sehr gut“, sagte ich. „Und wenn ich noch eine Frage stellen darf...“

„Nur zu“, sagte Antho. „Hier gibt es viel zu fragen!“

„Was ist das für eine Sprechschachtel?“

„Psst!“ erwiderte er. „Das ist ein illegales Machwerk der Menschen aus Sarunin. Ein drahtloses Kommunikationssystem. Ich habe eine Schachtel, Nantgeeb eine andere ... obwohl, wie Ihr ja gehört habt, sie zum Antworten so was nicht braucht. Ich bin einer der wenigen in diesem Haus, dessen Geisteskräfte nur normal, wenn auch zweifellos im Laufe der Jahre besser geworden sind. Da die Menschen geistesblind sind, haben sie eine Menge interessanter Hilfsgeräte entwickelt.“

Wir kamen an einer gemauerten Einfriedung vorbei, in der einige Fahrzeuge standen: zwei Faldos oder Landgleiter, etwas, das ich vage als ein Pedaltaxi aus der Stadt Tsagul erkannte, und zwei merkwürdige Neuerfindungen mit Rädern, Drähten und Rollen, die ich noch nie gesehen hatte. Schließlich kamen wir zu dem hohen braunen Haus und gingen durch eine helle Eingangshalle mit reichen Wandbehängen in einen großen, runden, komfortablen Raum.

Das Licht kam durch verglaste Fenster mit grünlichen Seidenvorhängen, so daß der Raum wie ein Becken wirkte. Nachdem wir aus dem Sonnenlicht hereingekommen waren, war zuerst alles dunkel, aber dann erkannte ich Wandbemalungen mit Bäumen, Vögeln und Blumen, ein paar runde

Matten bester Qualität, die ebensogut in einem Clan-Sonnenraum in der Stadt hätten liegen können, und einige originelle Möbel. Ein Stuhl war wie ein Boot, ein anderer eine Art zwischen zwei Pfosten aufgehängte Hängematte, und zwei Stühle glichen gepolsterten Schienen, auf denen man rittlings saß. Es gab einen Riesenhaufen weicher Kissen und verschiedene Lampen, aufgehängt, stehend oder an der Wand befestigt. In einer Ecke quollen Runenbänder und Schriftrollen aus Körben. Eine Wandvertiefung sah aus wie ein Kamin, so wie der, den ich im Tempel gesehen hatte, nur hatte er eine Konstruktion aus Metallröhren: ein Heizsystem. Wir hatten ein Heizsystem im Wolkenkratzer in Rintoul, so wie andere auch, aber in einem der seltenen kalten Winter im Delta fiel es für gewöhnlich aus. Ich war sicher, daß dieses hier zuverlässiger war.

Sobald wir eingetreten waren und uns auf die sonderbaren Stühle gesetzt hatten, erschien ein alter Diener in einem Flachskilt mit Essen und Getränken.

„Das ist ja schön", sagte Antho. „Ein halbes Jahr lang haben wir keinen Schüler im Hause gehabt, seit Gordo Beethan, der Assistent der Ulgan, in den Norden zurückgekehrt ist. Es ist zu ruhig hier ..."

Von weit her aus den Tiefen dieses alten dunklen Hauses hörte man ein gedämpftes Krachen und Klirren. Wir brachen alle in Gelächter aus.

„Ich höre das Gelächter genau!" sagte eine klare Stimme in Geistessprache. *„Diesmal ist die Hauptfeder abgegangen, also werde ich runterkommen. Oder noch besser, laßt Rovan Wentroy hochkommen, wenn er ausgetrunken hat. Er kann mir helfen, die Teile aufzulesen ... wenn er tatsächlich diese Kraft hat, von der ich gehört habe!"*

Wieder herrschte Stille, und Taya sagte mit einem verschmitzten Lächeln: „Na, das wäre erledigt. Rovan, Ihr seht beunruhigt aus. Habt Ihr Jayarn?"

„Ja, ja natürlich."

„Zum Teufel, noch ein Werfer", sagte Antho. „Und mir bleiben nur meine beiden Hände!"

Er stand auf, nahm vier, sechs runde, reife Taufrüchte aus einem Korb und fing an, mit ihnen zu jonglieren. Er konnte das sehr gut, und die blauen Kugeln tanzten in der Luft; dann sagte er zu Taya: „Du bist dran!"

Nach und nach übernahm Taya das Jonglieren. Sie machte es ohne die Hände, nur mit Jayarn, so daß die Früchte „magisch" tanzten.

„Bist du fertig, Rovan?" fragte sie.

Ich stöhnte und machte wieder und wieder einen Versuch, konzentrierte mich mit aller Kraft, und schließlich tanzten die Taufrüchte für mich. Ich konnte nicht so schöne Figuren machen wie die anderen, aber es gelang mir, die Kugeln ungefähr in einen Kreis und bis an die Decke zu bringen. Auf dem Weg nach unten löste sich eine Frucht aus dem Kreis und fiel platschend auf die Matte. Ich machte mit den übrigen fünf weiter und ließ sie in den Korb zurückwandern. Ich war außer Atem vor Anstrengung, und Schweiß stand mir auf der Stirn.

„Tut mir leid wegen der Matte", sagte ich.

„Mach dir nichts draus", sagte Antho. „Gordo hat sie alle fallen lassen. Es ist ein unfairer Test ... aber du hast ihn ja sowieso bestanden."

„Warum ist er unfair?"

„Weil Jayarn zunächst eigentlich nur für große Bewegungsabläufe benutzt wird", sagte Taya, „stoßen, schleudern ... schwere Gegenstände bewegen. Die Verfeinerungen der Kraft bis zu einer eigentlichen ‚dritten Hand' erfordert Übung. Was hast du im Tempel gemacht? Wie ist Veers Übungsprogramm für Jayarn?"

Ich beschrieb ihr alles, was ich an Heben, Stoßen und Ziehen gemacht hatte, dazu die selteneren Beispiele feinerer Arbeit: Auffangen und Werfen, Körbe mit Sand füllen.

„Gewiß", sagte ich vorsichtig, „Jayarn ist eine Kraft ... eine Stärke. Ich habe gelernt, sie dort anzuwenden, wo viel Kraft erforderlich ist. Orath Veer hat ein Runenband von Veer Doran, auf dem angedeutet oder vorausgesagt wird, daß der Tempel mit Hilfe von Jayarn wiederaufgebaut wird. Er hatte eine ... eine Vision von drei oder vier Zauberern, wie sie einen Obelisken aufrichten."

„Das wäre zu überlegen", sagte Antho, „aber ich bezweifle, daß beim *Bau* des Tempels das Jayarn viel geholfen hat. Das wurde vor langer Zeit von armen Sklaven und Vasallen gemacht."

Taya warf einen Blick auf die zerquetschte Taufrucht auf der Matte, und sie verschwand im Abfallkorb am Kamin.

„Komm", sagte sie munter, „ich bringe dich nach oben."

Während ich diesem behenden, grünäugigen Wesen nach oben über die braunweiße Treppe folgte, fragte ich mich, welche Rolle sie in diesem Haushalt spielte. Auch an meine erste Begegnung mit Orath Veer dachte ich, an den langen Gang durch den dunklen Tempel mit der Schlangenlampe in der Hand. Jetzt kam ich ganz ohne irgendeine Zeremonie zu der großen Zauberin, der Schöpferin der Maschinen.

Taya klopfte an der Tür aus gedrehtem Flachs auf einen leichten Holzrahmen und sagte: „Hier ist Rovan Wentroy, zu deiner Verfügung."

„Er soll hereinkommen", sagte eine klare Stimme, „und vergiß nicht, den Weljin zu füttern."

„Ich werd's nicht vergessen!" sagte Taya.

In ihrer Stimme war ein Klang, der mir die überraschende Antwort auf eine meiner Fragen gab. Taya Gbir war der Zauberin eigenes Kind, und Antho war Nantgeebs Partner: Ich war zu einer Dreier-Familie gekommen. Taya schob die Tür in die Wand, so daß ich eintreten konnte, und schloß sie hinter mir.

Auch dies war ein großer Raum, mit schwerem Stoff über den Boden gebreitet, großen Glasfenstern und zwei Gittertüren, die auf einen nach Osten gelegenen Balkon führten. Nantgeeb saß im klaren Licht des frühen Nachmittags auf dem überdeckten Boden und arbeitete an ihrer großen Uhr.

Sie entsprach genau all den Beschreibungen, die ich von ihr gehört hatte: ein ansehnliches dunkelhäutiges Wesen von schwer zu schätzendem Alter, die dunkelbraunen, herabfallenden Haare von einem Band aus glitzernden grünen Steinen über der hohen Stirn zusammengehalten. Das war der einzige Schmuck, den sie trug; sie hatte ein langes grünes Gewand an, das um sie herum über den Boden floß. Sie blickte aus schwarzen, durchdringenden Augen zu mir hoch, ohne zu lächeln.

„Bleib stehen!“ sagte sie. „Da liegt ein kleines Metallteil neben deinem linken Fuß. Gib es mir.“

Ich konzentrierte mich aufs neue und bewegte das Stück Metall auf dem Boden entlang, durch die Luft und in Nantgeebs ausgestreckte Hand.

„Ffft!“ sagte sie und setzte das Metallstück in die entsetzlich komplizierte Maschinerie des Uhrwerks, das vor ihr lag. „Kein Wunder, daß der Wentroy-Clan vor Angst nicht mehr ein noch aus wußte, als du aufgetaucht bist. Komm und setz dich näher heran. Paß auf, wo du hintrittst.“

Ich ging auf Zehenspitzen über den Stoff, setzte mich und machte mich so klein wie möglich.

Nantgeeb arbeitete eine Zeitlang, ohne zu reden, dann wandte sie sich mir zu und sagte: „Ich habe von Veer Gutes über deine Ausbildung gehört.“

Ich machte eine Huldigung, bevor ich antwortete, und Nantgeeb wischte sie mit der Bewegung eines einzelnen Fingers fort, eine ziemlich ungehörige Geste, die bedeutete: „Laß den Blödsinn.“

„Ich freue mich, daß er mit meiner Arbeit zufrieden war“, sagte ich.

„Orath Veer ist, nach allem, was man hört, ein bemerkenswerter Lehrer“, sagte Nantgeeb. „Jethan Luntroy erzählt Gutes über ihn, und auch andere tun dies. Jeder Lehrer sucht jedoch bestimmte Dinge in einem Schüler. Mich würde es freuen, wenn mein Schüler eine Neigung für die Art von Studien zeigen würde, die ich betreibe, Studien mit Maschinen, Zahlen, der Welt der Natur. Wofür interessiert sich Veer deiner Meinung nach?“

„Für das Zaubern“, sagte ich. „Zauberkräfte. Und Prophezeiungen ... wie es mit der Welt weitergeht, die Verbesserung der Welt.“

„Eine Prophezeiung ist wie die Wahrheit“, sagte Nantgeeb. „Sie ist ein zweifarbiges Tuch. Erzähl mir von deiner Ausbildung.“

Ich berichtete ihr, so einfach ich konnte, von all den Übungen, die ich gemacht hatte; dem Kern der Lehre Veers, der Sache der Großen Ernte, kam ich nicht näher.

„Das ist ein ziemlich hartes Programm“, sagte sie. „Ich glaube, du brauchst Ferien von deinen Sommerübungen. Ich werde dir ein paar Aufgaben stellen – du kannst sie auf ein Runenband knüpfen, wenn du eins dabeihast.“

Also zog ich ein Runenband aus meiner Ärmeltasche, und sie gab mir ein paar gewöhnliche, ziemlich lästige Aufgaben. Ich sollte in Schreibschrift auf Weidenpapier die Beschreibung eines Ortes und des Charakters einer Person abgeben, dazu eine Geschichte oder Legende, die ich einmal gehört hatte, aufschreiben und die Beschaffenheit eines Raums in Nantgeebs Villa, dem sogenannten Royt oder fünfeckigen Raum, zwei Ebenen über uns, schildern. Dies war ein Test in Weit-Sehen; ich durfte den Raum nicht betreten, um ihn zu beschreiben.

Wir saßen noch eine Weile zusammen und reparierten die Uhr; langsam wurde mir das Funktionieren der Teile in dem länglichen Kasten etwas klarer.

Schließlich sagte Nantgeeb: „Ich kann im Moment nicht weitermachen. Antho muß mir morgen mit der Hauptfeder helfen. Geh nach unten zu Taya. Sie wird dir Weljin zeigen."

Als ich fortging, sah sie mich noch einmal an und sagte:

„Dein Raum ist direkt gegenüber diesem hier. Er hat einen Balkon nach Westen zu."

Ich verbeugte mich, ging hinaus und schirmte, innerlich zitternd, meine Gedanken ab.

Bevor die Ferne Sonne aufging, trat ich ins Dunkle auf den Balkon hinaus und blickte nach Westen. Lichter schienen in die Dunkelheit, sogar auf dieser Seite der Villa, aber ich stand im Schatten. Ich wartete, und die Geistesbindung stellte sich her.

Orath Veer sagte ruhig: *„Rovan..."*

„Ich bin da."

„Kannst du frei sprechen?"

„Ja."

Ich sagte ein paar stockende Worte über Nantgeeb, die Villa, meine Aufgaben. Orath Veer schien zufrieden; durch seine warme Stimme konnte ich sein Bild vor mir heraufbeschwören.

„Halte dich tapfer. Denk an deine Bündnisverwandten, die Schnitter. Denk an das große Werk. Alles arbeitet in unserem Sinne."

Die Bindung wurde sanft unterbrochen, und ich ging in meinen bequemen Raum zurück, wo eine kleine Öllampe auf einem Wandbrett brannte. Ich warf mich auf meinen Schlafsack und rief mir die Wärme des Tempels in Erinnerung, den goldenen Sand, die Gesänge der Schnitter, all das Wunderbare und die Sicherheit, die ich gespürt hatte. All dies gelang mir wohl, aber ich konnte das schmerzliche Gefühl der Schuld nicht loswerden. Als Spion oder Singvogel taugte ich überhaupt nicht.

Wie wäre es, so fragte ich mich, wenn ich mich absichtlich von Nantgeeb erwischen lassen würde? Dennoch wollte ich Veer nicht verraten und Nantgeeb gegen das große Werk aufbringen. Wie, wenn ich mit einem Familienmitglied sprechen würde, sagte ich mir, um mich zu rechtfertigen? Wenn ich eine Geistesbindung mit Guno hätte? Sicher war es nicht schlechter als eine Runenbandbotschaft zu senden oder den Stimmendraht zu benutzen. Ich klammerte mich an diese nicht sehr tröstlichen Gedanken und schlief schließlich ein. Ich fühlte mich so einsam wie jene Legendengestalt, Emmordar, der letzte Weber der Welt.

4
Nantgeeb
(I)

Nantgeeb hängte mit einer einzigen leichten Jayarnbewegung zwei Runenbänder und eine gestickte Tabelle an die Wand ihres Arbeitszimmers. Ich sah, daß sie alle drei Familienbänder waren, doch ich erkannte nur die Tabelle – sie stellte meine eigene Familie dar, den Hauptzweig des Zentral-Wentroy, mehr als zehn Generationen weit zurückreichend. Ich schaute mir die unteren Symbole des braunen Bandes etwas genauer an und entdeckte auf Anhieb ein, zwei Namen, die ich kannte.

„Narneen Brinroayn", sagte ich laut, „und Dorn ..."

„Und ganz besonders Tomar, der Jüngste", sagte Nantgeeb. „Er hat eine gut entwickelte Jayarnkraft, und Narneen ist eine Zeugin. Ich untersuche die Vererbung von Geisteskräften."

„Das andere Band, das grüne, kann ich kaum lesen."

„Das ist eine Sprache des Westens, des Flachsvolkes", antwortete Nantgeeb, „und da gibt es die wenigsten Überraschungen. Wir haben dort eine lange Reihe von Dorfzauberern durch zwanzig Generationen hindurch, mehr als eine große Jahrfünf in direkter Abstammung. Es wäre verwunderlich, wenn diese Leute *keine* Geisteskräfte hätten."

Ich sah, daß die letzten beiden Namen auf dem Band Eenan Gbir und Taya Gbir waren. Es war ihre eigene Familie, die Nantgeeb so nüchtern erforschte.

„Was bedeutet Euer Name?" fragte ich. „Eenan Gbir?"

„Der Familienname bedeutet Westwind", sagte sie, „und der Vorname soviel wie ‚Neuankömmling' oder ‚Kind'."

„Kind des Westens! Ich habe gehört, daß Ihr so genannt werdet", sagte ich, „aber ich weiß nicht mehr, wo ..."

„Du hast dir zuviel Klatsch und Blödsinn angehört", sagte Nantgeeb, „womit wir bei deinen Schriftrollen wären, die ich gelesen habe. Aber sieh dir erst mal deinen Clan an. Hast du schon mal irgend etwas von deiner entfernten mütterlichen Verwandtschaft gehört? Irgendwelches Gemunkel über Geisteskräfte?"

„Nein", erwiderte ich, „aber da war eine Großtante, die ein bißchen verrückt war."

„Jede Familie ... und ganz besonders jede Clanfamilie ... hat ein oder zwei verrückte Tanten. War das Enu Arastel?"

„Ja", sagte ich. „Sie war nicht auf diese stille Art verrückt wie die Alte Elbin Tsatroy ... tatsächlich hat sie reichlich viel geredet, hauptsächlich mit Vögeln und Bäumen. Aber ich dachte an einen Mann vor langer Zeit mit Namen ‚Windreiter'."

„Was, so weit zurück? Volla mit dem Spitznamen Vagovan. Er könnte ein früher Flieger gewesen sein ... aber ich denke, du hast recht mit deiner

Idee. Ach, diese elende Clan-Würde, die ihre Geisteskräfte vertuscht! Du wirst zweifellos mit irgendeinem Decknamen in die Annalen gewebt werden."

„Rovan Topfzerschmeißer ..."

„Gar nicht so abwegig", sagte die Große Zauberin. „Zunächst hatte ich an einen Geschlechterwechsel gedacht ... ein Mann mit Geisteskräften, dann eine Frau. Am Windfelsen sind Runenbänder, nach denen Geisteskräfte mit Verweben, Heirat unter Voll- und Halbverwandten, in Verbindung gebracht werden könnten. Wußtest du, daß bei den Menschen ein striktes Verbot für diese Art von Paarung besteht?"

„Was ... sie dürfen sich nur mit Blutsfremden paaren?"

„Das ist gar nicht so ungewöhnlich." Sie lächelte. „Im Westen wird das oft gemacht. Mein eigenes Runenband scheint der Gegenbeweis für die Idee zu sein, daß das Verweben Geisteskräfte erzeugt. In meiner Familie hat es fast ausschließlich Fremdheiraten gegeben."

Nantgeeb seufzte und lehnte sich in dem Boot-Stuhl neben ihrem Arbeitstisch zurück. Sie nahm meine schriftlichen Übungen auf, und ich wartete auf das Donnerwetter. Die Seiten waren nicht sauber geschrieben, und meiner Meinung nach taugte das Zeug nicht allzuviel.

„Unordentlich", pflichtete sie mir bei. „Aber die Beschreibung der Villa in Linlor ist sehr gut. Ein Ort, den du kennst und liebst und deshalb gut beobachtest. Bei dem Versuch, Scott Gale, den Menschen, zu beschreiben, wolltest du wohl originell sein. Ich gebe zu, daß deine Sicht des menschlichen Geistes mit meiner übereinstimmt, aber man kann die Menschen wohl kaum so kennen, wie man seine Familie oder Freunde kennt. Du warst vielleicht zu schüchtern, jemanden zu beschreiben, den du besser kennst?"

Ich ließ den Kopf sinken.

„Ich war fast entschlossen, meinen Erzieher Charan zu beschreiben, aber das wäre zu hart gewesen ..."

„Ich weiß Bescheid über die Erzieher in Clanfamilien", sagte Nantgeeb. „Die Luntroy-Lehrer waren nicht so schlimm, aber ich erinnere mich an einen Gastlehrer der Galtroys, der meinen blinden Klassenkameraden Marl Udorn geschlagen hat. Ich habe ihn gegen die Wand geschmettert."

„Gab es Krach?" fragte ich gespannt. „Hat der gemeine Lehrer Euch gemeldet?"

„*Ich* habe *ihn* gemeldet", sagte Nantgeeb sanft. „Es gibt immer einen Punkt, an dem man etwas sagen muß. Der Lehrer bekam einen Verweis."

Sie holte das Weidenpapier zu sich heran und blätterte die Seiten durch, bis sie bei meiner nächsten Arbeit anlangte.

„Die Legende von der Großen Ernte ..." sagte sie gedankenverloren. „Ich habe davon einige Versionen gehört. Legenden und Prophezeiungen werden danach ausgewählt, wie sie in die Zeit passen. Keiner würde heute die Fünf Schwestern wählen oder die Geschichte von Yilikee, dem Korbzwerg, nicht einmal die Prophezeiung vom Hohen Turm. Torin ist ein friedliches Land – wir merken kaum, wie friedlich –, aber wir stehen an der Schwelle einer Zeit der Änderung und des Aufruhrs, und unsere Legenden werden ein Spiegel dieser Änderung sein. Wo hast du die Einzelheiten dieser Legende gefunden?“

„In Tempelgesängen“, gab ich zur Antwort, „und Schriftrollen und Geschichten. Ich habe alles auf meine Weise zusammengestellt.“

„Zu Beginn der Geschichte gibt es eine ganze Reihe verwickelter Fäden“, sagte Nantgeeb. „Meinetwegen sollen die Geisteskrieger fremde Wesen gewesen sein – keine Menschen, mit Sicherheit keine Moruianer –, die vor langer Zeit aus dem Nichts kamen. Ich bin mir nicht sicher, ob die Vulkankatastrophe, die den grünen Kontinent zerstört und die Feuerinseln zurückgelassen hat, irgend etwas mit der Zerstörung ihres Sternensystems zu tun hatte. Und ich bezweifle, daß diese Fremden uns viel beigebracht haben. Wir haben uns langsam aus dem Dunkel und dem Chaos, aus Krieg, Unruhe, Blutvergießen und Verrat in ein größeres Licht, eine Form der Ordnung, in einen Zustand von Frieden und gewissem Wohlstand bewegt. Unsere Langsamkeit war ein Schutz; die alten Fäden gegen die Feuer-Metall-Magie waren zunächst eine unwissende Furcht, denn Feuer ist sehr gefährlich, und die Bearbeitung von Metall ist mit Feuer verbunden. Dann wurde es allmählich zu einem Mittel, das Volk und das Wissen unter Kontrolle zu halten. Verstehst du mich?“

„Würdet Ihr diesen Aberglauben abschaffen?“ fragte ich. „Würdet Ihr Feuer und ein Messer in jedem Buschweberzelt zulassen?“

„Warum nicht?“ sagte Nantgeeb. „Sie können auf sich selbst aufpassen. Tatsächlich habe ich einige Sicherheitskamine für den Gebrauch in Zelten entworfen. Doch die sind für Clan-Leute und Stadtbewohner, wenn sie auf Jagdausflüge oder Picknicks gehen.“

Sie schaute aus dem Fenster und zupfte an einer ihrer dunklen Haarsträhnen.

„Laß uns die Große Ernte betrachten“, sagte sie. „Die Zeit, wenn die Welt erneuert sein wird ... wenn die guten Dinge uns alle zufallen. Dieses Ereignis soll mit der Anwesenheit von Menschen in Torin in Verbindung stehen. Der Gedanke, daß alle guten Dinge wie eine angenehme Überraschung kommen, vom Himmel fallen und einem armen Wesen von den Winden selbst in den Schoß geweht werden ... das ist nichts Neues. Eine Ernte ist eine knifflige Angelegenheit. Der Same kann plötzlich fallen, ein Bohnenfeld zu einem Haufen aufgesprungener Hülsen werden, das Meer ohne einen Fisch sein und die Wollhirschherde tot in den Pferchen liegen. Für das einfache Volk sind das schreckliche Katastrophen. Eine gute Ernte dagegen, ja, das ist eine Zeit des Jubels. Man kann sehen, wie eine wundervolle Ernte unsere Sinne völlig verzaubern kann: Reichtum, Überfluß, ohne einen Finger dafür krumm zu machen. Ich möchte gern wissen, welche Form von Großer Ernte dies wohl sein mag ...?“

Ich saß wie auf Kohlen. Ich sehnte mich nach der Hilfe von Orath Veer.

„In meiner Übung habe ich es beschrieben“, sagte ich. „Eine geistige Ernte ... neue Ideen ... die Dinge auf neue Weise tun. Ein paar Beispiele menschlicher Kunstfertigkeit. Ihr benutzt die Sprechschachtel ...“

„Die kann man kaum nachbauen“, sagte Nantgeeb, „aber ich kenne eine gute Idee, die sich langsam überall ausbreitet. Und von dort kommen noch mehr wunderbare Sachen."

„Was ist das?" fragte ich. „Schon eine neue Errungenschaft von den Menschen?"

„Der Landgleiter!" sagte Nantgeeb. „Eine Errungenschaft des fruchtbaren Geistes von Faldo Galtroy, dem Erfinder. Etwas, das genau dafür geschaffen ist, unsere armen Füße zu entlasten. Er arbeitet an einem selbstangetriebenen Pedaltaxi, das ohne Schlepper fährt."

„Meint Ihr damit, wir sollten unsere eigenen Ideen gebrauchen und nicht die der Menschen?"

„Das ist eine Fangfrage", sagte Nantgeeb, „ich kann sie nicht so ohne weiteres mit Ja oder Nein beantworten. Eins will ich zu deiner Legende noch sagen: Ich weiß wenig über Veer Uroveer, den Ersten und Größten ... Ich vermute, daß unter diesem Namen eine ganze Reihe alter Zauberer verborgen sind. Aber Veer Doran, die Schöpferin der letzten Prophezeiungen, ist gut bekannt, und ich habe Runenbänder mit ihren Erkenntnissen, die zu lesen mich schaudert. Sie war verrückt, und ihr Denken war voller Gewalt."

Ich bekam kein Wort über die Lippen. Nantgeeb rollte die Weidenpapierblätter zusammen und schnippte sie mir mit einer Jayarn-Bewegung in die Hand.

„Du hast den Royt noch nicht beschrieben. Geh ein bißchen nach draußen. Die Sonnen scheinen. Ich habe zu tun."

Ich schlenderte nach unten, besorgt und untröstlich, und fand Taya, die Tochter der Zauberin, auf den untersten Stufen der runden Treppe sitzend. Sie betrachtete die Uhr. Die Uhr war fertiggestellt und hing in der Eingangshalle, da die Menschen Nantgeeb versichert hatten, daß dort der einzig richtige Platz für sie sei.

„Sie verticktackt mein Leben", sagte Taya. „Wenn das Pendel stehenbleibt, fürchte ich, mein Herz tut es auch."

„Sei nicht so traurig", sagte ich. „Denkst du an deinen Schwarzlocke?"

„Ach, rede nicht von ihm", sagte sie, „er ist so weit weg ... so weit, daß es mir weh tut, wenn ich nur daran denke."

„Im Nordeis? Da fahren oft Schiffer hin."

„Sicher."

Wir saßen nebeneinander und sahen der Uhr zu, wie sie unser Leben verticktackte. Wie zart und glatthäutig sie war, diese Taya, die jemand anderem so ähnlich sah ... ein wenig wie Thanar Galtroy aus meiner Schnitter-Sieben. Doch war sie fast zwanzig Jahre nach ihrem Erscheinen. In der Villa hatte sie nicht das beste Los gezogen: zuviel Planen, sogar Kochen, und Nantgeeb blieb manchmal tagelang mit ihren Gedanken eingeschlossen, so daß die Mahlzeiten verdarben, und Antho konnte seine Tochter nicht aufheitern. Sie tat mir leid, und ich war wahnsinnig eifersüchtig auf Schwarzlocke, diesen großen Trottel. Mir kamen Gedanken, und ich hatte Träume von Taya Gbir, die ich sogar vor mir selbst abschirmte.

„Los komm!" rief sie auf einmal. „Wir brauchen diese Übung von Orath Veer. Wir brauchen eine ‚Freiheitsrunde'."

Also stoben wir miteinander hinaus zu einem Grasfeld gleich bei dem Wollhirschgehege und rollten uns unter lautem Jauchzen im dichten, blaugrünen Gras.

„Schscht ...“ sagte eine dunkle Stimme in unseren Köpfen. *„Ihr erschreckt ja die Tiere!“*

Wir lachten laut und rollten uns weiter im Gras umher. Dann saß ich einen Moment lang still und starrte auf das Haus und diesen sonderbaren, fünfeckigen Raum, den Royt, der ein wenig über das flache Dach hinausragte.

„Was ist?“ fragte Taya.

„Ich glaube, ich habe das Geheimnis entdeckt!“ sagte ich.

Bei Tag und Nacht war ich durch den kleinen Raum gestrichen und hatte mit meinem Geist jeden Winkel erforscht. Ich hatte die fünf Seiten, die Farben, die Zeichnungen, das bewegliche Dach registriert, die beiden Teleskope und die schwarzen Glasplatten oben. Etwas war mir immer entgangen, und jetzt hatte ich das Geheimnis gefunden.

„Er bewegt sich!“ rief ich und schlug auf das warme Gras an meiner Seite. „Der Royt bewegt sich ... er bewegt sich durch die Sonnenkraft!“

„Rovan“, sagte Taya, „manchmal bist du ganz schön helle für einen Grandentypen.“

„Ik!“ sagte ich entsetzt. „Dieser Ausdruck!“

Zwei Tager später, zur gleichen Zeit am Morgen, kam eine Maschine von Südwesten angeflogen. Antho begrüßte das Paar, als es ausstieg, und Nantgeeb ging mit Taya und mir aus dem Haus und den Pfad entlang. Ich hatte mir die Besucher schon angesehen und meinen Geist wieder zurückgezogen, denn sie sahen merkwürdig, gar nicht wie sonst aus. Rilpo Galtroy, ein lustiger Dandy, trug jetzt einen schlichten Fliegeranzug; seine Partnerin Tewl, die den Ruf hatte, eine oberflächliche Person zu sein, war ganz in Schwarz, der Farbe ihres eigenen Clans. Sie war das einzige Kind von Avs Fünf ... der Familie der Großen Ältesten Tiath Avran Pentroy. Sie sah düster und stolz aus.

„Tewl Avran ...“ Nantgeeb verbeugte sich. „Hoheit, was habt Ihr mir zu sagen?“

„Mein ehrwürdiger Verwandter wünscht Euch zu sehen ...“ sagte Tewl mit ihrer hohen, lieblichen Stimme. „Er wird in sehr kurzer Zeit abberufen werden.“ .

„Was meinen die Heilkünstler?“ fragte Nantgeeb.

„Ein Tag ... vielleicht weniger“, sagte Rilpo.

„Ich bitte Euch, Nantgeeb“, sagte Tewl, „verweigert ihm dieses Treffen nicht.“

„Auf keinen Fall“, sagte Nantgeeb sanft. „Laßt mich in der zweiten Stunde der kleinen Dunkelheit zu ihm kommen.“

Wir gingen alle zusammen zur Villa zurück, eine recht traurige Prozession. Ich ging neben Rilpo, und er erzählte mir die außergewöhnliche Geschichte seiner ersten Begegnung mit Brins Fünf in den Bergen. Rilpo hatte auf einem Jagdausflug tatsächlich gesehen, wie Scott Gales Luftschiff als eine Feuerkugel herunterkam und in einem Bergsee landete.

„Ihr Kommen hat nicht viel verändert", sagte er, „und jetzt wird alles anders werden, nicht wahr, kleiner Wentroy? Meine Mutter, die alte Leeth, ist vor einem Jahr gestorben, und wir haben keinen Galtroy-Führer gewählt, weil wir wußten, daß der Große Älteste sehr krank war und die Fäden gänzlich zerrissen werden müssen. Erst diese Geschichte mit dem Begräbnis und den dunklen Tagen, dann die Wahl eines neuen Führers, der neuen Hundert. Eine Menge Zeremonien ... vor dem Winter werde ich nicht jagen gehen können."

Die Gäste kamen in die Villa und blieben gerade lange genug, um die Uhr zu bewundern und ein Honiggetränk zu sich zu nehmen, dann flogen sie wieder ab nach Rintoul. Der Tag nahm seinen gewohnten Gang; ich setzte mich an meine Beschreibung des fünfeckigen Raumes, Nantgeeb arbeitete an einer ihrer Abhandlungen, Antho und Taya waren im Druckraum beschäftigt. Als die Große Sonne unterging, saßen wir alle zusammen beim Abendessen.

Schließlich stand Nantgeeb auf und sagte zu mir: „Komm ... es ist Zeit."

Ich hatte nicht damit gerechnet, sie zu begleiten. Wir gingen immer weiter hinauf, bis wir auf dem Dach des Hauses in der Dunkelheit standen.

„Ich brauche einen Zeugen für alles, was gesagt wird", murmelte Nantgeeb, „und außerdem wirst du so etwas lange nicht wieder zu sehen bekommen. Denk daran, gut angezogen zu erscheinen."

Wir hatten solche Übungen schon mehrmals gemacht. Faldo Galtroy hatten wir bei der Arbeit an seinen Erfindungen gesehen und die Ulgan von Cullin in ihrem hellen Haus im Norden begrüßt. Jetzt nahm ich fest Nantgeebs Hand, und wir projizierten uns zusammen. Ich sandte meinen schwachen Geistesstrahl hinaus und ließ mich von der mächtigen suchenden Kraft der Großen Zauberin erheben und tragen. Mit all meiner Kraft vergegenwärtigte ich mir den Ort, der unser Ziel war. Ich sah mich in meinem grünen Umhang, und ich wußte, daß Nantgeeb prächtig geschmückt war, nicht mit ihrer gewohnten Arbeitstunika, sondern mit einem wallenden Gewand in schillerndem Schwarz, Purpur und Grün, reich bestickt. Dann kamen wir leuchtend an einen dunklen Ort. Es war der Sonnenraum im Wolkenkratzer des Großen Ältesten in Rintoul.

In der Mitte des weitläufigen Raumes stand ein Ruhebett aus dunklem Rohr, über das ein Pelzumhang gebreitet war; wir hatten uns an einen Platz neben dem Bett projiziert. Rundherum waren Wandschirme aufgestellt, hinter denen ich Mitglieder des Haushalts rumoren und leise sprechen hörte. Innerhalb der Wandschirmabgrenzung hielt sich ein Heilkünstler auf, der nun mit einer Verbeugung davoneilte. Jetzt war nur noch Ammur, die Haushofmeisterin, bei ihrem Lehnsherrn. Ihr schreckliches graues Gesicht war wie eine Trauermaske; sie kniete neben dem Ruhebett.

Tiath Pentroy lag so still da, daß ich dachte, wir seien vielleicht zu spät gekommen. Die Auflösung hatte seine Haut geglättet und die Blässe verstärkt; seine Füße ragten welk und nutzlos aus seinem blassen Nachtgewand hervor. Ich bemerkte, daß ich ihn nie vorher anders als in Schwarz gekleidet gesehen hatte. Unter den vorstehenden Brauen war noch immer ein Funkeln in den langen Augen; sein Brustkorb bewegte sich kaum.

„Nantgeeb ..."

„Sprecht in Eurem Geist, Hoheit", erwiderte Nantgeeb. Sie bediente sich jener seltsamen Technik, die Zauberer für solche Gelegenheiten lernen müssen: einer Geistessprache, die vom eigenen projizierten Bild gesprochen wird.

„Mein Abkommen ... ist von den Menschen ... ratifiziert worden." Die Geistessprache des Großen Ältesten war klar, wenn auch stockend.

„Das freut mich", sagte Nantgeeb.

„Glaubt Ihr, daß Murno Peran so weit gekommen ist?"

„Das glaube ich, Hoheit."

„Ich werde nun gehen, sehr bald. Ich habe nur Euer Kommen abgewartet ..."

„Ruht Euch aus, Hoheit!"

„Schickt ihn in die Regierung zurück ... diesem Dummkopf ... Murno ..."

„Ich werde es versuchen", sagte Nantgeeb.

„Eine letzte Bitte ..."

„Was wünscht Eure Hoheit?"

„Kümmert Euch um die leidige Geschichte im Norden. Die Clan-Leute können nicht reisen, wenn die Fäden zerrissen sind."

„Ich werde tun, was ich kann", sagte Nantgeeb.

„Wo werde ich hingehen, Zauberkünstlerin? Könnt Ihr mir das sagen?"

„Wenn Eenath auf einen stolzen Geist wartet, werdet Ihr sicher zu ihr kommen", erwiderte Nantgeeb. *„Es hat Euch nie an Mut gefehlt."*

„Lebt wohl, Nantgeeb ..."

„Lebt wohl, Tiath Avran."

Die dünne Geistesstimme erstarb nun ganz. Tiath bewegte noch einmal schwach seine Augen, die alte Ammur Ningan streckte ihre runzlige Hand aus und stieß einen schrillen Laut aus. Während wir uns zurückzogen, sah ich die Wandschirme umfallen; die drei alten weiblichen Verwandten von Tiath warfen sich neben dem Bett nieder und wehklagten laut. Ich sah noch Tewl in einem roten Trauerumhang, die eine kleine, dunkle Gestalt bei der Hand hielt, den Zwerg Urnat.

Als der Große Älteste starb, wurden alle Lichter in der Stadt Rintoul bis zum nächsten Aufgang der Großen Sonne ausgelöscht. Im Corr-Pavillon wurden die Glockentrommeln geschlagen, und am alten Wellenbrecher wurden Trompeten geblasen. Die Runenbänder des Fünferrats, des Rats der Hundert und des Stadtrats wurden vom Herold der Stadt in einem großen Feuer verbrannt, um das Zerreißen der Fäden und den Beginn der Dunklen Tage bekanntzugeben. Von alldem sahen wir nichts, sondern verschwanden in Gedankenschnelle, um uns, weit im Osten, in der windigen Dunkelheit auf dem Dach wiederzufinden.

Wir standen dort, ohne ein Wort zu sagen, und ich dachte an Tiath, der in die Dunkelheit gegangen war. Ich dachte an meine Verwandten, meine enge Familie und die anderen Clan-Mitglieder, die in den dunklen Wolkenkratzern zusammengedrängt saßen.

„Ach, das ist ein blödsinniger alter Faden“, sagte Nantgeeb verdrießlich. „Vierzig Tage Nichtstun ... oder noch schlimmer, vorgetäuschtes Nichtstun nach dem Tod eines Großen Ältesten.“

„Was meint Ihr mit ‚vorgetäuschtes Nichtstun‘?“

Während wir vom Dach hinunterstiegen, erklärte sie es. „Das Leben der Stadt und die Regierung, das muß beides weitergehen. In zehn Tagen, wenn die Heilkünstler mit dem Einbalsamieren fertig sind, wird die Trauerprozession auf der Heiligen Straße zum Tempel am Windfelsen ziehen. Selbst diese Straße muß erneuert werden ... Pentroy-Vasallen und Stadtarbeiter werden morgen damit anfangen. Es ist dreißig Jahre her, seit die Straße das letzte Mal benutzt wurde.“

„Orath Veer wird der Prozession mit seinen ... Helfern entgegengehen und als Hirte der Dunklen Tage eingesetzt werden“, sagte ich und wartete auf Nantgeebs Reaktion.

„Hmmph“, meinte sie. „Ich muß noch weiter mit Orath Veer sprechen.“

„Werdet Ihr ... habt Ihr über die Große Ernte gesprochen?“

„Diesmal werde ich über den Ärger im Norden reden“, gab sie scharf zurück, „wo es eine Mißernte gibt und die Leute in Not sind.“

(II)

Bald wurde es Herbst, und er kam sehr schnell zu dem Landhaus im Osten. All die Bäume, die ihre Blätter verlieren, schienen das auf einen Schlag zu tun, als trauerten sie um Tiath, den alten Regenten. Mein Leben ging in der gleichen, erzwungenen Ruhe wie vorher weiter. Nantgeeb war beschäftigt, also übte ich Jayarn mit Taya, und Antho zeigte mir, wie die Druckerei und verschiedene Flugapparate funktionierten. Ich war für keine dieser beiden Unternehmungen begabt, aber ich bemühte mich nach Kräften. Meine Bindung mit Orath Veer war alle zwei, drei Tage hergestellt worden; jetzt war sie längere Zeit unterbrochen. Ich vibrierte wie eine Harfensaite vor und nach diesen kurzen Begegnungen: Ich befand mich zwischen zwei Welten. Manchmal wünschte ich, ich hätte im Tempel bleiben und die besondere Wärme und Abenteuerlichkeit mit den Schnittern genießen dürfen, aber ich wußte, daß mir die Tage im Landhaus viel wert und wichtiger waren als alles, was ich bisher erlebt hatte.

Ich sprach mit Orath Veer am neunten Tag nach Tiaths Tod, zur Stunde der kleinen Dunkelheit.

„Rovan ...“

„Hier bin ich.“

„Die Zeit ist fast gekommen ...“

„Wird die Ernte verkündet? Habt Ihr mit Nantgeeb gesprochen?“

„Nicht so hastig. Geht Nantgeeb in den Norden?“

„Ja, und ich gehe mit ihr.“

„Ausgezeichnet. Steh fest zu den hellen Fäden."

„Ach, Veer, stärkt meinen Glauben! Ihr wißt, ich hasse dieses Spionieren."

„Bleib standhaft, sage ich. Wo ist Murno Pentroy? Ist er nach Rintoul zurückgesegelt? Oder nach Sarunin?"

„Nein, er ist noch auf dem Meer mit dem Menschen Scott Gale. Sie erforschen das Nordeis mit dem Schiff Beldan."

„Ausgezeichnet. Ich werde in fünf Tagen wieder Verbindung aufnehmen, wo immer du auch bist."

„Orath Veer ... helft mir ..."

„Wie sollst du mich jetzt nennen?"

„Juran ... Juran Veer!"

„Horch! Hörst du deine Schnitter-Kameraden? Der Eid ist geschworen!"

Dann erreichte mich über die Geistesbindung eine Welle von Hochrufen. Ich hörte die Schnitter, siebzig und sieben im Bund von Gulgarvor vereinigt, wie sie laut riefen: ‚Juran! Juran! Juran Veer!' Dann wurde die Bindung so abrupt unterbrochen, daß es mir wie ein Stich in den Geist fuhr, und ich taumelte in die Dunkelheit meines Raumes zurück, ein elender Spion. Aber ich hatte gelogen, beziehungsweise diesem Juran Veer Dinge verschwiegen, die ich wußte oder halbwegs wußte. Ich hatte die scharfsinnige Vermutung, daß Schwarzlocke und Scott Gale nirgendwo in der Nähe des Nordeises waren, und ich konnte mir kaum vorstellen, wo sie jetzt sein könnten.

Als ich nach dieser Begegnung hinunterging, hatte ich hohle Augen von einer schlaflosen Nacht, und Taya sah, daß es mir schlechtging.

„Das ist gar nicht gut", sagte sie. „Sogar deinem Jayarn setzt es zu. Was hat dich so durcheinandergebracht?"

Ich schüttelte den Kopf, außerstande, es ihr zu sagen, und nicht willens, sie anzulügen.

„Nantgeeb ist wütend", sagte sie. „Merkst du?"

„Ja!"

Tatsächlich lag der Ärger der Großen Zauberin wie eine Gewitterwolke über dem ganzen Haus. Ich fragte mich, wie lange es dauern würde, bis sich dieser Zorn über mich ergießen würde. Am Nachmittag arbeitete ich wieder mit Antho: Wir saßen in der *Tomarvan II,* und ich bediente die Kontrollgeräte. Ich dachte trübselig daran, wieviel Spaß ich an so etwas vor einem Jahr gehabt hätte und wie gern Seret fliegen gelernt hätte. Aber sie würde ja vielleicht fliegen, wenn die Große Ernte kam.

„Du bist nicht bei der Sache, Junge", sagte Antho sanft, als ich wieder einen Gang verpatzte. „Ein Glück, daß wir nicht in der Luft sind."

Fast hätte ich geweint wegen seiner Freundlichkeit und wegen all der Fäden, die sich in meinem Kopf bis zum Zerreißen verwirrt hatten.

„Rovan", sagte er, „du solltest versuchen, Nantgeeb alles zu erzählen, was dir auf der Seele liegt. Sie wird dir zuhören."

„Ich werd's versuchen."

Das sagte ich hauptsächlich, um ihm einen Gefallen zu tun. Was sollte ich denn sagen? Von dem Gulgarvor sprechen? Daß ich ein Spion war? Von Orath Veers fixer Idee von der Großen Ernte, die Nantgeeb, dessen war ich mir sicher, schon erkannt hatte? Ich spürte etwas wie eine böse Vorahnung, ein dunkles Gewirr von Fäden, die ich nicht entwirren konnte.

Diesen ganzen Tag lang blieb Nantgeeb eingeschlossen in ihrem Arbeitsraum und sprach mit entfernten Teilen des Landes. Nachdem das Haus von ihrem Zorn erschüttert gewesen war, durchdrang es jetzt etwas wie eine reine Anstrengung, eine physische und geistige Anspannung, die ich noch nie in Verbindung mit Geisteskräften gesehen hatte. Dann lösten sich alle Spannungen in einem Wirbel von Geschäftigkeit. Zwei Tage nachdem die staatliche Prozession auf der Heiligen Straße zum Windfelsen gezogen war, hatten alle Bewohner das Landhaus im Osten verlassen. Wir flogen davon und ließen den alten Diener allein zurück. Antho flog zu den Delta-Ländereien; Taya steuerte die größte Flugmaschine, *Dah'gan* oder Maschinenmacher genannt, mit Nantgeeb und mir zum Vogelclanflugfeld in Otolor.

Nantgeebs einsame Arbeit in ihrem Arbeitsraum hatte Früchte getragen. Wir wurden von einer Delegation des Stadtrats empfangen ... sogenannten Stadtgrandentypen, aufgeputzt und mit roten Trauerknoten für den Großen Ältesten gespickt. Während Nantgeeb mit ihnen sprach, kamen Diener zum *Dah'gan*, und Taya übergab ihnen eine große Kiste.

„Was war das denn?" fragte ich.

„Was sie am meisten mögen", sagte Taya bitter. „Silbergeld. Sogar jetzt erläßt Nantgeeb diesen alten Wölfen ihre Schulden. Sie tun so, als seien die Probleme im Norden nicht wichtig. Sie planen schon ihren Frühjahrsmarkt."

Nantgeeb wandte sich, während wir umherschauten, von den Mitgliedern des Stadtrats ab. Sie ging über das kurze Gras bis dorthin, wo ein paar zerlumpte Zelte aufgeschlagen waren und heimatlose Wanderer aus dem Norden zusammengedrängt saßen und auf das Fürsorgeessen warteten. Die meisten hatten nicht einmal Zelte, sondern nur Decken; sie saßen teilnahmslos auf dem Boden, selbst die Kinder zu elend zum Spielen. Ich sah von den armen Kreaturen fort, und plötzlich durchfuhr mich Angst wie ein Stich.

„Wer ist der alte Schreiber beim Rat?" fragte ich. „Der mittelgroße in Grau ..."

„Ein Schreiber, wie du sagst", antwortete Taya, „aus dem Girroyan-Haushalt. Ich glaube, er heißt Gemel."

Ich überprüfte sofort seinen Geist, und mein Sondieren stieß auf eine schwere Abschirmung; der Schreiber mußte ein Graumetallband unter seinem drapierten Kopfschmuck tragen. Ich versuchte, mir einzureden, daß es sich um einen Zufall handelte ... vielleicht war der Kerl ein Zeuge ... ich konnte nicht sicher sein, daß es dieselbe Person war. Dennoch glaubte ich, ihn schon einmal vorher gesehen zu haben, und zwar im Tempel am Windfelsen, wo er spät in der Nacht zu Orath Veer gebracht worden war.

Nantgeeb kam zurück von den Heimatlosen, und wir gingen alle zusammen zum Fluß. Wir überquerten die Steinbrücke, vorbei an der Zitadelle auf der Insel im Troon, und gelangten zu den städtischen Lagerhäusern am jenseitigen Ufer. Dort lag ein Flußschiff vor Anker: „Bergzügler" mit Waren in Kopftragen und andere mit Karren beluden das Schiff mit Korn, Bohnenmehl und Bohnenbrot, getrocknetem Fleisch in Streifen, Salz und Wein. Schließlich sprach Nantgeeb in unserem Geist abrupt: *„Rovan?"*

„Ja, ich komme!"

Ich drückte Taya fest die Hand. Sie würde allein nach Hause fliegen. Ich hörte, wie Nantgeeb ihr zum Abschied sagte: *„Paß auf die Tiere auf!"*

Taya gab einen ungehörigen Ton von sich, und Nantgeeb schnaubte protestierend. Soviel zu den Freuden des Familienlebens. Ich rannte hinunter und folgte Nantgeeb an Bord des Schiffs. Die Mannschaft bestand aus vier untersetzten Nordflußschifferinnen aus den Pentroyländereien, von den Oberläufen des Troon. Sie waren nicht groß, keine von ihnen eine Omor, aber sie sahen wild aus. Ich dachte an Baran, den Bootswart, dessen Ring ich trug, und fragte mich, wie es zuging, daß ich in seine Welt gelangt war. Während sie den Anker lichteten und an dem Schaufelrad zu drehen begannen, stand ich mit Nantgeeb am Bug.

„Sie kommen von Cullin", sagte sie. „Schon seit Tagen versucht die Ulgan, dieses Rettungsschiff zu schicken."

Es war jetzt Nachmittag, und das Wetter war klar und hell; ich konnte den breiten Fluß weit aufwärts in die blaue Ferne sehen. Wir kamen allmählich in eine andere Welt. Das Land zwischen den Städten und Weilern am Flußufer war eine Wildnis, durch die kreuz und quer die Pfade der Buschweber verliefen. Langblättrige Wasserweiden hingen über den Fluß und ließen ihre Zweige in der graugrünen Strömung schleifen; die streifigen Stämme der Rotholzbäume, dick und knorrig, ähnelten dem Pelz von Wölfen. Das Gras wuchs schulterhoch, wo einst in besseren Zeiten die Wollhirsche geweidet hatten. So kamen wir nach Geeler, nicht weit von Otolor, wo die Not nicht allzu groß war, und übergaben eine Ration Getreide. Dann stießen wir vor Untergang der Großen Sonne auf zwei unbekannte Weiler am Westufer unterhalb von Wellin. Im ersten waren vierzig Buschweber, die zu schwach zum Weitergehen waren und auf dem feuchten Boden umhersaßen, außerdem ein paar Bauern mit festen Häusern, die zu geschwächt waren, um den anderen helfen zu können, und auch zu schwach, um sie zu vertreiben. An dem kleinen Dorfring lagen die Toten, unbegraben

Wir arbeiteten bis zum Anbruch der kleinen Dunkelheit, machten ein großes Feuer, zündeten Fackeln an und arbeiteten weiter. Ich stand neben einer von der Mannschaft und kümmerte mich um den Kessel aus gebranntem Ton, den wir mit Bohnensuppe gefüllt hatten. Ich erwachte wie aus einem Traum von Holzhacken, Rühren und Austeilen und sah dieses wilde Wesen mich anstarren.

„Ruh dich aus, Kind", sagte die Schifferin. „Du machst dich kaputt. Wie heißt du?"

„Rovan Wentroy", sagte ich und wischte mir die verschwitzten Hände an meiner Tunika ab. „Ich kann schon weitermachen ... die armen Leute ..."

„Beim Nordwind", sagte sie mit einem Grinsen, „das hätte ich nicht gedacht, daß ein Grandentypenkind so gut zupacken kann."

Meine Hände brannten vor Schmerz, sie waren voller Blasen. Nantgeeb kam aus der Dunkelheit und blieb bei uns stehen.

„Nimm den Topf mit Salbe aus meiner Ärmeltasche", sagte sie. „Mit der Zeit werden die Hände von der Arbeit abgehärtet."

„Mein Geist wird nie abgehärtet werden", sagte ich. „Ich weiß nicht, wie ich das ertragen soll."

„Du mußt", sagte sie einfach. „Setz dich jetzt auf den Stamm dort, und iß selber etwas Suppe."

Das tat ich und bemerkte, wie die Schifferin und die Zauberin mir mit einem Ausdruck in den Augen zusahen, den ich selten gesehen hatte: Dem Ausdruck der Anerkennung eines Erwachsenen für ein Kind. Sie waren wirklich davon überzeugt, daß ich es gut gemacht hatte. Meine Gedanken wanderten zu den Webern, die jetzt mit Essen und Wärme versorgt waren, und zwischen den kummerbeladenen Gedanken fand ich hellere Fäden. Sie wußten, wer die Nahrung gebracht hatte, und das war im Namen des nun zu Eenath gegangenen Großen Ältesten und im Namen der Ulgan von Cullin geschehen.

So fuhren wir kurz vor Ende der Dunkelheit weiter und erreichten den zweiten Weiler beim Schein der Fernen Sonne. Hier war niemand mehr am Leben, wir fanden nur ein Gemeinschaftsgrab in einem vertrockneten Bohnenfeld, die Totengräber lagen tot am Rand. Die Mannschaft war müde, aber gutwillig und griff wieder zu den Schaufeln. Doch Nantgeeb winkte sie zur Seite.

„Hier war vielleicht auch eine Krankheit im Spiel", sagte sie. „Laßt mich sehen, wie sie gestorben sind."

Sie ließ mich ein Tuch vor das Gesicht binden und Lederhandschuhe anziehen, so konnte ich ihr ein Licht halten. Ich schaute nicht zu genau hin, während sie mit der Untersuchung beschäftigt war. Es war nicht die schreckliche Rotwelke, die Sommerseuche, die die Dorfbewohner dahingerafft hatte, sondern eine geringfügigere Krankheit, eine Darmkrankheit, zusammen mit dem Hunger. Als sie fertig war, hoben wir die Leichen mit Jayarenkraft in das Loch und gruben es sogar noch ein wenig tiefer, da die Erde weich war. Wir bedeckten alles mit einer kleinen Schicht Erde, gingen zum Schiff zurück und überließen der Mannschaft den Rest der traurigen Arbeit. Ich zitterte, und mir war übel, aber mein Kopf war klar.

„Ich glaube, ich sollte Euch bestimmte Dinge sagen, über das, was Juran Veer im Tempel am Windfelsen getan hat", sagte ich.

„Ja", sagte Nantgeeb, „das solltest du vielleicht. Weißt du, daß er diese Rettungsarbeit behindert hat?"

„Nein, das habe ich nicht gewußt."

Ich richtete meinen Geist fest auf diese Sache und konzentrierte mich auf das dunkle Wasser des Troon, das um unseren Bug wirbelte. Ich erzählte in

Geistessprache, wie mir die Gedanken gerade in den Kopf kamen, von den Tempelbesuchern: dem Schreiber, der Omor, dem Vasallen. Dann erzählte ich von den drei Clanangehörigen und hörte, wie Nantgeebs Geist mit heftiger Bestürzung reagierte.

„Jetha?" sagte sie laut. „Das geht ja weit. Wen hat er noch in der Hand?"

„Jeden ... uns alle ... ich, mich selbst ..."

Ich konnte es kaum herausbringen.

„Seine Macht wird ein Ende haben", sagte Nantgeeb. „Er kann seine Zeit als Juran nicht überdauern. Er hat nicht mit den Clans und deren eigenem Machtwillen gerechnet."

„Die Schnitter sind im Gulgarvor gebunden", sagte ich.

Lange Zeit war Stille. Dann kam Nantgeebs Antwort, traurig und sanft: „Selbst diese armen jungen Krieger würden geopfert werden ..."

Ich konnte es nicht fassen. Im Geist stieß ich einen verwirrten Protestschrei aus: Würden unsere Eltern uns fallenlassen? Würde Guno Seret ein Leid antun, würde Orn Margan die Hand gegen die Zwillinge erheben?

„Genug!" sagte Nantgeeb. „Wir müssen uns darum kümmern, was der Juran tut."

Sie legte mir eine ihrer starken Hände über die Augen, und ihre Kraft beruhigte mich ein wenig. Die Mannschaft kam zurück. Wir quälten uns mühsam den Fluß weiter hinauf und kamen an den Kai von Wellin. Dort wartete man schon auf uns. Die Not war groß, aber Wellin war eine blühende Freistadt und hatte schon eigene Erleichterungsmaßnahmen ergriffen. Es wurden Vorräte abgeladen, und Nantgeeb ging zu einer Unterredung mit der Stadt-Fünf. Ich legte mich in das kleinere Zelt, das für Nantgeeb und mich an Deck des Schiffes aufgestellt war, und schlief wie ein Toter. Wir blieben vor Wellin bis zum vorgerückten Morgen des nächsten Tages; der Wind wehte aus Südosten, so daß wir mit gehißtem Segel schneller zu den Dörfern am Westufer nördlich von Wellin gelangten. An diesen Orten herrschte fast keine Not, weil sie eine gute Obsternte gehabt hatten. Nach Mittag manövrierten wir das ungelenke Schiff über den Troon, der an dieser Stelle neu ausgehoben war, und näherten uns Nedlor.

„Ärger!" sagte Nantgeeb. „Sieh mal!"

Am Kai und am Dorfring, nicht weit von den Überresten einer abgebrannten Kornmiete, waren Kämpfe ausgebrochen. Wie der Rauch vom Brand in der vorangegangenen Nacht hing eine Wolke des Zorns und der Unruhe über dem kleinen Ort. Wir steuerten langsam den Kai an und trafen auf eine Gruppe von Hirten, die der Lage Herr geworden waren. Nantgeeb stellte ihnen Fragen, und wir übergaben ihnen eine Nahrungsration; wir beeilten uns weiterzukommen, um unsere Vorräte in Sicherheit zu behalten. Dann ließ Nantgeeb das Rad anhalten, und wir trieben wieder südwärts, bis wir in Sicht von Wellin kamen.

„Hier ist die Reise für dich und mich zu Ende", sagte sie. „Komm, wir nehmen das Nestboot. Kannst du rudern?"

„Ja", sagte ich. „Wohin fahren wir?"

„Wir fahren zurück zum Weißfelsenpferch, dort hat Beeth Ulgan uns ein Haus überlassen. Ich muß die Wollhirsche und das Erntegut untersuchen. Es hat alles keinen Wert, wenn wir die Ursache dieses Elends nicht kennen."

Wir schauten zu, wie die Mannschaft das Schiff weiter nach Norden bewegte, in Richtung Fanne und Cullin, wo die Ulgan es erwartete. Wir setzten uns in die kleine braune Bootsschale, die langsam auf dem Wasser kreiste, und als das Schiff sich entfernt hatte, ruderten wir oder ließen uns von der Strömung treiben. Wir kamen zu einer kleinen Anlegestelle im Schilf, und ich sah den großen Felsen.

Nantgeeb machte das Boot fest, und ich holte unseren Essenskorb und die schwere Ledertasche mit der wissenschaftlichen Ausrüstung heraus. Ich sah Nantgeeb auf das weiche, bräunliche Gras treten und spürte eine seltsame Spannung um sie.

„Was ist?" fragte ich.

„Dunkle Botschaften ... eine Vorahnung, könnte man sagen."

Sie nahm die Tasche auf und lächelte.

„Ich fange an, abergläubisch zu werden!"

Wir gingen auf einem Pfad in Richtung Felsen, und bald kam ein kleines weißes Haus mitten in einem Waldstück in Sicht. Ich wäre gern hingerannt, um es mir anzusehen, aber Nantgeeb rief mir im Geist zu: „Warte!"

Hinter dem Felsen tauchte eine Gestalt auf und kam auf uns zu. Es war ein alter Hirte, der sich auf einen Stab stützte. Er kam näher und grüßte uns.

„Kommt Ihr von der Ulgan, edle Leute? Hier sind schon andere hergekommen ... ich habe den Rest der Familie nach Wellin geschickt, als die letzten Wollhirsche gestorben sind. Ich heiße Varb, jetzt werden sie mich den Alten Varb nennen, denn unser Alter ist vor zwei Frühjahren gestorben."

„Erinnert Ihr Euch an eine Familie vor dieser Zeit, die eine Flugmaschine von der Spitze des Felsens gestartet hat?" fragte Nantgeeb.

„Ah, das waren Glückspilze ..." sagte der Alte Varb und lachte dabei verschmitzt. „Das war Brins Fünf, und sie hatte einen fliegenden Kobold als ihr Glück. Großartig war der und groß wie Ihr oder ich, nur daß er blaue Augen hatte. Das war ein Drei-Kometen-Jahr ..."

„Siehst du, dies ist ein legendärer Ort", sagte Nantgeeb zu mir mit einem Lächeln. „Dies ist Rovan Wentroy, guter Varb, und ich denke, Ihr wißt, wer ich bin."

Der alte Hirte sah sie von der Seite an und sagte: „Ich bin stolz, in Euer Licht sehen zu dürfen. Kommt, junge Hoheit."

Er führte uns zu dem weißen Haus und sagte: „Die anderen, die ohne zu fragen gekommen sind, waren Geisteskrieger ..."

„Wirbler?"

Angst packte mich.

„Sie sind überall – flußauf, flußab", sagte Nantgeeb. „Ihre Zahl wächst jeden Tag mit zunehmendem Elend. In Wellin und in Nedlor sind sie auch. Sie haben einen neuen Führer."

„Petsalee ist tot ... er starb im Tempel", sagte ich in Geistessprache zu Nantgeeb.

„Soviel habe ich auch gehört", erwiderte sie. *„Du mußt mir die Geschichte erzählen."*

So kamen wir an das kleine Sommerhaus der Ulgan, und über der Tür war in Rot das Zeichen für den Namen Eenath; in der Küche verrieten ein paar blaue Federn und Vogelknochen, daß die Wirbler hiergewesen waren. In mir wuchs das Unbehagen, obwohl nichts durcheinandergebracht war. Falls sie Nahrungsmittel aus den halbleeren Speisekammern genommen hatten, so hatten sie das sehr umsichtig getan. Mit Jayarn- und bloßer Muskelkraft machten wir uns alle zusammen daran, die Fenster und Türen weit aufzustoßen und ein bißchen auszufegen, und nachdem Nantgeeb den Kochherd angezündet hatte, half mir der Alte Varb, eine Suppe aus Bohnen, Kräutern und von uns mitgebrachtem getrockneten Wildvogelfleisch zu kochen.

Wir setzten uns oben in einen freundlichen Raum und hielten mit dem Alten Varb Festschmaus. Nantgeeb gestand, daß sie müde war, und wir arbeiteten den ganzen Tag nicht mehr. Die große Zauberin saß auf dem sonnigen Dach und las, während ich das Waldstück und die Felder erkundete. Der Weißfelspferch war ein schöner Ort ... mir fehlten nur die Freunde, um mich mit ihnen zusammen daran zu freuen. Ich saß in dem hohen Gras und sehnte mich nach Seret und dem armen, alten Haddo, nach Dorn und Narneen und meiner Sieben bei den Schnittern. Auch am Abend ruhte Nantgeeb sich noch aus. Wir unterhielten uns über Sterne und Meereswesen und spielten ein Zahlenspiel des Flachsvolkes. Nicht ein Wort über den Ärger im Norden oder die Bedrohung durch Juran Veer fiel zwischen uns.

Am nächsten Morgen kam ein Boot aus Wellin mit einer unangenehmen Fracht: einem kürzlich verendeten Wollhirsch, den Nantgeeb untersuchen sollte. Sie hatte schon Proben von dem verdorbenen Bohnenfeld des Alten Varb genommen. Ich sah ihr zu, wie sie dem Wollhirschen mit gewissen scharfen Instrumenten, die durch Jayarn geführt wurden, Fleisch und Fell abschnitt. Sie befragte den Alten Varb eingehend über den Verlauf der beiden Krankheiten.

Wieder im Haus, machte Nantgeeb sich im oberen Raum auf einem besonderen Tuch, das über einen Kleiderkorb gebreitet war, an die Arbeit. Ich sah ihr zu, wie sie die ekligen Proben in kleine Stücke schnitt, sie auf Tontabletts flach ausbreitete und durch ihre verschiedenen Sichtgläser betrachtete. Alles Getane wurde auf ein Runenband geknüpft.

Ich streunte, getrieben von Unbehagen und böser Vorahnung, durch das kleine Haus; ich stieg auf das Dach hinauf und sah über den grauen Fluß. Es war ein ruhiger, lieblicher Herbsttag ohne Wind, aber im fernen Norden braute sich ein heftiger Sturm zusammen, und die Wolken jagten von den Bergen über Cullin herunter. Ich schob mein Unbehagen auf den Sturm: Wer Geisteskräfte hat, ist sehr stark wetterfühlig.

Ich ging hinunter zu Nantgeeb und sagte: „Da kommt ein Sturm von den Bergen. Macht die Ulgan wirklich solches Wetter?"

„Nein“, sagte Nantgeeb, „im wesentlichen sagt sie vorher, wie das Wetter sein wird. Aber sie kann in Trockenzeiten manchmal Regen machen.“

Sie widmete sich wieder einige Zeit ihrer Arbeit und sagte dann: Sieh durch das Glas. Schau dir an, was die armen Wollhirsche umbringt und was sie heilen wird.“

Also lugte ich durch die Anordnung von Gläsern und erkannte ein zappelndes, braunes Insekt mit einem faltigen Beutel als Bauch und einem scharfen Rüssel.

„Das ist ein brauner Blutsauger“, sagte sie, „mit der gewöhnlichen Art verwandt, aber viel kleiner. Die Leute hier in der Gegend nennen sie ‚Staubhänger‘. Der nasse Sommer hat sie seuchenartig vermehrt. Ich werde einen Tropfen Salzwasser und Ullitkraut auf das Wesen geben ...“

Der einzelne Tropfen traf mit wunderbarer Jayarn-Exaktheit auf das Tontablett, und der Blutsauger starb sofort.

„Das ist also die Heilung“, sagte Nantgeeb. „Die Wollhirsche müssen mit Salzwasser und Ullit abgewaschen werden. Ich beneide die Hirten nicht, die diese albernen, umherspringenden Kreaturen abwaschen müssen, aber es geht nicht anders.“

„Und die Bohnenfelder?“

„Ich kann keinen Erreger und kein Heilmittel finden“, sagte Nantgeeb. „Vielleicht ist der Erreger zu klein. Vielleicht könnte man ihn mit dem Sichtglas der Menschen finden ... sie haben stärkere Linsen. Die befallenen Bohnenfelder muß man abbrennen und zur Erholung brachliegen lassen.“

Sie richtete ein Runenband her, dann ein weiteres; anschließend gingen wir nach unten zum Alten Varb. Nantgeeb sprach mit ihm, und er erklärte sich bereit, das Runenband zu der Stadt-Fünf von Wellin zu bringen, um die wenigen Wollhirsche zu retten, die ihnen geblieben waren. Sie gab ihm Geld und Verpflegung aus unserem Vorrat für seine Familie. Er machte sich in seinem eigenen kleinen Boot auf den Weg; es war später Nachmittag, und die Gewitterwolken rollten den Troon entlang auf uns zu, mit dem Wind als Vorboten, der das graue Wasser zu unruhigen, kleinen Wellen peitschte.

„Bleibt nur dort, wenn das Wetter zu schlecht ist“, sagte Nantgeeb. „Kehrt nicht unseretwegen zurück. Wir werden uns schon zurechtfinden.“

Sie ging ins Haus zurück; ich aber blieb noch bei der Anlegestelle und sah dem Alten Varb zu, wie er gekonnt in Richtung Wellin davonruderte. Der Himmel über mir war jetzt dunkel mit langen Wolkentrichtern nach Osten und Westen hin, und Blitze zuckten durch die Wolkenmassen. Ich saß träumend am Flußufer und sah dem Sturm zu, wie er näher kam, und dann, als ich mich schließlich umdrehte, um zum Haus der Ulgan zurückzukehren, durchfuhr mich ein Schock wie ein Blitzschlag. Es war, als wäre ein großer Aufschrei aus dem Norden gekommen, ein Geistesruf, so laut, daß man ihn auf ganz Torin hören konnte.

Dann wurde mir klar, daß es Nantgeeb sein mußte, die geschrien hatte, und wild vor Angst fragte ich: *“Was ist los? Nantgeeb, was ist los?“*

Der grausige Schrei wiederholte sich, aber sanfter und trauriger. Ich raste zum Haus und stieg nach oben, ich wußte ja, daß Nantgeeb auf dem Dach war. Als ich im oberen Raum ankam, war Nantgeeb auf der breiten Leiter und klammerte sich an die Seile wie jemand, dem schlecht ist. Ihr Gesicht war verzerrt von Trauer und Schmerz; sie hatte das Band mit den grünen Brillanten abgezogen, das ihr Haar zusammenhielt und das mit Graumetalldrähten durchwirkt war, um die Gedanken der Welt abzuschirmen. Ich sah zum ersten Mal, daß die Haut auf ihrer hohen Stirn genäht war, wie es beim Flachsvolk üblich war, mit häßlichen graublauen Narben.

„Dunkelheit im Norden ... ein dunkler Tag für die Welt ...“

Ihre verstörten Worte, obwohl unausgesprochen, trafen mich wie ein Schlag, ich krümmte mich zusammen und hielt mir den Kopf. Kraftlos fragte ich, was geschehen sei.

„Hier herrscht Verrat, etwas Schwarzes“, sagte sie laut. „Astagwey hat Cullin mit diesem Elend aufgebracht. Die Weber sind außer Rand und Band.“

„Aber die Ulgan ...“

„Beeth Ulgan ist tot!“ sagte Nantgeeb. „Die Winde haben sie fortgenommen. Sie fiel auf dem Dach ihres Hauses nieder, Astagwey und Gordo Beethan waren dabei. Ihr Herz hat versagt ...“

Eine grauenhafte Furcht packte mich, halb deutlich, wie in einem Traum.

„Kann das der Ulgan angetan worden sein?“ flüsterte ich. „Kann sie ... niedergestreckt worden sein?“

„Was meinst du damit?“ fragte Nantgeeb schroff.

„Petsalee ist so gestorben ... am Windfels. Ich war dicht bei ihm. Ich habe seinen Todestanz gesehen.“

Mit einemmal war Nantgeeb sehr still. Dann sank sie auf die runde Matte neben ihrem Behelfstisch und winkte mich an ihre Seite. Sie schob mit einer sanften Bewegung ihr Haar zurück und legte das Band mit dem Draht wieder um den Kopf.

„Wo hast du dieses Wort her?“ fragte sie.

„Von Petsalee selbst. Er konnte nur dieses Wort in Geistessprache sagen: ‚Todes...tanz‘. Dann ist er gestorben. Ich hatte mich an seine Seite projiziert, als ich ihn hinfallen sah.“

„Und Orath Veer? Ich frage mich, wo der war.“

„Das weiß ich auch. Er war auf dem Totenhügel.“

Nantgeeb fixierte mich mit ihren dunklen Augen.

„Wir müssen zurückkehren“, sagte sie. „Selbst wenn es dir weh tut, Rovan, du mußt jeden Moment dieser Zeit mit Petsalee noch einmal durchleben. Konzentriere dich. Gib mir deine Hände. Es geht um Leben und Tod für ein paar von uns.“

Mich schauderte, aber ich sah ein, es mußte sein. Ich legte meine Hände in ihre Hände und konzentrierte mich stark auf jenen Morgen im Tempel, gar nicht viele Tage waren vergangen seitdem. Ich erlebte alles noch einmal: von dem Moment an, als ich das Geistesgespräch zwischen Petsalee und Astagwey vor meinem Raum hörte, bis zu Petsalees Tod und dem Zusammentreffen mit Orath Veer bei der Menge, die sich um den gefallenen Geisteskrieger versammelt hatte. Ich hatte diesen traurigen Tag aus meinem Gedächtnis verdrängt, doch jetzt hatte er eine neue, wichtige Bedeutung bekommen.

„Ich glaube, Petsalee hat von Euch gesprochen, Nantgeeb", sagte ich, „Ihr seid diejenige, die zuhören will. Ihr müßt meine wahre Lehnsherrin sein. Ich sollte Euch den Gesang der Wirbler wiederholen ... ich sollte mir auch das wieder ins Gedächtnis rufen."

Auf Nantgeebs Gesicht lag ein seltsamer, grimmiger Ausdruck.

„Ich habe mich täuschen lassen", sagte sie. „Vielleicht hat mich mein eigener Stolz getrogen. Ich denke, du weißt, daß Orath Veers Kräfte als Zauberer nicht besonders groß sind."

„Das weiß ich. Aber er hat andere Kräfte als Führer, Verführer."

„Er hat alte Runenbänder studiert und Dinge wiederentdeckt, die verschüttet waren", sagte Nantgeeb. „Er hat den Todestanz der Veer Doran wiederausgegraben. Sie arbeitete mit Magnetsteinen, Blitzwellen und Wellengeistern. Es heißt, sie habe diese Maschine, die den Gehirn- und den Körperrhythmus verzerrt, für den letzten Torlogan, Corr Quistroy, gebaut. Das Opfer zuckt und tanzt, von dieser Maschine getroffen, und das Herz setzt aus."

Mit einem Donnerschlag brach der Sturm aus, und der Regen trommelte auf das Haus der Ulgan nieder.

„Hat Orath Veer das getan?" brach es aus mir heraus. „Hat er die Ulgan und Petsalee ermordet?"

Nantgeeb wiegte sich vor und zurück wie in einer Wehklage für ihre tote Freundin, einer völlig lautlosen Wehklage allerdings.

Schließlich sagte sie: „Du kennst ihn, Rovan Welroyan. Würde er das tun?"

Ich brauchte nicht lange zu überlegen.

„Ja", sagte ich leise. „Ja, möglich ist es. Denn Petsalee wollte nicht für ihn arbeiten, und Astagwey ist ihm hörig."

Dann konnte ich mich nicht mehr zurückhalten. Ich weinte und zitterte wie ein Kind. Das Bild Orath Veers war in meiner Vorstellung zerbrochen wie das Spiegelbild in einem gesprungenen Spiegel, zerstört wie die glatte Oberfläche eines Teichs durch einen Stein.

„Nantgeeb", rief ich, „sie *war* gut, manchmal, die Zeit am Windfelsen diesen Sommer. Der Unterricht, die ‚Freiheitsrunde' ... wir gehörten zusammen, wir alle ..."

„Sei still, Kind", sagte sie. „Sei stark, Rovan. Wir müssen aus diesem Netz herauskommen."

„Wie weit kann diese schreckliche Waffe reichen?" fragte ich. „Niemand ist mehr sicher, egal, wo man ist."

„So nun auch wieder nicht", erwiderte Nantgeeb mit einem Lächeln. „Der Legende nach wirkt sie nur auf Personen mit starken Geisteskräften. Veer Doran setzte dieses Mittel gegen Corr Quistroy, ihren ehemaligen

Lehnsherrn, ein, der solche Kräfte hatte. Er brach, nachdem er sich zu Tode getanzt hatte, mitten unter seinen Anhängern in Rintoul zusammen."

Sie schüttelte verärgert den Kopf.

„Ffft! Ich kann es kaum glauben. Es ist alles Unsinn. Orath Veer ist seit vier Tagen in Rintoul. Hat er die Maschine oben auf den Pentroy-Wolkenkratzer geholt, wo er während der Dunklen Tage wohnt? Welches Ziel hat er wohl? Welche Kräfte hat er, die so weit reichen?"

Sie sah mich an, und ich mußte so verzweifelt aussehen, daß sie besorgt war, das merkte ich, aber es tröstete mich nur wenig.

„Sag mir, was die Wirbler für ein Lied am Windfelsen gesungen haben."

Also konzentrierte ich mich aufs neue und kehrte zurück, diesmal zu der Nacht in der Wüste und den Klängen des Tanzes. Ich wiederholte die Worte des Gesangs:

„Betet für den großen Führer Petsalee,
Der fliegt als erster auf den Flügeln des Windes
Der Umarmung von Eenath entgegen ..."

Die Worte hatten eine düstere Bedeutung bekommen ... das Volk im Norden, die Ulgan von Cullin, Nantgeeb selbst, alle waren vermerkt oder verdammt. Als ich geendet hatte, war Nantgeeb so tief in Konzentration versunken, daß ich hinüberlangen und sie berühren mußte, um sie wieder auf mich aufmerksam zu machen.

„Du kommst auch in dem Gesang vor." Sie lächelte. „Dein Name ist wie Oroven, der Falke. Du hast mich gewarnt ... vielleicht heißt es das."

„Was soll ich tun? Bald muß ich wieder in Geistesbindung mit Orath Veer treten."

„Sag ihm, ich will mit ihm reden."

„Das ist gefährlich."

„Halte deine Ängste im Zaum, Rovan!"

Nantgeeb ließ ihre Ausrüstung in der dafür bestimmten Tasche verschwinden.

„Ich muß weitsprechen", sagte sie energisch. „Ich will allein in diesem Raum sitzen. Morgen wird Antho bei Aufgang der Großen Sonne die Maschine *Dah'gan* bringen. Ich habe ihn schon gerufen. Wir fliegen dich zur Villa nach Linlor, und ich fliege dann in den Norden nach Cullin. Dort will ich Beeth Ulgan die letzte Ehre erweisen und, sofern das möglich ist, diese Unruhe in geregelte Bahnen lenken. Geh, such dir was zu essen und schlaf dann."

Ich schlich davon und legte mich in diesem Haus schlafen, das einer Toten gehörte; viele würden es als verflucht angesehen haben. Ich versuchte, Trost bei der einzigen anderen Lebensquelle in diesem Haus zu finden: Nantgeeb, ganz nah, die ihre Gedanken aussandte. Ich hatte die respektlose Vorstellung, daß sie weniger die Schöpferin der Maschinen als selbst eine große Maschine war. Ich knüpfte mir ein Netz aus Schlaf in die Gedanken, wie ich es so oft in Linlor gemacht hatte.

(III)

Ich wachte langsam aus einem freundlichen Traum auf, der immer noch weiterzugehen schien ... jemand, groß und alt, eine alte Frau, gemütlich und dick, stand in einem hellen Gewand neben mir und zählte Runenbänder. Ich sah den Silberschein der Fernen Sonne auf den Fensterläden und wußte, wo ich war. Alles war sehr still; ich wußte, daß Nantgeeb nicht mehr im Haus war. Dann merkte ich, was mich geweckt hatte.

„Rovan ...“

Die volle Stimme, das Ziehen der Geistesbindung, jenes himmelblaue Band.

„Juran Veer?“

„Wo bist du?“

„Am Troon.“

„Wo?“

„Am Weißfelsenpferch.“

„Nantgeeb?“

„Juran Veer, sie will mit Euch reden!“

„Wo ist sie? Wo ist die Schöpferin der Maschinen?“

„Ich weiß nicht ... nicht im Hause ..“

„Such sie, Rovan. Wir müssen reden. Im Norden sind Unruhen.“

Die Geistesbindung war unterbrochen. Ich war erleichtert, aber auch enttäuscht. Ich hatte nichts erfahren. Ich sprang auf und rannte aus dem Haus; die Luft war kalt, und die Wolken waren alle verschwunden. Ich stand zwischen den Bäumen des Waldstücks und sah über mir die Sterne und auf dem Fluß das Silberlicht der Fernen Sonne. Schon beim Hinauskommen wußte ich, daß Nantgeeb nicht weit war; sie war auf den hohen Felsen geklettert. Jetzt sah ich sie, nicht ganz oben auf der Spitze, sondern auf den grasbedeckten Terrassen, die wie riesige Stufen an der Westseite des Monolithen hinaufführten.

Ich rief: *„Nantgeeb ...“*

Ich rannte über das nasse Gras und kletterte die unteren Felsterrassen hoch.

Ihre Stimme war warm und stark.

„Rovan ... bleib zurück. Komm nicht näher. Ich weiß, wie die Untaten vollbracht wurden.“

Aber ich nahm all meinen Mut zusammen und wollte nichts als neben Nantgeeb stehen und jede Gefahr mit ihr zusammen durchstehen. Ich ging noch weiter den Fels hinauf, da kam wieder jene honigsüße, gefürchtete Stimme. Die Geistesbindung war stärker als je zuvor, als hätte Veer seine ganze Kraft in sie hineingelegt.

„Rovan ... wo ist Nantgeeb?“

„Juran Veer ...“

„Ich sehe, wo du bist. Wo ist Nantgeeb ... ich möchte mit ihr reden. Wo steht sie?“

„Nein! Ich sag es Euch nicht!“

Ich zerrte an der Geistesbindung, und ein Schmerz durchfuhr mich wie Feuer.

„Was ist das denn?“ fragte Veer in mitleidigem Ton. *„Du begreifst nicht, armes Kind.“*

Und eine zweite Stimme schaltete sich in mein wirbelndes Bewußtsein, Nantgeeb selbst.

„Laß das Kind in Ruhe, Orath Veer!“

Sein weicher Triumphschrei erfüllte meinen ganzen Geist. Ich sah, wie Nantgeeb sich straffte, wo sie stand, und ich fühlte ihre ganze Kraft wie Feuer sprühend gegen die Kraft des Todestanzes ankämpfen. Eine Sekunde lang schien es, als könnte sie ihm widerstehen, aber dann ertönte ein Schmerzensschrei ihres Geistes, und sie riß die Hände hoch. Ich schrie laut auf und brach die Geistesbindung, obwohl der quälende Schmerz mich auf die Knie zwang. Und mit aller Macht, mit dem ganzen Können, das ich von meiner Geburt bis zu dieser Stunde angesammelt hatte, riß ich Nantgeeb mit Jayarnkraft von dem Fleck, auf dem sie stand, rollte ihren Körper über eine grasbedeckte Felsterrasse fast bis vor meine Füße. Dann griff ich sie, heftig zitternd vor Anstrengung, bei den Schultern und zog sie, wieder mit Jayarn, noch weiter hinunter. Ein paar Pulsschläge lang schwanden mir fast die Sinne vor lauter Schmerz und Schwäche. Nichts störte die Stille der Nacht am Weißfelspferch unter der Fernen Sonne. Nantgeebs Gesicht war blaß, und in ihrem Geist regte sich keine Antwort, als ich sie rief. Ich legte meinen Kopf auf ihre Brust und wußte, sie lebte noch.

... Nantgeeb lebte noch, doch es war Juran Veers Stunde des Triumphs. Die Dunklen Tage waren in der Tat angebrochen: Die Ulgan von Cullin war tot, und Astagwey, Veers Kreatur, führte das arme Volk des Nordens in Aufruhr und Tumult, der sich wie ein Strohfeuer an den Ufern des Troon hinauf und hinab ausbreitete. Die Clans und ihre Vasallen, die in der Lage gewesen wären, die Ordnung wiederherzustellen, waren während der Trauerzeit in Rintoul eingesperrt. Ein Irrsinn griff um sich in der Welt außerhalb der goldenen Stadt; Weber, Fischer, Bauern, alle hatten sich in demselben Netz verfangen. In der Gefängnissiedlung von Itsik brach ein Aufstand aus; die Bergleute von Tsagul waren anders geleitet und traten in den Streik. Eine Horde Moruianer ging auf das Lager der Menschen in Saruñin los. Veer und seine Handlanger hatten zu gute Arbeit geleistet: Jetzt schrie die ganze Welt nach mehr als Nahrung, sie wollte Belohnung, Unterstützung und die Befreiung von der Spannung. Sie wollte die Große Ernte.

5
Die nördliche Anhöhe

(I)

Ich wurde von einer furchtbaren Angst verfolgt, jetzt, da ich wußte, wie die Morde geschehen waren. Petsalee war im Angesicht von Orath Veer gestorben, der das Unheil vom Hügel der Toten aus wirken ließ. Um aber weiter zu reichen mit seiner Teufelsmaschine, benötigte Veer zwei Personen: ein Opfer mit Geisteskräften und eine andere Person, mit der er in deren Geist verbunden war, um nahe an das Opfer heranzukommen und es zu dirigieren. Astagwey hatte ihm gezeigt, wo er bei Beeth Ulgan zuschlagen konnte, und ich hatte ihm gezeigt, wo er bei Nantgeeb zuschlagen konnte. Ich blockierte mit all meiner Kraft, doch wußte ich, daß er in jedem Augenblick wieder versuchen konnte, die Geistesverbindung erneut herzustellen. Ich mußte mich von Nantgeeb fernhalten, und ich mußte ihr helfen, denn sie lag da wie jemand, der dem Tode nahe ist.

Ich rannte zum Haus der Ulgan zurück und brachte ein Kissen und einen Mantel mit. Ich deckte Nantgeeb zu und legte ihren Kopf auf das Kissen, wobei ich in meinem Geist verzweifelt auf sie einsprach. Sie gab immer noch keine Antwort. Ich zog mich von ihr zurück und rannte weiter zum Pier hinab und saß dort zusammengekauert, versuchte den Schmerz in meinem Kopf zu lindern. Nach der Position der Fernen Sonne war es neun oder zehn Stunden vor dem Aufgang von Esto, wenn Antho mit dem *Dah'gan* herbeifliegen würde. Ich mußte vor diesem Zeitpunkt Hilfe herbeirufen, jemanden, der über Nantgeeb wachen konnte, während ich eine Entfernung zwischen uns herstellte, die Veer nicht überbrücken konnte.

Ich traute meinen Kräften jetzt nicht einmal zu, sie in die schützende Unterkunft des Hauses zu tragen. Ich dachte an den Alten Varb in Wellin, auf der anderen Seite des Flusses, doch ich bezweifelte, daß ich ihn herbeirufen konnte. Ich dachte an Gordo Beethan, der seine verlorene Herrin in Cullin betrauerte. Es war hoffnungslos. Ich dachte an die Bande von Wirblern und Nordleuten, die, geführt von Astagwey, dieser wilden Kreatur, an den Ufern und auf den Wassern des Troon in einer alles verwüstenden Menge hinunterzogen. Ich erinnerte mich an Nedlor, die wilden Gesichter auf der Werft, den Rauch der Brände – und ich hatte die unmögliche Antwort. Ich fühlte an meiner rechten Hand den Ring, den einfachen Ring aus Leder und Muschelschalen, das Zeichen Deem Barans, des Schiffswarts. Ich ergriff den Ring fest und begann mich so stark zu konzentrieren wie ich eben konnte.

Ich saß zitternd da und rief lange Zeit, und als ich die Hoffnung fast aufgegeben hatte, hörte ich eine schwache Stimme, weit weg und schläfrig wie eine Stimme in einem Traum.

„Wer ruft?"

„Deem Baran, seid Ihr in Nedlor?"

„Ja, wer ruft?"

„Deem Baran, ich habe Euren Ring."

In der ungelenken Geistsprache trat eine Welle der Überraschung auf.

„Hoheit Rovan?"

„Ich brauche dringend Eure Hilfe. Ich erwies Euch einst einen Dienst."

„Natürlich..."

Ich konnte mir den armen Burschen vorstellen, wie er benommen in seinem Bett saß.

„Ich werde Euch helfen, Hoheit. Wo seid Ihr? Was muß ich tun?"

„Oh ... bitte ..."

Meine Erleichterung bewirkte fast, daß ich den schwankenden Faden verlor, der zwischen uns bestand.

„Ich bin an der Weißfelsenwindung mit einer Kranken. Könnt Ihr zu mir den Fluß herunterkommen?"

„Weißfelsen? Sicher."

„Wie lange wird es dauern?"

„Habt keine Angst, Hoheit. Ich werde in höchstens einer Stunde dasein. Ich bin in meinem Boot und schlafe am Rande des Hafens, da ich Schwierigkeiten befürchtete."

„Ich danke Euch. Ich danke Eenath, die Euch zu mir führte, Deem Baran."

„Habt keine Angst. Ich bin auf dem Weg."

Ich rannte zurück und sah nach Nantgeeb. Sie fühlte sich ein wenig wärmer an, war aber immer noch in tiefer Bewußtlosigkeit. Weit, weit unten hatte ich einen Funken der Kraft in ihrem Geist zu spüren geglaubt, als ich sie rief. Einen Funken, nicht mehr. Für mich war es kaum faßbar, daß *sie* in dieser Weise daliegen sollte, in einem Zustand zwischen Leben und Tod. Ich rieb ihre kalten Hände und weinte, dann erinnerte ich mich an die Gefahr und entfernte mich wieder. Ich nahm mir einen Mantel und einen Beutel mit Nahrung, den ich in dem Nestboot der Barke versteckte. Schließlich, als ich Augen und Geist anstrengte, um die Dunkelheit zu durchdringen, glaubte ich ein flackerndes Licht auf dem Wasser zu erkennen. Ein Boot näherte sich. Ich schloß die Augen und wurde vor Schmerzen und Müdigkeit fast bewußtlos. Als ich sie wieder öffnete, war das Boot viel näher, und eine Stimme rief vorsichtig: „Ahoi ... Weißfelsen ... Ist dort jemand?"

„Ich bin hier!" rief ich zittrig. „Deem Baran?"

Dann bog er auch schon zur Pier hinüber, dabei hielt er eine Öllampe, wie die Fischer sie benutzen, in einem hölzernen Kasten hoch.

Deem Baran trug noch den Mantel, den man ihm in der Villa gegeben hatte. Er sah mitgenommen aus, und ich vermutete, daß das Leben in Nedlor in den vergangenen Tagen nicht leicht gewesen war. Er band sein Boot fest, einen langen braunen Fischer mit einem gelben Deckzelt. Als er vor mir stand, in das Licht seiner Laterne blinzelnd, waren seine Augen voller Sorge. Ich fühlte mich so schwach, daß alles vor mir schwankte.

„Ruhig, Hoheit Rovan!"

Er faßte mich bei den Schultern.

„Was ist denn alles geschehen? Was macht Ihr hier auf dem Weideland der Alten Ulgan? Wo ist Eure Familie?“

Seine Fragen erinnerten mich daran, wie weit ich mich von meinem alten Leben entfernt hatte, von einem Leben, das mir immer noch als „das wirkliche Leben“ galt. Er hatte mich zuletzt als das Kind einer Clanfamilie gesehen, das für ein Fest herausgeputzt war.

„Sie sind in Rintoul“, sagte ich, „über die Dunklen Tage. Ich bin hier bei meiner Lehrerin, die krank geworden ist.“

„Wo? In dem Haus?“

„Nein, wir müssen sie ins Haus bringen. Kommt!“

Ich führte ihn über das feuchte Gras zu dem Ort, wo Nantgeeb lag. Ich rief sie wieder, und der Funke kam mir etwas heller vor. Deem Baran zeigte nicht, ob er die Person, die dort lag, erkannte. Wir nahmen sie auf, und mit der Hilfe des Jayarn und Deems Kraft brachten wir sie langsam zu dem Feld hinüber. Ich war müde und hatte Schmerzen, aber das Schlimmste, was ich spürte, war die Angst. Jeden Augenblick konnte die Stimme wieder in meinem Geist erklingen. Wir kamen zu dem Feld. Die äußere Tür des Hauses war offen, und ich hakte die innere Tür, einen Ledervorhang, hinten fest. Wir trugen Nantgeeb in die warme, nach Essen riechende Küche. Durch die Fensterläden schien spärlich die Ferne Sonne, und wir sahen uns nach einem Platz um, wo wir sie niederlegen konnten. Ich machte mit drei Kerzendreiecken Licht, dann kämpfte ich mich die Treppe hinauf und kam mit einem Schlafsack zurück. Wir legten Nantgeeb bequem darauf zurecht, und wieder rieb ich ihre Hände und rief sie in meinem Geist.

Als ich mich umsah, sah ich Deem Baran weit weg an der äußeren Tür sitzen. Er hatte Angst. Ich ging zu ihm und setzte mich an seine Seite.

„Deem Baran“, sagte ich, „ich kann nicht alles erklären, was sich hier abspielt.“

„Diese Nacht gingen in Nedlor wilde Gerüchte um“, flüsterte er. „Ist die Eigentümerin dieses Hauses also tot?“

„Ja. Ich glaube, daß die Ulgan von den Winden fortgetragen worden ist. Aber ich schwöre dir, daß du in diesem Haus sicher bist. Worum ich dich bitte ist, bei dieser Lehrerin zu bleiben, deren Namen ich bis zum Anfang der Großen Sonne nicht nennen werde.“

„Werdet Ihr hierbleiben, Hoheit Rovan?“

„Ich kann nicht bleiben, ich kann nicht. Ich darf nicht in ihrer Nähe bleiben, oder ich könnte ... ihre Krankheit verstärken. Ich werde Euch ein Runenband dalassen. Beim ersten Licht der Großen Sonne wird eine Flugmaschine kommen. Ihr werdet für Eure Mühe reich belohnt werden.“

Deem Baran gab einen erschauernden Seufzer von sich.

„Ist etwas zu essen da?“

„Natürlich.“

Ich lief hin und her und brachte ihm kaltes Wildragout, eine Kürbisflasche mit Honigwasser, eine Ecke von unserem Vollkornbrot. Er aß gierig, und ich fühlte mich noch schuldiger als zuvor, weil ich seine Not nicht erkannt hatte.

„Eure Familie ...?" fragte ich.

„Von uns waren nur noch drei übrig. Als dann das Kind uns genommen wurde, ging meine süße Verwandte, meine Partnerin, mit den Geisteskriegern davon. Ich wäre fast selbst gegangen, aber etwas hielt mich zurück."

„Deem Baran, ich schwöre Euch, daß Eenath selbst Euch für die große Aufgabe bewahrt hat, über diese kranke Person durch diese eine lange Nacht zu wachen."

Ich hatte an dem Runenband gearbeitet, das ich für Antho zurücklassen würde. Es war umständlich und ließ viel zu erklären offen. Ich konnte nicht die Möglichkeit zugestehen, daß Nantgeeb, deren Atem so schwach war, daß wir sie in dem stillen Raum nicht hören konnten, nicht bald erwachen würde.

„Ich muß jetzt gehen ..."

„Ich werde es tun", sagte Deem Baran, der die Enden des Runenbands befühlte, doch nicht versuchte, es zu lesen. „Es ist alles so seltsam wie ein Zaubermärchen, aber ich will tun, worum Ihr mich gebeten habt, Hoheit Rovan. Geht in Frieden, wenn Ihr müßt."

Ich wagte nicht zu reden. Ich drückte seine Hand und rannte auf das Feld hinaus und hastete stolpernd weiter, während der Schmerz auf meinen Kopf einschlug. Denn die süße Stimme, zuerst leise, war wieder in meinem Geist erklungen.

„Rovan ... Rovan ...!"

Ich rannte weiter, wimmernd vor Schmerzen, und kam zur Pier. Ich warf mich in das Nestboot, riß seine Leinen los und ließ mich von der Strömung ein wenig stromabwärts tragen.

„Ich bin hier", gab ich schließlich zu.

„Hab keine Angst", sagte Veer. *„Warum hast du die Verbindung unterbrochen? Ich habe herumsuchen müssen, um dich zu finden."*

Ich hatte immer noch Schmerzen und war sehr schwach, doch ein furchtbarer Zorn stieg in mir hoch. Ich sehnte mich danach, ihm meinen Haß und meine Enttäuschung entgegenzuschreien, doch ich bezwang mich.

„Du bist auf dem Fluß, glaube ich..." sagte Veer. *„Und Nantgeeb? Wo ist Nantgeeb?"*

„Nantgeeb ist tot", antwortete ich in einem gebrochenen Ton, als ob mir die Sinne schwinden würden, was sie tatsächlich taten. *„Nantgeeb ist tot. Sie fiel von einer hohen Stelle herab. Die Schöpferin der Maschinen ist tot."*

„Ein großer Verlust..." begann Veer salbungsvoll.

Ich brach die Verbindung wieder ab. Der Schmerz war dieses Mal nicht so groß. Die Stimme tauchte noch ein oder zwei weitere Male in meinem Geist auf, aber ich brach die Verbindung jedesmal ab. Ich wußte, daß er glaubte, Nantgeeb sei tot und ich sei sehr krank. Ich lag in dem Boot und ließ mich von der Strömung den Troon hinabtragen. Mein Geist schien aufzusteigen und auf das kleine Boot herabzublicken, wie es langsam dahintrieb, eine kleine zusammengekrümmte Gestalt davontrug, eine Kreatur, die von aller Welt verstoßen war. Ich schlief und erwachte wieder, als Esto die östlichen Ufer in Gold verwandelte. Ich war nicht weit vom Weißfelsen. Ich hörte, was mich geweckt hatte: Die lange Nacht war vorbei, und der *Dah'gan* flog ein. Ich sah ihn hinter dem Felsen landen. Ich legte mich wieder hin und schlief, und die Strömung trug mich weiter.

Der Fluß trug mich, während ich schlief, an jenen armen Dörfern und Weilern vorbei, in denen Nantgeeb den Armen geholfen hatte. Als ich wieder erwachte, war ich nicht weit von Geeler entfernt, der letzten Stadt vor Otolor. Ich war vom Schlafen in der Morgensonne durstig, und ich hatte Kopfschmerzen von den Anstrengungen der Nacht. Ich wagte nicht, an das zu denken, was gerade vorüber war. Ich streckte eine Hand über den Rand und trank von dem Wasser des Troons, das ein wenig sandig, doch klar und gut war.

Eine Flugmaschine flog über mir vorbei, außer Nantgeebs Maschinen die einzige seit vielen Tagen. Ich war voller Argwohn. Mein Boot lag in einem Schattenfleck nahe dem westlichen Ufer, und ich steuerte es unter die überhängenden Zweige der Bäume und damit außer Sicht. Ich aß ein wenig von der Nahrung, schlief dann wieder, schlief und erwachte einen Tag und die folgende Nacht lang nicht.

Als ich wieder erwachte, war der Himmel über mir dunkel und wolkenverhangen. Es war Morgen, aber die Große Sonne war verdeckt. Ich ruderte an Geeler vorbei, einer kleinen, festen Stadt am westlichen Ufer. Ich konnte nach Osten über das Ackerland blicken, das der Stadt Otolor diente. Ich war fast wieder bis zu meinem eigenen Land gekommen: die rauhen Grasländer und bärtigen Bäume des Nordens, die Pentroyländereien, die in reich kultiviertes Land übergingen. Ich wußte, wie die Rotflügel und andere Zugvögel sich im Frühling fühlen, wenn sie in großen Scharen auf die Felder und Bäume zurückkehren, wo sie großgezogen wurden. Ich ging heim ... auf die Wentroyländereien, zu der Villa mit ihren Gärten, ihren Feldern, auf denen Wela für eine gute Ernte arbeitete. Wenn ich an Land ginge und loswanderte, könnte ich die Stadt Otolor umgehen, die dort vorn lauerte, und in einigen wenigen Tagen und Nächten wäre ich zu Hause. Über mir ertönte ein Donnergrollen.

Bevor der Sturm von neuem losbrach, sah ich auf dem östlichen Ufer etwas, das mir jeden Gedanken an eine Wanderung über Land austrieb. Auf einem halb abgeernteten Feld blitzte es blau auf: ein großes Lager von Wirblern. Diese Wanderer hatten einst ein unschuldiges, heiliges Leben symbolisiert. Jetzt bedeuteten sie Gefahr und Unruhe und die Machenschaften Juran Veers und seiner Kreatur Astagwey. Was für verzerrte Nachrichten hatte Astagwey, die schöne Weiße Lanze aus dem fernen Norden, zu ihren Gefolgsleuten überall auf Torin geschickt? Wer kannte die Wahrheit über Jurans Plan, die Wahrheit über die Große Ernte? Neben der schwerverwundeten Nantgeeb war ich der einzige.

Als die ersten Regentropfen fielen, begann ich den Troon hinunter nach Otolor zu rudern. Ich fand es schwierig zu rudern, sogar noch schwieriger, richtig zu denken. Ich wußte, daß meine Geisteskräfte vermindert, fast verschwunden waren. Ich konnte mir kaum das Haar aus den Augen streichen, so schwach war mein Jayarn. Ich wußte ungefähr, was ich tun mußte. Ich mußte überlegen, mein Wissen bewahren und irgendwie jene gierigen „Stadtgranden" warnen, den Stadtrat von Otolor.

Während ich weiter ungeschickt durch den Regen ruderte, sah ich um mich herum auf dem breiten Fluß andere Fahrzeuge. Eine Barke, einige wenige kleine runde Boote wie mein eigenes, ein schmaler, dunkler Fischer – sie waren alle auf dem Weg nach Otolor. Der Regen und der sich windende Fluß gestalteten mein Vorwärtskommen so schwierig, daß ich zu nahe an den Fischer herankam. Die alte Seefrau am Bug schwang die Ruderpinne herum, und ihre rauhe Stimme durchdrang den Regen. Sie beschimpfte mich als widerliche Bohnenpflückerbrut und verfluchte das Wetter und die Ulgan, die es herabgeschickt hatte.

Ich hing im Strom, hin und her geworfen von der Bugwelle des Fischerboots, und brüllte, als sie vorbeischwankten: „Die Ulgan von Cullin ist tot!"

Es war unklug von mir, dies zu rufen, aber der Schrei brach aus mir heraus, ein Protest gegen die furchtbare Zeit, die ich gerade durchlebt hatte. Ich beugte mich wieder vor und ruderte weiter, dabei dachte ich an Beeth Ulgan. Hier saß ich in dem Nestboot ihrer eigenen Barke, die sie ausgesandt hatte, um dem armen Volk im Norden Hilfe zu bringen. Ich hatte sie nur das eine Mal gesehen, als Nantgeeb und ich uns in ihr Haus in Culling projiziert hatten. Plötzlich traf mich wie ein warmer Strahl der Großen Sonne die Erkenntnis, daß ich sie noch einmal gesehen hatte. Nur einige Stunden nach ihrem Tod hatte ich sie gesehen, in meinem Traum an der Weißfelsenbiegung. Sie hatte in dem Schlafzimmer ihres eigenen Landhauses dort gestanden und Runenbänder gezählt: eine große, füllige alte Person in einem hellen Kleid, ihr Haar zu altmodischen „Körben" geflochten.

Die Vorstellung einer hilfreichen Anwesenden, tot oder lebendig, Geist oder bloße Einbildung, reichte fast aus, um mich zum Weinen zu bringen. Ich betete zu Beeth Ulgan, wo immer sie sein möge. Ich betete, daß Nantgeeb wohlauf und kräftig sein möge, daß das nördliche Volk geheilt werden möge, daß die Kräfte des Juran keine Stütze finden würden, daß der große, entscheidende „Krach" über die Jungen Schnitter zu einem guten Ende kommen möge. Ich betete schließlich, daß ich sicher sein und in der Lage sein möge, Linlor zu erreichen und mich auszuruhen. Der Regen hatte sich jetzt zu einem feinen Nieseln verringert. Ich kam um die letzte Biegung des Flusses und erblickte die weit hingebreitete Stadt Otolor mit ihrer wunderschönen grauen Zitadelle in der Mitte der Flußbrücke. Ein Regenbogen, der helle Wandteppich der Telve, des Feuergeistes, und der Ullo, des Geistes von Feuer-und-Wasser, leuchtete über der Stadt und verlor sich auf den fernen Rändern des östlichen Ufers.

Die Landungsbrücken vor mir waren belebt, also lehnte ich mich zurück gegen das Ruder und nahm etwas Nahrung aus meinem Sack zu mir, Vollkornbrot und eingelegte Eier. Ich rief mir einige Namen von Ratsherren Otolors ins Gedächtnis, die ich gehört hatte: die herrschenden Familien der Brends, Girrs und Ogars. Guno hatte oft mit diesen Leuten zu tun gehabt und fand sie anständig, doch es bestand eine Barriere zwischen den Stadtbewohnern und den Clanfamilien. Ich fühlte mich müde und elend und dreckig, und der Nahrungsbeutel würde nicht ewig vorhalten. Ich entschied mich, bestimmte Woll- und Getreidekaufleute aufzusuchen, die in Linlor Handel trieben. Der eine oder andere von ihnen würde erfreut sein, einem Mitglied des Wentroyclans zu helfen. Ich würde ausruhen, meine Geisteskräfte würden wiederkehren, ich würde dem Stadtrat eine Warnung zukommen lassen. Ich würde das tun, wonach ich mich sehnte und wovor ich mich fürchtete. Ich würde meine Gedanken zum Östlichen Zufluchtsort schicken und herausfinden, wie es Nantgeeb ergangen war.

Dies waren ausgezeichnete, vernünftige Gedanken, aber sie waren ohne jeden Nutzen für mich. Ich fand einen Anlegeplatz an der belebten Landungsbrücke, ich hatte sogar einen Kredit, um dafür zu bezahlen, falls man das von mir forderte. Ich griff meinen Essensbeutel, wickelte meinen Mantel um mich und schritt auf die Bootslandungsbrücke von Otolor hinaus.

Sofort ertönte ein schriller Ruf: „Da geht er! Die Brut aus dem Nestboot!“

Die alte Seefrau aus dem Fischer stand bei einer Menge von Seeleuten und einem Mitglied der Stadtwache.

„... rief es über den Troon ... die Ulgan ist tot ... die Ulgan ist tot ...“

Sie war etwas entfernt, und ich war darauf vorbereitet, mich zu verteidigen und zumindest einen Teil meiner Geschichte zu erzählen. Aber zusammen mit diesem Willkommen auf meiner Rechten erhielt ich noch ein anderes von links.

Eine sanfte, gar nicht bedrohliche Stimme sprach meinen Namen. „Rovan! Rovan Welroyan!“

Dort stand eine graue, fadenscheinige Gestalt, die ich nur zu gut kannte: Der Schreiber Gemel, Juran Veers Kreatur, näherte sich mir mit zwei Mitgliedern der Stadtwache. Ich vermutete, daß er auf Jurans Weisung hier war, der mich auf dem Troon in dem Boot hatte heruntertreiben sehen. Der alte Schreiber sah harmlos genug aus, aber ich wurde von Abscheu und Furcht ergriffen, einem Haß gegen Veer und alle, die ihm dienten. Ich ergriff die Flucht, ich setzte über einen Haufen Wollballen und einen Karren mit Kürbissen und rannte hinein in die Straßen Otolors.

Ich hatte keine Vorstellung, wohin ich mich wenden sollte, und bald wurde die Verfolgung aufgenommen, aber die Stadt ist für Flüchtende besonders geeignet. Otolor lebt für seine Messen und Märkte, für die Frühlingsmesse und für kleinere Veranstaltungen. Die Stadt ist voller freier Plätze, die mit Ständen umgeben sind, ganze Straßen voller Marktbuden, kleine Buschgehege, wo Tiere und Wildvögel eingepfercht werden können.

Ich rannte und wich aus und verschwand zwischen den Häusern und durch den Garten eines Gasthauses und den Garten eines Blumenhändlers voller Töpfe und Wasserrahmen. Hinter mir kamen die stampfenden Füße der Wache, und ich hörte den Ruf ertönen: „Rovan ... Rovan...“ Die Wache rief gezielt meinen Namen. Das einfache Volk glaubt, daß mit einem Namen Magie verbunden ist, die den Verbrecher oder Flüchtenden auf seinem Weg bannt. Ich glaube, daß dies überhaupt nichts mit Magie zu tun hat, nur mit der Furcht und der Schande, den eigenen Namen zu hören, wie er von einer Horde Verfolger herausgeschrien wird. Der Ruf ertönte wieder: *„Rovan ... Rovan ...“* und *„Beg'bin ...!“*, wörtlich „Nehmt die heruntergefallene Masche auf!“ oder „Haltet den Flüchtenden!“

Ich rannte schneller als jemals zuvor in meinem Leben, und meine Schmerzen und Beschwerden waren vergessen. Ich gewann an Vorsprung vor meinen Verfolgern und kam in eine der Straßen voller lose schlagender leerer Marktbuden. Eine Stimme zischte an meinem Ohr von einem gestreiften Eingang aus, und eine Hand wurde herausgestreckt.

„Hier herein, Freund ...“

Ich ließ mich in die warme Dunkelheit ziehen. Dort befanden sich zwei Personen, und ich wußte, daß sie jung waren.

„Danke, edle Freunde ...“

„Spar deinen Atem!“

Es war die scharfe Stimme eines Stadtbewohners. Meine Retter zogen und schubsten mich, und wir gingen durch die zerrissene Rückseite der Marktbude, krochen einen verrotteten Buschholzzaun entlang und erreichten die akustische Nähe eines belebten Marktplatzes. Draußen vor unserem neuen Versteck konnte ich Bürger vorbeigehen hören, die Kleider kauften. Wir standen in einer Art von Eingang zu einem festen Haus oder Laden. Ich sah mir meine Helfer zum ersten Mal an.

Der eine von ihnen war eine Halb-Omor mit geflochtenem Haar, der andere war ein Mann, vielleicht ein Jahr oder zwei älter als ich, auf seinem zerdrückten, blassen Gesicht hatte er nässende Wunden. Ihre Kleider waren zerlumpt und dreckig, weitaus schlimmer als meine, denn sie waren von Anfang an aus schlechtem Tuch gewesen. Der Mann hatte einen schweren nördlichen Akzent. Wir standen keuchend im Halbdunkel und hörten, wie sich mehrere Straßen weiter die Verfolger lärmend entfernten. Wir lächelten alle erleichtert und mit einem Anflug von Triumph. Wir dachten, wir seien der Wache davongerannt. „Danke, edle Freunde“, sagte ich wieder.

Das zerlumpte Paar lachte freudig. Ich suchte ihre Geister so gut ab wie ich konnte und fand reine Freude, als ob jemand ihnen ein Geschenk gegeben hätte.

„Komm hier herunter ...“

Die Städterin griff nach meiner Hand, und ich sah hinter ihr eine Treppe, die in einen Kellerraum führte. Nun wußte ich, was sie wollten. Ich warf den Essenssack weg, in der Hoffnung, sie abzulenken, doch der Mann schob ihn zur Seite und fiel wie ein Wolf über mich her.

Ich bin nie ein Kämpfer gewesen, und mein Jayarn, das vielleicht hätte helfen können, war zu schwach, um sie auch nur in die Nasen zu kneifen. Aber ich war verzweifelt und so gut trainiert, wie ich es nur jemals sein konnte nach einem Sommer am Windfelsen. Ich schnellte in einer Bewegung des Messertanzes nach vorne und schlug die Halb-Omor bewußtlos. Ich traf sie nicht ganz richig, doch sie fiel nach hinten die Treppe hinunter. Der Mann zischte vor Wut, und seine Schläge ließen mich aufschreien, mir brannten der Rücken und die Seite. Ich riß mich los, fühlte, wie sich der feste Stoff meines Mantels aus der Umklammerung der Finger löste. Dann stolperte ich einen Gang hinunter in das Licht und Getümmel des Kleidermarktes.

Ich fuhr mir mit einer Hand durch die Haare, richtete meine Augen nach unten und verließ das Ende des Gangs in Richtung auf einen Stand, wo ein Spitzenklöppler an der Arbeit war und eine Menge seinen alten Fingern zusah, wie sie das Klöppelschiffchen zum Fliegen brachten. Ich stand zitternd da und zwang mich, zu einem anderen Stand weiterzugehen. Der bleichgesichtige Straßenräuber und seine Freundin kamen hinter mir her. Ich sah sie aus dem Gang schlüpfen und Umschau nach mir halten, während ich hinter einem breiten Bürger in einem weit fallenden Mantel kauerte.

Dann, um mein Elend noch zu verschärfen, erschien ein Trupp der Stadtwache in der breiten Straße zu meiner Linken, und wieder ertönte der Ruf: „Rovan ... ergebt Euch: *Beg'bin!* Haltet den Entlaufenen!“

Sie waren noch nicht allzu nahe, aber sie schritten vor, schlugen Planen zur Seite, legten den jüngeren Käufern die Hände auf die Schultern, kontrollierten sie. Ich war erst einige Herzschläge lang in Otolor, und schon richtete sich jede Hand gegen mich.

„Was, zur hellen blitzenden Flamme, sucht die Wache jetzt?“ verlangte eine wohlklingende Stimme zu wissen.

Ich sah auf, jeder sah auf, und sie befanden sich direkt gegenüber dem weiten, runden Marktplatz vor einem Laden, der billige farbige Stoffe verkaufte. Es waren drei, und ich kannte sie alle wie alte Freunde. Ich hatte sie zuletzt in dem Gartenhof der Villa gesehen, wo sie ihr hinreißendes Stück „Der Fall der Menschen“ gespielt hatten. Ich erinnerte mich, wie Seret und ich nach der Vorstellung zu ihnen gegangen waren – wenn mein Glück noch vorhielt, so mußten sie sich an mich erinnern.

Die Schauspieler waren sehr gut gekleidet, in einer phantastischen Mode, wie es zu ihrem Gewerbe paßte, und eine, Tamiset genannt, war schön. Sie lehnte sich an die Schulter des großen Jirineth, dessen Gesicht einprägsam, schmal und dunkel war und der Stiefel aus türkisfarbenem Leder trug. Der Führer, der gerade gesprochen hatte, war in dunklem Rosa und Gold gekleidet, alles geschlitzt und mit doppelten Überärmeln. Ich schoß über den Kleidermarkt, und mit dem Rest meiner verminderten Geisteskraft richtete ich in ihrem Bewußtsein ein Bild des Innenhofes von Linlor auf.

„Balkaveer“, sagte ich, „erinnert Ihr Euch?“

Etwas näher ertönte jetzt der Ruf der Wache: „Rovan ... Rovan ... ergebt Euch!“

Ich blickte in die überraschten Gesichter der Schauspieler, und der Webstuhl des Schicksals schwang hörbar in die andere Richtung. Schauspieler sind für ihre Schnelligkeit bekannt. Ich wußte sofort, daß Tamiset Geisteskräfte hatte, und das traf auf sie alle drei zu.

„Rovan *Wentroy*?“ flüsterte Jirineth.

Fast bevor ich zustimmend blinzeln konnte, schlug Balkaveer mir auf die Schulter.

„Sieh da ... sieh da ... *Dagovin*, junger Freund ...“ polterte er. „Wir haben auf dich schon gewartet ... die Kostümprobe. Komm!“

Aus dem Augenwinkel sah ich, wie die beiden Straßenräuber ihre Beute aufgaben und sich wieder in den Gang zurückzogen. Ich wurde schnell in einen Raum hinter der Ladenfront gedrängt. Er war voller Kleider, Theaterkostüme, nur aus Farben, ohne Gewicht, in jedem Stadium der Herstellung.

„Heiliger Himmel“, schimpfte Balkaveer, „ich weiß nicht, was dieser Trick soll ...“

Tamiset, die praktischer veranlagt war, hatte mir bereits einen weiten Umhang aus purpurrotem und grauem Gewebe über den Kopf geworfen. Sie richtete die Kapuze her, und Jirineth ordnete die Falten. Er machte eine weit ausholende Geste.

„Spielt auf, Hoheit...“

Die Wache, drei stämmige Städter, teilte den Vorhang und sah in den Raum.

„Oh da!“ rief Tamiset. „Halt still, Dagovin, lieber Vetter!“

„Was sucht Ihr?“ fragte Balkaveer. „Wie können wir armen Schauspieler den Freunden der Ordnung und des Friedens helfen?“

„Entwichen, edler Balkaveer“, sagte die Omor grinsend, „hier ist nichts für uns.“

Als ihre Augen auf mich fielen, breitete ich meine Hände aus, machte eine Verbeugung und ließ im Schatten der Kapuze meine Wimpern flattern. Die Wache zog sich ziemlich hastig zurück, und nach einem Augenblick entspannten wir uns und gestatteten uns ein stolzes Lächeln.

„Beim Feuer“, sagte Balkavee“, „ich glaube, das *ist* ein Schauspieler, den wir da gerettet haben.“

„Also, Hoheit Rovan“, sagte Jirineth, „was ist überhaupt los? Warum tollt Ihr hier auf dem Kleidermarkt in Otolor herum, statt in Rintoul mit Eurer Familie die Dunklen Tage abzusitzen?“

Tamiset nahm mir das purpurne Gewand ab, und ich ließ mich, halb ohnmächtig, auf einen nahestehenden Stuhl fallen. Ich legte eine Hand gegen meine Seite, und als ich sie zurückzog, war sie voller Blut: Der Straßenräuber hatte ein Messer gehabt.

„Wer hat das getan?“ fragte Jirineth, während Tamiset die Wunde trocknete.

„Straßenräuber ... sie taten so, als wollten sie mir helfen.“

„Und die Wache? Wo seid Ihr gewesen? Was habt Ihr getan?“ fragte Balkaveer.

Seine intensiven hellen Augen waren auf mein Gesicht gerichtet, als präge er sich jede Linie ein.

„Ich bin im Norden gewesen“, sagte ich. „Die Ulgan von Cullin ist tot. Otolor ... die Stadt ist in Gefahr.

„Wir haben Gerüchte gehört ...“ murmelte Balkaveer.

„Keine Fragen mehr!“ fuhr Tamiset dazwischen. „Das Kind ist krank und verwundet. Wir müssen ihn in unser Gasthaus bringen. Verehrte Hoheit, der Schnitt ist schmerzhaft, ich weiß, aber er ist nicht tief. Ich habe ihn verbunden... versucht zu laufen. Hier, nehmt diesen grünen Mantel, und haltet Euch Euren eigenen gegen die Seite, so... Es sind nur wenige Schritte bis zu unserer Unterkunft. Dort könnt Ihr Euch ausruhen und uns Eure Geschichte erzählen.“

In dieser Verfassung, während sich mir im Kopf alles drehte, ließ ich mich aus dem Anproberaum und durch eine der breiten Straßen führen, die vom Kleidermarkt wegführten. Ich stellte fest, daß ich ganz gut laufen konnte, und Jirineth stützte mich ein wenig mit einem Arm. Wenn ich zu ihm aufblickte, kam mir sein dunkles Gesicht immer wieder auf seltsame Weise vertraut vor. Wir redeten und lachten, wie Schauspieler das zu tun pflegen, und kamen bei einem der besten Gasthäuser der Stadt an, welches „Federnest“ genannt wurde.

„Nur ein paar Schritte noch, Vetter Dagovin...“ sagte Jirineth.

Balkaveer brach in sein reiches Lachen aus, und Jirineth warf seinem Kameraden einen warnenden Blick zu, als ob zwischen ihnen ein Geheimnis bestünde. Ich schritt die letzte Drehung der Treppe zum oberen Stockwerk des Gasthauses hinauf, und wir erreichten eine Eingangstür. Die Geräusche der Stadt und des unteren Stockwerks waren gedämpft, und irgendwo sang dort jemand. Tamiset hob die Hand, gebot Ruhe und lächelte mir bezaubernd und bedächtig zu, als sie den ledernen Türvorhang zur Seite schob.

Wir traten in einen großen Raum, ein doppeltes Rund mit zwei durch Vorhänge abgeteilten Balkonen. In dem Licht- und Schattenmuster auf dem von einem Strohteppich bedeckten Boden tanzten zwei Wesen. Ich spürte einen Schauer von Staunen, als hätte ich das Land der grünen Geister des Feenvolks betreten. Einer der Tänzer war ein kleines Mädchen, ungefähr sieben Jahre nach seinem Erscheinen, mit rotgoldenen Haaren, die ihm fast bis zu den Absätzen seiner goldenen Schuhe fielen. Es sang mit weicher Stimme und schlug den einfachen Rhythmus und streckte die Hände zu seinem Partner hin – einem großen, glänzend braunweißen Ameisenesser, der langsam auf seinen Hinterbeinen schritt und sich drehte oder sich auf seinem dicken, seidigen Schwanz ausruhte. Der ganze Tanz hatte eine unbeschreibliche, komische Anmut, irgendwo zwischen Tränen und Gelächter.

Das Kind sah uns im Eingang, vollendete seine letzte Drehung und lief lachend zu Tamiset.

„So bald schon zurück? Nun hast du unsere Probe gesehen, und du hattest keine Zeit, mir ein Geschenk mitzubringen!“

„Dies ist Vantelar!“ verkündete Balkaveer voller Stolz. „Schau Van... wir haben einen Besucher mitgebracht... Vetter Dagovin.“

Sie kam zu mir und sah mir ins Gesicht, voller Vertrauen lächelnd und mit einem seltsam erwachsenen Ausdruck, dann rannte sie zu ihrem Spielkameraden zurück. Der Ameisenesser wiegte sich auf allen vieren von den Vorderbeinen auf die Hinterbeine in einer Bewegung, die Freude über die Rückkehr der Schauspieler ausdrückte.

„Dies ist Praad", sagte Vantelar. „Er ist der klügste Ameisenesser der Welt!"

„Aber das ist nicht derselbe wie..." platzte ich heraus.

„Nein", sagte Jirineth, „du hast, vor Jahren in Linlor, unseren lieben Grauweißen gesehen."

„Wir haben ihn in der Nähe von Salzhafen verloren", sagte Tamiset, „und wir hatten uns geschworen, niemals einen anderen zu nehmen. Aber es scheint unser Schicksal zu sein. Wir kamen durch die Vororte von Rintoul, wo ein alter Bauer diese liebenswerten Geschöpfe aufzieht und trainiert, und Van wollte diesen da haben."

„Ich denke, wir müssen zugeben, daß sie gut gewählt hat", sagte Balkaveer. „Der Braunweiße ist sehr klug."

„Sein Name ist Praad!" beharrte Vantelar, und Praad, der seinen Namen hörte, schlug einen Purzelbaum und verbeugte sich.

„Sie will ihm einen Namen geben", sagte Tamiset, „obwohl wir ihr erklärt haben, daß viele glauben, daß das Unglück bringt."

Ich wurde zum Waschplatz hinter einer spanischen Wand gebracht, und Tamiset zog mir die Gewänder aus und betupfte meine Wunden mit Wasser und einer Heilsalbe, die schrecklich stank. Der Straßenräuber hatte ein kleines Muschelmesser gehabt, so vermuteten wir. Er hatte mir einen etwas tieferen Schnitt an der Seite und eine Anzahl kleinerer Stiche auf dem Rükken versetzt. Ich dachte, während ich behandelt wurde, an die Stahlmesser, die ich am Windfelsen in den Händen von Seret und den Zwillingen gesehen hatte. Ich wurde in ein Nachthemd gewickelt und auf ein Liegebett nahe einem der Balkone gelegt. Essen und Getränke waren von den Dienern des Gasthauses heraufgebracht worden, und ich nippte am Honigwasser.

„Ich muß sprechen", sagte ich, „denn es ist dringend." Ich erzählte meine Geschichte, und die Schauspieler hörten gut zu. Sie konnten ebensogut zuhören, wie sie ihre Texte sprechen und singen konnten. Ich ließ nichts aus, sondern ging weit zurück, um meine Zeit am Windfelsen und was dort geschehen war mit einzubeziehen. Als ich schließlich Petsalee erwähnte, schrien Tamiset und die anderen auf.

„Wir haben ihn gekannt", sagte Jirineth, „und es ist das Schicksal, das uns hier in Otolor eine Nachricht von ihm erhalten läßt, wo er für uns prophezeite."

So fuhr ich mit meiner ganzen furchterregenden Geschichte fort, und sie fragten von Zeit zu Zeit nach und nahmen alles in sich auf. Als ich geendet hatte, saßen wir still und überdachten Jurans Wahnsinn, die Katastrophe im Norden, den Tod der Ulgan und die Verletzung Nantgeebs. Wir saßen so lange auf diese Weise da, daß Vantelar ihr Spiel verließ und herkam, sich an Balkaveers Knie drückte und ihm ängstlich ins Gesicht schaute.

„Wenn wir dies glauben“, sagte Balkaveer schwerfällig, „dann deswegen, weil wir Traumstoff wie diesen gewohnt sind.“

„Otolor ist eine unglückliche Stadt“, sagte Jirineth. „Wir kamen als Voraustrupp hierher, um für unsere Theatergesellschaft ein Winterquartier zu besorgen, in dem wir für die Frühlingsmesse proben könnten. Nun zweifle ich, ob es überhaupt eine Frühlingsmesse geben wird.“

„Aber die Bedrohung... Astagwey, die Weiße Lanze...“ sagte Tamiset.

„Was für eine Rolle könnte man darüber schreiben...“ meinte Balkaveer mit einem Seufzer.

„Soll ich zum Stadtrat gehen?“ fragte ich schüchtern.

„Das würde nichts nützen“, sagte Jirineth, „und nicht nur wegen dieses Singvogels, des Schreibers, sondern weil Ihr Clanmitglied seid. Die örtlichen Großkopfeten genießen diese dunklen Tage, wo keine Clanpersonen da sind, selbst in dieser freien Stadt. Sie werden sich nicht besonders freundlich um eine junge Hoheit kümmern, die ihnen sagt, daß sie ihr geliebtes Otolor verteidigen sollen.“

„Wir müssen ihnen eine Warnung zukommen lassen!“ sagte ich.

„Das werden wir!“ erklärte Balkaveer.

„Ich bin als Neuigkeitensammler bekannt“, setzte er hinzu, „denn es gehört zu meinem Beruf, Geschichten und Legenden zu sammeln. Ich habe bereits von diesem Unsinn über die Große Ernte gehört. Ich werde zu einem Freund gehen, der ein hoher Offizier bei der Wache ist, und ihn so eindringlich warnen, wie ich kann. Wie lange wird es dauern, bis Astagwey die Stadt erreicht hat? Sie kann mit der Menge ihrer Anhänger nur so schnell reisen, wie der Troon fließt... wir haben zumindest einen Tag, vielleicht länger.“

„Wir werden auch gehen, sobald es unruhig wird“, sagte Jirineth. „Wir haben unser Freizeitboot, die *Silberkugel,* an der südlichen Landungsbrükke liegen.“

„Wir könnten alle nach Linlor, in die Villa gehen“, sagte ich eifrig. „Nantgeeb weiß, daß ich dorthin gehen werde. Ich bin sicher, sie wird bald gesund sein. Sie kann den Weg finden, der die Welt aus diesem Wirrwarr führt.“

„Also, ruh dich jetzt aus, Dagovin“, sagte Tamiset, wobei sie immer noch den Schauspielernamen benutzte, den Balkaveer mir gegeben hatte.

„Du hast Wunder vollbracht“, sagte sie, während sie mir beruhigend über die Stirn strich. „Alles wird gut werden.“

„Ich glaube, die Geister des Feuers haben euch alle zu mir geschickt“, seufzte ich. „Wie kann ich euch je eure Freundlichkeit entgelten?“

Balkaveer hielt Wort und ging davon, um seinen Freund in der Stadtwache zu warnen. Es war kurz nach Mittag, die Stadt Otolor ging ihren Geschäften nach. Der große offene Platz, den man den Sonnenteppich nannte, war von einigen Wirblern mit Beschlag belegt, die halbherzig tanzten. So erzählte Balkaveer, als er zurückkam. Ich döste und versuchte, an nichts zu denken, versuchte, in mich zu gehen und zu heilen und meine Kräfte wiederzugewinnen.

Ich erwachte am frühen Abend, gerade vor dem Untergang der Großen Sonne. Kerzendreiecke waren im Raum angezündet, und Vantelar und Praad standen mit einem Tablett herrlicher Dinge zum Essen und Trinken an meinem Bett. Wir aßen zusammen.

„Sie sind beim Üben", sagte Vantelar. „Ich bin froh, daß du hier bist, lieber Vetter, weil Praad und ich uns manchmal des Nachts ein wenig einsam fühlen, wenn sie eine Vorstellung haben."

„Haben sie heute eine Vorstellung?"

Mit vollem Mund nickte sie.

„In der Zitadelle", sagte sie, „vor den Stadtgranden. Kein Stück natürlich, sie sind ja nur zu dritt. Aber sie werden dramatische Lieder und Balladen vortragen: ‚Die Wanderung des Elbin', ‚Der Gesang des singenden Baumes'... diese Art von Sachen. Balkaveer hat ein neues Nachspiel: ‚Yilikee beantwortet Rätsel'... Es ist sehr lustig. Er spielt mit Yilikee, dem Korbzwerg, auf seinen Knien, und Jiri spielt eine alte Marktfrau."

Ich hatte entdeckt, daß Praad Wildvogelstückchen und Früchte ebenso wie Insekten aß. Ich lockte ihn mit einem Bissen auf das Bett und untersuchte seinen seltsam geformten Kopf, seine großen braunen Augen und wie das Haar und seine kurze Schnauze so zart gestreift war. Seine röhrenförmige Zunge saugte die Nahrung aus, und einiges davon zerbiß er mit seinen scharfen kleinen Zähnen. Er war ein bemerkenswertes Tier. Auf einen Befehl von Vantelar hin breitete er sich flach wie ein großer weicher Bettvorleger aus, und bei einem anderen Befehl hob er seinen gefiederten Schwanz und wedelte damit wie mit einem Fächer.

Aus dem Übungsraum der Schauspieler in demselben oberen Stockwerk des Federnests konnten wir die Musik der Harfen und Stimmen hören. Dann, als die Große Sonne unterging, kehrten die Schauspieler zurück, glänzend gekleidet und bereit zum Fortgehen. Tamiset kam zu meinem Bett und hielt mir ein kleines Amulett aus grünem Stein an einer Silberschnur hin.

„Du kannst mich erreichen", sagte sie.

„Meine Kräfte sind geschwächt."

„Kind", sagte sie, „ich glaube, du weißt nicht, wie stark sich deine Kräfte entwickelt haben. Ich denke, daß du es immer noch mit jedem Zeugen aufnehmen kannst, sogar nach dieser Erkrankung und dem Unglück."

Ich nahm das Amulett und fühlte mich getröstet. Wir hörten ihre lauten, angenehmen Stimmen verklingen, als sie die Treppe hinunterstiegen und auf die Straße traten. Bei Einbruch der kleinen Dunkelheit kam die Wache vorbei und forderte zum Verlassen der Straße auf. Ich vermutete, daß dies bedeutete, daß Balkaveers Warnung ernst genommen worden war. Als es ganz dunkel geworden war, blies Vantelar ein Kerzendreieck aus und legte sich mit Praad auf einem Stapel Kissen schlafen.

Ich beobachtete ihren Schlaf und wunderte mich über Kinder, über ihre jungen Geister und Körper und wie sie wuchsen. Ich dachte voller Mitleid an jene beiden Straßenräuber, die mich angegriffen hatten. Ich sah ihre Gesichter, spürte den Ansturm ihrer pervertierten Freude bei der Aussicht, ein Wesen ihrer eigenen Art zu berauben. In der wilden Leere ihrer Geister entdeckte ich einige Ähnlichkeit mit den Jungen Schnittern.

Schließlich kam ich zu den Kindern, die ich am besten kannte, zu Seret und Rovan, wie sie in einer Villa bei Linlor aufwachsen, in der schönsten Umgebung, die ich mir vorstellen konnte, im Luxus und im Stolz des Clanbluts. Hatte das Netz der Clandisziplin das alles verursacht, uns beleidigt, uns hart gemacht, bereit, uns von allem abzuwenden, was wir gelernt hatten? Oder setzte Veer die gleichen Dinge ein, die wir haßten – Gehorsam, ohne Fragen zu stellen, sinnentleerte Rituale –, um uns zum Gehorsam zu bringen? Ich dachte plötzlich an Valdin und Thana und war mir so sicher, wie ich nur sein konnte, daß sie sich ebenso dem Netz entzogen hatten, wie ich es getan hatte.

Denn eines war sicher: Der Juran hatte jetzt keine Macht mehr über mich. Die Geistesbindung war verschwunden, und ich glaubte, daß ich ihn jetzt endlich durchschaute. Ich war kurz davor, meine Gedanken auszusenden, sie mit aller Macht über die dunkle Stadt hinaus und über das Land zu den Oneenhügeln zu senden, wo Nantgeeb, meine wahre Herrin, krank darniederlag. Aber ich wagte es nicht. Ich war meiner Kräfte nicht sicher, und ich fürchtete mich vor dem, was ich vielleicht erfahren würde. Noch nicht jetzt, jetzt noch nicht. Vielleicht würde ich auf das Dach des Gasthauses klettern, wenn die Ferne Sonne aufging. Ich schlief wieder ein.

(II)

In meinem Traum rief eine Stimme meinen Namen, und ich sah den Regenbogen über der Zitadelle von Otolor glänzen. Ich war hellwach und voller Angst. Das Licht der Fernen Sonne bedeckte gerade silbrig die Balkone des Gasthauszimmers, und auf der Straße herrschten Lärm und Geschäftigkeit. Sekunden nachdem ich erwacht war, begann Praad, der Ameisenesser, in Kreisen herumzurennen, wobei er im Licht der heruntergebrannten Kerzendreiecke herumschnüffelte und winselte. Ich trat auf den Balkon neben meinem Bett und blickte über die Straße.

Der Rhythmus kam von allen Seiten, vom Sonnenteppich, von den kleinen Marktrunden, wildblickende Neuankömmlinge übernahmen ihn in den Straßen und Gäßchen.

„Was ist das?“ flüsterte Vantelar an meiner Seite, indem sie sich den Schlaf aus den Augen rieb.

„Wirbler!“ sagte ich.

Ihr Tanzen und ihr Geschrei schien Otolor von einem Ende zum anderen zu erfüllen.

„O-to-val!“

Der Ruf nach der großen Ernte erhob sich wieder und wieder und steigerte sich in einem Crescendo. Dann wurde der Rhythmus von einem Triumphgeschrei durchbrochen uund verändert. Es erklang der Ruf *„Astagwey!“*

Ich sah zum Sonnenteppich hin, und meine Kraft des Weitsehens ließ mich nicht im Stich. Ich sah die Menge der Wirbler, die von Blut und Schweiß überströmt waren, und, erhöht in der Mitte, stand die Weiße Lanze. Sie war in Rot und Weiß gehüllt, die Farben des Todes. Ihr langes, zerzaustes, blutfarbenes Haar flog um sie herum. Sie trug ein paar weiße Felle und einen Mantel aus weißen Federn auf ihrem schlanken braunen Leib. Als sie laut aufschrie und ihre Lanze hob, blitzte sie silbern im Licht der Fernen Sonne.

„Astagwey ist gekommen!"

„Astagwey ist auf den Schwingen des Windes geflogen..."

So ging der Gesang weiter, und ich wandte meinen Blick vom Sonnenteppich ab und sah, daß in den nördlichen Außenbezirken Otolors Feuer entflammt waren. Der Wind kam aus Nordwesten, kühl und frisch nach einem warmen Herbsttag. Die leeren Marktbuden, die Buschholzgehege, verstreute Holzhäuser, vor allem die feingeflochtenen Dächer auf einigen der größeren Gebäude waren bereit, wie Zunder abzubrennen. Ich erinnere mich, daß ich mich nach draußen lehnte und instinktiv nach oben blickte. Das „Federnest" hatte ganz sicher außer diesem Gewölbe aus Flechtwerk kein flaches Dach.

Vantelar zog ihre Hand aus der meinen und sagte mit zitternder Stimme: „Ich habe diese schreckliche Tänzerin auf dem Sonnenteppich gesehen."

„Du hast sie gesehen, weil ich sie sah", sagte ich sanft. „Ich habe dich beim Weitsehen mitgenommen. Gehen wir hinein."

Wir gingen in den Raum zurück und fanden einen stark eingeschüchterten Praad, der auf uns wartete. Ich hörte Rasseln und Trommeln ertönen, der Klang raste durch die Straßen und erstarb. Das war die Feuerwache von Otolor. Sie verfügte über viele Hände, die sehr geschickt mit den Räderwagen, Feuchtfilzen, Eimern und Leitern umgehen konnten, aber diese Aufgabe war zu groß.

„Van", sagte ich, „du mußt tapfer sein. Ich glaube nicht, daß wir hierbleiben können. Wir müssen zu den Landungsbrücken gehen und die Silberkugel erreichen."

„Aber Tamiset... Jiri und Balka-"

„Ich kann mit Hilfe dieses Zeichens mit Tamiset sprechen."

„Ich möchte, daß sie zurückkommen", sagte sie. „Können wir nicht noch ein bißchen warten, Dagovin?"

„Mein wirklicher Name ist Rovan", sagte ich. „Das ist nur ein Spielname."

„Rovan... wir müssen..."

Sie klammerte sich plötzlich an meinen Arm und sah auf Praad, dabei legte sie einen Finger auf die Lippen, als ob er irgend etwas verstehen könnte von dem, was wir sagten.

„Hat er keinen Korb?" fragte ich.

Da warf sie die Arme um meine Taille und legte ihre weiche Wange an die meine. Es war wie in einer alten Phantasie, in der ich das ältere Kind war: Ich hatte eine kleine Schwester statt einer großen.

So zwang ich mich denn mit einem Kopf voller Angst um des Kindes willen zur Ruhe. Wir zogen uns an und stellten aus Früchten und den Überresten unserer Mahlzeit zwei Essensbeutel zusammen. Als ich wieder auf den Balkon trat, war der Wind warm. Die Wirbler tanzten noch, Astagwey tanzte noch. Ich sah drei Straßen weiter ein großes Haus lichterloh brennen, und die Luft war voller kleiner Feuerspritzer von dem brennenden Buschwerk. In den Straßen war eine wachsende Menschenmasse. Ich sah, wie ein Mantel Feuer fing und der Träger sich in der Gosse wälzte und verzweifelt versuchte, ihn zu löschen. Es gab ein quälendes donnerndes Geräusch, und alle schreienden Stimmen schienen sich zu einem langen Schrei zu vereinigen, dem Schrei der sterbenden Stadt.

Ich ging hinein und setzte mich allein in die Mitte des Raumes und hielt Tamisets grünen Stein. Ich konzentrierte mich stark und sah ihr Gesicht, das wild aussah vor Angst mit starrenden Augen.

„Tamiset!"

„Die Zitadelle hat ihre Tore verschlossen, wir können nicht hinaus!"

„Tamiset, ich werde Van nehmen und nach Linlor gehen. Ich werde es machen. Vertrau mir. Ich bin wieder stark."

„O Rovan, kümmere dich um sie... paß auf sie auf. Ist es sehr schlimm?"

„Wir müssen sofort gehen. Vertraue mir, Tamiset."

„Eenath schütze euch..."

Ich hörte sie weinen.

„Da", sagte ich zu Vantelar, „Tam und Jiri und Balkaveer senden ihre Liebe. Wir müssen uns beeilen."

Plötzlich fiel mir ein altes Runenband ein, das ich über den Brand einer Stadt gelesen hatte. Ich ging zum Waschplatz und tauchte zwei leichte Schals in Wasser. Wie legten sie uns um die Köpfe. Ich sandte Gebete zu Nantgeeb und zu der Ulgan, zu allen, die uns beschützen konnten, waren sie nun lebendig oder tot. Praad rollte sich in seinem Korb zusammen, und ich legte ein kleines Stück nassen Tuchs über dessen Öffnung, Unter seinem Pelz hatte er einen leichten Knochenbau und war leicht zu tragen. Wir stiegen in gedrückter Stimmung die Treppe hinab und fanden das Gasthaus verlassen vor. Nur ein betrunkener Küchenhelfer war an der Kellerfalltür niedergestürzt. Ich schüttelte diese Kreatur wach.

„Rette dich, Freund! Die Stadt brennt!"

Er sah mich mit trüben Augen an, und der Geruch des Rauchs, der auf Moruianer wunderbar ernüchternd wirkte, begann langsam einzudringen.

„Eenath segne Euch."

Wir traten in unsere Ecke der Welt hinaus. Es war schwierig zu atmen und etwas zu sehen. Menschenmengen tasteten sich vorbei, nach Atem ringend und wimmernd. Ich wendete mich nach Süden, an der Mauer entlang, unter dem Vorsprung der Gebäude, die in dieser Straße sämtlich solide Steinhäuser und Gasthäuser waren. Oben war die Luft von Ruß und Asche geschwärzt, und Flammenzungen zuckten wie Kometen herein. Wir kamen an einen Platz, wo die Luft weniger verpestet war, und trafen auf eine Straße, auf der wir weitergingen. Diese Straße war besser, und dann wurde sie plötzlich viel schlimmer, vollgestopft mit Flüchtlingen, einige mit Brandverletzungen, einige mit rußgeschwärzten Gesichtern. Langsam schleppten wir uns viele Straßen, bis die Menge sich wieder zu lichten begann.

Mehr als einmal sah ich Leute, die gestürzt waren, unfähig weiterzugehen. Ich sah Flammenzungen auf Gruppen von Leuten überspringen und hörte ihre Schreie. Ich sah andere Leute wild rennen, plötzlich herumwirbeln und schreien, gegen Mauern taumeln und wie sie von anderen Flüchtenden zur Seite gestoßen wurden.

Ich versuchte, nach vorn zu blicken, weitzusehen, und entdeckte eine gute, klare Stelle. Doch als wir dort ankamen, stießen wir auf eine kleine, still verharrende Menschenmenge. Sie wurde von einem brennenden Bogen aus Stoff und Holz behindert, ein Zeltdach, das über die Straße gespannt war.

„Es wird herunterfallen!“ rief ich.

Ich schob mit all meiner Kraft, und mein Jayarn durchfloß mich wieder. Der Bogen fiel herab und brach auseinander. Wir sprangen alle über die Teile und gelangten auf einen leeren Marktplatz. Endlich sah ich den Troon, das gesegnete Glitzern seines Wassers. Ich hob Vantelar hoch und sah in ihr Gesicht, das ganz geschwärzt und verschmiert war.

„Schau, der Fluß!“

Sie blinzelte zustimmend, mit glänzenden Augen, unter ihrem Schal hervor. Ich ließ sie auf meinen Rücken klettern, nahm Praads Korb in die andere Hand und ging weiter, immer auf das Wasser zu. Der Nachtwind kühlte ein wenig, doch die schrecklichen Geräusche der brennenden Stadt waren immer noch um uns. Nach einer endlosen Weile erkannte ich, daß wir auf Gras gingen. Ich blickte von einer Seite zur anderen und sah, daß wir in der Mitte einer weit verstreuten Menge gingen, die in die Flußwiesen unterhalb von Otolor hinausströmte. Ich setzte Vantelar ab, damit sie wieder laufen konnte, jetzt, wo das leichter war.

„Können wir Praad herauslassen, damit er Luft schöpfen kann?“ flüsterte sie.

„Noch ein wenig weiter. Wir müssen an den Fluß gelangen und uns nach Booten umschauen.“

Ich gestattete, daß sie den Deckel des Korbes öffnete und den armen Praad streichelte, dann gingen wir weiter. Der Troon war schmutzig und voller kleiner Fahrzeuge, die von den südlichen Landungsbrücken kamen, die wir zur Seite liegen lassen hatten. Viele Leute standen an seichten Stellen im Fluß und labten sich am Wasser. Einige winkten die vorbeikommenden Boote zu sich heran, doch wenige von diesen legten am Ufer an.

Statt dessen lagen die Boote vor dem Ufer, und die Ruderer riefen Namen, Namen von Familien, von Vermißten, Namen von gerade Gestorbenen. Ich zweifelte nicht daran, daß in dieser Nacht in Otolor viele gestorben waren. Ich sah eine Mutter und ihr Kind, die hörten, wie ihre Namen gerufen wurden, und an einer seichten Stelle zu einem Boot liefen, um zu ihrer Familie zurückzukehren. Wir gaben die Suche nach einem Boot, das uns flußabwärts mitnehmen würde, auf und gingen zurück auf die Wiesen.

Wir stießen auf einen sehr kleinen, verkümmerten Baum und schlugen unter ihm unser Lager auf. Praad kam heraus, schüttelte sich und schnüffelte im Gras herum. Ich konnte es kaum ertragen, Vantelars kleines, verschmiertes Gesicht zu sehen. Ich rieb es mit dem Rand ihres Schals so sauber wie möglich. Wir breiteten beide unsere Schals aus und sahen, daß sie überall angebrannt, mit verkohlten Holzstückchen bedeckt und, außer an den unteren Rändern, jetzt knochentrocken waren.

„O Rovan..."

Nur zwei Tränen liefen ihr über die Wangen. Ich drückte sie eng an mich.

„Wir sind sicher", sagte ich. „Wir werden nach Linlor gehen. In mein Haus, in die Villa in Linlor. Schlaf und ruh dich aus. Vergiß alles, was du gesehen hast."

Praad kam und kuschelte sich mit lehmiger Schnauze an uns. Ich lehnte gegen den kleinen Baum, und bald war Vantelar in meinem Schoß eingeschlafen, während sich Praad wie eine Decke über ihre Füße gelegt hatte. Ich beobachtete die Stadt und die Weite der Felder jenseits der Stadt. Wo waren die Wirbler? Hatte Astagwey sie in den Tod geführt? Wie waren sie so schnell in die Stadt gekommen?

Ich war voller Mißtrauen. Ich beobachtete und sandte meinen Geist in die entfernten Wiesen im Norden, gegenüber von Geeler, und in die Straßen, die aus der brennenden Stadt herausführten. Schließlich stieß ich auf etwas wie einen größeren Trupp von Vasallen auf dem Marsch oder eine altertümliche Armee. Aber es waren die Wirbler: Fast konnte ich ihre versengten Federn riechen. Sie gingen erschöpft, denn nach ihrem Tanzen sind die Wirbler wie Geister. Sie gingen nach Süden.

Ich wartete und döste, und plötzlich erwachte ich im Licht der Dämmerung zwischen dem Untergang der Fernen Sonne und dem Aufgang von Esto. Ich sah auf die roten Ruinen der Stadt, die immer noch unter einer Rauchwolke lagen, und ich hörte und sah, was ich zu sehen erwartet hatte. Eine Flugmaschine hob ab und flog nach Süden. Astagweys Ankunft war also doch nichts so Geheimnisvolles, sie reiste nicht auf den Flügeln des Windes. Ich legte die Mäntel und Schals über meine beiden Schützlinge und schlief im Morgenregen.

Als wir wieder erwachten, war es heller Morgen, aber die Rauchwolke hatte sich noch nicht verzogen. In dem gelblichen Licht bewegten sich Leute wie Geister, einige gingen in die Stadt zurück, andere wandten sich südwärts. Vantelar war guter Dinge und ohne Furcht, wie ein Kind bei einem Picknick. Wir legten Praad an die Leine und wanderten selbst südwärts, dabei verzehrten wir im Gehen unsere Früchte.

„Wir haben einen langen Weg zu gehen", sagte ich, „aber wir können es uns so leicht wie möglich machen. Achte auf wilde Beeren."

„Praad hat es gut", sagte Vantelar. „Er kann Inin, Würmer und Grasspitzen finden."

Der Ameisenesser sprang herum und tollte an der gespannten Leine umher. Das klare Herbstwetter war zurückgekehrt. Jenseits der langen Schwaden der Rauchwolke war der Himmel blau. Es war sehr leicht, aus Otolor wegzugehen, weg von der Zerstörung und dem Todeskampf der Stadt. Die Leute, an denen wir vorbeikamen oder die an uns vorbeikamen, hatten leere Gesichter. Ich wagte nicht, ihre Gedanken zu erkunden. Der Pfad, den wir gewählt hatten, war fest und gut. Er führte zu höher gelegenem Gelände und umging die Dörfer unmittelbar südlich von Otolor, die jetzt mit Flüchtlingen gefüllt waren. Später am Tag sah ich, daß sich etwas auf dem Fluß bewegte, eine Gruppe von Booten, die alle langsam südwärts fuhren.

Wir kamen ebenfalls nur langsam voran. Unsere Nahrung war bald verzehrt, und Vantelar war müde. Als der Abend kam, kletterten wir einen flachen Hügel hinunter und trafen auf eine Bäuerin, die ein Feld mit frisch geernteten Korngarben bewachte. Sie saß mit einem langen Prügel über ihren Knien da, und ihre Familie oder die Knechte hatten sich entlang dem Feldrand verteilt.

„Gute Bäuerin", fragte ich höflich, „ist dies Euer Land?"

„Nein, Freund." Sie grinste. „Dies ist gepachtetes Land, das letzte Eigentum des Pentroyclans in diesem Landesteil."

Sie deutete auf die fruchtbaren Felder und einen Haufen von Steingebäuden weiter den Hügel hinauf.

„Ihr kommt hier an Relrins Laube vorbei."

Ich fragte, ob wir Nahrung kaufen könnten, denn ich hatte mehrere Kredite in meiner Geldbörse. Sie pfiff einen jungen Mann herbei, der zu einem Hain lief und mit Rotsaftschoten und Vollkornbrot zurückkehrte, ein Teil des Abendbrots der Knechte. Die Bäuerin sah uns mitleidig an, aber sie wagte nicht, zuviel Hilfe anzubieten. Ich vermutete, daß sie schon mehr Flüchtlinge gesehen hatte.

„Was ist das für ein Tier? Ein Ameisenesser?"

Während wir aßen, ließ Vantelar Praad einige Tricks vorführen, und das Landvolk schaute voller Staunen zu.

Doch bald brach die Nacht herein, und ich sorgte mich um einen Platz zum Schlafen. Ich wollte die Großzügigkeit der Pachtbäuerin nicht weiter strapazieren, doch sie war nicht dumm.

„Am Grenzstein dort drüben findet Ihr einen Unterstand, den die Erntehelfer benutzen", sagte sie. „Die Kleine ist müde."

„Seid bedankt", sagte ich. „Werdet Ihr das Feld die ganze Nacht bewachen?"

„Das müssen wir. Schaut dort!"

Sie deutete den Fluß hinab, und dort waren wieder Wirbler, ein großes Lager. Wir konnten Neuankömmlinge sehen, dunkel und zerlumpt, die zu Lande und zu Wasser ankamen.

Wir schritten den Hügel zu dem Grenzstein hinunter und ließen uns dankbar in einer kleinen Buschholzhütte nieder. Wie schliefen fest die gesamte kleine Dunkelheit hindurch, und Vantelar schlief noch viele Stunden länger. Beim Licht der Fernen Sonne stand ich wieder auf und ging hinaus, um die Wirbler unten am Ufer tanzen zu sehen. Der Gesang für die Große Ernte war derselbe. Astagwey war nicht zu sehen, andere leiteten den Tanz, doch ich vermutete sie noch in der Nähe. Vielleicht war sie zu dem östlichen Ufer des Troon geflogen.

Ich hatte eine ungefähre Vorstellung von dem, was sich abspielte, von all dem Kommen und Gehen. Astagwey führte eine Armee. Ich wünschte, ich hätte mehr Runenbänder über Armeen und Schlachten gelesen. Die verantwortlichen Führer und Vasallen der Armee würden wohl alte Wirbler sein, jene, die das Wanderleben aufgenommen und Astagwey als Führerin anerkannt hatten, lange bevor sie sich Juran Veer angeschlossen hatte. Vielleicht waren darunter auch rebellierende Clanvasallen wie die große, narbenbedeckte Omor, die ich beim Windfelsen gesehen hatte... Dann gab es auch neue Wirbler, wie die Partnerin des armen Deem Baran, die sich in ihrem Unglück zu den Geisteskriegern geflüchtet hatte. Schließlich war da noch die Masse der Nordleute, die gezwungen waren, den Wirblern auf der Suche nach der Großen Ernte zu folgen und Beute zu suchen. Vielleicht hatten auch schon Heimatlose aus Otolor die Reihen aufgefüllt.

Ich sandte mein Denken vorsichtig nach Osten aus. Meine Kräfte kehrten zurück, aber meine Konzentration war schlecht. Die Wirbler und die Erinnerung an Otolor waren zu beunruhigend. Ich nahm das grüne Amulett heraus und versuchte, die Zitadelle zu erreichen, wo Tamiset und die anderen eingeschlossen waren. Da war nur Leere. Ich reichte nicht so weit, oder vielleicht konnte auch Tamiset auf solche Entfernung nicht empfangen. Ich konnte nichts anderes tun, als meinen Geist auf einen weiteren langen Tag des Marschierens mit Vantelar und Praad vorzubereiten. Ich spürte den schief stehenden Grenzstein im Gras neben mir: Auf der mir zugewandten Seite zeigte er drei Knoten und auf der abgewandten Seite einen Vogel. Zumindest hatten wir Wentroyland erreicht.

So gingen wir einen weiteren vollkommenen Herbsttag lang durch die reichen Felder der Pachtbauern meiner eigenen Familie. Ich wollte eine bestimmte Ruine am Fluß erreichen, wo ich einst mit dem Curran Wentroy am Mittjahrstag gepicknickt hatte. Wir erreichten sie nicht.

Als wir mittags unter einem Rotholzbaum saßen, wurde ich auf andere Leute aufmerksam, die aus dem Norden unseren Pfad entlangkamen. Ich holte ihr Bild im Geist näher heran, und das Aussehen dieser Flüchtlinge gefiel mir gar nicht.

„Schnell“, sagte ich, „kann Praad mit uns in diesen Baum klettern?“

„Besser als ich“, sagte Vantelar.

Sie pfiff ihn von seinem Grabloch im Gras heran, und wir stiegen alle hinauf. Ich hob Van auf den ersten Ast, und wir waren gut zwischen den Blättern versteckt.

„Der Korb!“ sagte Vantelar. „Rovan, wir haben den Korb vergessen!“

Ohne mir etwas dabei zu denken, ließ ich ihn heraufsausen und sah ihr erstauntes Gesicht in den Streifen der Rotholzschatten.

„Du beherrschst alle möglichen Arten von Zauberei“, sagte sie. „Auf diese Weise hast du uns gerettet.“

Ich war etwas verlegen.

„Pah!“ sagte ich. „Ich habe uns auf gewöhnliche Weise gerettet, ohne dabei überhaupt viel Zauberei zu verwenden.“

Da lachte Vantelar und mußte ihr Lachen an Praads Kopf dämpfen. Zwanzig Läufer, alle waren zerlumpt und trugen weißblaue Schulterknoten, kamen den Pfad entlang, blieben in der Nähe unseres Baumes und winkten mit den Armen zum Fluß hinaus. Wir sahen zu, hielten den Atem an, und ich erkundete ihre Geister. Eine Folge dunkler Bilder: Astagwey, Kämpfe, sogar Essen und Trinken. Ein langes Boot glitt in die seichten Stellen des Troon, die etwas weiter entfernt waren, und sie rannten davon, um an Bord zu gehen. Wieder hörten wir den Ruf nach der Großen Ernte, als sie davongerudert wurden. Ein weiterer Teil der Armee.

Wir warteten, doch sonst kam niemand. Ich kletterte in dem Rotholzbaum so hoch ich nur konnte und steckte den Kopf durch das Blätterdach. Ich blickte nach Süden und konnte auf dem grauen Fluß nur Schwärze erkennen. Ich begann mit dem Weitsehen, und da tauchte endlich die Armee auf. Eine Bootsbrücke überspannte den Fluß, und die Ufer waren dicht mit Anhängern bedeckt. Auf einer Plattform zwischen den Booten stand Astagwey in der Mitte des Flusses, ebenso schrecklich am Mittag, wie sie unter der Fernen Sonne ausgesehen hatte. Sie schwang ihre Lanze und ging unter ihren Offizieren hin und her. Der gesamte Aufmarsch der Boote und „Soldaten“ bewegte sich südwärts. Ich stieg nach unten und erzählte Vantelar alles, was ich gesehen hatte.

Wir blieben zurück, gingen nur bis zur nächsten Baumgruppe, dann wieder zur nächsten, behielten den Fluß im Auge. In weiter Entfernung standen die Gebäude eines Bauernhofs, aber ich mochte weder als heimatloser Wanderer noch als Rovan Welroyan Wentroy zu den Pachtbauern gehen. Wir fanden einige Marschlilien, die man gut essen kann, und ich begann, alles Brot Van zu geben. Schließlich, so überlegte ich, würde ein wenig Fasten zur Rückkehr meiner Kräfte nur beitragen. Als es dunkel wurde, kamen wir zu einem schönen Baumhain und ließen uns darunter nieder.

Für mich wurde es eine schlechte, einsame Nacht an diesem zweiten Tag außerhalb von Otolor, und ich wußte, daß wir so nicht weitermachen konnten. Also doch zu den Pachtbauern, dachte ich, oder wir würden hungern müssen. Am Morgen hatte sich das Wetter ein wenig verändert, ein kühler Wind wehte. Wir stapften entmutigt weiter und erreichten den eingestürzten Turm. Wir setzten uns, betrachteten den Fluß und sahen kaum ein Boot vorbeikommen. Es war schwer zu glauben, daß eine Armee diesen Weg genommen hatte.

Vantelar versuchte mich aufzuheitern und tanzte mit Praad in den Ruinen. Als am Mittag die Sonne schien, wuschen wir einige unserer Gewänder und badeten im Troon. Ich lag eine Zeitlang in der Sonne, stand dann auf und kletterte auf einen großen, efeubedeckten Steinhaufen. Ich blickte in die Ferne und auf das niedrige braune Gehöft. Der Innenhof des Bauernhofs lag still da, Gemüse lag auf den Trockengestellen, blaues und braunes Geflügel lief auf der Suche nach Korn umher.

Ich blickte weitsehend auf diesen friedlichen Ort, hielt nach der Familie, die dort wohnte, Ausschau und plante eine lange Wanderung durch die Felder, um sie um Hilfe zu bitten. Vantelar und Praad sammelten Nahrung: Beeren, Marschlilien und den braunen Pilz, der Vogelhaube genannt wird.

Plötzlich schrie Vantelar auf: „Rovan! Schnell!"

Ich war auf eine Gefahr gefaßt. Ich rannte durch den Kreis der Ruinen und fand das Paar an einem Buschholzstapel, gerade dort, wo die alte Pier des Turms festen Grund erreicht. Tief im Buschholz versteckt lag ein kleines graues Kielboot. Van zerrte an den Ästen, doch ich zog sie zurück und ließ den ganzen Haufen Buschholz zur Seite kippen, so daß das Boot frei dalag.

„Es gehört dem Pachtbauern", sagte ich.

Ich wußte, daß wir das Boot nehmen würden, und ich hatte deswegen ein schlechtes Gewissen. Mit dem Boot könnten wir die Villa in einem Tag erreichen, ein Tag und eine Nacht. Das würde uns viele Kilometer hungrigen Marschierens ersparen. Gleichzeitig spürte ich, daß es unehrenhaft war, das Boot zu nehmen. Ich konnte, zum ersten Mal wieder seit langer Zeit, den alten Ruf meiner Großmutter hören – *„meg'ray!"* Ich wagte nicht, zu den Bauern zu gehen und eine Ablehnung zu riskieren. Dies war ihr Boot, mit dem sie zum Markt nach Linlor oder Otolor fuhren. Warum sollten sie es einem halbwüchsigen Wanderer leihen, der behauptete, der Enkel ihrer Lehnsherrin zu sein?

„Wir werden so viel Nahrung sammeln, wie wir können", sagte ich, „und beim Licht der Fernen Sonne die Segel setzen."

Ich zögerte alles ein wenig hinaus, weil ich hoffte, daß ein Bauer auftauchen und seine Hilfe anbieten würde. Einen ganzen Kredit hatte ich noch in meiner Ärmeltasche. Ich flocht dazu ein Runenband, nahm das Familienamulett von meinem Handgelenk, den einzigen Gegenstand, den ich bei mir hatte und der das Wentroy-Wappen trug. All diese Dinge wickelte ich in einen unserer von der Glut durchlöcherten Schals aus Otolor, legte das Ganze dorthin, wo das Boot versteckt gewesen war, und stapelte das Buschholz mit der Kraft meines Jayarn wieder so, wie wir es vorgefunden hatten. Das Boot hatten wir bereits in eine der seichten Stellen hinabgelassen.

Die Worte des Runenbandes schienen einfach und verrückt, als kämen sie aus einer anderen Welt:

„Ich habe das graue Kielboot ausgeliehen, und ich lasse einen Kredit als Leihgebühr zurück. Ich bin von Otolor mit zwei Begleitern hierher marschiert, und wir sind müde und hungrig und müssen schnellstens zu der Villa bei Linlor weiter. Wenn Ihr dieses Zeichen zur Villa bringt, wird Euch das Boot sofort zurückgegeben. Ansonsten werde ich es Euch zurückschikken, wenn die Dunklen Tage beendet sind. Rovan Welroyan Wentroy."

Unsere Nahrungssammlung verlief gut, wir stießen sogar auf ein ekliges Nest von Holzwürmern und packten sie für Praad ein. Vantelar sagte, sie sei zu aufgeregt, um zu schlafen, aber nach dem vielen Hinundhergelaufe – ein braunes Weberkind in einer engen Untertunika, ihr helles Haar zu einem Zopf zusammengerafft – fiel sie bei Einbruch der kleinen Dunkelheit in Schlaf. Ich döste und versuchte, an nichts zu denken.

Als die Ferne Sonne den Fluß in Silber tauchte, nahm ich meine beiden Begleiter an Bord und schob das Boot durch das seichte Uferwasser, bis mir das Wasser bis zur Taille ging, dann sprang ich an Bord. Der Fluß nahm uns freundlich in Empfang. Ich hißte das rote Segel, band es irgendwie an die Mastklampen, und eine kräftige Brise trieb uns südwärts. Praad hüpfte und pfiff, Vantelar sang laut und schöpfte mit einem alten Kürbis, ich saß an der Ruderspinne. Wir hielten uns zum westlichen Ufer. Weiter weg auf der anderen Seite des Flusses sah ich Rauchwolken. Der Verkehr auf dem Fluß war sehr gering. Plötzlich überfiel mich Angst um Linlor und wegen der Armee, die es auf ihrem Weg in Richtung auf das Deltaland, den reichsten Erntegrund auf Torin, passierte.

Meine Einschätzung der Entfernung auf dem Troon war ungenau gewesen. Wir brauchten vier Tage, um uns Linlor anzunähern. Wir lagen ruhig, wir paddelten durch den Morgennebel, wir gingen zweimal an Land und suchten Nahrung. Vantelar zeigte viel Mut und Verständnis, aber ich konnte sehen, daß ihr die lange Reise zusetzte. Ich war auf Nachrichten aus Linlor begierig, aber keins der Boote, die wir sahen und die nordwärts segelten, kam in Rufweite. Schließlich, am dunstigen Morgen des fünften Tages, wurden wir von einer kleinen Barke angerufen.

„Heho! Junger Fischer!“

Ich dachte, daß sich meine Segelkünste verbessert haben mußten – zumindest nannte mich dieser Seemann nicht Bohnenpflückerbrut.

„Was gibt es Neues im Norden?“ wurde gerufen.

„Otolor ist abgebrannt“, antwortete ich. „Habt Ihr nicht die Armee von Astagwey, der Wirblerin, vorbeiziehen sehen?“

„Fragt nicht, was wir gesehen haben“, kam die bedrückte Antwort. „Nennt man so etwas eine Armee?“

„Wie ist es Linlor ergangen?“

„Sieh selbst, wenn sich der Nebel verzieht! Linlor hat sich freigekauft. Mit Korn, gebackenem Brot, sogar mit gebratenem Fleisch und allem Wein und Honig aus seinen Rundhäusern. Einen guten Weg, junger Fischer, in diesen dunkelsten Tagen...“

„Guten Weg, Barke!“

Wir durchfuhren noch einige weitere Nebelbänke, wo ich einen Warnruf ausstieß, dann vertrieb plötzlich die Große Sonne den Nebel, und ich sah Linlor, sauber und weiß, vor mir. Es war ein Traum. Vantelar erwachte, als wir an den unbeschädigten Landungsbrücken vorbei in die sanften, blumenbesäumten Wasser unseres kleinen Stroms, des Lin, einbogen.

„Nicht viel weiter mehr...“

So kamen wir am frühen Morgen zu einer Brücke vor der Stadt in unseren eigenen Flußfeldern, wo Seret und ich dem Tanz der Wirbler zugesehen hatten. Wir legten am Nordufer an, und erst als ich an Land ging und meinen Fuß auf die Balken der Brücke setzte, geschah es, daß mich eine schreckliche Furcht überkam. Von hier aus war nichts zu sehen außer den lieblichen Bäumen, dem großen, blühenden Reed, nichts war zu hören außer den Rufen der Vögel. Vantelar seufzte.

„Was ist denn?“ fragte ich scharf. „Spürst du...?“

„Nein“, sagte sie, „du spürst etwas. Dein Gesicht ist bleich, Rovan.“

Sogar Praad zögerte in seinem Lauf, er ließ seine feinen braunen und weißen Locken hängen.

„Was immer geschieht...“

Ich konnte kaum die Worte herausbekommen, so schnürte mir die Angst die Kehle zu.

„Was immer geschehen ist, Van, wir werden etwas zu essen und einen Ort zum Ausruhen haben.“

Also gingen wir weiter, langsam und furchtsam. Der Traum war zu einem Alptraum geworden. An diesen Ort hatte ich mich mit meinem Geist so sehr geklammert. Ich hatte ihn mir ordentlich und schön vorgestellt. Ich hatte geglaubt, nichts könnte ihm etwas anhaben. Wir schritten durch das hohe Reed und sahen zuerst die Überreste und die Zerstörung des Blumengartens, dann die geschwärzten Klötze der Scheunen. Dann stand ich auf dem Weg und starrte auf die Villa, und ich fühlte, wie mich ein wilder Geistesschrei durchlief, ein nicht enden wollender Schrei des Schmerzes, wie der, den Nantgeeb beim Tode der Ulgan ausgestoßen hatte. Die Villa war ausgebrannt. Sie war eine weiße Hülle, über die sich an jedem Fenster, an jeder Tür schwarze Streifen zogen, das Dach war beschädigt, das äußere Flechtwerk und die Vorhallen waren zu Asche und Schlacken verbrannt.

Ich ging ein wenig weiter und hörte im Gras ein Rascheln. Ich bedeutete Vantelar, daß sie dort bleiben sollte, wo sie war, und rannte zu dem Fleck. Eine Gestalt sprang auf und rannte ein paar Schritte, humpelnd und wimmernd, dann fiel sie nieder. Zornig und angstvoll sprang ich vorwärts, ergriff einen dünnen Arm und zog das Wesen hoch. Es war ein alter Mann in zerlumpten Gewändern, mit verbrannten Haaren, geröteten Augen mit entzündeten Rändern, deren Ausdruck zugleich leer und voller Schrecken war, wie bei jenen Leuten, die ich durch die Flußfelder bei Otolor hatte laufen sehen. Ich hielt ihn fest und fühlte, wie sich meine Augen schließlich mit brennenden Tränen füllten.

„Charan“, sagte ich, „Charan, erkennt Ihr mich?“

Er schwankte ein wenig und befeuchtete seine aufgesprungenen Lippen.

„Seid Ihr es? Seid Ihr es, liebe junge Hoheit? Seid Ihr alle zurückgekommen? Sind die Dunklen Tage beendet?“

„Nur ich“, sagte ich. „Rovan...“

„Rovan?“ wiederholte er. „Wir dachten, Ihr wäret verloren. O Kind, Kind, Kind...“

„Ruhig, Charan, ich bin hier. Ihr seid sicher.“

Da fiel er zu meinen Füßen ins Gras, weinend und klagend drückte er mich mit seinen dünnen Armen. Ich sah, daß seine Hände übel verbrannt und mit Fetzen geschwärzten Tuchs umwickelt waren.

„Vergebt mir!“ sagte er. „Vergebt mir, liebe junge Hoheit, ich konnte sie nicht aufhalten. Ich tat mein Bestes.“

Ich zog ihn wieder auf die Füße.

„Charan“, sagte ich, „Ihr hättet nichts daran ändern können. Niemand wird Euch böse sein.“

Er blinzelte die Tränen aus seinen Augen und ruckte mit dem Kopf. Ich erkannte eine Spur seiner alten Eigenheit, die er hatte, einer alten Angewohnheit.

„Sind Nahrungsmittel vorhanden?“ fragte ich. „Ich habe Begleiter.“

Vantelar kam herbei, sehr schüchtern, mit ängstlich verzogenem Gesicht, denn Charan war ein ebenso angsteinflößender wie jämmerlicher Anblick.

„Das ist Vantelar“, sagte ich, „das Kind der Schauspieler, die einstmals hier im Innenhof waren, erinnert Ihr Euch? Und das ist ein zahmer Ameisenesser.“

Verwundert schüttelte er den Kopf, als wäre das zuviel für sein Aufnahmevermögen.

„Ein Kind“, sagte er, „noch ein Kind. Kommt mit... Ich habe Nahrung versteckt. Sie haben sie nicht gefunden. Sie haben noch nicht einmal die Trockenlöcher oder den Keller gefunden. Nach Nahrung haben sie nicht gesucht. Kommt... kommt in die Halle...“

„Die Halle?“

Mir grauste davor, diesen Ort zu betreten.

„Nicht so schlimm“, flüsterte er. „Wirklich, die Halle ist nicht sehr beschädigt.“

Vantelar ergriff meine Hand, und wir folgten Charan einen geschwärzten Pfad entlang. Es war besser, die Dinge rechts und links nicht wiederzuerkennen: die zerstörten Gärten, das Gebälk des runden Gartens. Das war eine schreckliche, neue Welt, in die ich da geraten war. Ich sah, daß an einigen Stellen bereits ein neues Wachstum begann. Helles rötlich-grünes Gras entsproß den Ruinen.

Der zertrümmerte Eingang zur Halle stand wie der Mund einer Höhle offen. Ich sah das geschnitzte Holz des Türrahmens und die Fetzen des Vorhangs. Ich fühle Übelkeit, und eine wirbelnde Schwärze stieg meinen ganzen Körper hinauf, aber ich unterdrückte sie. Wir folgten Charan nach innen. Der Raum war zerfetzt und verbrannt und zerstört auf eine Weise, die mich erzittern ließ, so unglaublich war sie. Ich fühlte mich taub: Nach diesem hier und nach allem, was dem vorausgegangen war, gab es nichts, was mich noch treffen könnte. Ich war durchs Feuer gegangen, und ich würde leben, ich würde leben, um so alt und stark zu werden wie Petsalee.

Der Audienzraum, der voller Holz und Gewebe und jener großen Ölkrüge gewesen war, die meine Großmutter dort aufzubewahren pflegte, hatte so wild nach oben gebrannt, daß die oberen Stockwerke in einer Ecke teilweise eingefallen waren. Die Windungen der großen Treppe waren fast bis zur letzten Stufe geschwärzt und mit dem Aschebrei verbrannter Gewebe bedeckt. Die Kette der Räume und die Küchen waren halb zusammengesunken, waren schwarz und stanken. Doch die Halle war oben und unten noch stabil. Charan hatte in den Ruinen campiert: Eine alte, angesengte

Matte hatte er ausgebreitet, und er besaß ein paar Kürbisse. Das Sonnenlicht fiel durch ein klaffendes Loch, das dort war, wo einst ein Fenster gewesen war.

„Setzt Euch", sagte Charan. „Setzt Euch, junge Hoheit, setz dich, Kind..."

„Ich werde dir helfen, Charan."

Vantelar und Praad saßen auf der Matte, während ich Charans schlurfenden Schritten in die Küche folgte. Ein aufblitzendes Grün zog meinen Blick auf sich. Ein grüner Vogel leuchtete unter den anderen matten Farben auf den Steinplatten hervor, dort, wo Vantelar saß. Ein Wandteppich, bei der Fensternische, war mehr oder weniger dem Brand entgangen.

Jeden Morgen nach dieser düsteren Heimkehr zwang ich mich, in die Ruinen zu gehen und ein wenig zu arbeiten. Zuerst ging ich allein, weil es für Charan und Vantelar zu gefährlich war. Ich schob die Asche und den Schutt zur Seite, sammelte Matten und Kürbisse, die sie im Fluß waschen konnten. Es war eine schmerzhafte und abstoßende Arbeit, aber manchmal fand ich wahre Schätze, die wie durch ein Wunder vor den Flammen bewahrt worden waren. Ich kletterte auf den Giebel an einem Seil, das ich mit der Kraft meines Jayarn nach oben steigen lassen und dann an dem Stamm eines nicht verbrannten Rotholzbaumes befestigt hatte: Die Leiter war verkohlt. Ich zog auf dem Giebel ein Banner auf – einen Streifen grünen Stoffs für die Wentroy und einen Streifen roten Stoffs für die Trauer – und blickte zur Stadt Linlor hinüber, die ganz und unbeschädigt war, und hoffte, sie würden sehen, daß ein Clanmitglied in den Ruinen am Leben war.

Eines Tages, ich räumte gerade den Vogelraum im ersten Stock auf, kamen Vantelar und Praad mittags mit Wasser und einem Teller Beeren zu mir herauf. Als wir uns auf die Biegung der Treppe setzten, die jetzt sauberer war, stieß Praad einen Alarmpfiff aus. Ich hörte noch, wie ein seltsames Geräusch aufhörte. Ich schickte meinen Geist in die sonnenbeschienenen Ruinen des Gartens hinaus und sah zwei helle Gestalten.

„Es kommt jemand!"

Als wir die Treppe hinunterrannten, kam Charan aus der Küchenrunde.

„Bleibt zurück, Hoheit! Bleibt versteckt!"

Er rannte vor mir durch den offenen Eingang, und ich hörte ihn schreien: „Nein! Tut ihnen nichts! Es sind nur Kinder!"

Zwei Stimmen antworteten, beruhigten und sprachen von Frieden und Freundschaft. Eine Stimme war so seltsam, daß Vantelar sich an meinen Arm klammerte.

„Ich glaube, ich weiß, wer das ist..." sagte ich.

Ich rief nach Charan und trat in den Sonnenschein hinaus. Ich kam durch denselben Eingang, der mit zeremoniellen Geweben dekoriert und mit Blumen geschmückt gewesen war. Dort stand unser Menschenbesuch, groß und dunkelhäutig, und neben ihr ein Moruianer in einer alltäglichen braunen Robe, der eine graue Schachtel hielt.

„Lisa Kind!"

„Hoheit Rovan...?“

„Ihr kommt aus Sarunin... aus Rintoul?“ Ich hatte einen Gedankenfetzen des Moruianers aufgefangen.

„Habt Ihr irgend etwas von meiner Familie gehört?“

„Ich habe sie alle gesehen, und es geht ihnen gut“, sagte sie. „Eure Großmutter hat mich hierhergeschickt. Sie machte sich Sorgen um Eure Sicherheit. Man glaubte, Ihr wäret bei dem Brand Otolors umgekommen.“

„Ich habe das Feuer durchquert“, sagte ich, „und ich bin der Macht des Juran Veer entkommen.“

„Das bin ich auch“, sagte Lisa Kind.

6
Bewegliche Bilder

(I)

Ich nahm Charan beim Arm und versuchte, seine Furcht vor den Neuankömmlingen zu besänftigen. Dann trat Vantelar aus dem Eingang.

„Mich kennt Ihr auch!“ sagte sie. „Ihr kennt mich, Lisa Kind. O Eenumin... wir trafen uns in Tsagul... in dem alten Tsatroy-Palast!“

„Ja“, sagte Lisa Kind erstaunt. „Ja... das Schauspielerkind... Van...“

„Vantelar!“

Vantelar klatschte in die Hände, und Praad kam aus der Villa gehoppelt, stellte sich neben uns und wiegte sich freundlich hin und her, um die Besucher zu begrüßen.

„Was *ist* das?“ flüsterte Lisa Kind.

„Ein Ameisenesser!“ sagte der Moruianer. „Eenath helfe uns, ein wirklich schöner Ameisenesser. Hoheit Rovan, ich werde meinen Namen nennen. Ich bin Ablo Binigan, Anhängsel von Brins Fünf und dem Lager in Sarunin zugeordnet. Erlaubt mir, daß ich diesen Augenblick festhalte!“

Ich hatte keine Ahnung, was er meinte. Er setzte ein Türmchen und ein Okular auf seine graue Schachtel.

„Ist es ein Seidenstrahl?“ fragte ich.

„Ein *beweglicher* Seidenstrahl...“ keuchte Ablo.

„Ablo, warte...“ sagte Lisa Kind.

Sie blickte auf die Villa, die Gärten, und ich sah, daß ihre dunklen Augen voller Tränen waren.

„Ja“, sagte sie finster, „ja, vielleicht sollten wir all dies festhalten.“

„Wenn Ihr Euch nun alle ein wenig bewegen würdet... vielleicht tanzen“, sagte Ablo. „Wenn die schöne Vantelar singen könnte und ihrem netten Tier, dem Ameisenesser, sagen...“

Er drückte auf einige Teile an seiner Schachtel, so daß sie ein feines Summen von sich gab. Dort in dem zerstörten Garten, im Sonnenschein, halb lachend, halb weinend, lächelten wir, grüßten und verbeugten uns. Lisa machte mit. Dann gingen wir einigermaßen furchtsam vor Ablo her und gelangten zu dem Fahrzeug, das unsere neuen Freunde hergebracht hatte. Es war hinter einem Wäldchen etwas weiter weg abgestellt, weil sie niemanden in der Villa hatten erschrecken wollen. Dort stand es, das wunderbare Bootauto, das *Solaramphibische Fahrzeug* oder auch sonnengetriebener Land- und Wasserwagen.

Es war ein geformter und gepolsterter Behälter mit sechs dicken schwarzen Rädern. Es war an einigen Stellen rechteckig und an anderen gerundet. Es hatte innen und außen viele Versenkungen, in denen Zahlen und farbige Lichtflecken auftauchten und wieder verschwanden. Seine hauptsächliche Farbe war Weiß mit einigen roten Teilen, andere durchsichtig wie Glas. Obwohl es nach Feuer- und Metallmagie roch, war es nicht ganz aus Metall, sondern aus einem kräftigen plastischen Material. Lisa Kind zeigte uns die Gewebekuppel, die sich einfaltete, wenn das Auto auf dem Wasser war, und durch eine durchsichtige Kuppel ersetzt wurde, die sich dicht anschmiegte, so daß das Wasser nicht hereinkonnte. Sie ließ auch ihre Finger über bestimmte Knöpfe gleiten, was Geräusche erzeugte: Alarmsignale, Hupen und mehr musikalische Geräusche, alle sehr furchterregend. An dieser Stelle versteckte sich Charan hinter mir und begann zu murren, also beendeten wir die Vorführung.

Wir gingen in die Halle, und erst dort hörte ich von dem Angriff auf das Lager Sarunin und von Lisa Kinds Flucht mit Ablo nach Rintoul, um Hilfe von den Clans und von dem Juran zu erbitten. Lisa Kinds Geschichte war mit den beweglichen Bildern verbunden, die Ablo Binigan machte. Ich verstand schnell, daß es sich um eine Art Geschichtsrunenband handelte, wie wir es auf unserer Welt noch nie gesehen hatten. Ablo, der fanatische Sammler dieser Aufzeichnungen, war von dem Angriff auf das Lager zu sehr mitgenommen gewesen, um irgendwelche Bilder der schrecklichen Szenen zu machen, aber er hatte sich schnell erholt. Als Lisa ihre Reise nach Rintoul beschrieb, machte er sich an der grauen Schachtel zu schaffen.

„Ich hab' es festgehalten", sagte er. „Bedenkt, Hoheit Rovan, daß dies hier nur Bilder sind. Guter Charan, ich bitte Euch, fürchtet Euch nicht vor dem, was Ihr seht. Es ist wie ein Geistesbild einer vergangenen Zeit, das ist alles."

Ein Teil der Schachtel öffnete sich wie ein Augenlied und gab den Blick auf einen dunklen Spiegel frei. Dann ertönte ein Summen – es war das Geräusch des Bootautos –, und wir sahen vor uns die Straße, die nach Rintoul führt und die Bäume und das Gras neben der Straße.

„Schaut dort", sagte Lisa Kind, „das war Itsik. Sehr still, als wir kamen. Doch wen sollten wir dort treffen – einen alten Feind!"

In dem Spiegel war eine sich bewegende Menge farbiger Punkte zu sehen. Ich veränderte den Brennpunkt meiner Augen, und vor mir entstand das sich bewegende Bild einer Omor. Einer ungewöhnlich großen und gewalttätig aussehenden Omor, begleitet von einem männlichen Jugendlichen in verschlissenen Prunkgewändern, der Clankleidung eines Verstoßenen, wie sie in der Gefängnissiedlung getragen wird.

„Den habe ich schon einmal gesehen!" sagte ich. „Ja, beide... die große Omor und den Galtroy-Vasallen. Sie wurden eines Nachts zum Windfelstempel gebracht, um mit Orath Veer zu sprechen.".

„Dies ist Meetal Gullan", sagte Lisa Kind, „ein Soldat des Pentroy-Clans. Sie hat einmal Scott Gale für Tiath gefangengenommen und führte die Pentroystreitmacht, die nach Tsabeggan gesandt wurde. Als es ihr mißlang, Scott Gale zum zweiten Mal zu fangen, schickte der Große Älteste sie und andere Pentroyvasallen nach Itsik."

„Jetzt dient sie dem Juran."

„Wir haben das schon bald vermutet", sagte Lisa Kind.

Die Bilder und der Ton schwankten. Ich konnte nur hören, daß Lisa

Meetal Gullan etwas zurief, dann erschienen andere Figuren auf der roten Straße und zwischen den Weiden der Itsiksiedlung. Die Bilder hielten an.

„Sie versuchten, uns zu umstellen", sagte Ablo. „Meetal führt die Truppe der rebellierenden Gefangenen. Wir beschleunigten und fuhren davon."

Lisa erzählte, wie sie schließlich in die Vororte von Rintoul gelangten, bei Dahweth-Ma, den Lagerhäusern nahe dem westlichen Tor, dem einzigen vom Lande aus zugänglichen Tor der Stadt. Lisa und Ablo versteckten das Bootauto in einem Wäldchen nahe der roten Straße, teilweise, weil das Fahrzeug innerhalb der Stadtmauern nutzlos war, und teilweise als Vorsichtsmaßnahme. Es gab keine Aufnahmen dazu mehr, aber Lisa Kind erzählte die Geschichte gut. Wie sie laut um Einlaß bat, bis die Wache das Tor öffnete und Jethan Luntroy erschien und sie den Weg zum Wolkenkratzer der Pentroy führte, wo der Juran mit seinen Anhängern wohnte. Rintoul war erfüllt von Furcht, begierig auf Nachrichten über den Aufstand im Lande, doch Veer und seine Jungen Schnitter triumphierten. Sie glaubten, daß die Große Ernte nahe sei.

„Diesen Jungen Schnittern erscheint dies immer noch als ein Spiel", sagte Lisa Kind. „Ihr Sommerlager geht weiter. Viele Rituale werden abgehalten: Gesänge, Paraden, Übungen..."

„Der Messertanz..." sagte ich.

„Das ist auch so ein Spiel", sagte sie. „Sehr schnell, sehr aufregend, aber für einen geübten Kontrahenten nicht gefährlich. Ich kann nicht glauben, daß der Juran sie jemals in die Schlacht schicken wird."

„Gegen die Clanvasallen?"

„Das hat er nicht gesagt", sagte sie. „Gegen die Streitkräfte der Astagwey, sagte er. Dies hat er im Corr-Pavillon angedroht. Es handelte sich um eine Zeremonie, die Stunde der Wahrheit genannt wurde, bald nach unserer Ankunft. Ablo?"

Dann blitzte der dunkle Spiegel wieder auf, und eine Stimme erklang, die Teil meines Lebens war.

„... Gefahr!" schrie Guno Deg. „Gefahr für die Stadt und das Land von Torin. Die Alte Noon hat eine Stunde der Wahrheit einberufen, dem schließe ich mich an!"

Ich erkannte meine Großmutter, klein und vollkommen unter den anderen Clanangehörigen in einem glänzenden leeren Raum. Über ihr, auf dem Balkon des Vorsitzenden, ragte Veer auf, der in seine silberne Robe gehüllt war und seine Gesichtsmaske und den zeremoniellen Kopfschmuck trug. Die Schnitter waren nicht zu sehen, doch wurde er von der Fünf des Juran begleitet.

Eine andere vertraute Stimme erklang: „Hier spricht eine weitere Person! Ich erkläre, daß Gefahr besteht! Marl Udorn, Ältester von Torin, das Glück der Fünf von Noon!"

Ich sah, daß die Alte Noon und der blinde Marl, ihr Glück, sich abseits der übrigen Clanmitglieder neben die Reihe der riesigen, alten Glockentrommeln unter den Balkon gestellt hatten. Dann bewegten sich Leute aus jedem Clan nach vorn – ich glaubte, Wela und meinen Vetter Thorn vom

Curran Wentroy zu sehen –, und es erklangen Rufe wie „Gefahr!“, „Wahrheit!“. Mit der Bewegung eines Fingers hielt Ablo ihre Bewegung an. Sie standen erstarrt in Haltungen des Ärgers und der Wut da, winzige, farbige Figuren. Vantelar lachte laut. Ich lachte auch und zitterte.

„Wahrlich“, murmelte der arme Charan, „dies ist ein sehr großes Wunder.“

„Seht und hört...“ sagte Ablo sanft.

Die Stimme des Veer erhob sich über das Gejammer und Geschrei der Clanleute:

„Otolor wird der Flut der Rebellen zum Opfer fallen! Itsik hat sich erhoben und der Salzhafen auch. Das Menschenschiff ist angegriffen worden. Habt keine Furcht, Hoheit Noon, Hoheit Guno. Ich bin der Juran, der Hirte... Ich allein kann die Stadt schützen. Schenkt mir Euer Vertrauen!“

„Ihr seid Juran für vierzig Tage!“ rief der blinde Marl. „Behaltet das in Erinnerung!“

„Ihr haltet einen seltsamen Hausstand“, schrie die Alte Noon. „Unsere jungen Verwandten, unsere Kinder und Großkinder werden nach ihren Sommerübungen ‚einbehalten‘.“

„Sie bleiben gern.“ Veer lächelte.

„Ihr wißt über den Aufruhr im Norden mehr, als Ihr sagt“, entgegnete die Noon finster. „Wo ist die Ulgan von Cullin?“

„Die Winde haben sie fortgetragen“, sagte Veer mit leerer Stimme.

Ich konnte sehen, wie die Zuhörer zusammenfuhren und die Hände vor Erregung und Ungläubigkeit in die Höhe warfen.

„Erst gestern“, fuhr die Alte Noon mit ihrer kräftigen krächzenden Stimme fort, „sprach sie mit der Großen Zauberin. Ich sprach mit Nantgeeb, die im Norden ist, um jenen zu helfen, die unter der Seuche und dem Hunger leiden. Sie gehört nicht zu denjenigen, die gedankenlos von einer Gefahr sprechen und anklagen...“

„Gestern!“ unterbrach der Veer triumphierend. „Aber heute ist ein anderer Tag. Die Ulgan ist gegangen. *Und wo ist Nantgeeb?“*

Im Pavillon schwieg alles. Ich sah, wie der bloße Hinweis auf Nantgeebs Tod die Ältesten und die Mitglieder der Hundert wie ein Schlag getroffen hatte. Ich verfluchte Veer laut und machte wütende Gesten zu seinem wiedergegebenen Bild hin.

„Sie lebt!“ sagte ich. „Nantgeeb lebt und wird wiederkommen!“

Die Bilder bewegten sich weiter: Veer erhob die Hände und begann zum ersten Mal, sein Vorhaben zu erklären, die Große Ernte auszurufen und für sich die Macht zu verlangen.

„Mir ist eine große Vision gesandt worden. Ich kenne alle Geheimnisse und Zeiten dieser Welt. Nur Juran Veer kann die Welle der Zerstörung abwenden, die über Rintoul hereinbricht. Ich kann Eure Stadt verteidigen, aber ich muß Eure Stimmen haben. Macht mich zum Juran auf Lebenszeit. Die alten Fäden sind für immer zerrissen!“

Da sprang die Alte Noon nach vorn und schlug wieder gegen die Glokkentrommel, indem sie den langen gepolsterten Stock ergriff. Sie verlangte, daß Jethan, ihr Kind, von dort herunterkommen solle, wo er bei dem Juran stand, ansonsten sei er entehrt und blutbefleckt. Das Bild schwankte, es gab Gestoße und Geschrei. Jethan erhob sich, und man konnte ihn kaum verstehen, doch er wollte den Veer nicht verlassen. Dann begannen die Tempelomor die Trommeln zu schlagen, und als Veer die Große Ernte ausrief, kamen sie herausmarschiert. Ich sah die Jungen Schnitter: Seret, Aral, Froy, die Flachsblüten, den ganzen Rest – oder vielleicht doch nicht alle. Hinter dem Veer standen sie in der rosafarbenen Kuppel des Corr-Pavillons, gerade so wie ich sie in meiner Vision oder meinem Traum gesehen hatte, und als es in seiner Rede soweit war, riefen sie laut für den Juran.

Ich betrachtete sie, wieder tief in meinem Traum, und hörte die Stimme Gunos, die laut Seret zurief, sich von Veer loszusagen und zu ihrer Familie zurückzukehren. Ich hörte die anderen Eltern und Großeltern jammern wie der Wind, da sie nun ihre Kinder zu sich riefen. Nicht ein Schnitter bewegte sich, nicht einer antwortete.

„Eine Zeremonie", sagte Lisa Kind. „Sie mußten rufen, und die Jungen waren verbunden abzulehnen. Wärt Ihr zurückgegangen, Rovan?"

„Dort nicht", sagte ich, halb lächelnd. „Aber einige habe ich dort nicht gesehen. Ich glaube, einige haben Veer verlassen, weil sie seine Lehre ablehnen. Selbst ich war stärker getäuscht als sie."

„Hier kommt die Drohung", sagte Ablo.

„... meine jungen Krieger," sagte Veer, „die helfen, die Große Ernte über das Land von Torin zu tragen. Gebt mir das Recht, gute Clanleute! Ich werde den Mob kontrollieren. Ich werde die Flut eindämmen. Wollt Ihr, daß ich meine jungen Krieger aussende, die Anhänger Astagweys zu bekämpfen?"

So wurde die grausame Szene aufgeführt. Die Clans waren still, sie fürchteten um das Leben ihrer Kinder. Lisa Kind wurde auf die Plattform neben den Juran und seine Fünf gebracht, und sie sprach über den Angriff auf das Saruninlager. Ablo, dessen Position mit seinem magischen Hilfsmittel mir in dieser Szene unklar war, erklärte mir, wie er sich an den Bankreihen entlangbewegt hatte. Ich sah die Mengen erst von der einen, dann von der anderen Seite, ich sah die sehr nahe herangeholten Gesichter: Lisa Kind, Vee Jethan, Tewl Pentroy, die mit dem Herold von Rintoul bei der Fünf des Juran saß. Sie stand plötzlich auf und verließ den Juran, wobei sie den Herold mitnahm. Nun waren die einzigen, die ihn unterstützten, neben den Schnittern, die drei jungen Clanpiloten, Jethan und seine zwei Freundinnen Cullo und Vann. Veer gab immer noch klingende Erklärungen über das Schicksal der Welt ab... Meine Großmutter unterbrach ihn.

„Sehr schön", fuhr sie ihn scharf an, „aber auch sehr wolkig, in der Weise der alten Runenbänder. Wir haben großartige Reden von Euch gehört, Juran Veer, über eine Flut der Zerstörung, einen Mob – das ist aber keine unbekannte Macht! Dieser Mob ist nichts anderes als unser eigenes armes Volk, unsere Buschweber, Bauern, Seeleute, verrückt gemacht vom Hunger und von was weiß ich für welchen finsteren Predigten. Wenn Ihr eine Pflicht habt und wenn wir Clanangehörigen eine Pflicht haben, dann jenen Leuten gegenüber. Selbst diese Besucherin, Lisa Kind, ist zu uns gekommen, um uns um Hilfe zu bitten, wo wir doch nur zu gut wissen, daß das Schiff *Heron* jene Angreifer mit der Macht des Sturmwindes zerschmettern könnte. Laßt uns Nachricht geben, laßt uns mit diesem armen Volk sprechen, bevor es die Stadt angreift..."

Ich spürte eine seltsame Aufwallung von Stolz, als meine Großmutter so gut und vernünftig redete. Aber es wurde nichts Ordentliches beschlossen, man befand sich in einer Sackgasse und schrie und stritt hin und her. Der Herold von Rintoul sprach davon, die Wassernetze aufzuspannen, eine Absperrung, die in früheren Zeiten von der Stadt benutzt worden war. Gegen Schluß, als die Schnitter sangen, schrie Guno ihre Weigerung heraus, verweigerte dem Juran jede Erweiterung seiner Macht und war bereit, die Clanangehörigen aus dem Pavillon zu führen. Die Alte Noon schlug die Glockentrommel zum letzen Mal: Sie hatte die Stunde der Wahrheit begonnen, und es war ihre Aufgabe, sie zu beenden. Was sie tat, schockierte mich.

„Entschuldigt mich, Hoheit Tewl", sagte sie laut, „aber ich kann nicht länger trauern. Mein Sohn Jethan ist entehrt, und über meiner Freundin Nantgeeb liegt der Schatten des Todes. Ich werde Rintoul verlassen. Ich weise die Herrschaft dieses Juran zurück. Ich nenne ihn einen Verräter und Tyrannen. Ich trenne mich ab."

Mir stockte der Atem, denn noch nie zuvor hatte ich so etwas gesehen, obwohl in den Geschichtsrunenbändern oft davon die Rede war.

„Jetzt kommt die Abtrennung..." sagte ich. „Sie muß werfen oder brechen..."

Die Alte Noon nahm einen roten Trauerschal vom Kragen ihres Fluganzugs, rollte ihn um ein Schmuckstück, einen Ring oder ein Armband, zu einem Ball und warf ihn auf den Juran. Sie warf sehr hart und sehr genau: Veer mußte die Hand hochreißen, um sein Gesicht mit der silbernen Maske zu schützen.

„Wer hat mich gehört?" fragte die Alte Noon.

„Ich habe dich gehört", sagte der blinde Marl und vollendete damit das Ritual. „Du bist abgetrennt."

Andere Stimmen wiederholten die Antwort. Die Menge teilte sich, und die Alte Noon schien gerade auf uns zuzugehen, dorthin, wo wir zusahen, und verschwand dann auf dem Weg aus dem Corr-Pavillon aus dem Gesichtsfeld.

„Die Alte Noon verließ die Stadt", sagte Lisa Kind, „und Thorn Wentroy ging mit ihr. Sie nahmen ihre Vasallen mit."

„Von alldem habe ich reden hören, Hoheit", sagte Ablo. „Unsere Nachrichtenquelle war die Küche des Pentroy-Wolkenkratzers... Die Lebensmittellieferanten kamen und gingen. Es waren auch eine Anzahl Pentroy-Diener zur Bedienung des Juran angestellt."

„Aber wart Ihr Gefangene?"

„Nicht so ganz", sagte Lisa Kind. „Wir standen unter einer Art von Hausarrest. Ich wußte, daß wir würden flüchten müssen."

Weitere Bilder. Da war der Sonnenraum des Pentroy-Wolkenkratzers, aus dem der Wandschmuck und die eher etwas monströse und altmodische Einrichtung Tiaths und seiner Verwandtschaft entfernt worden waren. Er war zu einem Thronraum für Juran Veer umgewandelt worden: Auf einer Empore stand der schwere Hirtenthron. Veer, in seinem grauen Mantel als Juran oder im vollen Ornat als Zauberer des Tempels, um den seine Anhänger paradierten. Er lief auf beiden Seiten des Throns die Stufen auf und ab. Zwei Türme erhoben sich über der Kuppel des Sonnenraumes, wie das auch in den anderen Wolkenkratzern der Fall ist. Ich sah die Schnitter, manchmal Arals Sieben, manchmal andere, wie sie in den hellen Räumen umhergingen, und betrachtete sie begierig.

„Bald nach unserer Ankunft dort gewann ich eine erste Vorstellung von Veers Plan und seiner wahren Natur", erzählte Lisa Kind. „Wir stiegen auf den Balkon, der links liegt, im westlichen Turm – seht Ihr die offene Tür? –, wir waren allein. Veer sprach von der Großen Ernte: Er blickte auf die Stadt hinaus, das Delta, den Fluß. Es schien, als würde er mir die ganze Welt anbieten, wenn ich mich ihm anschlösse und die anderen Mitglieder des Erkundungsteams aufforderte, ebenfalls mitzumachen. Das einzige, woran ich denken konnte, war die Situation im Lager: Wie konnte man diese armen Leute vom Schiff wegbekommen, ohne sie zu verletzen? Veer sagte, er verstünde mich nicht. Ich dachte, es läge an meiner Aussprache des Moruianischen, das er nicht verstand, doch nein, unser Problem verstand er nicht. Er sagte zu mir: ‚Kapitän Sam Fletcher hat viele fortschrittliche Waffen. Soll er doch ein paar von den Anführern töten. Dann werden die anderen sofort davonlaufen.' Ich wollte meinen Ohren nicht trauen. Als ich sagte, daß wir so etwas nicht tun könnten, lächelte Veer, es war ein wundervolles, süßes Lächeln, und sagte, wir seien zu weichherzig."

„Wie steht es in Sarunin, Lisa Kind?" fragte ich. „Habt Ihr durch die Sprechschachtel mit Sam Fletcher geredet?"

„Einmal", sagte sie traurig, „ich hatte Schwierigkeiten... die Sprechschachtel funktionierte in dem Wolkenkratzer nicht gut. Ich ging mit ein paar Wachen und einer der Siebenen auf die Stadtmauer hinaus. Das war vor neun... zehn Tagen. Das Schiff ist umzingelt. Für die Leute im Schiff ist es unbequem, aber sie können lange Zeit aushalten."

„Von Rintoul haben wir nicht mehr viele Bilder", sagte Ablo. Er hielt den Vorbeimarsch an und brachte eine Person nahe heran, einen jungen Musiker mit einem Harfenkasten, im Grün und Grau der Pentroy-Hausdiener.

„Die Armee der Astagwey kam sehr schnell den Troon hinunter", sagte Lisa, „oder so schien es jedenfalls den in Rintoul eingeschlossenen Leuten. Die Alte Noon versuchte, die vorrückende Armee aufzuhalten, indem sie bei Lanno eine Brücke über den Fluß legte, doch sie scheiterte. Unter den Schnittern herrschte wilde Freude, als sie hörten, daß die Alte Noon und

Thorn, Euer Vetter, nach diesem Kampf beide gefangengenommen wurden. Sie sind unter Bewachung in der Lannovilla eingesperrt."

Ich ließ den Kopf hängen. Die Welt würde niemals wieder in Ordnung kommen.

„Ich hoffe, sie sind nicht verletzt", sagte ich mit gedämpfter Stimme.

„Es soll noch andere Überlebende dieser Niederlage gegeben haben", sagte Lisa, „Clanvasallen. Sind irgendwelche hier angekommen?"

Ich schüttelte den Kopf.

„Ich habe von Eurer Großmutter davon gehört", sagte sie. „Von Guno Deg selbst. Ich wurde zusammen mit Eurer Schwester Seret und den Dohtroy-Zwillingen als Mitglied einer Delegation zu ihr gesandt. Ich kann Euch sagen, das war ein ziemlich unangenehmer Besuch."

„Das kann ich mir vorstellen."

Ich dachte an Guno Deg, wie sie traurig und wütend Seret und den Zwillingen gegenüberstand. Ich dachte an den Wentroy-Wolkenkratzer und an Mirin und Wela und den lieben alten Haddo.

„Habt Ihr irgendwelche... Bilder?" fragte ich.

„Nein, leider nicht", sagte Ablo, „nein, Hoheit. Ich wurde vom Juran als Geisel für Lisa Kinds sichere Rückkehr dabehalten."

„Der Juran war auch um Eure Sicherheit besorgt", sagte Lisa Kind. „Er sprach oft von Euch und wie sehr er Eure Geisteskräfte vermißte. Seit dem Brand von Otolor hatte man von Euch nichts mehr gehört. Guno teilte uns nichts Neues mit. Sie verweigerte ein weiteres Treffen mit Veer. Sie behandelte Seret und die Zwillinge sehr kalt, dann entließ sie sie – ließ sie gehen und mit dem Rest Eurer Familie sprechen, der jenseits des Wassergartens stand. Sie wollte mit mir allein sprechen. Guno glaubt, daß es auf dieser Seite des Flusses Überlebende geben müsse und daß sie sich auf den Weg zu dieser Villa machen könnten. Sie faßte den Ort als ein Zentrum des Widerstands gegen den Juran und die Armee Astagweys auf. Sie wußte, daß Ihr versuchen würdet, Linlor zu erreichen. Sie hatte auch durch die Alte Noon gehört, daß Ihr nicht mehr dem Juran gehorcht. Sie drängte mich, hierher zu gehen, falls es mir gelingen sollte, dem Veer zu entkommen und das Bootauto zu erreichen."

„Lisa Kind", sagte ich, „Ihr habt das Widerstandszentrum in Ruinen gefunden, doch noch ist nicht alle Hoffung verloren."

„Ich weiß, Rovan!"

„Wie seid Ihr entkommen?" fragte ich.

Lisa und Ablo sahen einander vielsagend an. Es war kalt und dunkel in der Halle. Charan war wieder in die Küchenrunde zurückgegangen. Vantelar war auf unserer Matte mit Praad an ihrer Seite eingeschlafen.

„Kennt Ihr den kleinen Garten zwischen den Wolkenkratzern, den man die Grüne Runde nennt?" fragte Lisa.

„Natürlich, wir sind dort im Sommer oft spazierengegangen."

„Ich sah ihn vom Pentroy-Wolkenkratzer aus", sagte sie, „sah die niedrige Mauer und das zum Wasser des Deltas abfallende Land. Ich sah, daß wir die Mauer übersteigen und nach Westen, in Richtung auf die rote Straße, laufen könnten, wo das Bootauto versteckt war. Ich erzählte Ablo nicht den ganzen Plan – nur, daß er sich bereithalten sollte..."

„Eine Vorsichtsmaßnahme", sagte Ablo, „denn es war möglich, daß der Juran meine Gedanken las. Lisa Kind hatte in dieser Hinsicht einen Vorteil: Niemand konnte in ihren Geist blicken."

„Dieses Bild auf dem Schirm ist ein junger Musiker, der im Dienst von Tiath Pentroy stand", sagte Ablo. „Sein Name war Obal, und er war ein Zeuge."

Ich spürte den kalten Hauch des Windes, des Windes, der stets vom Delta des Troon heraufzuwehen pflegte, wenn wir zwischen den aufragenden Mauern der Wolkenkratzer in der Grünen Runde spielten.

„Wir wurden zu einem Picknick in die Gründe Runde geschickt. Zusammen mit den Musikern natürlich und den Wachen und zwei Siebenen der Schnitter. Besonders bat Veer Ablo mitzugehen und seine beweglichen Bilder aufzunehmen. Er sagte... er sagte, daß er für mich als Mensch eine wissenschaftliche Vorführung plane und daß ich alles beobachten sollte, was in der Grünen Runde geschehen würde."

„Lisa Kind", sagte ich, *„ich weiß..."*

Ablo hatte wieder seine Bilder in Bewegung versetzt, die ganz sanfte, fast stille Stimmen hatten. Wir waren ebenfalls still: Ich erblickte die Grüne Runde und die Picknickgesellschaft, die von Lisa Kind und einer Wache geführt wurde. Hinter ihnen wurde gerufen, und es entstand eine Verzögerung. Ablo bewegte sich, und ich sah den jungen Musiker Obal sich winden und schreien. Ein anderer Stakaia ergriff ihn und zog ihn in die Grüne Runde.

Ein Schrei, so dünn wie der eines Vogels, ertönte. Obal stand da mit offenem Mund und schrie. Eine seiner Begleiterinnen ließ ihre Beutelflöte fallen und wandte sich zu ihm, um ihm zu helfen. Die Wachen kamen herbei und drängten die anderen Musiker zur Seite. Obal griff sich an die Brust, taumelte, krümmte sich nach vorn und zurück, dann vollführten seine Glieder die schrecklich verzerrten Bewegungen. Er brach schneller zusammen als Petsalee am Tempel. Die Bilder gingen immer noch weiter: Lisa Kind rannte zu Obal und kniete an seiner Seite nieder. Sie betastete seine Brust, versuchte seine Kleidung zu lockern. Er richtete sich auf, starrte ihr ins Gesicht, fiel wieder zurück. Ich wußte, daß er tot war.

Lisa Kind sprach mit den Wachen, den Schnittern, vielleicht bat sie sie um Hilfe, doch sie traten zurück, die meisten von ihnen waren genauso überrascht, wie sie es war. Lisa Kind untersuchte immer noch Obal, horchte seine Brust ab. Dann blickte sie auf, sie hob den Kopf und blickte aufwärts, nicht zum Himmel, sondern zum Pentroy-Wolkenkratzer. Ich sah ihre Geste, dann zeigte das Bild die Mauer des Wolkenkratzers, stieg hinauf, immer weiter, und dort lag der Balkon des östlichen Turms. Veer stand auf dem Balkon und winkte stolz zu Lisa Kind in der Grünen Runde hinunter. Die Kamera kam ganz nahe heran: Wir sahen sein Gesicht, er lächelte.

Es gab noch einige verwischte Bilder, dann war der Spiegel dunkel.

„Wir rannten los", sagte Lisa Kind. „Es war unsere Gelegenheit zur Flucht, und wir nutzten sie. Nur eine Wache sah, was passierte, und ich warf sie zu Boden und kletterte über die Mauer. Ablo war sogar noch schneller als ich. Ich hatte kaum Zeit, um an die abstoßende Tat zu denken, die Veer vollbracht hatte, seine ‚Vorführung'. Aber ich wußte, daß er diesen bedauernswerten jungen Musiker mit einer Maschine getötet hatte, mit irgendwelchen tödlichen Strahlen, die er vom Turm aus abgestrahlt hatte."

„Es gab doch da wohl so eine Geschichte über einen Mordapparat aus der Zeit der Torlogan?", fragte Ablo.

„Ja", sagte ich. „Es handelt sich um den Todestanz der Veer. Sie wendete ihn gegen ihren Lehnsherrn an, Corr Quistroy, den letzten Torlogan."

„Veer Doran", sagte ich, „Veer die Wächterin. Diese schreckliche Waffe ist von unserem gegenwärtigen Zauberer, Juran Veer, wiederentdeckt worden. Mittels eines Zeugen oder einer anderen Person mit Geisteskräften, die ihm hilft, die Maschine auszurichten, kann er sie über weite Entfernungen einsetzen. Auf diese Weise hat er die Ulgan von Cullin umgebracht und versucht, die Nantgeeb zu ermorden."

Lisa Kind seufzte und beendete ihr Erzählung. Sie war mit Ablo zur roten Straße zurückgerannt, und sie hatten das Bootauto erreicht. Der Juran nahm energisch die Verfolgung auf mit den Stakaia, der Stadtwache und den drei jungen Piloten.

„Es verfolgten uns einfach zu viele Leute", sagte Lisa. „Sie hätten uns auf der roten Straße oder bei Itsik eine Falle stellen können. Ich entschied mich, nicht nach Sarunin zurückzukehren, sondern wollte versuchen, die Linlor-Villa zu erreichen, wie Guno es vorgeschlagen hatte. Wir nahmen die heilige Straße in Richtung Tempe, verließen sie dann und wandten uns zum Ufer des Troon hinunter. Schließlich fuhren wir in die Kanäle des Deltas."

„Ich hatte große Angst, als der Wagen zum ersten Mal ins Wasser tauchte", sagte Ablo. „Ich glaubte, wir müßten untergehen und ertrinken. Aber das Auto ist ein Wunder. Wir schwammen und versteckten uns in den Kanälen, wo wir die Streitkräfte der Astagwey beobachteten. Wir wandten uns weiter nach Osten, direkt auf unseren guten Brinroyan-Bauernhof zu und versteckten uns dort, aßen Honig und Früchte."

„Habt Ihr die Weiße Lanze selbst gesehen?"

„Einmal abends", Lisa nickte. „Ablo war enttäuscht, weil das Licht im Delta schlecht war. Wir machten keine Bilder. Es befinden sich mehr als tausend Anhänger der Astagwey im Delta, die sich dort zu einem Angriff auf die Stadt sammeln."

„Können sie das schaffen?" fragte ich. „Können sie Rintoul erstürmen?"

„Für Moruianer sehen sie sehr wild aus", sagte Lisa Kind, „doch ihre Waffen sind primitiv. Astagwey hat Offiziere, sie ist sehr gut organisiert, doch die sogenannte Armee wirkt allein durch ihre Masse. Ausgebildete Soldaten schlagen sie allemal."

Sie schüttelte traurig und irgendwie ärgerlich den Kopf.

„Es tut mir weh, an eine Schlacht auf Torin zu denken“, sagte sie. „Es ist eine friedliche Welt. Es gibt hier nicht die Gewalttätigkeit, die wir von unserer Heimatwelt kennen. Moruianer sind keine Soldaten. Der Krieg ist ein großes Übel.“

„Ihr wißt, wie man kämpfen muß“, sagte ich. „Ihr habt Waffen, die besser sind als unsere.“

„Ja“, sagte sie, „ich weiß, wie man kämpft. Ich bin ein Mensch.“

(II)

Die Neuigkeiten, die Lisa Kind und Ablo gebracht hatten, waren nicht gut gewesen, doch nach ihrer Ankunft begannen sich die Dinge in der Villa zum Besseren hin zu verändern. Am nächsten Morgen bat Ablo mich um meinen grünen Mantel. Er ging nach Linlor hinein, stellte sich in die Zusammenkunftsrunde und tat, was ich wirklich nicht hätte tun können. Er rief das Stadtvolk im Namen des Zentralen Wentroy zur Hilfe auf. Man sprach mit ihm, und er erzählte von dem Ausmaß der Katastrophe – die war gut genug bekannt –, und er zeigte ihnen die Fahne. Ein Clanangehöriger war in der Residenz.

Am nächsten Morgen kamen sie: fünfzig Leute, die Stadtfünf unter ihnen, mit einem schuldbewußten Ausdruck im Gesicht. Ich konnte es ihnen nicht verdenken, daß sie für die Stadt Lösegeld bezahlt hatten, und sie hätten den Brand der Villa nicht verhindern können. Ich ahnte, daß dies eine geplante und gehässige Tat des Juran gewesen war. Ich befürchtete, daß die Häuser des Curran Wentroy auf dem Ostufer dasselbe Schicksal erlitten hatten.

Wir arbeiteten an diesem Tag an dem Audienzraum: Ich stieß die Balken herunter, die nicht mehr trugen, und die Leute trugen sie weg. Die Stadtfünf organisierte eine Arbeitskette. Jeden Tag kam eine Mannschaft, uns zu helfen, und andere Mannschaften gingen nach draußen, um die Ernte einzubringen – taten, was getan werden mußte auf Welas sprießenden, doch vernachlässigten Feldern. Die Villa und ihre Ländereien waren nicht länger „verflucht“.

Ich hatte Charans Verbrennungen verbunden, und jetzt heilte Lisa Kind sie mit ihren Salben. Ich konnte ihn nicht befragen, konnte kaum in seinen Geist blicken. Er war ein sehr schlichtes Gemüt geworden. Es waren zehn andere Bedienstete bei der Villa gewesen, als sie zerstört worden war. Wir fanden fünf Körper in den Trümmern – alle draußen oder in den Scheunen, und ich hielt ihre Namen auf einem Runenband fest. Die anderen wurden niemals gefunden. Vielleicht waren sie ertrunken oder fortgerannt oder hatten sich sogar der Armee der Astagwey angeschlossen. Ich hob hinter dem Haus ein Grab aus, und wir sangen die geziemenden Lieder der Ruhe.

Was die Vasallen der Luntroy und des Curran Wentroy betraf, so stellte ich mich, nachdem ich die Geschichte ihres tapferen Versuchs, die Horden der Astagwey zurückzuwerfen, vernommen hatte, neben das Banner auf den Giebel und schickte meinen Geist hinaus in die umliegende Gemarkung. *„Kommt herbei... Kommt zur Villa bei Linlor... Wentroy ist hier!"* Ich fing manch raunende Antwort auf. In der kleinen Dunkelheit kamen sie dann nach und nach wie in der Nacht schwärmende Insekten zu unserer erleuchteten Halle. Als diese Überlebenden ankamen, zu zehnt, zu fünfzehnt, zu dreißig, begann ich zu verstehen, was Lisa Kind zu erklären versucht hatte. Moruianer waren keine Soldaten. Dies waren starke, derbe Vasallen, keine armen Flüchtlinge aus dem Norden, doch das kurze Geplänkel auf dem Fluß hatte bei allen denselben verwirrten Blick hinterlassen. Ihre Wunden waren nicht schwer. Alle, die nicht ertrunken oder verwundet waren, litten hauptsächlich unter Hunger und Erschöpfung. Sie waren alle guten Mutes in den Kampf gegangen, um dem Clan ihres Lehnsherren zu helfen und ihre Heimatstätten zu verteidigen – mit anderen Worten: Sie hatten etwas gehabt, für das sie kämpften, für das sie eine Pflicht zu erfüllen hatten. Doch ihr Kampfgeist hatte sie verlassen, sie waren durch die Niederlage entehrt und leer. Ich vermutete, daß einige nur überlebt hatten, um weiter fortzulaufen.

Ich kannte einige der Vasallen des Curran Wentroy vom Sehen, und einer, der halb in die Halle getragen wurde, war Spey Ningan, Thorns Haushofmeister. Dieser große, falkengesichtige alte Schreiber hatte mir stets ein wenig Furcht eingejagt. Ich erinnerte mich, daß ich gedacht hatte, er sei bestimmt nicht so liebenswürdig wie der Alte Reth, und gewiß komme man mit ihm nicht so einfach zurecht. Doch Spey Ningan gedemütigt, humpelnd und voller Scham mir vor die Augen treten zu sehen, das war schrecklich. Ich ging auf ihn zu, faßte ihn bei den Schultern und tröstete ihn in der Weise, die ich wählen mußte, um ihm seine Selbstachtung zurückzugeben.

„Spey Ningan, Ihr habt dem Wentroyclan höchst ehrenvoll gedient! Ich belobige Euch im Namen von Thorn Thornroyan, Eurem wahren Lehnsherrn."

„Hoheit Rovan..."

Er mühte sich, aufrecht zu stehen, und ein Funke der Erleichterung leuchtete in seine Augen.

„Wir werden wieder kämpfen!" sagte er.

Diese Begegnung versetzte mich in eine tiefe Sorge, eine Unzufriedenheit, warf Fragen auf, die nicht beantwortet werden konnten. War dies alles, was ich einem Wesen, wie ich selbst es bin, anbieten konnte, einem Wesen, das viel älter und weiser als ich war – hatte ich nichts als ein Stück eines alten Fadens? Dank dem tapferen Vasallen? Nachdem ich mit den Vasallen gesprochen hatte, brauchte ich meine ganze Willenskraft, um zu den Überresten der Luntroyabteilung zu gehen und sie auf die gleiche Weise mit irgendeinem Gerede von „Ehre" und „Hoffnung" zu trösten.

Als die Überlebenden sich in der Halle niedergelassen hatten, ging ich in die gerade erst gesäuberten Räume darüber und setzte mich zu Lisa Kind und Ablo. Wir befanden uns in dem Vogelraum. Die Vögel waren verschwunden, aber der Blick aus dem Fenster, während die Ferne Sonne aufging, zeigte die unberührten Felder am Fluß.

Ich fühlte mich so zerrissen und verwirrt, als ich auf die vertraute Szenerie hinausblickte, daß ich irgendeinen Laut von mir gab. Lisa Kind stand in ihrer geschmeidigen, kraftvollen menschlichen Art auf und kam zu mir herüber, wie eine Tänzerin, all ihre Muskeln ein wenig zu stark unter Kontrolle.

„Ihr arbeitet zu hart, Rovan", sagte sie. „Versteht Ihr das nicht?"

„Arbeiten...?"

Ich hätte es eher „tun, was getan werden mußte" genannt.

„Ihr treibt Euch zu stark an. Macht ein wenig langsamer. Schlaft mehr."

„Die kleine Dunkelheit ist bereits verplant", antwortete ich mit einem schwachen Scherzwort.

„Keine Ausreden!" Sie lächelte. „Dies ist eine verfluchte, schlaflose Welt, Torin, wo es keine anständige Dunkelheit gibt, aber Ihr habt noch reichliche Meter Stoff, um die Ferne Sonne fernzuhalten."

„Ich bin nicht müde."

„Habt Ihr gerufen, um Nantgeeb zu finden?"

Ihre menschliche Direktheit erwischte mich voll. So war es manchmal, wenn Menschen nachfragten, mit einem eindringlichen Blick aus ihren schmalen Augen.

„Sie wird rufen", antwortete ich verhalten.

In Wahrheit schreckte ich vor einem Kontakt mit anderen Geistern zurück. Ich hatte mich in eine Art Melancholie ergeben. Ich arbeitete hart, ich vermied Schlaf, so daß ich nicht träumen konnte. Ich konnte mir vorstellen, wie ich oder ein jüngerer Rovan sich in Mirins warmem Schoß oder an Welas starker Schulter seinen Kummer von der Seele weinte, aber *meine* Tränen waren alle versiegt. Ich blickte noch einmal auf die friedliche Szenerie außerhalb des verkohlten Fensterrahmens und entschied mich, eine Anstrengung zu machen.

Ich kletterte an dem geknoteten Strick durch die hallenden, entblößten Räume zum Dach hinauf und setzte mich neben den einzigen Rotholzbaum, der das Feuer überlebt hatte. Mit diesem Baum war etwas Seltsames passiert. Nachdem er versengt worden war, hatte er sehr schnell zu wachsen begonnen und war schon gut dabei, aus seinem Kübel auszubrechen. Ich dachte: Morgen werde ich das arme Ding festbinden und nach unten abseilen, so daß er im Garten eingepflanzt werden kann. Athans Stuhl mit der Aufzugsvorrichtung zum dritten Stock war ganz zerstört worden. Ich erinnerte mich, daß er eine nützliche Sache gewesen war, und war einen Augenblick lang damit beschäftigt, einen neuen Stuhlaufzug zu planen, der ganz bis zur Dachspitze gehen würde. Was war wohl aus dem Flechtwerk in Otolor geworden, das wir betrieben hatten? Konnten wir in Linlor oder auf dem Gut selbst eine neue Werkstatt gründen?

Ich streckte mich hinaus, vorsichtig, und sandte meine Gedanken wie einen Lichtstrahl nicht nach Osten, sondern nach Süden, über das Delta in die Stadt. Es war leicht, das Bild der Wolkenkratzer zu denken und den

Geist zu finden, nach dem ich suchte. Einen tätigen Geist, fleißiger denn je zuvor, in dem sämtliche Räder, Rädchen und Fasern von einer neuen Angst angetrieben wurden.

„Großmutter!“

„Rovan!“

Eine sofortige Antwort und nicht einmal besonders übellaunig. Guno Deg war erfreut, von mir zu hören.

„Was hast du getrieben? Wo bist du?“

„Versuche es, und sieh dich um. Ich bin auf dem Dach.“

„Ich kann nicht sehen. Du hast immer meine Geisteskraft überschätzt. Du wirst es mir schildern müssen. Ist jener Rotholzbaum verbrannt?“

„Die Villa hat gebrannt, Großmutter. Wir haben den Schutt weggeräumt und werden eine der Scheunen wiederaufbauen.“

„Wer ist bei dir? Ist Charan dort? Er war der leitende Diener. Ich habe Anweisungen für ihn.“

„Es ist nutzlos, Großmutter. Das Feuer hat ihn mitgenommen, und er ist ganz einfältig geworden. Wir sorgen für ihn.“

„Der arme Kerl! Wer hat dann die Führung?“

„Ich habe die Führung, Großmutter.“

Ich überging ihr ungläubiges Schweigen und berichtete über das Schicksal der anderen Diener und von den Arbeitsmannschaften, die aus Linlor kamen.

„Ich habe Neuigkeiten, Großmutter. Lisa Kind und Ablo Binigan sind vor drei, vier Tagen angekommen, und in dieser Nacht kamen dreißig Überlebende des Kampfes von Lanno.“

„Gute Nachrichten! Gute Nachrichten!“

Als nächstes erzählte ich davon, wie Lisa Kind Astagwey und ihre Armee im Delta gesehen hatte, und Guno fragte mich genau aus.

„Großmutter“, sagte ich schließlich, *„was ist mit Seret?“*

„Sie ist für uns verloren. Sie hat sich von ihrer Familie losgesagt. Sie hat sich an den Juran gebunden.“

„Ich fürchte für diese armen jungen Krieger, Großmutter.“

„Ihre Schande ist schwer zu verstehen.“

„Ich verstehe sie!“

Ich sprach scharf, die Geistessprache paßte sich dem gefühlsbetonten Ausdruck gut an.

„Ich bin froh... ich bin froh, daß du gesehen hast, was richtig ist, Rovan Welroyan“, sagte Guno steif.

„Oh, alles Liebe für Mirin, Wela, Haddo ...“ sagte ich. *„Ich wünschte, ihr könntet alle hierherkommen.“*

„Paß auf dich auf“, sagte Guno. *„Iß anständig. Geh mit dem Volk aus Linlor vorsichtig um, werde nicht zu hochnäsig. Ich habe niemals gedacht, daß du das Landgut würdest führen können.“*

„Gute Nacht, Großmutter.“

Während ich dort saß, mich leer, ausgelaugt und verwirrt fühlte, geradeso wie es mir stets nach den Zusammentreffen mit meiner Großmutter ergangen war, kam die Flugmaschine des Juran für die Nachtwache vorbei. Diese Nacht war es Cullo Dohtroys brauner Antho, derselbe, der auf dem Fluß oberhalb von Otolor nach mir gesucht hatte. Ich sah diesen Nachtflug häufig, und jedesmal machte ich dieselbe Geste: Wenn sich die Maschine der Villa näherte, schlug ich mit meinem Jayarn zu. Manchmal verfehlte ich, aber die Maschine war kein schwieriges Ziel. Hatte ich gut gezielt, konnte ich sie in der Luft sichtbar zum Schaukeln bringen, so als würde sie durch eine Gewitterwolke fliegen.

In dieser Nacht schlug ich so kräftig zu, daß der Antho erzitterte und an Höhe verlor. Ich beobachtete, wie er seitwärts zum Troon hin abdriftete, dann nahm er seinen Kurs wieder auf, und eine tiefe Stimme sprach in meinem Kopf:

„Was, um alles in der Welt machst du da?"

„Ich stoße gegen Cullo Dohtroys Flugmaschine", antwortete ich. *„Es wäre möglich, eine abstürzen zu lassen, denke ich."*

„Gut möglich. Man könnte zum Beispiel eine Verstrebung der Tragfläche abbrechen oder das Leitwerk beschädigen. Danke, daß du mir das Leben gerettet hast, Kind."

„Seid Ihr wieder gesund, ganz gesund? Oh, Nantgeeb..."

„Es ist schwer, mich loszuwerden, was der Juran schon bald zu spüren bekommen wird."

„Hat Antho mein Runenband verstanden?"

„Sehr gut. Deem Baran befindet sich hier im Zufluchtsort, es ist ein guter Freund."

„Ich dachte, er würde sich noch mit dem Alten Varb am Weißfelsen aufhalten. Zumindest ist es dort oben sicher, wo Astagweys Armee weit weg ist."

„Was hast du in Otolor gemacht? War es sehr schlimm?"

„Ihr könnt alles in meinem Geist sehen. Es war wirklich ein langer Weg."

„Du bist durch das Feuer gegangen", sagte Nantgeeb nach einer Pause, *„aber jetzt wird alles besser werden. Ich habe mit der Alten Noon gesprochen."*

„Ist sie bequem untergebracht? Wie geht es meinem Vetter Thorn?"

„Sie und der arme Thorn haben keine schlechte Unterkunft, aber Thorn hat einen gebrochenen Arm, der behandelt werden muß. Es muß sofort etwas unternommen werden."

„Lisa Kind – Ihr habt sie bestimmt in diesem Haus gesehen – sie hat das Bootauto."

„Ein erstaunliches Gerät. Ich mag das Bootauto. Aber wir sollten keine Flucht planen. Es ist nur eine kleine Garnison in der Lannovilla zurückgeblieben. Was sind das für Vasallen in eurer Halle?"

Also berichtete ich ihr und brauchte ihr viele Dinge nicht zu schildern, da sie sie selbst sehen konnte. Wir kommunizierten völlig anstrengungslos, doch ich sah da ein Problem.

„Wie kann man all dies Lisa Kind erklären?"

„Tu dein Bestes. Denk daran, daß sie ein Mensch ist, sie liebt den Kampf, auch wenn sie ihn ablehnt. Sie liebt es, Pläne dieser Art zu schmieden. Ich muß mich ausruhen, Kind, und du auch. Taya und Antho und Deem Baran schicken dir alle liebe Grüße."

Ich kletterte langsam wieder herab und stellte fest, daß Lisa Kind im zweiten Stock auf mich wartete.

„Was ist los?" fragte sie. „Ihr sehr aus, als hättet Ihr einen Geist gesehen!"

Sie hatte nicht ganz den richtigen Ausruck benutzt, doch ich wußte, daß sie den Geist eines Toten, ein Gespenst, meinte.

„Nein", sagte ich, „Ich habe mit einer Lebenden gesprochen!"

So erfuhr Lisa Kind, daß Nantgeeb am Leben war, aber wir sagten es niemandem sonst außer Ablo Binigan. Das war Nantgeebs Rat. Ich vermutete, daß jemand, der mich gut kannte, eine deutliche Veränderung in meiner Stimme bemerkt hätte. Von einem Tag auf den anderen wurde ich viel lustiger. Dem war nicht nur so, weil ich mit Nantgeeb gesprochen hatte, sondern auch, weil ich mit meiner Großmutter geredet hatte, ihr die schlechten Nachrichten über die Villa mitgeteilt hatte, die mich belasteten. Vantelar sah die Veränderung sofort.

„Rovan, du bist nicht mehr so traurig!"

Sie blickte in mein Gesicht, als wir in den Gärten zwischen den zarten neuen Pflänzchen gingen. Ich wußte, daß Van selbst in der Weise eines Kindes traurig war, da sie jeden Tag auf Nachrichten über ihre Familie in Otolor wartete. Sie verlangte nicht zuviel, jeden Tag hielt sie sich am Fluß auf, beobachtete alle Boote, die vorbeikamen. Den Rest der Zeit war sie glücklich, ein Kind, so glücklich und so wohlgelaunt, daß sie jedermann zum Lächeln brachte. Charan wiegte seinen armen Kopf vor ihr hin und her, der furchteinflößende alte Haushofmeister Spey Ningan lächelte, wenn er aus ihren Händen seine Suppe entgegennahm. Ablo tanzte an ihrem Faden, und Lisa Kind sang für sie die Lieder der Erde und klatschte mit den Händen, so daß Praad sich an dem Tanz beteiligen konnte.

Die armen Vasallen freuten sich über Ablos bewegliche Bilder, über die schlichten Szenen des Lebens bei der Villa und in der Stadt Linlor. Ablo erfand Märchen und Tänze, und wir hatten in jenen Tagen einiges an wundervoller, seltsamer Unterhaltung. Mehr als einmal war ich es, der den Krieger in einer alten mantothanischen Ballade spielte, während Van den Text sang und ein Luntroyvasall den Faden einer Melodie dazu auf einer Knochenflöte blies. Zwei Tage weiter und drei Tage weiter, während einer stillen Morgenstunde, als wir dabei waren, in der leeren Halle große Unternehmungen zu planen, sah ich Praad durch den Eingang rennen, alle Haare gesträubt, gab er laute Schreie von sich. Lisa Kind schrie auf, doch ich ergriff sie am Arm, horchte, und dann hörte ich es. Es war nicht nötig, zur Anlegestelle hinauszublicken. Ich hörte eine Stimme, ein paar Stimmen, die zum Himmel tönten.

„Balkaveer!" rief ich.

Die drei Schauspieler standen am Ufer und umarmten Vantelar und redeten und lachten, als wenn die Welt neugeschaffen wäre. Sie trugen ihre übliche, prächtige Ausstaffierung, als wenn die langen Tage in der Zitadelle und die zerstörte Stadt Otolor ihre Stimmung nicht bedrückt hätten. Alle Leute, die sich auf dem Landgut befanden, kamen, um zuzuschauen, und als wir zur Landebrücke hinuntergingen, kam Ablo mit seiner kostbaren Kameraschachtel.

„Wahrhaftig“, sagte er zu mir mit einem Zwinkern, „diese Schauspieler reden ebenso laut wie die Granden!“

Ich wußte, daß die meisten Leute glaubten, daß Granden laute Stimmen hätten. Ob es wahr war, hatte ich niemals überprüfen können, denn ich hatte mein ganzes Leben unter den sogenannten Granden verbracht, und einige von ihnen hatten eine laute Stimme und andere nicht.

Bevor wir zu der kleinen Gruppe am Ende des Gartens gelangten, löste sich Tamiset von ihr, lief auf mich zu und warf sich mit ausgestreckten Armen mir zu Füßen.

„Meinen Dank... meinen Dank“, war alles, was sie sagen konnte.

Ich hob sie auf, und sie küßte mich vor allen Leuten und sagte laut: „Alle sollen wissen, daß Rovan Wentroyan, Hoheit der Wentroy, weit über sein Alter hinaus tapfer und weise ist, und er allein brachte unser liebes Kind Vantelar aus der brennenden Stadt Otolor und brachte sie hier in Sicherheit.“

Es war ein Augenblick, der mich vor wenigen Monaten noch vor Verlegenheit hätte sterben lassen. Ich dachte daran, wie sowohl Seret als auch Guno bei dieser öffentlichen Zurschaustellung von Gefühlen sich unwohl gefühlt hätten. Jetzt machte es mir nicht soviel aus. Ich verbeugte mich für den Applaus, und zu den Hochrufen hin, die aus der Runde kamen, machte ich eine Geste – „Ruhe“.

Dann kam Balkaveer zusammen mit Praad und Jirineth herbei, er hielt Vantelar auf seinen Armen.

Praad tanzte auf den Hinterbeinen herum, verzog seine Schnauze und – es war unglaublich: Er sprach. „Mich hat Rovan auch gerettet! Mich auch!“

„Eine Sensation!“ wie Jirineth sagen würde. Aber Lisa Kind verstand schneller als irgend jemand sonst von den Linlorleuten oder den Vasallen.

„Balkaveer!“ rief sie und deutete auf ihn.

„Entdeckt! Und durch einen schönen Teufel von jenseits der Sterne!“

Ich ging mit den Schauspielern in die Halle.

„Stimmenwerfen?“ sagte Balkaveer, als er meine Frage beantwortete. „Ich habe es seit dreißig Jahren nicht mehr gemacht, liebes Kind. So etwas verlernt man niemals, wie auf Stelzen zu tanzen.“

„Ihr habt eine vielversprechende Mannschaft hier, Hoheit“, sagte Jirineth. „Bauleute, Vasallen... sogar einen Menschen. Im Norden kommen die Dinge auch in Bewegung.“

„Otolor?“

„Wird wieder aufgebaut.“

Ich vermutete, daß die Schauspieler einiges Schlimme gesehen hatten, bevor es ihnen gelungen war, ein Boot zu finden – einen schmutzigen alten Fischer, der kaum wasserdicht war –, um damit den Troon herunterzufahren.

„Was treibt jene Person in der Robe der Stadtleute da eigentlich ständig?“ fragte Balkaveer und wechselte damit das Thema. „Er richtet eine Art von Schachtel auf uns. Ist das ein Seidenstrahl der Menschen?“

„Oh, Balka“, rief Vantelar, „das ist der größte Spaß der Welt. Die graue Schachtel nimmt *bewegliche Bilder* auf...“

So kam es, daß am Abend die Schauspieler Publikum für die Vorführung der Künste Ablos wurden.

„Freund Ablo,“ fragte Tamiset, „glaubt Ihr, daß dieses unerhörte Wunder von Moruianern nachgeahmt und für Vorstellungen benutzt werden könnte?“

„Ich bin dessen sicher, liebe Tamiset.“ Ablo strahlte.

„Da wird es für die Schauspieler vielleicht etwas Konkurrenz geben“, warf ich stichelnd ein, „wenn dies zu einer beliebten Unterhaltung wird.“

„Liebes Kind, wir haben nichts zu fürchten. Bewegliche Bilder werden niemals an uns heranreichen...“ tönte Balkaveer.

7
Den Spieß umdrehen
(I)

Nantgeeb hatte Lisa Kind nicht falsch beurteilt. Der Plan für die Wiedereroberung der Lanno-Villa war sehr nach ihrem Geschmack, sie hatte bereits selbst an einen Befreiungsversuch gedacht. Nantgeebs Informationen waren sehr eindeutig: Die Garnison in Lanno zählte nur fünfzig Personen, einige von ihnen hatte man sicher wegen ihrer Kraft ausgesucht, doch keiner von ihnen war besser ausgebildet, als wir es waren. Alles, was wir tun mußten, war, unsere „Soldaten" um uns zu versammeln und den Ort bei Nacht anzugreifen.

Es war dies ein Unternehmen, das fast unendlich schwierig zu sein schien. Es fehlte uns fast alles: Boote, Waffen, Rüstungen, Ausbildung. Ich erfuhr, daß die erste Bedingung, die man für ein militärisches Unternehmen erfüllen muß, Kaufkraft ist. In der Villa befanden sich keine Kredite und wenig Kostbarkeiten, aber da war die neue Ernte. Ich fuhr zum Handeln nach Linlor, und mit der Hilfe von Ablo, der in jedem Haushalt einen hervorragenden Haushofmeister abgeben würde, erhielt ich von den Bürgern im Austausch gegen zwei Drittel der Ernte die nötige Ausrüstung.

Schildrahmen wurden hergestellt und mit Flechtwerk bedeckt, frisch geschnittene Stöcke und Keulen wurden in der Halle in Reihen gelagert. Wir suchten die Felder nach Geflügel und kleinerem Wild ab, das in der Küche haltbar gemacht wurde. Aus Linlor wurden wir mit Booten ausgestattet. Sogar das Boot der Schauspieler und das kleine Kielboot, das ich stromaufwärts von dem Bauern ausgeliehen hatte, wurden geflickt.

Die Ausbildung war ein Problem: Alle außer zwei der Veteranen aus dem früheren Zusammentreffen mit Astagwey waren in der Lage, sich an diesem Stoßtruppunternehmen zu beteiligen, und sie waren darauf erpicht, ihre Ehre wiederherzustellen, doch wir konnten nicht aus allen Soldaten machen. Lisa Kind unterrichtete die Selbstverteidigungskunst der Menschen, und einige der Vasallen waren talentierte Schüler. Der talentierteste Schüler jedoch war Jirineth, aber wir hatten entschieden, daß keiner der Schauspieler mitkommen sollte. Wir nahmen zehn Freiwillige aus Linlor mit, die wegen ihrer Stärke und Vernunft ausgesucht worden waren. Die Streitmacht wurde in Fünfen und Siebenen aufgeteilt, je nach den Booten, jede Einheit mit einem Führer. Tamiset stellte grüne und gelbe Schulterknoten her, die unsere Streitkräfte unterscheiden sollten. Die Luntroyvasallen beklagten sich darüber, daß die Wirbler ihre beste Farbe, das Blau der Flachsblüten, gestohlen hatten.

Ich lernte, wie das Planen einem in den Kopf steigen konnte. Es war eine Art Magie gegen das Unglück. Ich wußte, daß das wirkliche Abenteuer auf dem dunklen Fluß, in den Feldern am östlichen Ufer, schwierig und gefährlich sein könnte. Die Villa der Alten Noon Wentroy in Lanno war klein und alt. Sie hatte mehr von einer Festung als unsere Wentroy-Villen und war ohne Vorhangmauern aus grauen Steinen gebaut. Die Luntroyvasallen zeichneten einen großen Plan der Villa und ihrer Umgebung auf die frisch geweißte Wand in unserer Halle, so daß wir wußten, wohin wir gehen würden.

Wir würden den drei Flugmaschinen des Juran ausweichen, die meistens beim Schein der Fernen Sonne über uns vorbeizogen, doch manchmal auch beim Licht Estos. Balkaveer, der zurückbleiben würde, mußte die normale Wirtschaft des Landguts fortführen, was die Anleitung der Wiederaufbaumannschaften und alles andere einschloß, gerade so, als wären immer noch alle in der Residenz. Ich warnte ihn, nicht zu übertreiben. Ich sah plötzlich das Bild des Landhauses vor mir, wie es von phantastisch angezogenen Personen überflutet wurde, die in Wirklichkeit Schauspieler in wechselnden Kostümen waren.

Als die Zeit zum Aufbruch nahte, zählten wir acht Fünfen und eins, ein Mensch vielleicht. Lisa Kind fragte eine ihrer seltsamen Fragen, und die Antwort war achtzehn und zweiundzwanzig: achtzehn der „Soldaten“ waren Frauen, und zweiundzwanzig waren Männer. Zwölf der achtzehn waren Omor, alles Vasallen, unsere stärkste Truppe. Unter den anderen sechs Frauen befanden sich drei spezialisierte Vasallen von Curran Wentroy, eine Gärtnerin und zwei Seefrauen sowie drei Fischerinnen aus Linlor, die sich zusammen mit ihren Booten freiwillig gemeldet hatten.

Am späten Nachmittag saßen wir noch zusammen. Unsere Boote waren beladen und unten an der Anlegestelle versteckt. Wir würden bei Dunkelheit aufbrechen, und unser Ziel war einfach die Überquerung des Flusses. Das Bootauto würde voranfahren und unsere kleine Flotte von sechs Booten führen. Wir wollten das Ostufer entlangfahren, solange es noch dunkel war und beim Licht der Fernen Sonne. Während der folgenden Stunden mit Tageslicht wollten wir in einem bestimmten, von Bäumen umgebenen Seitenarm abwarten, dann in der nächsten Periode der Dunkelheit landeinwärts nach Lanno vordringen.

Meine Einschätzung des gesamten Unternehmens veränderte sich von einem Augenblick zum nächsten: Manchmal war es ein Spiel, manchmal ein tödliches Risiko für das Leben aller. Auch gab es da noch die Frage der Führung. Ich konnte den Vorteil nicht kalkulieren, den wir durch Lisa Kind, Ablo und das Bootauto hatten. Lisa Kind verfügte über die einzige fortschrittliche Waffe, das Betäubungsgewehr. Das Licht des Bootautos war eine weitere, fast ebenso starke Waffe. Wir hatten das magische Fahrzeug aus seinem Versteck direkt in die Halle gefahren und mit seinem mächtigen Scheinwerferstrahl geprobt, so daß unsere Truppe daran gewöhnt war. Doch es gab nur einen möglichen Führer für das Unternehmen, eine Person, die alle kannten und der alle folgen würden. Der Führer war ich.

Das war eine so ungeheuerliche Wendung des Geschicks, daß ich nicht wußte, ob ich lachen oder zittern sollte. Ich saß in meinem aufgearbeiteten grünen Mantel und mit einem guten grünen Korbhelm, den Jirineth hergestellt hatte, in Bereitschaft. Ich war ein Schauspieler, der bereit war, auf die Spielmatte zu treten. Ich würde im Bootauto mitfahren und eine historische Waffe tragen, die den Brand meines Heims überstanden hatte. Dies war ein zeremonieller Speer aus schwerem Holz mit einer stumpfen, flachen Schneide aus poliertem schwarzen Stein. Ich überlegte, daß ich mit der Macht des Jayarn und nichts sonst ausgerüstet besser fahren würde, aber es war beruhigend, etwas zu haben, an dem man sich festhalten konnte.

Ich war weit darüber hinaus, Furcht zu empfinden. Ich befand mich in der Art von Trancezustand der Angst, von der ich annahm, daß Schauspieler sie vor der Vorstellung empfänden. Ich fürchtete mich, hatte furchtbare Angst um alle, die mir folgten. Als die Große Sonne hinter dem Haus unterging, beugte ich mich für Vantelars Umarmung herab, gab den Schauspielern und Charan die Hand. Spey Ningan trat mit einer Ampulle farbigen Sandes neben mich.

„Es ist Zeit, Hoheit", sagte er entschieden.

Ich erhob meinen Speer gegen alle, die mir folgten und sich hinter mir in der Halle drängten, dann stellte ich mich auf die angekohlte Türschwelle und warf den Sand feierlich in die vier Windrichtungen. Wie leicht wäre es gewesen, mit der Macht des Jayarn eine große Geste zu produzieren, so daß der Sand in der Luft tanzte – doch ich hielt mich zurück. Eine Abendbrise hob den Sand auf und trug ihn in einer wirbelnden Spirale davon. Das war ein ausgezeichnetes Omen. Von meinen Gefolgsleuten kam zustimmendes Gemurmel.

Wir standen einige Herzschläge lang still, dann, als sich die Dunkelheit über den Gärten und dem Fluß verdichtete, eilten wir zur Anlegestelle hinab. Ich ließ mich hinter Lisa Kind und Ablo für die aufregende, unheimliche Fahrt in dem Bootauto nieder, und plötzlich waren wir unterwegs, genauso wie ich es mir vorgestellt hatte, weit draußen auf den dunklen Wassern. Wir fuhren eher hoch darüber hin, vorne und hinten glühten unsere Leuchtstreifen fast auf Wasserhöhe. Hinter uns hatten die sechs Boote ihre Segel gesetzt. Ich konnte die unförmige Masse des alten Fischerboots der Schauspieler erkennen, die schärferen Umrisse der kleineren Schiffe.

Wir wandten uns südwärts und reisten in der Mitte des Flusses. Wir sahen keine anderen Schiffe. Ein Nordostwind kam unserer Flotte zu Hilfe, so daß sie mit dem Bootauto gut mithielt. Nach einer längeren Zeit erreichten wir Pelle, das am Ostufer lag. Lisa Kind griff nach ihren Lichtern und drehte sie dann aus, und die Boote bedeckten ihre Laternen. Die Neuigkeiten aus Pelle waren weder gut noch schlecht, sie hatte wie Linlor Lösegeld gezahlt. Aus Gründen der Geheimhaltung machten wir einen weiten Bogen um den Ort. Je weniger Personen von unserem Unternehmen wußten, desto besser.

Als wir an Pelle vorbei waren, begann der Wind zu drehen und nachzulassen. Die Flotte lavierte unentschieden, dann griff man zu den Rudern. Nachdem, zuerst von Wolken verborgen, die Ferne Sonne aufgegangen war und wir eine Zeitlang das Ostufer hinuntergeschlichen waren, kamen wir zu unserem Seitenarm. Während wir uns in unserem Versteck niederließen, machte sich das schöne Herbstwetter breit. Es tat gut, von der Glaskuppel befreit zu werden, die Nachtluft zu riechen und die gedämpften Stimmen aus den Booten zu hören. Das Bootauto parkte am Ufer. Wir aßen Abendbrot und versuchten zu schlafen. Ich schickte mein Denken in das halbdunkle Land um uns herum hinaus und fand weit und breit niemanden, nur die Luntroyfelder, die geschnitten waren, ohne daß jemand die Ähren gesammelt hatte, und einen Obstgarten, in dem keine Früchte mehr waren.

Ich wurde durch einen Donnerschlag geweckt. Das Wetter war stürmisch losgebrochen. Es war noch einige Zeit bis zum Aufgang von Esto hin. Wir hatten noch viele Stunden, in denen wir den Sturm abwarten konnten. Ich ging mit Ablo hinaus in die ersten schweren Regentropfen, und es war zu einem Wolkenbruch geworden, bevor wir alle Boote überprüft hatten. Das alte Fischerboot aus Otolor war schlecht geschützt, obwohl seine Mannschaft zwei Deckzelte hatte. Ich stimmte mit Spey Ningan überein, daß es zwecks besserer Ableitung des Regens an Land gezogen werden sollte. Das war eine dreckige, nasse, schlammige Angelegenheit. Als Ablo und ich es uns schließlich wieder unter der Kuppel gemütlich machten, waren am östlichen Horizont die ersten Farbstreifen zu erkennen.

Der Tag war furchtbar lang und furchtbar naß. Man konnte kaum noch sagen, wo der Regen aufhörte und Wasser des Flusses begann. In mancher Hinsicht war das gut für unsere Pläne, aber wir wußten, daß dies unseren Vormarsch mühsamer machte.

Während einer kurzen Windstille gegen Mittag sahen wir zwei der Flugmaschinen des Juran, Yann Galtroys Gleiter und Jethans pedalgetriebener Flatterer, über uns nach Westen vorbeifliegen. Sie kamen manchmal in Paaren, doch es war beunruhigend. Was geschah in Linlor? Ich sandte mein Denken über den grauen Fluß aus und stellte schließlich, wie wir es vorbereitet hatten, mit Tamiset einen Kontakt her. Ihr Geist war schwach, doch funkelnd, ein kleines, juwelenartiges Licht, das signalisierte: *„Alles in Ordnung. Viel Glück!“* Zusammengekauert auf dem Rücksitz des Bootautos unter der regennassen Kuppel, sandte ich mein Denken noch einmal aus, und Naatgeebs Stimme kam herbei und erfüllte alle meine Sinne.

„So weit, so gut. Wird das schlechte Wetter dem Fahrzeug, in dem Ihr Euch befindet, schaden, seine Kraft vermindern?“

„Nein. Danach habe ich schon gefragt. Seine Zellen sind voll.“

„Dies sind entscheidende Tage. Die Armee der Astagwey nähert sich den Wassernetzen von Rintoul.“

„Was wird geschehen? Was wird der Juran tun? Was werden die Clans unternehmen... meine Großmutter...“

„Beruhige deine Gedanken. Ich habe niemanden außer Marl Udorn beraten. Ich glaube, der Juran wird ihnen einfach Einhalt gebieten, Astagweys Leute die Stadt belagern lassen. Die Clans werden vielleicht zu unruhig werden und Ärger provozieren.“

„Wird gekämpft werden?"

„Das kann ich nicht sagen. Konzentriere dich auf dein eigenes Vorhaben. Halt dich warm. Iß von der Kraftnahrung der Menschen."

„Ihr fangt an, wie Guno Deg zu klingen."

Nantgeeb gab ein lautes Geistes-Schnaufen von sich, während sie ihre Gegenwart zurückzog. Ich lachte laut auf, aber niemand hörte mich. Lisa Kind ging draußen im Regen spazieren, und Ablo döste auf dem Frontsitz mit einem weißen Knopf im Ohr, der Musik von der Erde spielte.

Dann war der endlose Tag vorüber, und wir überquerten mit unseren Trupps den aufgeweichten Landstrich. Ich gab den Platz im Bootauto an Spey Ningan ab und marschierte an der Seite der Curran-Wentroy-Vasallen. Wir marschierten in der Dunkelheit und dem Regen mit nur einem schwachen Licht von der Rückseite des Fahrzeugs. Die Späher von der Luntroyabteilung kamen und gingen, zeigten uns den Pfad, den wir uns auf der Karte eingeprägt hatten. Der Regen hörte auf, wir waren in eine Baumschule gelangt, ein Jagdreservat des Luntroy-Clans, wo in glücklicheren Jahren die Buschweber kampiert hatten. Ich sandte regelmäßig mein Denken aus, in einer Art Geistesabtastung des Weges, der vor uns lag, und plötzlich stieß ich auf etwas mehr als das gelegentliche Buschwaldrotwild oder einen Baum voller schmutziger Vögel.

„Was ist, Hoheit?"

Der große Vasall zu meiner Linken streckte eine Hand aus. Ich hatte einen Ausruf von mir gegeben.

„In der Marschlinie anhalten", sagte ich. „Holt einen Späher, der das Bootauto anhalten soll."

Während der Befehl nach hinten durchgegeben wurde, kehrten alle vier Späher zurück und hielten, als sie kamen, das Bootauto an. Sie hatten gefunden, was ich gefunden hatte: eine kleine Wachhütte am Rande der Pflanzung, die auf unserer Karte nicht eingezeichnet gewesen war. Ich erkundete: vier Bewohner, zwei von ihnen saßen wach neben einem kleinen Feuerkorb, und die anderen schliefen. Ich ging nach vorn zum Auto und erklärte es Lisa Kind, die die Kuppel zurückgerollt hatte. Im Licht der Anzeigetafel des Fahrzeugs sah jeder des anderen Gesicht. Lisa Kind, ihre schönen kleinen Augen schimmerten in der Nacht, Ablo Binigan und Spey, der alte Hofmeister, sie alle wandten sich zu mir. Ich wußte, daß sie sofort einspringen würden, sofort mir raten würden, wenn meine Kontrolle schwankte, wenn ich zu zögern schien oder um Rat fragen würde. Aber ich zögerte nicht.

„Ich werde den Trupp schicken, bei dem ich mich befinde", sagte ich, „und zwei der Späher. Wir werden warten."

Ich nahm diese Siebenergruppe zur Seite und befragte die Späher noch einmal. Eine Försterhütte aus Flechtwerk und Holz, die normalerweise unbewohnt war.

„Warum sind diese Leute in der Hütte?" fragte ich. „Sie erscheinen mir wie Leute aus dem Norden, Angehörige von Astagweys Garnison, doch wir sind immer noch ein gutes Stück von der Villa entfernt, hinter den Flachsfeldern."

Einer der Späher, ein alter, rühriger Luntroyvasall, grinste mich mit seinen Zahnlücken an.

„Die Winde haben Euch gesegnet, junge Hoheit", sagte er. „Sie sind aus dem Regen hierher gekommen. Meine Vermutung ist, daß sie auf der anderen Seite des Flachses Wache halten sollten, doch sie haben sich für die Nachtstunden zu diesem gemütlichen Ort davongestohlen."

„Sie müssen schnell gefangen werden", sagte ich, „gefesselt und in der Hütte zurückgelassen werden. Wartet..."

Ich untersuchte den Ort noch einmal, so eindringlich, wie ich konnte. Ich sah die Gesichter, ich erkundete ihre Geister und stieß auf einen Lichtschimmer. Ich wandte mich an den kräftigen Vasallen, der neben mir gegangen war.

„Gute Yarth", sagte ich, „dort ist einer in einem roten Mantel, der Anführer, obwohl er noch recht jung ist. Der muß sofort ausgeschaltet werden – eingeschläfert. Er hat Geisteskräfte und könnte die Garnison warnen."

„Ich kann mich um ihn kümmern", sagte sie, wobei sie eine Faust ballte.

„Nicht töten!"

Ich spürte, wie mir unter dem Korbhelm kalte Regentropfen in den Nakken hineinliefen. Krieg zu führen war ein gänzlich ehrloses Geschäft. Die ausgesuchte Gruppe glitt in die Dunkelheit davon, und wir warteten, saßen auf Baumstämmen oder auf dem feuchten Boden. Irgendwann spürte ich ein kleines Aufflackern von Überraschung und Schmerz: Eine Faust war in einem Gesicht gelandet. Ein paar Herzschläge später kam der alte Späher zurück, und ich gab den Befehl zum Weitermarsch.

Ich kam zu der Hütte, wo unser Stoßtrupp wartete, und blickte hinein auf die vier Wachen, die alle gefesselt waren, zwei von ihnen mit Blut bedeckt, einschließlich des jungen Führeres, der in tiefer Bewustlosigkeit in seinem roten Mantel dalag.

Ich ließ die eine Omor, Yarth, die Glut nach draußen tragen und im Regen löschen. Hätten wir sie brennen lassen, so wäre es vielleicht eine Möglichkeit gewesen, die Garnison zu warnen. Der Lichtstreifen des Bootautos wand sich die Hauptspur durch die Flachsfelder entlang, dem Dreschplatz entgegen, der auf der Karte verzeichnet war.

Die Ferne Sonne ging gerade hinter einem Himmel dicker Wolken auf, wir waren unserem Zeitplan voraus. Der dunkle Umriß der Villa tauchte vor uns auf. Nachdem wir erst einmal die Flachsfelder verlassen hatten, gab es wenig Deckung. Ich sondierte nach vorn und stellte fest, daß ich von dem Plan her die Örtlichkeiten sehr gut kannte. Es gab einen großen Vorhof, eine schwere Haupteingangstür, die durch ein altmodisches „Narrentor" geschützt wurde, eine Grube vor der Tür, die von innen geöffnet werden konnte, um Eindringlinge zu fangen. Dann gab es noch zwei Seiteneingänge, die wir zu benutzen hofften. Ich stieß auf die Garnison, es schienen sehr viele von ihnen zu sein, die in der Küchenrunde aßen und tranken. Gedämpftes Licht drang nach draußen, die oberen Stockwerke waren völlig dunkel. Hoch oben, auf dem alten Dachturm, wehte das zerlumpte weiße Banner der Astagwey.

Unsere kleine Armee zog sich zusammen, und wir drangen immer weiter vor, nichts regte sich. Das Bootauto hatte einen guten Weg gerade zum Vorhof gefunden, wo wir planten, uns aufzuteilen und die Seitentüren anzugreifen. Es schien unmöglich, daß wir uns so weit nähern konnten, ohne daß Alarm gegeben wurde. Dann kamen plötzlich zwei dunkle Gestalten taumelnd und lachend in den Hof und sahen die sich nähernde unförmige, fast lichtlose Masse des Bootautos. Der eine stieß einen Angstschrei aus, und ich sah Lisa Kind über das Vorderteil des Wagens springen, wobei sie im Sprung mit dem Betäubungsgewehr feuerte.

„Licht!“ brüllte ich.

Ablo warf den Schalter um, und das gleißend sonnenhelle Auge des Bootautos leuchtete auf, beleuchtete den Vorhof, die Villa und im Umkreis von Meilen die Landschaft. Unsere Truppe teilte sich augenblicklich auf und stürmte lärmend zu den Seiteneingängen. Die Garnisonsangehörigen kamen herausgeströmt und wurden geblendet, sie öffneten sogar die Haupteingangstür, und Lisa Kind erledigte sie dort nacheinander mit dem Betäubungsgewehr. Ich wandte mich zum linken Eingang und traf auf zwei Verteidiger, die sich mir in den Weg stellten. Ich schrie laut auf, warf sie mit Jayarn nieder und schlug auf den einen, der mir zu nahe kam, mit dem Schaft meines Speeres ein. Steine und Schläge prallten auf meinen Helm. Als ich in den Eingang stürmte, blickte ich nach oben und stieß gezielt einen Verteidiger vom Dach des Torhauses. Zwei unserer Leute zogen mich in die Halle der Villa hinein.

Der Kampf dort war wild. Die überraschten und teilweise angetrunkenen Garnisonsangehörigen wehrten sich aus bloßem Schrecken wie die Wölfe. Ich wich aus, hackte um mich und schrie mich heiser, während ich mich der alten Wendeltreppe näherte. Dort standen drei gedrungene Gestalten in blauer Tunika, Astagweys Offiziere, zehn Treppenwindungen über mir, bewaffnet mit Metallspitzenlanzen und mit jenen Messern aus Sarunin, die meine eigenen Vettern gestohlen hatten.

Ich war ganz über jede Furcht hinaus.

„Ergebt Euch, Ihr Verbrecher!“ rief ich. „Ergebt Euch dem Luntroy und dem Wentroy!“

Der eine warf mit einem verächtlichen Ausruf von „Grandenbrut!“ ein Messer direkt nach mir.

Ich wendete das Messer in der Luft um, so daß es scheppernd auf die Fliesen fiel und stieß gegen ein Paar Beine, einen Speerarm. Ein Offizier fiel die Treppe hinunter, und ein anderer fiel zu mir herüber. Yarth, die hinter mir herkam, zog die Kreaturen aus meinem Weg. Wir waren auf der Treppe, Yarth, zwei von den Luntroys und der alte Spey Ningan mit seinem Korbvisier. Wir betraten die erste Galerie und blickten auf den Kampf unter uns. Die alte Halle, die mit dunklen Wandteppichen behängt war, sah aus wie ein Schlachtfeld, wie eine Szene aus den Clankriegen, es fehlte nur noch ein Reiter auf einem Teufelssonner, der von einem Rudel jagender Wölfe gemartert wurde. Ein übelkeitserregender Gestank nach Blut, verbranntem Essen und regennasser Kleidung stieg von der Rauferei auf.

Wir waren dabei, die Überlegenheit zu erringen. Wir hielten die rechte Seite der Halle, trieben nach und nach die Garnisonsangehörigen gegen die mittlere Mauer oder machten sie nieder.

Ich sah, wie der letzte der drei verteidigenden Offiziere die Treppe hochstieg, und wir stürmten aufwärts. Ich erwischte den Mantel der Kreatur mit dem Jayarn und folgte ihm, wegen der Steilheit der engen Treppe um Atem ringend.

„Stehenbleiben!" keuchte ich.

Ich schlug mit dem Jayarn nach seinen Beinen und dann mit dem Schaft des Speers.

„Du weißt, was ich haben will, mein Freund!"

Ich sah hoffnungslose Wut in dem Gesicht des gestürzten Offiziers, einer jungen Frau mit dunklen Brauen und blonden Haaren. Es hätte Seret selbst sein können, die dort lag mit der Spitze meines lächerlichen Paradespeers an ihrem Hals. Sie fingerte an ihrem Ärmel und zog ein schweres Bund hölzerner und metallener Schlüssel heraus. Ich schritt über sie hinweg und ging weiter, über den dritten Stock hinaus und eine abzweigende Treppe hinauf.

Die Tür, die ich suchte, war rund und alt und wie der Deckel eines Kochtopfs in die Steinmauer eingelassen. Sie wurde durch eine weitere Narrenpforte geschützt, eine drehbare Stufe vor der Tür, die abgeklappt werden konnte und den Eindringling in eine Steingrube unter dem Fußboden gleiten ließ. Ich überprüfte die Stufe, dann hielt ich mich krampfhaft jenseits davon gegen eine schmale Steinkante gepreßt, während ich mit den drei Schlüsseln hantierte, die notwendig waren, um das Gewirr von Holz- und Eisenstangen zu öffnen, die diesen befestigten Raum verschlossen. Als die letzte Stange entfernt war, öffnete sich quietschend das Narrentor, doch indem ich mich weiterhin an dem runden Türrahmen festhielt, gelang es mir, nach innen zu klettern. Ich drückte auf den alten Griff in der Mauer, um das Narrentor zu schließen, so daß die anderen eintreten konnten.

„Licht, Hoheit..."

Spey Ningan hatte eine Fackel aus einer Wandhalterung genommen. Ich hielt sie hoch und sah die zwei Gefangenen. Die Alte Noon stand in einem zerknitterten Fluganzug in Luntroyblau an einem Fensterschlitz, Thorn Thornroyan lag auf einer alten Rundmatte.

„Die Befreiung!" keuchte ich.

Zum ersten Mal empfand ich ein wenig Stolz, ein wenig Sinn in dieser mörderischen Unternehmung.

Ich verbeugte mich vor der Alten Noon. Spey Ningan ging sofort zu seiner Herrin.

„Gut gemacht!"

Die Alte Noon hatte eine rauhe, angenehme Stimme, an der sich ihr Alter erkennen ließ. Sie streckte mir die Hand hin.

„Wie geht es unten an der Treppe zu?" fragte sie. „Ich habe nicht viel erfahren."

„Wir tragen den Sieg davon, Hoheit!"

Ich wandte mich meinem Verwandten zu. Ich sah in seinem hübschen dunklen Gesicht den Schmerz, sein rechter Arm war in ein Stück Seide gebunden. Er lächelte trotzdem und war in der Lage zu stehen.

„Thorn Thornroyan... Hoheit", sagte ich, „wir haben einen Heiler mitgebracht, der sich Euren Arm ansehen wird."

„Danke, guter Offizier... man wird Euch belohnen", sagte er. „Spey, was habt Ihr dort unten alles zusammen? Ich sehe, daß Ihr mit den Leuten aus Linlor Kontakt habt. Wie viele Vasallen habt Ihr? Wer ist der Anführer?"

Es war ein peinlicher Augenblick, ich war wieder unter Clanleuten. Mein Vetter hatte mich nicht erkannt. Spey Ningan, der einzige Angehörige des Befreiungstrupps, der mit mir die Gefängniszelle betreten hatte, tat, was er konnte.

„Hoheit Rovan ist unser Führer", sagte er. „Wir sind in Linlor seine Gäste."

„Rovan?" wiederholte Thorn. „Rovan Wenroyan?"

Er lachte kurz auf.

„Was treibt er so? Schubsen und Stoßen?"

Ich bewahrte ihn davor, noch tiefer hineinzugeraten, indem ich meinen Helm abnahm.

„Ja, Vetter", sagte ich, „genau das ist es, was ich getan habe. Guno Gunroyan sendet Grüße."

„Oh", sagte Thorn. „Du bist gewachsen, seit ich dich zuletzt gesehen habe. Mindestens einen Kopf größer."

Ich wandte mich der Alten Noon zu und fragte mich, was sie wohl vom Wentroyclan hielt.

„Hoheit Noon", sagte ich, „wir wollen Euch sofort aus diesem Raum führen. Wir können für Euch und Thorn Thornroyan ein bequemeres Zimmer finden."

„Wir wollen es versuchen", sagte sie. „Ich weiß nicht, was diese Eindringlinge aus dem Haus gemacht haben."

Sie ging also voran, gefolgt von mir und Thorn. Als wir aus dem Gefängnis kamen, stellten wir fest, daß viele aus unserer Truppe mit Fackeln warteten, sich in den schmalen Gängen und auf den Treppen zuammengedrängt hatten. Hochrufe auf Wentroy und Luntroy erklangen, und ich spürte eine kurze Welle der Begeisterung in mir aufsteigen, die durch einen Sieg in einer Schlacht entstehen kann.

Thorn winkte mit seiner gesunden Hand und lachte, als er die Hochrufe entgegennahm, während wir unseren Weg zu einem bequemen unberührten Schlafzimmer im zweiten Stock fanden. Der Raum war ein wenig moderig, aber die Eindringlinge hatten ihn nicht benutzt. Ohne weiter nachzudenken, ließ ich die Jalousien hochgehen und öffnete die Fensterläden der alten, schmalen Fenster.

„Hervorragend!" sagte Thorn. „Ein weiteres Beispiel deiner Zauberkunststücke. Dieser Arm ist der reinste Teufel. Wo ist Euer Heiler, junger Rovan?"

„Ich werde sie finden, Hoheit."

Die Alte Noon legte sich auf ein Liegebett, ein paar ältere Luntroyvasallen machten sich im Raum zu schaffen. Sie winkte mich an ihre Seite.

„Eine Freundin hat mir gesagt, daß Ihr ihr das Leben gerettet habt, Rovan Welroyan."

„Ich diene Eurer Freundin gern", sagte ich lächelnd.

Ich trat hinaus und stellte fest, daß als Folge unserer kleinen Schlacht enorm viel zu tun war. Ich ließ meinen alten Trupp einen Raum für unsere Leute vorbereiten, die verwundet waren, und schickte die Luntroyvasallen in die Küchenrunde, damit sie etwas zu essen und zu trinken herbeischafften. Die Halle war ein furchtbarer Ort, und am furchtbarsten von allen war der Anblick unserer geschlagenen Feinde, die am Fuße der Treppe zusammengedrängt standen. Ich fragte den alten zahnlückigen Luntroy-Späher, wo wir sie unterbringen könnten, und er spuckte auf die Fliesen.

„Dies ist ein altes Haus", sagt er, „und es hat unter der Erde ein Verließ, das wir als Einlegeraum benutzt haben..."

„Nichts da", sagte ich. „Dies ist das Haus der Alten Noon, und ich glaube nicht, daß sie dem zustimmen würde, und genausowenig tu ich's. Findet einen besseren Platz, gebt ihnen Wasser und Stoffe, damit sie ihre Wunden verbinden können. Ich zähle drei Zehnen und drei, ich will zumindest diese Zahl von ihnen dahaben, wenn ich komme, um mit ihnen zu sprechen."

Er seufzte, verbeugte sich und ging davon, um Hilfe für die Unterbringung dieser Wesen zu holen. Ich durchquerte die Halle und stieß auf Lisa Kind und Ablo. Sie kümmerte sich um einen Schnitt in seinem Arm. Er wimmerte und grimassierte, als sie ihre magische Salbe auftrug. Ihr dunkles Gesicht schien mir nicht so undurchdringlich zu sein wie sonst. Vielleicht sah ich das, was ich selbst dachte: ein tiefes Erschrecken über die ganze Sache, über das Blut auf den Fliesen, über den Schock, der jemandem in den Augen lag.

„War es eine Schlacht?" fragte ich und versuchte zu lächeln.

„Nein", sagte sie, wobei ihr Lächeln ebenso mißlang wie meins. „Nur eine Art von Rauferei in einer Imbißstube. Eine Schlacht ist viel schlimmer."

„Lisa Kind", sagte ich, „bitte geht zu Thorn Thornroyan, meinem Vetter. Er hat einen schlimmen Arm."

Ich drehte den Kopf, um einen Muskelkrampf in meinem Nacken zu lösen, und mein Körper verriet mich. Ich fühlte mich schwindelig, mir war übel, ich war bereit, jeden Moment umzuklappen.

„Ruhig", sagte Lisa Kind. „Ablo, bring ihn hinaus an die frische Luft!"

„Thorn..." sagte ich.

„Ich werde jemanden finden, der mir den Weg zeigt", sagte sie.

„Kommt, hinaus geht's", sagte Ablo. „Stützt Euch ein wenig bei mir auf, Hoheit... Was für eine Nacht, was für eine Nacht!"

Dann waren wir wieder im Hof in dem hellen Licht, das von dem Bootauto ausgestrahlt wurde. Ich setzte mich völlig erledigt auf eine Natursteinmauer und würgte elendiglich, während Ablo wegging und das starke Licht ausschaltete. Das Bootauto wurde zu einem angenehmen kleinen Monster, auf dessen Metallteilen winzige Sternchen reflektierten Lichtes spielten. Ich blickte auf und sah die Ferne Sonne und die Sterne durch die weiten Riffe der Wolken. Meine Übelkeit ließ nach. Ablo brachte mir einen Papierbecher voll Wasser von dem Brunnen, und ich trank dankbar. Er setzte sich neben mich auf die Mauer und zog sich wegen der Kälte seine Stadtrobe über seine dicken Beine und starrte in den Himmel.

„Soll ich Euch ein Geheimnis verraten?“ flüsterte er. „Es wird bald bekannt werden.“

„Ich werde Euch als Gegenleistung ein anderes verraten“, sagte ich.

„Draußen in der Leere ist jemand, den wir alle kennen.“

„Was? Wer? Ihr meint eine wirkliche Person?“

Ich fragte mich, ob er Eenath, die Geisteskriegerin, oder einen anderen Geist meinte.

„Zwei Personen“, sagte er. „Könnt Ihr es nicht erraten? Ich kann es jetzt kaum glauben, obwohl ich gesehen habe, wie das kleine Silberschiff von der Insel Tsabeggan gestartet wurde.“

„Ach, ich denke, Ihr meint...“

„Scott Gale und Murno Pentroy“, sagte er, weise nickend. „Sie haben die Himmelsstadt bei Deerrin besucht und werden wiederkommen.“

„Das ist allerdings ein Geheimnis!“

Wir starrten wieder in den Himmel und erwarteten, daß nur einer der Sterne zu uns herabgestürzt kommen würde. Ich fühlte eine Regung meines alten Neides gegenüber Murno Pentroy. Taya Gbir bewachte für ihren Schwarzlocke den Himmel. Er wagte zu tun, was wenige andere wagen würden. Ich spürte keinerlei Verlangen, in die Leere zu fliegen. Doch mein ganzer Geist sehnte sich danach, an einem ruhigen, friedlichen Ort jenseits der Vier Winde zu sein, nicht hier auf der stickigen Oberfläche von Torin, schmutzige Schlachten kämpfend.

„Mein Geheimnis ist kein glückliches“, sagte ich. „An diesem Tag und in dieser Nacht hat die Armee von Astagwey die Wassernetze außerhalb der Stadt Rintoul erreicht. Vielleicht hat noch eine andere Schlacht stattgefunden.“

Ablo seufzte. „Die Welt ist verrückt geworden“, sagte er. „Ich fürchte, wenn dies alles vorbei ist...“

„Was dann...?“

„Die Menschen werden die Schuld sich geben und wieder davonfliegen. Ich kann gar nicht sagen, was für ein Segen es für mich gewesen ist, mich der Fünf von Brin anzuschließen und für diese freundlichen und klugen fremden Leute zu arbeiten!“

Ich blickte den auf der Mauer sitzenden Ablo an und bemerkte, daß er selbst ein ganz neues Wesen geworden war. Er hatte neues Wissen, neue Arbeitsweisen, die Sprache der Menschen und den Geist, der in den Maschinen der Menschen lebt, in sich aufgenommen. All dies Wissen würde nicht verlorengehen. Wieder sprach Ablo, und dabei klang etwas von dem an, was ich gedacht hatte.

„Ich bin reich an Gütern und Krediten“, sagte er, „reicher als ich mir vorstellen konnte, aber reicher noch bin ich an Dingen, die man nicht essen kann. Schon bald werde ich eine eigene Familie gründen... Oh, Ihr lächelt, geschätzte junge Hoheit, doch der Frühling kommt zu uns allen.“

„Der Frühling wird auch zu der Welt kommen, Ablo“, sagte ich fest. „Wir werden diesen Wahnsinn beenden.“

Ich stand auf, trotz meiner Erschöpfung mit klarem Kopf, und ging in die Halle zurück. Nicht einen Augenblick zu früh, denn Spey Ningan suchte nach mir, um mich zu Thorn zu bringen. Mein armer Vetter hatte ein großes Geschrei gegen die Behandlung durch Lisa Kind erhoben. Die Alte Noon und der Haushofmeister hatten ihn kaum überreden können, sie als Heilerin zu akzeptieren. Während ich treppauf eilte, gab ich mir selbst die Schuld. Mir war ihre Gegenwart so vertraut geworden, ich hatte nicht die Tatsache in Erwägung gezogen, daß sie ein fremdartiges Wesen war.

Ich erinnerte mich, daß Seret und ich unseren Vetter Thorn, den berühmten Flieger, bewundert hatten. Gunos Unerbittlichkeit mit ihm machte uns sicher, daß er ein Pfundskerl war. Nun schien es, daß meine Großmutter recht hatte: Thorn war ein wenig dumm, ob er nun ein Flieger war oder nicht.

Ich erwartete Geschrei und Gerufe, aber es herrschte in dem Schlafzimmer eine merkwürdige Stille.

„Aha... der junge Rovan...“

Thorn lag auf einem Sitzbett und sprach, halb singend, mit einer eigentümlich undeutlichen Stimme. Lisa Kind war mit seinem verletzten Arm beschäftigt, wobei ihr zwei Luntroydiener assistierten. Die Alte Noon machte zu mir hin eine Geste. „Er ist voller Schlafmedizin!“

„Lieg still, lieber Vetter“, sagte ich.

„Ein schöner Mensch...“ brabbelte er, „ein lieblicher Himmelsteufel, der sich um mich kümmert... O Himmel... O Feuer...“

Lisa Kind wandte sich einen Augenblick um, lang genug, um mir mit ihren kleinen Augen ein großes Zwinkern herüberzuschicken. Die Alte Noon und ich wandten unsere Gesichter ab, um unser Lächeln zu verbergen. Ich setzte mich an ihrer Seite nieder.

„Geht es Euch gut?“ fragte sie.

„Einigermaßen gut“, sagte ich, „nur ein wenig müde, Hoheit.“

„Ich weiß etwas, was Euch Freude breiten wird.“

„Weitere Neuigkeiten von... unserer Freundin?“

„Nein“, sagte sie, „von jemand anderem. Valdin und Thanar, meine wilden Vögel, meine Galtroygroßkinder, haben den Dienst bei Juran Veer vor vielen Tagen aufgekündigt und Heeth Pentroy mitgenommen.“

„Oh, ich war mir dessen so sicher!“ stieß ich hervor. „Wohin sind sie gegangen?“

„Zuerst haben sie sich im Wolkenkratzer von Heeths Eltern versteckt, dann wurden alle drei aus Rintoul geschmuggelt und gingen zu Faldo Galtroy – er hat die Trauertage nicht eingehalten – nach Salzhafen.“

Diese Neuigkeit erregte mich, doch ich konnte nicht anders, als an die

Zurückgebliebenen denken, die armen Flachsblüten der Luntroy. Ich wagte der Alten Noon gegenüber nicht, von ihnen zu sprechen, sie war ihre Großtante und die Führerin des Clans, doch sie las meine Gedanken.

„Warum sind sie geblieben, die Flachsblüten? Weißt du es, Rovan Weltroyan?"

„Ja", sagte ich, „ja, Hoheit Noon, ich glaube, ich weiß es."

„Sag es mir."

„Ich möchte nicht respektlos sein."

„Sprich die Wahrheit", sagte sie. „Wir werden alle noch sehr viel mehr die Wahrheit sagen müssen."

„Es war das erste Mal, daß sie von einer Gruppe von Freunden akzeptiert wurden: den Schnittern. Ihr ganzes Leben hatten sie zu spüren bekommen, daß sie unwillkommen waren und absonderlich seien. Die Wärme und Freundschaft, die Juran Veer und die Schnitter ihnen anboten, bedeutet ihnen mehr als alles andere."

Die Alte Noon nahm das mit einem Stirnrunzeln und einem scharfen Blick auf.

„Du könntest recht haben. Und du, hast du auch oft in dieser Weise empfunden?"

„Ja, sehr oft."

„Warum bist du dann entkommen, Rovan Welroyan?"

„Ich wurde im Tempel noch abseits gehalten. Mir wurde keine Schlafmedizin oder Schlafunterricht gegeben. Von Anfang an sah ich zuviel und wußte zuviel. Valdin und Thanar und Heeth hatten viel mehr zu überwinden als ich, um den Zauber zu durchbrechen. Und ich hatte das große Glück, Nantgeeb kennenzulernen."

„Du siehst die Dinge sehr klar, Kind", sagte sie. „Nun geh, und versuche, etwas zu schlafen."

„Ich muß noch sehen, daß die neue Garnisonsbesatzung einen Schlafplatz erhält."

Thorn schlief, und Lisa Kind war jetzt dabei, einen Verband um seinen Arm zu legen.

„Das war knapp", sagte sie. „Ich hoffe, es heilt gut."

„Ist er voller Schlafmedizin der Menschen?" fragte ich.

„Auszüge des roten Ullit und von Wasserblütenblättern." Sie grinste. „Reine Torinmedizin, jedoch mit einer menschlichen Nadel injiziert."

„Uff!" sagte ich. „Ich mag nicht daran denken."

Ich trat hinaus und ging die Treppe hinunter. Die meisten aus unserem Trupp schliefen, es war nur noch wenig Licht. Ich traf Spey Ningan auf einem Treppenabsatz und berichtete ihm von seinem Herren.

„Hoheit Rovan", sagte er, „man hat für Euch einen Schlafplatz vorbereitet."

„Wir sollten eine Wache aufstellen."

„Das ist bereits geschehen", sagte er. „Wir haben diejenigen zu Bett geschickt, die die zweite Wache oder die Morgenwache übernehmen. Ich werde diese späte Runde übernehmen, die Totenwache nennt man sie, zusammen mit drei älteren Luntroyvasallen."

„Spey Ningan, hat dieser Kampf viele Tote gefordert?"

Seine alten Falkenaugen blinzelten Zustimmung.

„Nicht sehr viele. Die Winde haben Ketha, den Wentroyvasallen mit dem roten Haar, fortgetragen, Hoheit, und ein weiterer der Luntroy, der große Späher, ist schwerverletzt und wird vielleicht die Nacht nicht überleben. Bei der alten Garnisonsbesatzung hat es vier Tote gegeben, und einige sind entkommen, davongerannt. Wir haben keine vollständige Zählung."

Ich war gefühllos. Ich fühlte mich wie ein Seegeschöpf mit einem harten Panzer, von den Wellen hin- und her geworfen. Nichts konnte mich jetzt verletzen, doch sollte mein Panzer zerbrechen, würde der Schmerz fürchterlich sein.

„Morgen in der Frühe", sagte ich, „schickt Ihr die Wache zu dieser Waldhütte und laßt sie die armen Teufel herbringen, die wir gefesselt zurückgelassen haben."

„Wird gemacht, Hoheit."

Ich stolperte vom Treppenabsatz fort in den Schlafraum und sah nichts als den leeren Schlafsack, der auf einer Matte bereitlag. Ich legte mich nieder und wünschte mich aus dieser Welt. Ich schlief wie ein Toter.

(II)

Am nächsten Morgen war das Wetter immer noch grau, und Wolken verdeckten das Gesicht von Esto, doch als wir die Fahne der Luntroy mit ihren Flachsblüten auf dem Dachturm hißten, war es, als wäre ein Licht aufgesteckt worden. Fast sofort kamen die Bauern der Luntroy und die Hausdiener aus ihren Verstecken in der umliegenden Landschaft. Die neue Garnison fand mehr als genug Leute, um ihre Reihen aufzufüllen. Die Alte Noon war überall, kümmerte sich um alles in ihrem Haushalt.

Wir blickten ständig nach Süden, fanden aber kein Zeichen für irgendwelche Unternehmungen auf dem Land, und von den Wachposten auf dem Dachfirst kamen keine Neuigkeiten über Bewegungen auf dem Troon. Ich hatte vor, mit den Freiwilligen aus Linlor und dem Bootauto irgendwann nachmittags zurückzukehren.

Doch bevor wir gingen, wurde ich von der Alten Noon zur Seite gerufen und mit einer seltsamen Aufgabe betraut. Ich ging mit Yarth und Ablo in die Zimmer der Bediensteten hinter dem Küchenrund und begann damit, die geschlagenen Garnisonsverteidiger zu befragen. Dies war der Beginn, glaube ich, jenes großen Unternehmens der Großen Aufrechnung. Denn für jeden Angehörigen dieser traurigen Bande wurde ein Runenband mit seinem Namen, seiner früheren Heimat und gelegentlich einigen Einzelheiten über seine Geschichte angelegt.

Es hatte verschiedene Vorschläge gegeben, was wir mit diesen unglückseligen Anhängern Astagweys machen sollten. Thorn Thornroyan, nunmehr sowohl von Schmerzen als auch den Wirkungen der Schlafmedizin frei, provozierte mich, daß ich ihn fragte, ob er wünsche, in die Familiengeschichte als Thorn Gargan, Thorn der Würger, einzugehen. Danach schluckte er und lief ein wenig violett an, aber er sagte nichts mehr.

Was erfuhren wir durch dieses traurige Verfahren? Mehr als die Hälfte der Gefangenen kam aus dem fernen Norden, jenseits von Otolor, und erzählte eine Geschichte von Entbehrungen, Krankheiten, vom Zerbrechen einer Fünf. Es gab einige wenige, die miteinander verwandt waren, Elternteil und Kind oder Verwandte, aber die meisten dieser Leute waren allein auf der Welt gewesen, bis sie den Truppen der Astagwey beitraten. Es handelte sich um einfaches Volk – Buschweber, Fischer, Landarbeiter, einige, die Land besessen hatten oder Handwerksarbeiten verkauft hatten –, doch sie waren aufgeweckt oder waren es jedenfalls gewesen, schlau, stark, die Art von Leuten, die auf jeden Fall losgezogen wären, um sich die Welt anzusehen. Alle bis auf zehn waren jung, unter dreißig Jahren nach ihrem Erscheinen, und weitere fünf waren nicht älter als ich. Ihre Treue zu Astagwey, zu Eenath oder zu der Großen Ernte war hart geprüft worden, und nur wenige wiederholten die Versprechen, die sie gehört hatten, oder sagten, daß sie Geisteskrieger seien. Es gab eine Gruppe von zwei Fünfen, die Kriminelle zu sein schienen, Straßenräuber aus Otolor, die schon lange Zeit vor dem Brand der Stadt obdachlos und gefährlich gewesen waren. Ihr Führer war zu einem der drei Offiziere aufgestiegen, die anderen beiden Offiziere waren aus Itsik geflohene Vasallen, die früher im Dienst des Dohtroyclans und des Galtroyclans gestanden hatten und Strafen wegen Diebstahls und Prügelei abzuleisten hatten. Ich erinnerte mich an Lisa Kinds Interesse an diesen Dingen und notierte, daß sich achtzehn Männer und fünfzehn Frauen in der Gruppe befanden, einschließlich des Galtroy-Kämpfers, einer Omor, die auf der Treppe das Messer nach mir geworfen hatte.

So beschattete ich meine Augen und befragte sie freundlich, jedoch nicht zu freundlich, und konnte nicht antworten, wenn ich – viele Male – gefragt wurde: „Was wird aus uns werden?" Ich wußte es einfach nicht. Dies hier war nur ein winziger Teil der Armee, die nun das Land des Deltas verwüstete und Rintoul bedrohte. Die Welt müßte in der Tat neu gestaltet werden, bevor für sie ein Platz gefunden werden konnte. Ich ging zurück zu der Alten Noon, in ihr frisch gelüftetes Audienzzimmer mit den herrlichen alten Wandteppichen und übergab ihr das Bündel der Runenbänder.

„Ich bin für eine solche Arbeit zu weichherzig", sagte ich.

„Was werden wir mit ihnen machen?"

„Hoheit", sagte ich, „ich habe keine eigenen Vasallen, und ich benötige Hilfe, um nach Linlor zurückzurudern. Ich werde sechs von denen aus dem Norden nehmen – ich weiß schon welche – und den Dohtroyvasallen im Namen meines Großvaters Orn Margan."

„Und danach?"

„Irgendwann werde ich sie nach Hause schicken", sagte ich, „oder sie auf dem Gut bei Linlor lassen. Es gibt genug Arbeit dort."

„Du würdest ihnen vertrauen?"
„Ich denke, daß das der einzige Weg ist."
„Und die Kriminellen aus Otolor?"
Ich schüttelte den Kopf.
„Sie sollten in diesem geschundenen Landstrich nicht freigelassen werden", sagte die Alte Noon. „Vielleicht würden sie sich in Salzhafen, in der Gefängnisfarm, bei leichter Arbeit bessern."
Während wir uns unterhielten, kam eine Luntroydienerin an die Tür und rieb sich nervös die Hände.
„Hoheit Noon..."
Als sich die Alte Noon ihr zuwandte, deutete sie nach oben und machte das Zeichen für Flugmaschine. Die Alte Noon krümmte sich in ihrem Korbstuhl. Sie sah tatsächlich sehr alt aus.
„Wessen Flugmaschine?"
„Die der jungen Hoheit... sie nähert sich dem Landeplatz."
„Jethan wird dieses Haus nicht betreten!" sagte die Alte Noon traurig und grimmig zugleich. „Er muß weggeschickt werden."
„Er kommt aus Rintoul", sagte ich. „Er muß Nachrichten über das Zusammentreffen an den Wassernetzen haben."
„Nimm das Bootauto", stieß Noon hervor. „Erspare mir diesen Schmerz, Rovan Welroyan."
Sie legte eine Hand über ihre Augen. Ich rannte aus dem Zimmer und rief nach Lisa Kind und Ablo. Sie kamen bereits alarmiert angelaufen. Der pedalgetriebene Flatterer kreiste über dem Landeplatz hinter der Villa, und der Hof war voller Leute, die hinaufblickten. Wir warfen uns in das Bootauto und schlängelten uns den engen Weg entlang, bis wir auf den durchgeweichten Platz kamen, dann fuhren wir um den großen Hangar mit seiner altmodischen Kuppel aus Flechtwerk. Der Flatterer landete wie ein Vogel, ungleichmäßig, mit Kufen, die über das nasse Gras glitten.
Jethan sprang heraus, setzte seinen Helm und die Fliegermaske ab und schritt auf uns zu. Alle zusammen gingen wir über den Platz.
„Was geht hier vor?" rief er. „Wo ist meine Mutter? Wo ist die Garnisonstruppe?"
„Noon Noonroyan ist aus ihrem Gefängnisraum heraus", rief ich als Antwort. „Die Villa ist befreit worden."
Wir kamen uns näher und starrten einander an. Jethan war blaß und schmalgesichtig.
„Was ist an den Wassernetzen geschehen?" fragte ich. „Wie steht es um Rintoul?"
„Man wird es eine Schlacht nennen", sagte Jethan kalt, „doch es war weniger als das. Die Clans haben ihre Lektion bekommen. Ihre Sprecher und ihre Vasallen waren keine Gegner für die Armee Astagweys. Der Juran regiert in der Stadt und wird weit über die Dunklen Tage hinaus regieren."
„Wer ist gestorben?" fragte ich. „Ist meine Familie in Sicherheit? Was ist mit Deinem Verwandten, mit Marl Udorn?"

„Marl blieb in seinem Wolkenkratzer", sagte Jethan, „und Guno Deg mußte laufen, erreichte jedoch ihre hohen Mauern, wie ich gehört habe. Rilpo Galtroy war nicht so glücklich. Die Alte Corrif Wentroy wurde verletzt und ihr Haushofmeister getötet. Kein Clan wurde verschont. Die Schwarzen Pentroy und die Südlichen Pentroy haben ungezählte Verwundete mit nach Hause gebracht."

Ich taumelte unter dem Schock der Neuigkeiten.

„Und der Juran?" fragte Lisa Kind in ihrem berühmten Moruianisch. „Hat er die Jungen Schnitter ausgesandt, um die Stadt zu verteidigen. Hat er die Armee aufgehalten?"

„Warum sollte ich Euch antworten, Lisa Kind? Warum sollte ich irgendeinem von Euch antworten?" schrie Jethan. „Ihr habt alle Juran Veer verraten. Er hat verzweifelte Maßnahmen ergriffen. Die Armee Astagweys hat die Stadt in seinem Namen besetzt, und die Wolkenkratzer werden belagert. Die Clans werden ausgehungert, wie Vögel in einem Netz gefangen. Dir, Rovan könnte immer noch vergeben werden, da bin ich sicher. Komm zurück mit mir, bevor es zu spät ist. Wirf die alten Fäden ab, wie ich es getan habe. Laß dich nicht auf ewig von den Alten und Blinden regieren!"

Da überwältigte mich Wut und Haß. Ich stieß wild zu, so daß Jethan in das nasse Gras geworfen wurde. Ich rannte zu ihm hin und stand über ihm und starrte auf ihn hinunter.

„Ich verfluche dich!" schrie ich. „Ich verfluche dich! Ich verfluche Juran Veer! Ich verfluche ihn und sende ihm meine Herausforderung im Namen Petsalees und der Ulgan von Cullin und Nantgeebs und des ganzen unglücklichen Volkes aus dem Norden, das er verraten und in Exil und Tod geführt hat. Ich verfluche ihn wegen meines Heims, das er niedergebrannt hat, und für Otolor und für jene, die letzte Nacht an diesem Ort starben, Freunde oder Feinde. Erinnere dich an all das, Jethan Noonroyan Lunroy, erinnere dich an das, was ich sage, und überbringe es deinem verruchten Herrn!"

Da ergriff Jethan meinen Mantel. Ich spürte seine Panik und Wut, als er versuchte, mich hinabzuziehen, und plötzlich war Lisa Kind neben uns und richtete das Betäubungsgewehr auf Jethan.

„Zurück!" sagte sie.

Er kroch rückwärts durch das Gras und zog sich zurück, bis er zu seiner Flugmaschine kam. Kein weiteres Wort wurde gesprochen. Als Jethan einen verzweifelten Blick auf die Startrampe warf, lief Ablo mit finsterem Gesicht vor und half ihm, den pedalgetriebenen Flatterer in Stellung zu bringen und auf dem Katapult zu befestigen. Der Himmel war fast ohne Wolken. Jethan startete übereilt, die Maschine taumelte wild in der Luft. Er erwischte eine günstige Strömung, stieg auf und flog wieder nach Süden davon. Ich denke, wir wußten kaum, warum wir ihn gehen ließen, außer, daß er als eine Art Boote gekommen war, um Neuigkeiten auszutauschen. Wir waren alle in der Taktik der Kriegsführung ungeübt.

Kurz nach Mittag kehrten wir zu den Booten zurück. Ich wollte diesmal bei Tageslicht reisen und dachte, wir würden bei der Rückkehr auf wenig Widerstand stoßen. Unsere Truppe war stark vermindert: Da waren die zehn Freiwilligen aus Linlor, alle gesund und munter, bis auf ein paar Schrammen und verrenkte Schultern, da war Yarth, die Omor des Curran Wentroy, die ich mir von meinem Vetter Thorn ausgebeten hatte, weil ich keine eigenen Vasallen hatte, und da waren die sogenannten Neuen. Ich hatte mir ein weiteres Stück von dem Tand und Unsinn der alten Fäden einfallen lassen, ein Stück, das dem Alten Leeth Galtroy selbst Ehre gemacht haben würde. Nachdem ich sieben Angehörige der geschlagenen Garnisonstruppe aussortiert hatte, die ich beschäftigen wollte, ließ ich sie in den Hof der Lanno-Villa bringen. Dort schworen sie mir als ihrem Lehnsherren Treue und widerriefen alle Bindungen zu Astagwey und Juran Veer. Ablo Binigan machte aus der ganzen Zeremonie ein bewegliches Bild. So marschierten sie also jetzt mit uns hinter dem Bootauto.

Unter ihnen waren eine Mutter und ein Sohn aus Cullin, zwei junge Buschweber von „irgendwo weit hinter Nedlor", ein alter Fischer aus Geeler, oberhalb von Otolor, und ein ehemaliger Küchenhelfer aus einer Imbißstube aus Otolor selbst, den Ablo von früher her flüchtig kannte. Der letztere war die einzige Person, die behauptete, an der ganzen Angelegenheit völlig unbeteiligt gewesen zu sein. Er war von den Wirblern verschleppt worden, um für sie zu kochen – erzählte er jedenfalls. Dann war da der Dohtroyvasall Gorna, die Gefangene aus Itsik, die wie Seret aussah. Sie blockierte ein wenig ihre Gedanken vor mir, doch tat sie das teils, weil sie sich wegen ihrer Strafe in Itsik, dem Ort der Entehrung, schämte.

Bevor die Große Sonne unterging, erreichten wir wieder heil und gesund den Seitenarm und unsere Boote. Wir machten Rast und aßen unseren Proviant. Zwischen zwei Bissen Bohnenbrot wurde ich dringend von Nantgeeb gerufen. Ich ging allein zur Seite, stellte mich neben einen Baum und blickte auf das Wasser hinaus.

„Was sind das für Leute aus dem Norden?" fragte Nantgeeb.

„Sie scheinen auch mir harmlos", sagte sie, nachdem ich es erklärt hatte. *„War deine Aufgabe sehr schlimm?"*

„Es war schrecklich, aber jetzt ist es erledigt."

„Konzentriere deine Gedanken, Rovan", sagte Nantgeeb. *„Du hast von der Niederlage an den Wassernetzen gehört..."*

„Noch mehr schlechte Nachrichten!"

„Konzentriere dich! Ich möchte diese Botschaft nur einmal schicken. Lisa Kind und Ablo müssen jemanden im Delta befreien. Es ist einer der Schlüssel zur Lösung des Problems."

Wir hatten also neue Befehle. Ich nahm an dem Befreiungsunternehmen nicht teil. Statt dessen brachen wir vor der kleinen Dunkelheit mit den Booten auf und ließen das Bootauto in den letzten Strahlen der Sonne zurück. Wir hatten wenigstens einen anständigen Wind, doch es war eine angstvolle Fahrt. Ich fuhr in dem großen alten Fischerboot zusammen mit Yarth und den Neuen, wobei ich den Himmel nach dem Nachtflugzeug des

Juran abtastete. Über uns kam nichts vorbei. Ich drang bis zu dem Geist von Tamiset vor und teilte die guten Neuigkeiten mit: Wir kehren zurück, wir kommen heim. Alle Leute aus Linlor sind heil und gesund.

Der Wind war schwach. Wir mußten flußaufwärts rudern, und das war Knochenarbeit. Als wir ungefähr die Hälfte der Strecke geschafft hatten, kam vom letzten Boot ein Signal nach vorn. Selbst ich hatte nicht gesehen, daß ein Licht uns folgte. Das Bootauto kam sehr schnell näher. Ich ließ die Flotte das Rudern einstellen.

„Gut!“ rief Lisa Kind. „Kommt an Bord, Rovan. Wir machen Platz.“

Sie legte an unserer Seite an und ließ die Kuppel weiter zurückgleiten. Außer Ablo waren noch zwei Passagiere an Bord, der eine von ihnen kletterte in das Fischerboot: eine kräftige Omor im Karmesinrot der Galtroy.

„Tsammet Galtroy?“ sagte Yarth mit leiser Stimme. „Grüße in schwerer Zeit...“

So steckten die beiden Vasallen ihre Köpfe zusammen, um über die schlechten Zeiten, Krieg und Tod zu reden, und ich bemerkte, was aus ihnen geworden war: alte Soldaten, Veteranen. Ich schlüpfte auf Tsammets Platz im Bootauto, und wir scherten zur Seite aus, um die Flotte heimzuführen.

Tewl Avran saß sehr gerade. Sie war ganz in Schwarz, nur mit einigen roten Fäden an ihrem Nacken. Ihr von einer Kapuze beschattetes Gesicht war bleich, mit feinen Zügen, und ihre Augen schimmerten weit.

„Grüße in schwerer Zeit“, murmelte ich.

„Rovan Welroyan...“

Sogar ihre zarte Stimme mit dem Glockenklang hatte sich verändert, sie klang rauh und atemlos. Sie blickte mich lange an. Ihr Geist war geräumig, doch dunkel, ein Bild sah ich: Eine scheußlich gerüstete Gestalt schlug und schlug, und eine andere Gestalt in einem karmesinroten Mantel fiel in tiefes Wasser. Eine der Stakaia hatte Rilpo Galtroy getötet. Die Dunkelheit in Tewls Geist barg etwas Heißes und Wildes: den brennenden Wunsch nach Rache.

„Ihr habt einen ersten Sieg errungen“, sagte sie. „Kommt mit mir zum Tempel am Windfelsen, und wir werden einen weiteren vorbereiten.“

Einer der Schlüssel zur Lösung des Problems. Tewl war es, die die Treuepflicht der einzigen wahren Kampftruppe auf Torin beanspruchen konnte, der Vasallen des Schwarzen Pentroy. Ich zweifelte nicht daran, daß sie ihr folgen würden. Sie wären der alten Tewl gefolgt, jenem sanften, verrückten Geschöpf, das Rilpo liebte, oder dem pflichttreuen Kind, das seinen furchtbaren Verwandten, Tiath Avran, betrauerte. Jetzt hatten sie einen anderen Führer. Tiaths bleiches Gespenst oder den Geist des großen Relrin.

„Und die Befreiung?“ fragte ich.

„Der Weg war fast unbewacht“, sagte Tewl. „Die Stadt ist voller betrunkener, irregeleiteter Geschöpfe aus meinen Ländereien. Astagwey und ihre Truppen herrschen zwischen der Belagerung der Wolkenkratzerfelsen und dem abstoßenden Pomp des Juran im Corr-Pavillon.“

„Im Delta rührt sich nichts“, sagte Lisa Kind. „Hoheit Tewl ist ganz einfach dort hindurch zum Bauernhof der Brinroyan gebracht worden.“

In der Dunkelheit des Bootautos krümmte sich Ablo und seufzte, und ich wußte, daß er daran dachte, daß nun auch dieser freundliche Zufluchtsort vom Krieg berührt worden war. Wir kamen zum Landesteg bei Linlor im Licht der Fernen Sonne. Ich hoffte, es würde keine unangemessenen Freudenkundgebungen geben, keine Menge mit Fackeln und Kerzen. Doch Lisa Kind hatte vor uns andere von Bord gehen lassen, und die Neuigkeiten, die guten und die schlechten, hatten Balkaveer schon erreicht. Begrüßungslieder wurden unterdrückt. Lisa Kind fuhr langsam das Ufer hinauf und suchte sich einen Weg zwischen den Lichtern, wobei die Kuppel zurückgefahren war und die milde Nachtluft in unsere Gesichter blies. Ich erkannte Balkaveer und Jirineth, wie sie sich mit gesenkten Köpfen verneigten, und an der Tür knieten Vantelar und Tamiset, um unsere Besucherin zu empfangen.

„Das Haus ist noch im Wiederaufbau“, sagte ich. „Wir werden uns bemühen, es Euch so bequem wie möglich zu machen.“

„Ihr habt gute Diener, Rovan Weltroyan“, sagte sie entschieden. Sie zog Tamiset hoch und reichte Vantelar ihre Hand zum Handkuß.

„Ich habe diese guten Leute spielen sehen“, sagte sie, „und natürlich ist Jirineth hier. Ich habe einen treuen Helfer in Rintoul: Arun Pentroy, besser bekannt als Rav Roon, der Schwarzboß.“

Ich spürte von Tamiset her ein kleines Aufblitzen von Verlegenheit. Ich konnte mir nicht vorstellen, warum in Tewls Geist Jirineth mit dem Schwarzboß in Verbindung gebracht wurde. Der Augenblick ging vorüber, und Tewl wurde zusammen mit Tsammet in die Halle und in unsere einzige ansehnliche Schlafkammer im ersten Stock geleitet.

Die Halle war dabei, sich mit Leuten zu füllen. Ganz Linlor schien anwesend zu sein, und es war ein Festmahl vorbereitet worden. Ich saß auf meinem Stuhl, ganz plötzlich verspannt und ermüdet bis in die Knochen, ich gab Befehle und ließ sie von anderen ausführen. Praad war da, er bewegte sich sanft unter meiner Hand. Van legte ihr Kinn auf meine Schulter.

„Wir haben uns gefürchtet“, flüsterte sie. „Praad und ich haben sehr viel Angst gehabt. Aber wir haben so getan, als sei eine Schlacht so etwas wie unsere Bühnenschachtel, nur rosaner Rauch und zusammenklappende Stelzen oder vielleicht wie eine ganz übel verlaufende Premiere, wenn sie spucken und Stinksamen werfen.“

Es war eine Nacht ohne Schlaf oder ein sehr früher Morgen. Lisa Kind beklagte sich dauernd, daß Moruianer zu wenig schliefen. Schließlich stieg ich auf das Dach und sprach mit Nantgeeb.

„Geh nicht zum Tempel!“ sagte sie.

„Warum nicht?“

„Es gibt dort eine Gefahr – Mitje, der Zweite Zauberer, ist im Geist mit Veer verbunden.“

Ich konnte mich mir kaum als ein Opfer des Todestanzes vorstellen, aber möglich war es vielleicht.

„Bleib, wo du im Augenblick bist“, fuhr Nantgeeb fort. *„Auf deinem Dachfirst bist du eine Hilfe. Es wird noch andere Armeen geben, die marschieren...“*

Am nächsten Tag kam die alte *Tomarvan* angeflogen, Scott Gales Maschine, gesteuert von Antho. Wir hatten nur Zeit, Hände zu schütteln und ein paar Worte zu wechseln, dann flog er Tewl und Tsammet zum Windfelsen. Zur gleichen Zeit fuhren meine lieben „Fremden“, Lisa Kind und Ablo, Richtung Süden zurück nach Sarunin davon, um zu sehen, wie die Dinge im Lager standen. Die letzten der Dunklen Tage blieb ich in Linlor.

8

Betet für die Krieger

(I)

Wir arbeiteten in Linlor so friedlich weiter, als lebte niemand sonst auf der Welt. Als es dazu Zeit war, hängten wir Blumen und Fahnen hinaus und veranstalteten ein Fest, weil die Dunklen Tage zu Ende waren. Als es dunkel wurde, saß ich mürrisch auf dem Dachfirst, und eine fremde Stimme sprach in meinem Geist.

„Rovan Wentroy?"

„Sicher ... wer ist dort?"

Der Unbekannte lachte, es war eine alte Person, das wußte ich, mit starken Geisteskräften, doch ungeübt im Weitsprechen.

„Es ist ein Wunder, daß das Großkind von Orn Margan ein Zauberer sein soll. Hier ist also der Bericht ... ich muß mich konzentrieren. Wir marschieren von Tsagul aus. Tatsächlich werdet Ihr bemerken, wenn Ihr so weit blicken könnt, daß wir in Pedaltaxis gefahren werden und auch in der Luft fliegen. Wir verfügen über 120 Dohtroy-Vasallen und 600 bürgerliche Freiwillige. Die Fahrer der Pedaltaxis verlangen die doppelte Gebühr. Wir werden wirklich eine Große Ernte brauchen, um diesen kleinen Ausflug bezahlen zu können. Tilje Parroyan marschiert nahe der Spitze der Truppen, wenn sie sich nicht in ihrem albernen Tragsessel tragen läßt. Dies ist die erste Streitmacht seit 60 Jahren, die aus Tsagul abmarschiert, und der Anführer ist Orn Margan Dohtroy ... der Friedensstifter!"

Über den rauhen Ton dieses Berichts konnte ich nur lachen.

„Und wer spricht da? " fragte ich noch einmal.

„Ich bin Tsorl-U-Tsorl, der ehemalige Abgesandte von Tsagul."

Dies war die geheimnisvolle Gestalt, von deren Abenteuern man sogar auf dem Troon gehört hatte. Er war ein Freund der Menschen, er war mit dem Schiff *Heron* um Torin herumgeflogen, ihm war ein Bein von einem Seesonner abgebissen worden.

„Seid Ihr weit von Sarunin entfernt, Tsorl-U-Tsorl?"

„Einen Tagesmarsch, aber wir haben fliegende Späher ausgesandt. Es ist alles so friedlich, wie man es sich nur wünschen kann. Die Ordnung ist wiederhergestellt. Vom Schiff Heron aus, das völlig unbehelligt geblieben ist, wird Fischeintopf und papierartige Nahrung von der Erde an die Ernter ausgeteilt, die auf der anderen Seite der Straße lagern. Sam Deg läuft herum und brüllt jedermann an – kennt Ihr Sam Deg? Alle Menschen sind anwesend, Lisa Kind, die Schöne, kam zu Fuß von Ich-weiß-nicht-wo angelaufen, weil ihr Fahrzeug kaputtgegangen ist. Scott Gale ..."

„Scott Gale ...?"

„Ah ja ... jetzt versteht Ihr, was dieses Wunder verursacht hat. Funkensprühend kam Schwarzlocke, der Held, aus der Leere nach Hause geflogen. Nachdem Scott Gale einige Runden in seinem Silberschiff gedreht hatte, war die Menge eingeschüchtert genug, um von ihren Narreteien Abstand zu nehmen. Schwarzlocke sprach zu ihnen. Ein Waffenstillstand wurde geschlossen. Bei Telve und allen Feuergeistern, ich beneide diesen Murno. Dieses kleine Silberschiff ist ein Wunder. Scott Gale geht mit ihm vorsichtiger um, denke ich, als vor einigen Jahren am Hingstull. Nun sitzt er da und macht Frühling mit seiner geliebten Karin-Ru. Was für eine weite und breite, große und kleine Menschenfamilie sie sind! Ich denke, sie sind ebenso närrisch wie die Moruianer."

„Das wäre wohl schwierig", entgegnete ich lachend.

„Eine Sache noch ... wir müssen ein Treffen abmachen. Ich habe dies alles aus zweiter oder dritter Hand von Orn Margan, der mit einem der Anthos gesprochen hat, die hier im Westen herumfliegen. Ein Treffen am Zugang zur Heiligen Straße ...?"

„Mit den Vasallen des Schwarzen Pentroy", sagte ich. *„Tewl Avran, seit kurzem verwitwet, führt sie gegen Juran Veer."*

„Ich hatte keine Sympathie für diesen Clan, solange Tiath lebte", sagte Tsorl-U-Tsorl, *„obwohl wir schließlich ein Abkommen getroffen haben. Nun könnte es diese Armee zusammen mit jenen schwarzen Vögeln schaffen. Dieser Juran ist eine teuflische Kreatur. Rovan Wentroy, sagt mir, wenn Ihr könnt, was hat den jungen Zauberer auf diesen Irrsinn gebracht?"*

„Ich habe darüber nachgedacht", sagte ich, *„und habe keine klare Antwort gefunden. Veer fing an, die Macht um ihrer selbst willen zu lieben. Vielleicht war das auch bei Tiath Gargan so."*

Ich brach ab und sagte: *„Das ist zu einfach ... wie ein Spruch aus der Runenbandschule."*

„Für den Anfang reicht es aus. Gib meine Komplimente weiter an die Schöpferin der Maschinen!"

So marschierte die Armee des Friedensstifters auf Rintoul zu. Orn Margan, ein vorsichtiger Führer, doch nicht ohne Einfälle, lagerte bei Itsik, um einen Schlachtplan vorzubereiten. Aus der Gefängnissiedlung waren alle kräftigen Gefangenen entflohen. Der Rest hauste dort recht friedlich und führungslos, aß die Vorräte auf, ging angeln und arbeitete nicht. Einige der Wachen waren verschwunden – entweder mit den Rebellen gegangen oder zum Schweigen gebracht worden – und einige waren noch dort und machten sich zusammen mit den Gefangenen eine angenehme Zeit.

Es gab eine Zwischenzeit von vierzehn Tagen, bevor Rintoul angegriffen wurde, zweimal sieben Tage, für den Veer eine magische Zahl. Sie hätte ihm vielleicht dazu dienen können, das Unmögliche zu erreichen, seine Pläne für ein Neues Zeitalter in Gang zu bringen und sicherzustellen, daß die Stadt in seinen Händen blieb. Die betrunkene Meute des Volks aus dem Norden *wurde* kontrolliert. Alle wurden auf Kosten der Stadt ernährt, neu eingekleidet und untergebracht. Ein unguter Friede lag über dem Goldenen Netz, als die Dunklen Tage endeten. Veer marschierte mit seinen Jungen Schnittern zum Corr-Pavillon. Das Neue Zeitalter wurde ausgerufen mit Veer als oberstem Herrscher, als Juran auf Lebenszeit.

Astagwey war gezähmt und aufmerksam. Sie hatte nur eine Handvoll Offiziere und Veers Leibwache, die Stakaia, um über Rintoul zu herrschen. Sie hatte die Instinkte eines Generals und drillte ihre stärksten Gruppen auf den offenen Plätzen der Stadt. Die Wolkenkratzer waren schwer zu belagern. In den Tagen seit jenem unwürdigen Gerangel an den Wassernetzen waren vier Häuser an der nördlichen Spitze der Hügelkette geleert worden, und der große Wolkenkratzer des Schwarzen Pentroy im Zentrum hatte sich immer in der Macht des Juran befunden.

Astagwey schickte an die hundert Soldaten mit Äxten und Feuer hinauf und brachte die Korbseilbahnen und Wolkenwege zu Fall, die die Häuser miteinander und mit dem Rest der Stadt verbanden. Die Clans und ihre Vasallen waren so in ihren hohen Steinhallen auf seltsame Weise abgeschlossen. Einige der Häuser waren überfüllt und schlecht mit Vorräten versorgt, einige, wie das Haus der Alten Corrif Wentroy, enthielten nicht mehr als eine Handvoll Vasallen und eine kleine Familie von Grandentypen.

Die alten Fäden waren in den Dunklen Tagen zerrissen worden, doch sie hielten immer noch fest genug. Vasallen und Hausbedienstete blieben ihrem Clan treu. Sie waren überwiegend friedliche Leute, die sich kein anderes Leben vorstellen konnten, die in den Diensten des Clans aufgewachsen waren und ihre Familien bildeten und die in ihrem Leben niemals etwas Gewalttätigeres zu tun gehabt hatten, als bei einem belebten Fest „Weg frei!“ zu rufen. Hinterher gab es Erzählungen über Gefangene aus Itsik, Vasallen, die eine kurze oder lange Strafe abbüßten, die von Meetal Gullans Rebellengruppe fortrannten, heimlich nach Rintoul kamen und ihre Clans anflehten, sie wieder aufzunehmen. Doch diejenigen, die Rebellen blieben, die in Astagweys Armee Offiziere waren, waren die erbittertsten und verzweifelsten unter allen Kriegern: Ausgestoßene ohne Hoffnung auf Gnade.

Die Stadtleute von Rintoul waren in ihrer Loyalität verwirrt und empfanden das oft ernsthaft als Belastung. Sie liebten die Clans nicht, doch sie lebten sehr häufig davon, ihnen Dienstleistungen, Waren oder Produkte zu verkaufen, Stoff-, Metall-, Holz- oder Glasarbeiten, Drucke, Delikatessen, Lampen oder Unterhaltung für die Granden zu liefern. Letztendlich verlor Veer die Unterstützung durch den Stadtrat und das Volk der Stadt durch die Armee der Astagwey, die aus mehr als einer großen Fünf von armem Volk aus dem Norden bestand, das durch seine Erfahrungen auf dem Weg zur Stadt hin arrogant und zügellos geworden war. Das Morden an den Wassernetzen und die rohe Weise, wie Astagwey mit ihren eigenen Anhängern umging, jagte den Städtern gewaltige Angst ein. Sie kauerten verärgert in ihren Häusern oder stellten den Rebellen oder Plünderern Hinterhalte. Sie halfen den Clans, wo sie konnten.

So weit der Ablauf der Geschehnisse für mein Geschichtsrunenband. Aber vielleicht könnte ich noch mehr auf dieselbe Weise erzählen. Veer hatte eine leere Drohung in den Raum gestellt. Er hatte niemals vorgehabt, die Jungen Schnitter, die Kinder der Clans, gegen Astagwey einzusetzen. Niemand wußte, wahrscheinlich nicht einmal Veer selbst, ob er die Armee an den Wassernetzen hätte aufhalten können. Astagwey und ihre Offiziere hätten es vielleicht gekonnt. In dieser Situation brachte der einzige Befehl, den Veer seinen Wachen gab, ebenso Unglück über seine Herrschaft wie über die kleine Gruppe von Clanangehörigen, die versuchten, mit den Rebellen zu reden. Als die furchtlose, närrische und leuchtend gekleidete Gruppe von Granden sich der Plattform des Erbauers gleich hinter den Netzen näherte, befahl Veer, der von dem kleinen Garten zwischen den Wolkenkratzern aus, von dort, wo er Obal zu Tode gebracht hatte, zusah, dem führenden Stakaia: „Laßt sie nicht reden!"

Also griffen die Wachen an. Vielleicht stellte in diesem Augenblick Astagwey Veer eine Frage. Auf jeden Fall griff die Armee über die Netze an und betrat Rintoul. Astagwey und einige ihrer Offiziere kamen ruhig per Boot herbei und segelten den großen Kanal hinauf. Den Jungen Schnittern, die sich danach sehnten, irgend etwas zu tun, war nur erlaubt, Astagwey auf den Stufen des Corr-Pavillons zu begrüßen. An den Netzen herrschte immer noch eine große Verwirrung. Die Granden und ihre Vasallen erkämpften sich den Weg zurück in die Wolkenkratzer. Die Stakaia selbst mußten von den Angreifern Verluste hinnehmen, die nicht groß zwischen Freund und Feind unterschieden. Die Belagerung der Wolkenkratzer war auch nach Stunden noch nicht organisiert.

Die Clanangehörigen hatten ihre abirrenden Kinder verstoßen, aber dies war eine Sache der Form – wie alles andere. Einige Familien versuchten verzweifelt, ihre Kinder durch jedes Mittel zurückzubekommen, das ohne offene Verhandlungen mit Veer möglich war. Vor dem Kampf an den Wassernetzen hatte es mehrere Versuche gegeben, einzelne Schnitter zu entführen, sie mit Gewalt zu ihren Familien zurückzubringen. Es gingen Gerüchte über solche um, die die Nachricht geschickt hatten: „Bitte entführt mich, so daß ich nicht meinen Eid breche." Es gab über jeden Clan Gerüchte über geheime Abkommen, die mit Veer über die Rückgabe oder zumindest den Schutz der Schnitter geschlossen worden seien. Ich weiß sicher, daß, speziell was unsere Familie betraf, weder Guno noch irgend jemand sonst von den Zentralen Wentroy um die Rückkehr Serets gebeten hat.

Die Alte Corrif von dem Curran Wentroy, ein exzentrisches altes Geschöpf, von dem man nicht sehr viel erwartete, landete einen großen Coup. Zuerst bat sie schamlos um die Rückgabe ihres Großkinds Mard, aber sie wurde zurückgewiesen. Dann sammelte sie ihre Kräfte, fünf tatterige Vasallen und einige verwandte Kaufleute aus ihrer unglücklichen Ehe mit einem Gemeinen, und fing Mard sowie die Galtroy-Jahresschwestern Evaro und Iffarl in den Straßen Rintouls. Sie setzte sie in ihrem Wolkenkratzer gefangen und versuchte, sie von der Magie des Veer zu heilen, indem sie sie mit Delikatessen fütterte und ihnen Musik vorspielte. Dies hatte einen sehr seltsamen Effekt: Mards Eltern, stark konservative Leute mittleren Alters, die sich eher an der angeheirateten Luntroy-Verwandtschaft orientierten als an dieser närrischen Mutter, sprachen nie wieder mit der Alten Corrif. Die drei Gefangenen wurden geheilt – lange, nachdem alles vorbei war, tauchten sie fett, übellaunig und vollkommen harmonisch singend wieder auf. Die Alte Corrif, die fest an ihrem Entschluß festhielt, alles zu tun, was sie für richtig hielt, und zu beweisen, daß sie kein Abkommen mit Veer hatte, ging ohne Einladung zu den Wassernetzen und verlor ihren rechten Arm. Sie kränkelte über ein Jahr lang und starb dann, nicht ohne betrauert zu werden.

Es gab viele andere Clanlegenden dieser Art, tragikomisch, verwirrt. Die Zahl der Jungen Schnitter, die abbröckelte, erreichte zwei Siebenen, doch nur drei Personen gingen offen mit der Begründung davon, daß sie nicht an die Botschaft des Veer glaubten: Valdin, Thanar und und Heeth.

Nachdem einmal die Belagerung verhängt worden war, versuchten die Granden miteinander und mit der Außenwelt zu kommunizieren. Runenbänder wurden geworfen, Geisteskraft kam hoch in Kurs. Ein Vasall, der ein Zeuge war, war ein Kleinod. Jene, die wie Guno sich wenig aus ihren eigenen Kräften gemacht hatten, benutzten sie nun ganz offen. Es gab Geschichten über Zeugen in der Stadt Rintoul, die in der Nacht durch eine Geistesbindung geweckt wurden, die von einer vornehmen Familie nach Jahren wieder aktiviert worden war. Veer ließ diese Zeugen zusammentreiben, doch war es für seine Zwecke bereits zu spät. Einige von ihnen tauchten unter und dienten den Clans.

Die „Soldaten“ aus dem Norden, übersättigt von den Reichtümern der Stadt, sahen wahrscheinlich keine große Zukunft vor sich. Sie hatten einen langen Weg hinter sich, und es war offensichtlich, daß sie nicht für immer in der Stadt bleiben konnten. Sollte die Große Ernte lediglich in Nahrung und einer Garnitur Kleidung bestehen? Aber dann war da noch die seltsame Geschichte vom Geschenk der Galtroy. Es wurde wieder und wieder von jedem Mitglied des Clans dementiert, doch das Gerücht blieb bestehen. Der Galtroy-Clan, so wurde gesagt, hatte dem Veer eine große und ansehnliche Belohnung für den Schutz seiner Kinder angeboten: einen Landzug im Osten von Rintoul für die Ansiedlung der Soldaten Astagweys. Eine Art Landschenkungsplan hat wirklich existiert – ich habe ein teilweise erhaltenes Runenband darüber gesehen –, aber sein Ursprung bleibt geheimnisvoll. Das Geschick des Galtroy-Clans, das bis zu dieser Zeit mit dem Schwarzen Pentroy verknüpft gewesen war, wurde durch dieses Gerücht verändert. Sie wurden unabhängig und verbittert. Rilpo, der einen vernünftigen, umgänglichen Führer abgegeben hätte, war tot, seine Cousine Foret, Faldos ältere Verwandte, kam an die Führerschaft und verbiß sich in einen lebenslangen Kampf mit Guno Deg. Ein „Galtroygeschenk“ wurde der Ausdruck für ein Bestechungsgeld, für eine geheime Zahlung.

So lag die kurze Herrschaft Veers über Rintoul oder wurde von der Stadt in ihrem goldenen Netz gehalten. Am seltsamsten waren die Berichte von einigen, die in dieser Zeit durch die Stadt kamen und fanden, daß ein neues Zeitalter anbrach, ein Gefühl der Frische und der Hoffnung in der Luft lag. Die Reden des Veer klangen in keiner Weise nach Verzweiflung, sondern hatten vielmehr eine neue Festigkeit, das Gefühl von Macht und Ordnung hinter dem Gesang und den Schlagworten. Er veröffentlichte die Pläne für den Wiederaufbau des Tempels, für den Wiederaufbau von Otolor, für den Bau einer Straße zum Salzhafen, die sogenannte weiße Straße. Er bot verschiedenen Städten – Geeler, Wellin im Norden, Thig und Gaven im Osten – Urkunden an, die sie zu freien Städten machen würden. Er plante eine neue Stadt in der Wüste, nahe beim Windfelsen, und sie sollte den Namen Yorowel tragen, nach seinem Vorgänger, jenem sanftmütigen und unschuldigen Zauberer. Er sprach von einem Leben ohne Clans, ohne Vasallenschaft, in dem „Leistung belohnt" würde, in dem seine Jungen Schnitter die Speerköpfe einer neuen Gesellschaft sein würden, befreit von den alten Fäden. Er sprach freundlich über Tsagul, die Feuerstadt, und von dem, was sie durch Rintoul und die Clans und den verstorbenen Tiath Gargan zu leiden gehabt hatte. Gleichzeitig machte er keinen Hehl aus seinem Interesse an Feuer-Metall-Magie: Wissen und Anregung aus dem Tempel sei der Schlüssel zu ihrer Handhabung. Er deutete die Bildung eines stehenden Heeres an, ein Unding, das es selbst zu Zeiten der Torlogan nicht gegeben hatte: eine bezahlte Truppe von Soldaten, die einzig dem Juran unterstehen sollte. In allem, was er plante, waren Gutes und Böses untrennbar verwoben, und das ganze Gewebe seiner Regierung hing an schwachen Fäden: die mörderische Weise, in der er an die Macht gekommen war.

Ich war zu lange auf dem Dachfirst gewesen, hatte Botschaften empfangen und ausgesandt. Ich wünschte mir niemals, an einer anderen Schlacht teilzunehmen, doch zugleich fühlte ich mich nach Rintoul hingezogen. Ich fragte Nantgeeb, ob ich mich zu Orn Margan oder zu einigen der Regierungstreuen durchschlagen könnte, die sich im Delta sammelten, und schließlich stimmte sie schweren Herzens zu. Es war elf Nächte seit dem Ende der Dunklen Tage. Als ich vom Dach herunterkam, stieß ich auf Jirineth, der im ersten Stock wartete. Er lief mit seinem nervösen Schauspielerschritt hin und her und zog mich mit sich in den Vogelraum.

„Ich denke, ich muß mich früher oder später diesem Friedensstifter anschließen", sagte er.

„Du mußt nicht gehen", sagte ich.

„Doch, muß ich", erwiderte er und lächelte. „Kennst du wirklich den Grund nicht, Vetter Dagovin?"

Ich erinnerte mich an ein paar Nichtigkeiten. Ich blickte in seinen Geist. Er saß lächelnd da und lud mich ein, dies zu tun. Ich sah zwei Personen: eine schöne Frau in der Kleidung der Schauspieler und einen jungen Mann in Braun und Gold, dessen Gesicht mir bekannt war.

„Orn Margan Dohtroy?"

„Und meine Mutter Deljirin, sie war eine Zeitlang seine Partnerin."

Soviel also zu den Geisteskräften. Sie hatten mich noch nicht einmal meinen Halbonkel erkennen lassen. Obwohl ... wenn ich an die goldene Zeit zurückdachte, als „Der Fall der Menschen“ in unserem Hof aufgeführt wurde, so hatte ich vielleicht Mirin zusammen mit Jirineth wie mit einem Freund gehen sehen, und sogar meine Großmutter hatte ihm einen frostigen persönlichen Gruß zuteil werden lassen. Meine ersten Gedanken waren Freude und Stolz, mit diesem hervorragenden Schauspieler verwandt zu sein. Dann war die reine Ungeheuerlichkeit der Sache – was für ein herrlicher Tratsch, um ihn Seret zu erzählen. Unser ehrbarer Dohtroy-Großvater! Ich lachte laut auf und nahm Jirineth bei den Händen.

„Lieber Onkel ... lieber Onkel Jirineth, wir werden zusammen gehen!“

„Hölle, was habe ich da angerichtet!“ schrie er. *„Onkel!* Was für ein muffiges altes Wort! Das will ich nicht wieder hören.“

Am nächsten Morgen brachen wir sehr früh in dem schnellsten Kielboot auf, das es in Linlor gab, und wir waren nur drei: Jirineth, Yarth vom Curran Wentroy und ich. Ich hätte wieder in Linlor nach Freiwilligen aufrufen lassen können, doch ich dachte, daß es am besten wäre, die Stadtleute aus diesem Abenteuer herauszuhalten. Tamiset und Balkaveer hatten die Leitung des Haushalts übernommen, womit Charan und die Neuen einverstanden waren und sich einfügten. Der Abschied war nicht ganz so, wie er mir gefallen hätte, aber Schauspieler muß man bei Laune halten. Lieder wurden vorgetragen, Vantelar und Praad tanzten herum, wobei sie in den Drehungen pfiffen und schrien, an unserer Fahnenstange hingen Blättergirlanden. Einen Tag und eine Nacht lang unterstützte der Wind uns gut, und am Mittag des dreizehnten Tages nach den Dunklen Tagen kamen wir in das Delta und nahmen den weitesten östlichen Kanal.

Auf allen Kanälen des Deltas vollzogen sich verborgene Vorgänge. Die Türme der Städte rückten näher und lagen im Licht. Rintoul breitete sich am Horizont aus und erfüllte Himmel und Erde. Wir kamen nach Curweth Beg, der Insel im Troon, die jetzt von Astagweys Garnison verlassen war. Hinter einer Baumreihe lagen ein ausgedehnter Landeplatz und ein alter Steinturm, den man für die Beobachtung der Sterne benutzte.

Ein Vasallenpaar vom Curran Wentroy sprang hervor, als wir den Pier erreichten; sie verlangten das Losungswort. Während Yarth protestierte, wir wären ihnen völlig ausreichend bekannt, stahl ich aus ihren Geistern die Losung und gab sie zurück: „Der grüne Wentroyvogel“. Ich wußte, daß es mein Vetter Thorn gewesen war, der diese Losung gewählt hatte. Wir sahen, daß um uns herum unter den Bäumen überall die Zelte der Wentroy und Luntroy standen. Die Herren von Lanno hatten eine beträchtliche Streitmacht versammelt. Yarth wurde sofort herbeigerufen und zu ihren Kameraden geschickt. Jirineth und ich gingen zum Steinturm weiter und hörten laute Stimmen.

Dort stand Thorn in Lebensgröße, seinen Arm in einer grünen Schlinge, leuchtend wie eine Fahne, und die Alte Noon war voller Antriebskraft. Es waren mehrere neue Gesichter da, Clanangehörige, die ebenso wie Tewl Avran aus der Stadt geflohen waren. Hier sah ich zum ersten Mal Foret

Galtroy, dunkeläugig, mit dem vorspringenden Galtroykinn, und ihren Verwandten Trenna, grau und mit einer sanften Stimme, und hier war auch Novar vom Südlichen Pentroy, der in jüngeren Jahren so etwas wie ein Held gewesen war, jetzt eine stämmige Gestalt, begleitet von einem schlanken Glück, einer buckligen Frau, die umherlief, um ihm Getränke zu bringen.

So kam ich schließlich zu einem Clantreffen von der Art, die Seret und ich stets zu vermeiden versucht hatten. Jetzt gab es kein Entkommen. Ich freute mich zu sehen, daß sie alle hier waren, um die Sache zu unterstützen, für die ich selbst gekämpft hatte, aus persönlichen Gründen. Die Unterhaltung brach ab, als wir eintraten. Ich stellte fest, daß es mir leichtfiel, die Huldigung zu machen. Die Alte Noon erwiderte den Gruß, doch sonst niemand. Ihre Köpfe drehten sich weg, sie fuhren mit Reden fort.

Aus dem Redefluß kam Thorns fröhliche Stimme: „Das stimmt, Rovan Welroyan und Orn Margans Halbblut, der Schauspieler."

Und eine andere Stimme, Foret Galtroy: „Guno traut dem natürlich, aber wer weiß ...?"

Jirineth lächelte mir verstohlen zu, und wir bedienten uns selbst mit Essen und Trinken. Sogar die Hausdiener waren uns nicht verpflichtet. Sie trugen die Livree des Galtroy, kamen aus Rintoul. Ich setzte mich mit Jirineth in eine schattige Ecke und machte niemandem meine Aufwartung, da die Alte Noon weit entfernt war. Ich spürte meine gute Laune dahinschwinden. Es schien mir, als blickte ich einen langen, grauen Steinkorridor hinunter, ähnlich dem im Tempel, und dies war mein Leben unter den Clans, wenn alles beendet sein würde, wenn der Sieg errungen sein würde.

„Abgebrannt!" rief Thorn. „Innen und außen abgebrannt." Er sprach von seiner Villa.

„Junger Rovan", sagte er, „wo steckst du, verbirgst dich in den Schatten wie ein Geist?"

„Hier, Vetter Thorn."

„Was ist mit deiner Villa, he? Linlor hat Lösegeld gezahlt, hörte ich."

„Die Villa bei Linlor wurde abgebrannt", sagte ich.

„Warst du da, als sie brannte?" fragte Trenna Galtroy ruhig.

„Nein, Hoheit Trenna, ich war in Otolor oder auf dem Weg zurück nach Linlor."

„Otolor auch." Foret lachte. „Du läßt eine feurige Spur zurück, wie ein Komet, Rovan Welroyan. Auf welchem Ufer des Flusses bist du heruntergewandert?"

Ich antwortete nicht. Das war eine bösartige Unterstellung: Konnte jemand annehmen, daß ich in Otolor Feuer gelegt hatte, an den Villen auf dem Ostufer und dann schließlich an meinem eigenen Heim, auf der anderen Seite des Flusses? Ich spürte, wie Jirineth an meiner Seite wütend wurde, und zeigte ihm noch ein trauriges halbes Lächeln. Ich war schon vorher auf Clanversammlungen ins Kreuzverhör genommen worden und hatte böse darauf reagiert. Nun reagierte ich überhaupt nicht. Nun, Großmutter, dachte ich, bist du stolz auf mich? Habe ich gelernt, mich zu benehmen? Die Konversation setzte wieder ein. Die Grandentypen – und auf einmal, so entschied ich, paßte das vulgäre Wort zu ihnen – redeten von ihren harten Zeiten. Die Alte Noon rief sie zur Ordnung.

„Wir müssen eine Rolle in einem großen Plan spielen", sagte sie, „und wir müssen uns klarmachen, was wir zu tun haben. Rovan Welroyan, komm, stell dich neben mich."

Das war freundlich gemeint, doch ich war immer noch niedergedrückt. Die Alte Noon las von einem Runenband ab. Ich kannte den Plan und meinen Platz darin und war froh zu sehen, daß die anderen vernünftig reagierten. Als die Weber dieses Plans wurden Orn Margan, Tsorl-U-Tsorl, Tewl Avran und die Alte Noon selbst genannt. Ich zweifelte nicht daran, daß sie alle an der Ausarbeitung beteiligt gewesen waren, obwohl es Nantgeeb gewesen war, die das Muster bereits erkannt hatte, bevor die Arbeit beendet war. Doch die Schöpferin der Maschinen hielt sich abseits, befand sich immer noch in einem schattenhaften Zustand, weder lebend noch tot.

Die Sache mit dem Abwerfen von Runenbändern oder dem Fall der Runenbänder war seltsam. Ich entdeckte später, daß es eine Idee der Menschen war. Jetzt wurde sie ein wenig in Frage gestellt.

„Können diese Leute Runenbänder lesen?" fragte Foret.

„*Meine* Buschweber können es alle", sagte Thorn. „Was diese Wölfe aus dem Norden angeht, so bin ich nicht sicher ..."

„Oh, natürlich können sie lesen", sagte Novar Pentroy, „oder jedenfalls genug von ihnen, um die Nachricht weiterzugeben. Es geht um ihr Leben."

„Es geht darum, die Stadt von diesem Dreck zu säubern", sagte Trenna Galtroy, wie stets mit sanfter Stimme.

„Sie sind unser Volk, was immer sie getan haben", sagte die Alte Noon.

Dann winkte sie mit einer Hand, und Luntroy-Vasallen kamen mit Körben von Runenbändern in jeder Farbe herbei, größtenteils alte Fäden, die aus Kleidungsstücken und Wandbehängen herausgelöst worden waren.

„Großes Feuer!" knurrte Nova. „Noon ... das ist nicht Euer Ernst!"

„Wir brauchen noch Hunderte mehr", sagte die Alte Noon. „Fangt an mit Knoten, Ich nehme an, *Ihr* kennt alle die Symbole?"

Sie nahm ein Runenband und ich ein anderes, und zusammen begannen wir, den vorgeschriebenen Text zu knoten. Alle streckten ihre Hände aus. Jirineth kam und setzte sich neben mich, und wir knoteten und überprüften beim Licht der Kerzendreiecke. Mein Groll und die Melancholie wurden durch die Arbeit und durch die Art, in der sogar die steifsten Clanleute mitmachten, gedämpft. Bald darauf verlangte die Alte Noon ein Lied, und wir sangen zusammen, dann sang Jirineth allein, viele Male, und Edril, das Glück der Familie Novars, legte die Arbeit beiseite, um auf einer winzigen Muschelharfe zu spielen und alte Lieder zu singen. Es war eine Szene, die ich nie vergessen werde. So verbrachten wir die Zeit vor der Schlacht. Ich dachte an die Runenbänder, die verlorengehen würden, die nicht verstanden würden, die in die Gänge und Winkel der Stadt oder in die Kanäle fallen würden, ihre lebensrettende Botschaft reduziert auf fünf geknüpfte Symbole:

NORDVOLK GEHT NACH HAUS!
LASST EUCH ZÄHLEN UND ERHALTET EURE VERZEIHUNG
AUF CURWETH BEG!

Jedes Runenband war mit dem Namen eines Clan unterzeichnet.

Die ganze Nacht hindurch kamen und gingen Leute, um zu schlafen oder Vorbereitungen zu treffen, doch das Knoten ging weiter, und die fertigen Runenbänder wurden hinausgetragen und in einen genialen Tuchschlauch gestopft, der unter einer alten Flugmaschine der Luntroy angebracht werden sollte. Draußen in den Zelten brannten Lichter, und Spey Ningan ließ knotende Kreise von Vasallen weitere Runenbänder herstellen.

Ich stieg auf die Spitze des alten Observatoriums und blickte auf die Stadt hinab. Sie war so nahe, daß ich mit meinem Geist fast in die Straßen und Wasserwege des Goldenen Netzes hinausreichen konnte. Sie war noch schön, aber im Licht der Fernen Sonne blickte ich zu den Wolkenkratzern hin und erzitterte. Sie waren alle ohne Flechtwerk, die Wolkenwege waren heruntergerissen worden, die weißen Mauern waren durch Fenster schwarz genarbt. Sie erhoben sich gegen den dunklen Himmel wie die Skelette gigantischer Krieger.

Ich berührte das Netz der Kommunikation, das in der Stadt bestand. Ich war mir zweier verschiedener Systeme bewußt, dem der Zeugen Veers und dem der anderen, der verborgenen Zeugen, die den Clans treu waren. Ich konnte nicht direkt in den Austausch eines der beiden hineinreichen, doch es gab eine Art von Ausfluß. Erregung, Sorglosigkeit im Blockieren ließ Wörter und Gefühle hinausdringen. Veers Zeugen waren sehr unruhig. Inzwischen wußten sie, daß der Angriff Orn Margans nicht mehr lange auf sich warten lassen würde. Die verborgenen Zeugen hatten den Plan nur halb erfahren, so daß sie uns helfen konnten, ohne unsere Geheimnisse zu verraten.

„Vuruno ...“ Ich sendete den Namen der Geisteskrieger-Tradition, der mit dem Clan der Dohtroy verknüpft war. Es war unser Losungswort unter den loyalen Zeugen.

Mich erreichte der kleine Gedanke eines verborgenen Zeugen:

„Nahoo, Junges Licht ...“

Das war mein Name unter diesen Leuten, und ich fühlte mich durch ihn geehrt. Er war sicher besser als Topfzerschmeißer.

„Junges Licht, in der Stadt verläuft alles gut. Habt Ihr irgendwelche Neuigkeiten?“

„Beruhigt Euer Denken. Draußen läuft alles gut. Seid bereit!“

Es war bereits Zeit für ein erstes Ausstreuen von Runenbändern. Ich sah den alten Luntroy-Vogel im Licht der Fernen Sonne aufsteigen und seinen niedrigen Flug über Curweth Ma, das östliche Wassertor der Stadt, hinweggehen. Die Clanleute waren in ein höheres Stockwerk des alten Turms gegangen, und die Vasallen saßen in den Baumspitzen, um zu beobachten, wie Novar Pentroy seine Runde machte. Laute Hochrufe ertönten, als die Wolke der Runenbänder wie Schneeflocken auf die offenen Plätze der

Stadt fiel: auf die Runde der Freunde, die Plätze vor den Türmen der Ratsversammlung, das Zunfthaus der Kaufleute, das Tuchpalast genannt wurde.

Der Dachfirst war mein Reich. Niemand störte mich. Ich hatte einen Schlafsack dabei und legte mich unter den Schatten eines alten hölzernen Rahmens zum Vermessen des Himmels. Ich wünschte ein paar Personen gute Nacht: Jirineth. Der Alten Noon. Thorn. Ihre gedämpften „normalen" Stimmen beruhigten mich. Ich machte mir meine eigene Dunkelheit und schlüpfte hinein.

„Ein schöner Anblick!" rief die Alte Noon.

Drei Maschinen aus Tsagul stiegen über der westlichen Mauer im Licht von Esto auf, und wieder fielen die Runenbänder, ein riesiges Laken von Runenbändern verströmte über der Stadt, alle rot und golden gefärbt. Der Plan wurde endlich umgesetzt, das Delta wimmelte vor Aktivität, selbst Rintoul schwirrte wie eine Harfe. Wir konnten von diesem weit hinausblikkenden Fenster im Turm ganz offen eine Bewegung von Leuten am Östlichen Tor sehen.

„Auf den Weg, Kind", sagte die Alte Noon. „Sei so vorsichtig wie möglich. Du hast Jirineth, und Thorn läßt dich Yarth mitnehmen."

„Viel Glück, Hoheit Noon!"

Sie gab mir ihre Hand, und ich küßte sie und rannte die steile Treppe hinab. Jirineth und Yarth waren vollständig mit lächerlichen Brustplatten aus Flechtwerk, Helmen mit Gesichtsmasken sowie Mänteln gegen die Morgenkälte vermummt. Die Insel war voller marschierender, schleppender Leute, die Befehle riefen.

Am Landesteg gab es ein Zelt, in dem sich einige von den Grandentypen der letzten Nacht und Spey Ningan befanden. Da war auch eine kleine, verwahrloste Gruppe von Leuten, deren Blicke ich wiedererkannte: Leute aus dem Norden.

„Schon!" sagte Yarth, als wir zu unserem Boot kamen.

Die erste Bootsladung war angekommen, sie hielten ihre Runenbänder von den Straßen der Stadt fest. Sie hatten nicht einmal abgewartet, um zu sehen, wie die Schlacht ausgehen würde. Sie waren gekommen, um sich auf Curweth Beg zählen zu lassen und damit ihnen verziehen würde. Die große Abrechnung hatte begonnen.

Wir ließen uns in unseren Booten nieder, und Yarth brachte uns in den Hauptkanal. Als wir bei Curweth Ma ankamen, war das schwere Wassertor geschlossen worden. Wir bewegten uns langsam daran vorbei, indem wir uns an dem mit Riedgras bewachsenen östlichen Ufer des Kanals entlangdrückten. Aus der Stadt kam der Lärm von Stimmen und Trommeln. Wir segelten an der Seemauer der Stadt entlang, zum Gavan Ma, dem Salztor, nahe dem südlichen Hafen. Unsere Aufgabe war, einen kleinen Wachposten zu halten, den einzigen auf der östlichen Flanke. Die Seemauer machte diesen Ort für Angreifer und Verteidiger zu einem toten Fleck. Sie war hoch und glatt und auf beiden Seiten ohne Halt. Doch weiter unten, bei dem Salztor gab es einen Weg in die Stadt über einen aufgegebenen Straßendamm mit einem alten Leuchtturm für Schiffe. Ich hatte Jirineth von meinem Spitznamen erzählt, und jetzt rissen wir Witze über Junge Lichter in alten Leuchttürmen.

Der Kanal war unruhig, als wir uns dem Großen Ozean näherten. Niemand beobachtete vom Ende der Seemauer aus. Yarth stakte vorsichtig zu einem alten Schiff, das am Straßendamm auf Grund gegangen war. Wir legten daran an und sprangen spritzend durch rauhes, aufgewirbeltes Wasser zum Leuchtturm. Sein Fundament war ein einziger runder Steinblick, ähnlich einem riesigen Rad, ein Zeichen dafür, daß die Torlogan dieses Gebäude errichtet hatten. Über uns erhob sich eine Konstruktion aus geschwärztem Fachwerkholz, das mit Seegras und Muscheln bedeckt war. Wir kletterten die uralten Leitern hinauf und ließen uns im Ausguck nieder, einem runden Raum ohne Dach und zur Stadt wie zur See hin offen. In der Mitte stand der Steinkessel des alten Leuchtfeuers, geschwärzt von Feuer.

Es war ein phantastischer Aussichtspunkt. Dort war das Salztor und dort der Hafen von Rintoul, zwei schlanke Landarme, verlängert durch lange Wellenbrecher, die Hafenmündung zeigte nach Süden und eine kleine Zufahrt, der Ärmel, nach Westen. Die Glasinsel rauchte und blinkte gegenüber der sechsten Landungsbrücke. Ich sondierte und suchte bereits alles nach Wachposten oder Soldaten der Astagwey ab. Yarth und Jirineth taten mit zurückgeklappten Visieren dasselbe.

Was ich feststellte, war für den Plan fast zu gut, um wahr zu sein. Die Landungsbrücken waren fast verlassen. Weit weg bei den Lagerhäusern im Westen herrschte ein wenig Kommen und Gehen von gewöhnlichen Bürgern – keine Aussichtsposten, keine Truppen bei den schmucken weißen Häusern unterhalb des alten Wellenbrechers. Doch auf dem Wellenbrecher selbst ...

„Dort!“ rief ich aus. „Ein paar Wachen ... eine Stadtwache, vier von Astagwey auf dem alten Wellenbrecher vor der Runde der Freunde. Und eine ganze Truppe weiter oben, auf den Terrassen des Pavillons.“

„Was ist dort, Hoheit?“ fragte Yarth.

Sie zeigte auf die Straßen und Flechtwerkgänge unterhalb der Seemauer, ein malerisches Viertel mit exotischen Bäumen, die auf den Dächern wuchsen. Als ich sondierte, deutete Jirineth auf den weiter entfernten Teil der westlichen Mauer: ein Rauchstreifen stieg nach oben, und ein hell leuchtender Blitz grünen Feuers breitete sich in der Luft aus.

„Es ist fast soweit!“ sagte er. „Das ist das Signalfeuer der Menschen, der Stern Eenaths.“

In den Häusern unterhalb der Seemauer stieß ich auf Furcht und Verwirrung, und diese war nicht durch das grüne Feuer verursacht. In dem langen Durchblick, der sich bis zu dem Ratsturm erstreckte, gab es eine Bewegung.

„Ein großer Trupp kommt hierher“, berichtete ich, „wahrscheinlich, um das Salztor zu schließen oder die Landungsbrücken zu besetzen.“

Als wir uns hinter dem steinernen Lichtkessel versteckten, stellte ich Kontakt mit der Armee Orn Margans her. Ihr führender Zeuge, Onnar, meldete sich mit einem deutlichen Ruf, und ich sah durch ihre Augen die braunen Reihen der Dohtroy und die zusammengedrängten Bürger von Tsagul, deren Füße noch staubig waren vom Marsch über die rote Straße.

„Zählt bis zehn bis zur Zeit für das Tor", sagte sie, als ich berichtet hatte.

„Fünf bis zum Ablenkungsmanöver ..." sagte ich.

Ungebeten streckte ich mich in dieser Zeit von fünf Pulsschlägen bis zur Kette der Wolkenkratzer hin. Der Morgennebel hing noch um die Türme und verbarg ihre Verschandelung.

„Bereit?"

„Störe mich nicht!" herrschte mich in unverwechselbarem Ton Guno Deg an. *„Mache niemals Soldaten aus ihnen ... Rovan, ist das südliche Ende ruhig?"*

„Viel tut sich nicht, Großmutter."

„Vier ... fünf ..." sagte sie. *„Ich traue diesen Narren aus den Galtroy-Häusern nicht."*

Eine Welle von Krach rollte über die Stadt. Trompeten dröhnten aus den Wolkenkratzern, als die Vasallen ausbrachen, um gegen ihre Belagerer zu kämpfen. Die Muschelgehäuse des Juran und die Kriegstrommeln Astagweys ließen das Alarmzeichen erklingen. Stimmen erhoben sich, gewöhnliche Bürger stürmten schreiend und fragend in die Straßen.

„Neun ... zehn ..." sagte Jirineth.

Am westlichen Tor geschah nichts.

„Spät! Spät!" fiel der führende Zeuge ein.

„Tsorls Maschine also?" fragte ich.

Unter uns begann der Trupp von Astagweys Soldaten zu laufen, zu rufen und kam an, um das Salztor zu schließen. Wir konnten sehen, wie sie die Winde bedienten, durch die das alte hölzerne Gitter in dem aufgewirbelten Wasser in Position gebracht wurde. Dann war das erledigt, und sie gingen zur ersten Anlegestelle hinunter. Wir sahen, daß von dem alten Wellenbrecher Signale gegeben wurden, unter den Angehörigen der Wache standen die Freundinnen der Stadt ... einige von ihnen in Wahrheit *unsere* Freundinnen.

„Spät?" sagte Jirineth. „Tsorl *wird* das Tor mit seinen verdammten Minenarbeitern in die Luft sprengen müssen."

Dann, die Zählung war etwa bei zwanzig, wurde das Tor von innen geöffnet. Das Netz der verborgenen Zeugen hatte geschworen, daß das geschehen würde. Die Regierungstreuen würden das erledigen. Selbst bevor Onnar, die führende Zeugin, ihren Triumphschrei ausstieß, ertönte ein neuer Klang: das metallene Geschmetter der Tsagultrompeten, die jene aus Holz und Muschel übertönten, die über Rintoul dröhnten.

Ich sprang hinter dem Kessel hervor, stand auf Zehenspitzen auf der Plattform und, weitsehend, dehnte meine Sicht bis zu dem Tumult am Tor aus. Die Ablenkung schien auf eine Art funktioniert zu haben, doch gab es keinen Zweifel, daß Astagweys stärkste Truppen und viele hundert ihrer armen Anhänger aus dem Norden sich in die Verteidigung des Westlichen Tors und der Westlichen Mauer stürzten. Ich konnte keine Stakaia ausmachen. Ich berichtete, was ich sah, und es war schrecklich zu erzählen. Der Kampf in der Lanno-Villa *war* nicht mehr als eine Wirtshausrauferei gewesen.

Das Kämpfen breitete sich aus wie Feuer und verschlang alles, was sich ihm in den Weg stellte. Vasallen, deren Wolkenkratzer in den kurzen Momenten des Ablenkungsmanövers leicht befreit worden waren, wurden mutig und griffen Astagweys Armee von einem Hinterhalt oberhalb des westlichen Tors aus an. Gruppen von Truppen der Nordleute griffen die Stadtleute an oder wurden von ihnen angegriffen. Am Curweth Ma, dem östlichen Tor, war ein grimmiger Kampf in den Kanalanlegestellen entstanden.

„Wo ist Astagwey?“ fragte Jirineth.

„In ihrem Hauptquartier, dem Tuchpalast“, sagte ich.

„Und Veer?“

„Hoch oben im Pavillon“, antwortete ich. „Und unsere Abteilung – die Luntroy und Wentroy von Curweth Beg – ist über die Wassernetze hereingekommen. Sie befreien die letzten Wolkenkratzer.“

Dann gab es eine Ablenkung anderer Art. Die drei Flugmaschinen des Juran standen auf dem alten Rundhaus weit unten an der westlichen Mauer. Die verborgenen Zeugen hatten den Befehl bekommen, sie flugunfähig zu machen, doch jetzt stiegen zwei Maschinen unbeschädigt auf. Jethan und Cullo erhoben sich in die Luft und flogen direkt über der Mauer, über der Armee aus Tsagul auf der anderen Seite entlang.

„Vorsicht!“ Ich drang hinaus und erreichte den Geist des führenden Zeugen. „Die Maschinen sind über Euch ... ein Feuergrasabwurf, denke ich.“

Lisa Kind hatte über die Idee gelacht, brennenden Staub von einer Flugmaschine aus in die Augen der Leute zu werfen. Aber die Maschinen sind leicht gebaut. Selbst das Feuergras, das mit ein wenig Sand vermischt wird, kann nur in kleinen Mengen transportiert werden, und die Moruianer haben empfindliche Augen. Es war eine verabscheuungswürdige Praktik, genauso wie der Abwurf von am Fleisch haftenden Feuersteinen, aber sie war in Tsagul in dunklen Zeiten angewandt worden. Noch während ich die Warnung aussprach, sahen wir das Feuergras in einer trüben Wolke herunterfallen. Dann drehten die Maschinen über die Mauer zurück ab, und hoch oben tauchten drei Gleiter aus Tsagul auf, nahmen die Verfolgung auf, folgten den Luftströmungen über der Stadt und kurvten in Spiralen heran, um ihren Gegnern den Wind zu nehmen und sie mit den Flügeln zu schneiden. Jethan hatte Pech und mußte niedrig über dem Hafen abdrehen. Ich sah, wie Jirineth mich scharf beobachtete. Ich schwang mich über die Plattform, und bevor ich noch nachdenken oder überlegen konnte, hatte ich gegen die Verbindung zwischen den Pedalen und dem Windfächer an der Seite der Maschinen gestoßen. Ich näherte mich mit meinem Geist so weit ich konnte und spürte, wie die Verbindung zersprang.

„Großes Feuer des Eenath, Kind", sagte Yarth. „Habt Ihr das gemacht?"

Jethans Maschine trudelte hilflos, aber er war sehr geschickt. Wir sahen sie niedergehen, nach Süden streben und auf einer Landzunge östlich der Hafeneinfahrt ausrollen. Ich konnte fast die erleichternde Wirkung der erzwungenen Landung spüren. Cullos Maschine war ihren Verfolgern entkommen und verschwand Richtung Thig. Die Gleiter aus Tsagul vollendeten ihre Runde und entschwanden nach Westen im Dunst.

„Oh, sauber gemacht, Junges Licht!" sagte Jirineth lachend.

Ich dachte an Jethan, das Kind der Alten Noon, das ich hätte umbringen können. Plötzlich gingen mir die Verwirrungen und das Blutvergießen nahe, das überall in der Stadt herrschte, und ich sank zitternd auf die Plattform nieder.

„Hier ..."

Yarth gab mir Honigwasser zu trinken.

„Schaltet Eure machtvollen Gedanken ab", sagte sie. „Ruht Euch einen Augenblick aus. Es ist noch nicht Zeit für den zweiten Angriff."

So ruhte ich aus, und der Kampf ging weiter, beruhigte sich dann und wann und flammte aufs neue auf. Das westliche Tor wurde gehalten, ein Gebietsstreifen, ein paar Straßen entlang der westlichen Mauer, waren in den Händen der Armee Tsaguls. Sie schoben sich voran, Mann gegen Mann kämpfend, und befestigten sich in dem Haus eines Kaufmanns an den Ufern eines kleinen Verbindungskanals. Onnar, der führende Zeuge, wurde zu diesem Ort gebracht, und als ich nach meiner Pause wieder zurückkam, blickten wir zusammen auf die Stadt.

Die Zeit verging, und eine scharfe Stimme schnitt durch meine Gedanken.

„Rovan, meine Uhr hat Mittag geschlagen!"

Guno Deg war in der Geistersprache sehr gut geworden. Die Belagerung hatte ihre Kräfte gestärkt.

„Ich werde auf das Meer hinausblicken, Großmutter. Ist der Wolkenkratzer befreit?"

„Von den Belagerern ja", seufzte sie.

Ich hatte bereits gesehen, daß unser Wolkenkratzer sehr überfüllt war. Zwei kleinere Wentroyhäuser waren nach der Geschichte bei den Wassernetzen „gesäubert" worden, und ihre Einwohner hatten sich zu Guno geflüchtet.

Ich blickte durch die Hafeneinfahrt und durch die heimtückische kleine Einfahrt, den Ärmel. Es war kein klarer Tag, obwohl sich das Wetter gut hielt. Überall war es dunstig, auf dem Meer und auf dem Land. Ich sah, was ich zu sehen gehofft hatte, und irgendwo – auf dem alten Wellenbrecher, auf der höchsten Spitze des Pavillons – befanden sich andere Geister, die ebensogut sehen konnten. Auf dem Wellenbrecher setzte eine Bewegung ein, die sich zu den Landungsbrücken hin fortsetzte. Ich ließ meinen Geist über das Meer reichen und gab Bericht, teilte die Nummer der Landungsbrücke mit: zwei und vier waren frei. Dann begann langsam, langsam, soviel langsamer als das Denken, die zweite Attacke.

In den Hafen von Rintoul tuckerten zwei Dampfschiffe, die *Esnar,* die Kleine Sonne, das Spielzeugschiff des zeitsparenden Kaufmanns Mattroyan, und die *Ullo,* sein größtes Dampfschiff. Beide waren in Tsagul beschlagnahmt und in den Dienst dieser Stadt gestellt worden. Die Muschelschalentrompeten dröhnten vom Pavillon, und endlich sahen wir die Stakaia, die Leibwache des Veer, sich auf den Stufen versammeln. Unten an den Landungsbrücken bezog eine Streitmacht aus Astagweys ausgesuchten Anhängern Stellung. Die *Esnar* hatte bereits den Ärmel durchfahren und sich der vierten Landungsbrücke genähert. Von ihrem Deck sprang die erste Welle der Vasallen des Schwarzen Pentroy.

Es gab niemanden, der gegen sie bestehen konnte. Von dem Augenblick an, da sie sich in Abteilungen formiert hatten, mit Metallspeeren, Schilden und einer Nachhut von Rundbögen, waren alle anderen Soldaten deklassiert. Alles, was sie taten, hatte eine furchteinflößende Perfektion, ihre disziplinierten Bewegungen, die Art, wie Widerstand vor ihnen zusammenbrach. Wir konnten hören, wie die Kommandos gerufen wurden, konnten sehen, auf welche Weise sie sich umgruppierten, so daß die Bogenschützen schießen konnten. Sie rannten, stachen zu, schrien, zogen dann ihre Lanzen heraus und marschierten weiter vor.

Die erste Welle von der *Esnar* konnte, obwohl zahlenmäßig völlig unterlegen, leicht standhalten, bis die *Ullo* an der zweiten Landungsbrücke, direkt unter unserem Leuchtfeuer, angelegt hatte. Wieder ergoß sich die schwarze Flut und formierte sich. Die Streitkräfte Astagweys drehten sich um und rannten davon, ihr Rückzug wurde zu einer wilden Flucht. Ein Schrei und ein kurzes Aufflackern von Geisteskraft stieg aus den blauen Reihen, und ich bewegte mich näher heran. Zwei Pentroykrieger kamen vor einer aufragenden Gestalt zum Stillstand, dann begann der Kampf, die Lanzen taten ihre Arbeit. Meetal Gullan fiel zu Boden wie ein großer Baum, durch das Herz gestochen von ihrem direkten Verwandten Alloo.

Die Pentroy hielten sich an ihren Schlachtplan, den Pavillon zu umzingeln und ihn schnell zu besetzen. Jetzt teilten sie sich auf, und ein schwarzer Keil nahm einen lang ansteigenden Flechtwerkweg nach Westen, während die anderen sich zu dem alten Wellenbrecher und zu den Terrassen hindurcharbeiteten. Wir konnten die schwarzen Krieger nicht den ganzen Weg über sehen, doch ich folgte ihnen, sprang ihnen voraus. Ich versuchte, mit all meiner Geschicklichkeit in jenes Kristallgehäuse einzudringen, diesen lieblichen Palast aus dem Gewebe der Winde.

„Wir müssen mitgehen", sagte ich. „Wir müssen zum Pavillon!"

Yarth und Jirineth wechselten Blicke, doch sie zögerten nicht.

„Also los", sagte Jirineth.

„Seid vorsichtig, Hoheit", sagte Yarth. „Haltet Euch hinter mir, wenn es Ärger gibt."

Wir kletterten den Turm hinunter und rannten los, wobei wir versuchten, das schlimmste Schlachtfeld an der zweiten und ersten Landungsbrükke zu umgehen. Was von unserem Ausguck aus nahe ausgesehen hatte, war mehr als eine Webermeile den Hügel hinauf. Wir kamen durch friedliche Flechtwerkwege und kleine Runden mit Läden und Wohnhäusern, die durch den Kampf besudelt waren, wo verwundete oder verängstigte Leute Sicherheit suchten. Wir mühten uns eine letzte, lange Treppenflucht hinauf und gelangten in die Runde der Freunde. Ich stand ruhig hinter meinen zwei großen Leibwächtern und versuchte, in den Corr-Pavillon einzudringen, der jetzt nicht mehr weit war.

Auf seinen Terrassen war ein erbitterter Kampf im Gange. Die Schwarzen Pentroy trafen auf die Stakaia, und beide Gruppen waren durchtrainiert und frisch. Der Kampf griff in die unteren Ebenen der Runde der Freunde hinüber. Nur langsam überquerten wir den offenen Platz. Mehr als einmal kam es zum Kampf mit Versprengten aus Astagweys Armee, die sich auf unsere Clanfarben stürzten. Ich fühlte mich zerrissen, halb verrückt vor Angst. Ich ließ mein Denken durch die Spiralen des Kristallgehäuses wirbeln, doch die geschlossene Gruppe der Jungen Schnitter im Pavillon, eine Sache, die ich während der ganzen Schlacht vage im Bewußtsein behalten hatte, hatte sich aufgelöst. Nur Stakaia in ihrer antiken Rüstung tauchten auf, wieder und wieder, und wurden mit dem Schwarzen Pentroy in Kämpfe verwickelt. Das wechselhafte Sonnenlicht dieses Herbsttages glänzte auf ihren Brustschildern, bronzen, grau und schimmernd schwarz, auf den hinderlichen Beinschienen und Gesichtsmasken, auf den antiken Speeren, die einige von ihnen mit ungeübten, tanzenden Bewegungen handhabten.

Als wir die unterste Terrasse erreichten, wußte ich alles und spürte einen schrecklichen Geistesruf, einen Schrei der Verzweiflung, in mir aufsteigen, und ich hielt ihn nicht zurück. Yarth und Jirineth an meiner Seite wirbelten herum, die Kämpfenden auf den Stufen über mir fühlten alle einen Schlag. Ich stieß mit aller Kraft, kämpfte mich hinauf.

„Halt! Halt!"

Meine Stimme, so laut ich auch schrie, war nicht so laut wie die Macht meines Geistes. Laut schreiend und stoßend kam ich zu drei furchterregenden Kriegern des Schwarzen Pentroy, deren Lanzen rot vor Blut waren, und zu zwei zusammengesunkenen Stakaia, von denen einer bereits tot war.

„Haltet Euch an Eure Befehle! " schrie ich. „Tötet die Stakaia nicht ... zurück ... zurück ..."

Die Pentroy zogen sich zurück, wurden zurückgestoßen, und einer, ein Offizier, zog seinen Gesichtsschutz mit einem Blick zurück, der fragte: „Warum?"

„Das ist der Grund!" schrie ich. „Gebt ihn weiter!"

Ich ließ die Masken der niedergesunkenen Stakaia zur Seite wirbeln, und eine war eine Omor. Der andere war Aral Dohtroy, mein Vetter, mein Verwandter. Tot lag er mir zu Füßen. Der Schrecken, der mich erfaßt hatte, wiederholte sich im Gesicht des Pentroy-Offiziers. Sie blies auf ihrem Horn und raste die Kampflinie entlang. Ich rannte immer noch aufwärts, schreiend, stoßend. Ich spürte einen Schmerz im Arm, wie einen Nadelstich. Ein Stakaia stürmte auf mich zu, und ich stieß zu. Das Geschöpf überschlug sich wie eine leere Rüstung. Ich riß ihm die Maske ab und fand einen Galtroy-Schnitter, einen aus der Wilden Sieben, der mit uns am Totenhügel das Kriegsspiel gespielt hatte.

Nun stand ich auf der obersten Terrasse vor der Reihe kleiner Bogengänge, die von der Meerseite aus in den Pavillon führten. Ich hob meine Arme wie jemand, der die Gunst der Winde erbittet, und schrie mit meiner ganzen Kraft den Befehl noch einmal hinaus.

„Bringt sie nicht um! Die Jungen Schnitter, die Kinder der Clans, sind hier!"

Die Botschaft war weitergegeben worden. Die Stakaia wurden entwaffnet und in den Pavillon zurückgedrängt. Meine Furcht war noch nicht vergangen. Ich sah die Körper in Rüstungen über die Terrassen unter mir verstreut liegen. Dann sah ich weit weg am westlichen Ende der Terrassen eine Gestalt mit hellem Haar hinaufspringen, getrieben von den Lanzen der Pentroy. Getragen von einer Welle der Erleichterung, langte ich im Geist dorthin und empfing von Seret ein Wort, das einzige Wort, das ich jemals wieder von ihr hören sollte:

„Verräter!"

Inzwischen waren Yarth und Jirineth heraufgekommen, um sich zu mir zu gesellen. Keuchend lehnte ich mich an sie.

„Hoheit, Ihr seid verletzt!" flüsterte Yarth.

Ich sah, daß in meiner Tunika ein langer, klaffender Riß an meinem linken oberen Arm war und daß er von Blut getränkt war. Jirineth verband ihn mit einem Streifen aus seinem Mantel, und während er das tat, zog ich ihn eifrig in das untere Stockwerk des Corr-Pavillon. Er verband meinen Arm, aber ich war mir der Wunde kaum bewußt, ich durchsuchte das Kristallgehäuse. Die Pentroy hatten das Gebäude gesichert, sie trieben die Schnitter herein, demaskiert und einige mit gebundenen Armen. Draußen erklangen laut die Metalltrompeten. Es schien, daß Tsagul und die Clans den Tag überall für sich entschieden.

„Wir müssen weiter!" sagte ich.

„Du bist aus der Sache raus", sagte Jirineth. „Sie sind sicher."

„Veer ist entkommen", sagte ich. „Er wird zum Wolkenkratzer der Pentroy gehen. Bitte ..."

Also brachen wir auf. Ich ging so schnell ich konnte, immer noch durch die Kraft meines Denkens getrieben, ohne ein Gefühl für Erschöpfung. Wir überquerten die Weiße Brücke über den Hauptkanal hinter dem Corr-Pavillon, und es war bis zu dem Wolkenkratzer ein ganz ordentlicher Weg. Wir stießen dorthin vor, wo die Kämpfe am dichtesten waren. Hinter der Brücke war es schwierig durchzukommen. Zum ersten Mal sandte ich meine Geisteskräfte aus, um Veer selbst zu finden, und erreichte ihn sofort, nicht weit entfernt, er hatte eine Unterführung genommen. Sein Licht brannte hell, er wußte noch nicht, daß wir ihm folgten. Ich führte Jirineth und Yarth, und der Tunnel war voller Flüchtlinge vor der Schlacht oben, einige von ihnen waren verwundet, einige starben. Wir kamen von einem furchtbaren Ort zum anderen, durch die Straßen des Goldenen Netzes, die alle blutbespritzt waren, und standen schließlich vor der riesigen Mauer des Pentroywolkenkratzers, der in einen der Felsen hineingebaut worden war.

Das Erdgeschoß war verlassen. Wir wandten uns dem Lift zu, wir waren zu dritt, und Yarth hätte die Mechanik bedienen können, um mich und Jirineth emporzuziehen. In diesem Augenblick kam die Liftbühne den Schacht hinuntergesaust und zerschellte in der Grube. Die Seile waren durchschnitten worden.

„Er muß wissen, daß wir ihm folgen!“ sagte Jirineth.

Erschöpft stiegen wir, Stockwerk für Stockwerk, die Treppen hinauf, und ich sondierte, ebenso erschöpft, denn das Haus bestand aus einem Labyrinth von Steinen, die die Geisteskraft abblockten.

Manchmal spürte ich die flackernden Lichter von Geistern von mehr als einer Person gerade außerhalb meiner Reichweite und fragte mich, ob Veer allein floh. Manchmal war da nichts als die nackten Mauern. Dann, als wir zum sechsten Stockwerk kamen, genau unterhalb des Sonnenraums, drang eine Stimme in meinen Kopf ein. Die Geistesbindung war wieder aktiviert, eine alte Narbe schmerzte.

„Du bist es also, kleiner Falke?“

Hastig blockierte ich und gestikulierte zu den anderen hin: wir müssen uns beeilen.

„Sieh dich vor“, sagte Veer. *„Komm nicht zu nahe!“*

Ich wußte, warum Veer an diesen Ort zurückgekehrt war: Seine Todesmaschine befand sich hier, und sie war kostbar für ihn. Plötzlich kam mir der Einfall, daß diese Vorrichtung, dieses verfluchte Erzeugnis des Gehirns von Veer Doran, die Ursache des Wahnsinns des Veer gewesen war. Sie hatte ihn verzaubert, sie hatte ihn ebenso stark angezogen, wie sie mich am Totenhügel abgestoßen hatte. Als wir die letzte Treppenflucht hinaufrasten, ließ ich ganz bewußt meinen Schutz wieder fallen und Veer wieder zu mir sprechen. Doch ich antwortete noch nicht. Ich wußte nicht, ob seine Maschine in den Grenzen seines Hauses eingesetzt werden konnte. Ich war mir über Veers Kraft als Zauberer nicht sicher, doch jetzt kannte ich endlich meine eigenen Kräfte.

„Nicht weiter!“

Die Stimme erklang laut, und am oberen Ende der Treppe an der Tür zum Sonnenraum sahen wir Veer erscheinen. Er war nicht allein. An seiner Seite stand Astagwey, die Weiße Lanze. Rintoul gehörte uns, es war für sie verloren. Die blutbefleckte Astagwey, unter ihrem Federumhang in die einfache blaue Tunika eines Offiziers gekleidet, war immer noch ein furchteinflößender Anblick. Sie knurrte uns an und schleuderte einen Wurfpfeil, der Jirineths Wange streifte. Wir duckten uns, und ich stieß nach ihr. Die beiden Flüchtlinge wirbelten im Sonnenraum herum, und wir sprangen hinterher.

Der Sonnenraum war voller Licht, doch das kam nicht allein von der Sonne. Eine Gestalt, dunkel und hell, erhob sich von den Stufen vor dem Thron des Hirten.

„Ich habe auf Euch gewartet, Veer“, sagte Nantgeeb, „und auf Euch, Astagwey.“

Da brach aus Astagwey ein Geheul der Wut und Furcht hervor, und sie riß das Stahlmesser aus ihrem Gürtel und warf es nach Nantgeeb. Es fiel harmlos klappernd auf die Stufen des Throns herab. Veer lachte laut.

„Du kannst ihr nichts anhaben, meine Wilde, weil sie gar nicht bei uns ist!“

Er ging geradewegs auf Nantgeeb zu, und ich sah endlich, daß sie tatsächlich eine Projektion war. Ihr Bild schien bei seiner Annäherung zurückzufließen. Dann wandte Veer sich zur Seite und warf sich auf eine der gepolsterten Bänke.

„Ich bin müde“, sagte er. „Ich bin hier wie in der Stadt in der Minderzahl.“

„Ihr habt alles verloren“, sagte Nantgeeb. „Ich habe zwei Forderungen an Euch, Orath Veer.“

„Die Sache war gut“, sagte er. „Die Große Ernte wird kommen. Was sind Eure Forderungen?“

„Entlaßt die Jungen Schnitter aus ihrem Gulgarvor-Schwur“, sagte Nantgeeb, „und sagt ihnen alles, was Ihr getan habt. Die Sache mit Petsalee und der Ulgan von Cullin und mit dem jungen Zeugen Obal, zusammen mit dem Unterricht der Schnitter und den Plänen, die es gegeben hat.“

„Was könnt Ihr *mir* anbieten, Enan Gbir?“ fragte er mit seiner faszinierenden Stimme.

Sein Gesicht war von Schweiß oder Tränenstreifen durchzogen, er sah erschöpft und verwundbar aus.

„Ich kann Euch nichts anbieten“, sagte Nantgeeb, „noch nicht einmal Euer Leben. Aber wenn Ihr dies tut, dann schwöre ich, daß ich vor den Hundert und dem Rat der Ältesten um Euer Leben kämpfen werde. Ich glaube nicht an das Töten, auch nicht im Namen der Gerechtigkeit.“

„Mit ihrer Gerechtigkeit oder mit Eurer habe ich nichts zu tun“, entgegnete er zornig. „Ich habe nichts getan ...“

Jirineth und ich unterbrachen ärgerlich.

„Ihr habt getötet!“ sagte ich.

„*Dich* habe ich nicht umgebracht, Rovan.“ Veer lächelte. „Und ich hätte es viele Male tun können.“

„Ihr habt Eure Anhänger verraten!“ sagte ich.

„Ich habe nichts getan, was nicht für das höhere Ziel getan werden mußte“, sagte Veer. „Was für eine Art Gerechtigkeit ist dies? Wer sind diese beiden? Haben sie irgend etwas gegen mich?“

„Ich bin ein Halbblut des Dohtroy-Clans“, sagte Jirineth, „und ich habe gerade meinen Neffen, den jungen Aral, in der Rüstung Eurer Leibwache tot daliegen sehen.“

Veer bedeckte sein Gesicht mit den Händen.

„Ich bin ein Vasall des Curran Wentroy“, sagte Yarth feierlich, „und die Armee dieser Astagwey da, Eurer Dienerin, hat meine Gefährten getötet und mein Heim, die Villa des Thorn Thornroyan, verbrannt.“

„Und du, Astagwey?“ fragte Veer sanft. „Habe ich dich verraten?“

Die Weiße Lanze kam näher, um sich neben ihn zu stellen, langsam und müde, wie wir es alle waren. Schließlich sprach sie. Ich wußte nicht mehr, wann ich sie einmal hatte reden statt laut singen oder zum Widerstand aufrufen hören. Ihre zögernde Stimme mit dem schweren nördlichen Akzent erinnerte mich an das arme Volk aus dem Norden, das ich in Lanno verhört hatte.

„Wir haben gekämpft und verloren“, sagte sie. „Petsalee ... er war alt ... seine Zeit war vorbei. Eine Sache möchte ich sagen ...“

Sie hob den Kopf und sprach Nantgeeb an.

„Die Armee, die Offiziere und Soldaten, alle folgten sie meinem Kommando. Sie gehörten zu mir und hörten auf mich. Sie sollten nicht bestraft werden. Eenath beschütze sie, selbst wenn sie mir ein anderes Schicksal sendet.“

„Veer“, sagte Nantgeeb, „Astagwey spricht besser als Ihr. Was für eine Antwort auf meine Forderungen?“

„Die Pläne sind niedergeschrieben worden“, sagte er wegwerfend. „Sie befinden sich im Tempel und hier im Kartenraum. Behaltet sie. Wie kann ich die Jungen Schnitter vom Gulgarvor-Schwur lösen? Wollt Ihr, daß ich mich zu ihnen projiziere?“

„Zumindest könntet Ihr ein Runenband knüpfen“, sagte Nantgeeb.

Ich hatte ein dickes graues Runenband vom Knüpfen der letzten Nacht in meiner Ärmeltasche behalten. Ich schickte es in Veers Hände, und er knotete es schnell.

„Überprüfe das Runenband, Rovan“, sagte Nantgeeb.

Veer gab es mir zurück, langsam, als ob sein Jayarn sehr schwach wäre. Ich überprüfte es und sprach die Worte in meinem Geist zu Nantgeeb hin. Er hatte genau gemacht, was sie verlangt hatte: die Jungen Schnitter von ihrem Gulgarvor-Schwur gelöst, ohne ein Wort an einem falschen Platz. Seinen Namen hatte er als Orath Veer angegeben. Als ich noch dabei war, das Rundenband zu überprüfen, sprach Veer:

„Ich halte mich hier zu lange auf“, sagte er. „Was höre ich mir die Sprüche von Phantomen an!“

Plötzlich bewegten sich er und Astagwey wie ein Geschöpf. Sie schossen die Stufen zum Turmzimmer hinauf, die rechts vom Thron des Hirten aus aufstiegen, zu dem Raum, in dem die Maschine aufbewahrt wurde. Ich schlug auf Veer mit Jayarn ein, und er schlug zurück mit aller Geschicklichkeit. Ich wußte, daß ich seine Kraft überwinden konnte, wenn wir uns einige Zeit länger duellierten, doch jetzt war der Sonnenraum voller fliegender Objekte, zersplitterten Glases, wirbelnder Stoffe, und dieser Sturm gab ihnen die Zeit, ihr Ziel zu erreichen. Das Bild Nantgeebs schwankte und verschwand, und ich schrie, sie solle zurückkehren.

„Zu spät.“

Zuerst dachte ich, es sei der Veer gewesen, der gesprochen hatte. All der Tumult im Raum erstarb in einer Sekunde ebenso plötzlich, wie er begonnen hatte. Die Tür zum Turmzimmer hatte sich geöffnet, und dort stand Nantgeeb wieder, aber dieses Mal körperlich.

„Ich war nicht weit von hier", sagte sie milde.

Veer stand still, mit blutleerem Gesicht war er so bleich wie die weiße Wand. Seine Augen blitzten, sein Gesicht machte einen eingefallenen Ausdruck.

„Es ist zu Ende, Veer. Die Maschine ist auseinandergenommen", sagte Nantgeeb. „Den Magneten und die Edelsteine habe ich den Turm hinabgeworfen. Die unter Strom stehende Struktur ist immer noch gefährlich, wie Veer Doran feststellte."

Dann schritt sie ruhig die Stufen herunter an Veer und Astagwey so dicht vorbei, daß ihre grün umrandete Robe sie streifte. Veer neigte seinen Kopf. Nun zog er Astagwey am Arm, und die beiden flüchteten nach oben in den Turm, und die Tür schloß sich hinter ihnen. Ich eilte zu Nantgeeb, hing mich an sie und schrie:

„Warum? Was wird er tun ... Veer?"

„Ruhig ..." sagte Nantgeeb.

Sie legte ihre Arme um mich. Es gab ein scharfes knallendes Geräusch, das Geräusch eines Aufflammens, ein knisterndes Krachen wie von Blitzen kam aus dem Turmzimmer. Flammen schienen unter der Tür hervorzuschlagen, und oben, durch die zerbrochenen Kuppeln des Sonnenraums, flammte Feuer auf. Ein Schrei erhob sich und erstarb in den Flammen und den Blitzen.

„Veer?" flüsterte Jirineth.

„Er hat sich selbst zerstört", sagte Nantgeeb. „Es ist derselbe Tod, den Veer Doran gewählt hat."

Der bleiche Himmel wurde plötzlich durch einen sich bewegenden Schatten verdunkelt. Wir hörten eine Flugmaschine über uns vorbeistreichen.

„Was jetzt?" sagte Nantgeeb. „Ist dies seine geplante Flucht?"

Wir rannten alle zu dem unbeschädigten Turm auf der Linken und folgten Yarth, die als erste die Windungen der Treppe zum Balkon hinaufgestürmt war. Die Maschine kreiste zwischen den Wolkenkratzern. Cullo Dohtroy kam näher heran, bis die Kufen ihrer Maschine die Spitze von Veers Turm streiften, dann drehte sie wieder ab. Zwischen den Kuppeln gab es eine kleine Plattform, wo ein geschickter Pilot landen konnte, doch die Maschine machte keinen Versuch zu landen. Veers Turm, von dem ich angenommen hatte, daß ich ihn rotglühend oder zu Asche verbrannt sehen würde, war unbeschädigt bis auf eine geschwärzte Stelle. Auf seinem Balkon bewegte sich etwas. Die Flugmaschine kam zum zweiten Mal sehr nahe. Wir hörten Rufe. Astagwey sprang hoch, ergriff die Kufen der Maschine. Sie drehte ab, und wir sahen zu, wie sie sie davontrug, weit über die Bucht der Stadt hinaus.

„Nantgeeb ... Exzellenz ..." sagte Yarth, „Ihr könntet ... Ihr könntet sicher ..."

„Ich will nicht", sagte Nantgeeb einfach.

Wir sahen, wie die Maschine weiter nach Osten flog, und sahen ihr nach, bis sie über dem Ozean außer Sicht war. Jene dunkle Gestalt hing die ganze Zeit unter ihr.

Unter uns war die Schlacht gewonnen. Die Anhänger Astagweys legten ihre Waffen nieder oder versuchten, sich aus der Stadt zu flüchten. Ich benachrichtigte den führenden Zeugen:

„Juran Veer ist tot. Astagwey ist aus Rintoul verschwunden.“

Ich kann mich kaum daran erinnern, wie ich von dem Turm heruntergekommen bin. Yarth trug mich halb durch den zerstörten Sonnenraum, und wir alle nahmen im fünften Stock Quartier, in einem durch Vorhänge abgeteilten Gästeraum. Nantgeeb zerrte das graue Runenband aus meiner fest geschlossenen Faust. Jirineth, der gut im Aufstöbern war, fand Wein und getrocknete Früchte. Ich wurde wieder etwas lebendig.

„Das Runenband ...“ sagte ich.

„Ich werde es diesen jungen Kriegern bringen“, sagte Nantgeeb. „Still liegenbleiben.“

„Exzellenz“, sagte Yarth, „laßt mich Eure Eskorte durch die Stadt sein!“

„Danke, gute Yarth“, sagte sie, „aber ich brauche keine Eskorte.“

Die Schöpferin der Maschinen warf ihren einfachen grauen Mantel über und ging davon. Ich wagte nicht, ihr mit meinen Gedanken zu folgen. Ich war zu erledigt und fürchtete mich davor, jene Schnitter zu zählen, die überlebt hatten. Ich wußte vom Hörensagen, was geschehen war. Onnar, der führende Zeuge, war zum Beispiel im Pavillon und sah eine Person, die sie für einen Heiler hielt, herumgehen und mit jedem Schnitter sprechen. Einzelne Clanangehörige kamen sofort, um nach ihren Kindern zu suchen. Andere sandten ihre Vasallen. Wieder andere kamen überhaupt nicht. Ich zog es vor zu glauben, daß Guno niemanden sandte, weil sie ihre Gedanken aussenden und feststellen konnte, daß Seret nicht verletzt war.

Zu dieser Zeit geschah etwas, das sogar von Nantgeeb gebillig wurde, doch ich habe stets die Weisheit dieser Entscheidung bezweifelt. Orn Margan, einer der Sieger, ließ den Pavillon noch in derselben Nacht beim Aufgang der Fernen Sonne räumen. Die Jungen Schnitter, eine Quelle der Trauer und des Streits, wurden alle schnell aus der Stadt und von einer Eskorte der Schwarzen Pentroyvasallen in die Gefängnissiedlung bei Itsik geschafft. Die wenigen Verwundeten wurden mitgenommen und in das Krankenhaus gebracht, wo sich ein Heiler aus Tsagul befand. Tilje Parroyan Dothroy ging neben ihrer Sänfte. In ihr lagen die Körper ihres Sohnes Aral und zweier anderer Dothroy-Schnitter. Tilje Parroyan hatte ihre Zwillingssöhne nicht großgezogen, sie waren von Geburt an in Pflege gegeben worden, aber vielleicht verstärkte das noch ihre Trauer.

Neun Schnitter waren sofort auf den Stufen des Pavillons getötet worden, und drei andere starben an ihren Verletzungen, bevor die Ferne Sonne aufging. Kein Clan wurde verschont: Rinre Pentroy starb dort und ebenfalls Druto Luntroy von den Flachsblüten und Carn Wentroy, einer meiner Vettern aus der Stadt, und drei von den Galtroy. Diese zwölf sind an jener besonderen Grabstätte bei Itsik beigesetzt, einem grauen Landstreifen, der dem Meer abgerungen wurde, wo die Elbin Tsatroy begraben liegt, die Letzte des Feuerclans. Ich habe ihre Gräber niemals gesehen, doch es gibt ein Runenband über sie:

„Betet für die Krieger,
Oh, betet für die jungen Krieger,
Aus Regenbogenfarben gewebt, aus Schmerz und Leid gewebt,
Betet für sie alle
Auf dem Weg in die Umarmung von Eenath."

Tewl Avran Pentroy, eine weitere Siegerin, handelte im Geist ihres verstorbenen Verwandten Tiath Gargan. Nicht eine von den Stakaia überlebte. Sie wurden von den Vasallen des Schwarzen Pentroy niedergemacht. Dann war Tewl vorausschauend genug, die meisten ihrer Vasallen aus der Stadt abzuziehen. Diese hervorragende und unbarmherzige Truppe marschierte niemals wieder als Einheit. Selbst ihre Uniform wurde verändert, zur Hälfte mit grauen Quadraten durchsetzt, der zweiten Farbe des Pentroy-Clans.

Jemand, es muß Nantgeeb gewesen sein, machte sich in jener schrecklichen Nacht auf und entfernte die letzten gefährlichen Überbleibsel von Juran Veers Todesmaschine aus dem Turmzimmer. Der Körper Veers wurde ebenfalls aus der Stadt gebracht. Es ist eines der Gesetze des Goldenen Netzes, daß die Toten dort nicht einmal einen Tag lang bleiben dürfen. Nur der Große Älteste genießt das Recht, in seinem Wolkenkratzer einbalsamiert zu werden. Orath Veer wurde sofort und heimlich zum Tempel gebracht, ebenfalls von Pentroy-Vasallen. Er wurde an seinem Platz als Erster Zauberer auf dem Totenhügel beigesetzt. Selbst nachdem er fort war, hielt Tewl Avran den Wolkenkratzer ihrer Familie für zutiefst verflucht, und sie betrat ihn niemals wieder. Statt dessen widmete sie ihn in ein Haus des Heilens um, ein Hospital für die Verwundeten.

Ich lag die ganze lange Nacht nach der Schlacht halb wachend, halb schlafend in diesem verfluchten Wolkenkratzer. Jirineth sah meinen Schmerz und meine Erschöpfung und gab mir Wein, damit ich schlief.

Ich erinnere mich an eine seltsame Stimme in der Luft und daran, daß Nantgeeb sagte: „Es ist Murno, er spricht zu dem Volk aus dem Norden."

Ich war sogar zu schwach, das silberne Schiff von Scott Gale zu sehen, wie es Schwarzlocke durch das Delta trug und in der Luft über den Massen hielt, so daß er zu ihnen sprechen konnte. Trotzdem kam ich nicht zur Ruhe: Ich fing an, mir Dinge aufzuzählen, die zu tun waren. Bericht an Guno, an die Alte Noon, an Tsorl-U-Tsorl. Nantgeeb war neben mir. Sie schob mich wie ein krankes Kind zurück in die Kissen.

Ich wachte im Licht der Fernen Sonne auf und stellte fest, daß alle anderen schliefen: Jirineth, Yarth, sogar Nantgeeb. Ich hob eine Hand an meinen Kopf und stellte fest, daß ich ein Kopfband trug. Ich zog es ab und entdeckte, daß es aus brauner Seide mit gelben Steinen bestand und daß inwendig unter dem Futter sich ein Netz von Drähten befand. Es war das Kopfband eines Zauberers, eine Kopie von demjenigen, das Nantgeeb trug, ein Geschenk von ihr, um die Gedanken zu beruhigen und die Welt draußen zu halten. Also setzte ich es auf und schlief wieder ein.

Irgendwann vor Morgengrauen hatte ich einen seltsamen Traum. Ich träumte, daß ich aufwachte, immer noch in diesem Vorhangraum im Wol-

kenkratzer. Ich hörte jemanden weinen und sah, daß es ein junger Fremder war, derb und einfach, sein Gesicht war von Tränen verschmiert, so stand er an meinem Bett.

„Verlaufen ... ich habe mich verlaufen ...“ sagte er. „Ich kann hier nicht raus.“

Zitternd und weinend stand er dort. Im empfand heftigen Abscheu gegenüber diesem häßlichen Kind.

„Sie sind alle weg. Einige sind kaputt“, sagte es. „Ich habe sie getötet.“

Schließlich ergriff mich Mitleid für dieses Geschöpf.

„Weine nicht“, sagte ich. „Geh ans Fenster. Schau, du kannst die Ferne Sonne scheinen sehen ...“

In diesem Augenblick sah ich, daß das Kind schöne Augen in einem besonderen lohfarbenen Braun hatte. Es sagte einmal meinen Namen und verschwand durch die Vorhänge. Die Stimmung des Traumes hing mir noch an, als ich in diesem Haus des Todes erwachte. Ich dachte an das häßliche Kind, das ich gesehen hatte, und wagte nicht, ihm einen Namen zu geben.

9

Die Abrechnung

Der Winter in Rintoul kann eine graue und windige Jahreszeit sein. Die Stadt ist für den Sommer gebaut; regengepeitschte Bürger klagen über die Kälte, und die Clanfamilien zittern in ihren Wolkenkratzern. Was man während dieser Zeit braucht, ist eine Villa auf dem Land mit dicken Mauern, Feuerkörben und heißen Backsteinen in einem Wärmeschacht.

Die Reinigung der Stadt dauerte zwanzig Tage und überschnitt sich mit den Zeremonien für die Regierungserneuerung, dem Wiederanknüpfen der Fäden. Zunächst beteiligte ich mich von ganzem Herzen; ich hatte meine liebe Mirin und Wela und Haddo wieder und meine Großmutter, die den Clan, die Stadt, ja die ganze Welt organisierte, als wäre es ihre eigene Familie und umgekehrt. Es war gerade so wie in alten Zeiten. Tatsächlich war es allzusehr wie in alten Zeiten.

Die Reinigung fegte alles fort. Die langsame Prozession der Leute aus dem Norden durch die Registrierstellen war von einer Kette aus Begräbnisschiffen überholt worden. Sie zogen ostwärts zur Beerdigungsstätte der Clans jenseits von Thig und südwärts zu der riesigen, allgemeinen Begräbnisstätte für die Bewohner von Rintoul, den fernen Einöden des großen Ozeans.

Auf die Reinigung folgten unverzüglich der Wiederaufbau und Neuanstrich. Allerdings verliert eine neugestrichene Wand im Winter leicht die Farbe, und die Blutspuren kommen wieder zum Vorschein. Es kam mir vor, als wären die Clan-Mitglieder auf eine grauenhafte Weise darauf erpicht zu vergessen. Die Toten vergißt man leicht; mit nur ein wenig mehr Anstrengung bringt man es fertig, auch die Lebenden zu vergessen, jene, die einen an traurige vergangene Zeiten erinnern.

Es gab eine Welle von Umgruppierungen und Neuordnungen. Die Alte Noon, die sich als erste dem Usurpator widersetzt hatte, war weiterhin „abgetrennt", und der Blinde Marl folgte ihr aus Protest in die Verbannung. Seth Sethroyan war der neue Luntroy-Älteste – er hatte wegen seiner höchst bemerkenswerten Leistung, höchstpersönlich die Flachsblüten bestäubt zu haben, den Spitznamen Kuvvel oder Baumbär. Thorn Wentroy, der mit Noon zusammen im Widerstand gewesen war, gelang es, der Verbannung zu entgehen, denn der Wentroy war stark im Aufstieg begriffen.

Einem alten Faden zufolge heißt es: „Wer sieht schon den Wandteppich von hinten?" Bei den Menschen gibt es ein ähnliches Sprichwort: „Aus den Augen, aus dem Sinn." Die schuldlos in die Große Ernte verwickelten Menschen wurden in Sarunin auf Abstand gehalten. Das Netz der Regeln und Bestimmungen für den Zugang zum Lager wurde drastisch verdichtet. Während des Winters und des darauffolgenden Frühlings machten sie nur spärliche Besuche. Mit Nantgeeb verfuhr man auf die gleiche Weise, was

das Abstandhalten angeht. Zauberer waren äußerst suspekt geworden, und eine Zauberin mit höchsten Fähigkeiten bereitete jedermann Unbehagen. Man lud Nantgeeb nicht ein, nach Rintoul zu kommen, zog sie nicht zu Rate, vertraute ihr nicht. Sie organisierte Erleichterungsmaßnahmen für die Flüchtlinge aus dem Norden und lebte zurückgezogen, so wie sie es immer getan hatte. Die zehnmal Fünf von den Schnittern, die die Schlacht überlebt hatten, blieben in Itsik. Von Rehabilitation war keine Rede.

Es gab noch andere unbequeme Leute, die in der Stadt blieben und schlicht ignoriert wurden. Die wenigen jungen Krieger, die vor der Schlacht von ihren Familien „gekidnappt" worden waren, die „Verstümmelten", die Verwaisten ... oder all jene, die ihre Trauer nicht hinter einer tapferen Maske verstecken konnten. Sie alle zogen durch die Straßen der Stadt, durch die endlosen Zeremonien, wie ein Heer von Geistern. Und ich war einer von ihnen.

Ich sehe mich in ziemlich düsteren neuen Kleidern, dunkelgrün, ohne Bänder, wie ich mit den Vasallen in einer engen Straße herumlungere. Über mir ragt der Corr-Pavillon in die Höhe; der Platz der Freunde hinter uns ist voller Leute, die in ihren besten Kleidern warten, während die Wintersonnen ihre seltenen Strahlen werfen. Wir sehen nach oben zu einem Dachfenster; ein grünes Banner mit einem goldenen Vogel wird durch das Fenster ausgerollt, und das Hochrufen beginnt. In dem allgemeinen Gejubel trägt es mich mit den Vasallen bis mitten in die Vorhallen des Pavillons. Eine Freundin der Stadt fischt mich mit einer gekonnten Bewegung ihres Paradespeers zwischen den uniformierten Vasallen heraus, fragt nach meinem Eintrittsrunenband. Ein Vasall macht eine kurze Geste zu ihr hin.

Ich stehle mich fort und hoch auf die Galerie und blicke nach unten auf das Innere der Kristallmuschel, perlglitzernd vom frischen Anstrich. Das rituelle Hochrufen geht weiter. Die Stadtgranden genau unter mir sind prächtig angezogen; die Clanmitglieder weiter unten bieten einen stattlichen und stolzen Anblick. Guno Gunroyan trägt ihre Pektorale, all ihre Juwelen, Mirin und Wela geleiten sie nach vorn auf das Podium. Meine Großmutter ist zur Großen Ältesten von Torin gewählt worden. Es ist kalt dort oben auf der Galerie. Ich denke an den Winter, an den Winter im Norden, an einen, der gesagt hat: „Ich werde nicht jagen können bis zum Winter."

Jemand ruft mir leise zu, noch eine Unperson, ein griesgrämiges Wesen, dem das neue Grün schlecht steht.

„Kalt hier oben", sagt Mard Devran Wentroy mit leiser Stimme. „Kannst du nicht einen Feuerkorb herbeizaubern?"

Wir sitzen dicht beieinander, um uns zu wärmen. Wir sind Vettern, er ist zwei Jahre älter als ich; wir würden nicht so dicht beisammenzusitzen wagen, wenn andere Clanmitglieder uns sehen könnten. Der Anblick von zwei bekehrten Schnittern zusammen würde ein zu großes Loch in der Luft machen; man würde uns trennen, vielleicht schelten.

„Evaro und Iffarl sind weggegangen, die Glückspilze", sagt Mard mit einem Seufzer. „Zur Galtroy-Villa in Orvel geschickt."

„Vermißt du sie?“

„Hab' keine Lust, ihre Visagen je wiederzusehen“, sagt er. Dann, nach einer Pause: „Du weißt, daß das nicht stimmt. Wir drei hängen ganz und gar aneinander. Wer läßt uns eine Familie sein? Wir werden es irgendwie schaffen. Dort ...“ – er deutet auf sein Gefängnis im Haus der Alten Corrif – „... hat Iffarl mir ihre Zeitlinien gezeigt. Sie hätte ein Kind beuteln können. Wir mußten um das Kraut der Jugend bitten. Was hältst du davon?“

„Beim Feuer, Mard, du bist erwachsen. Du bist das Oberhaupt einer Dreierfamilie!“

„Erzähl das mal der ... der Großen Ältesten!“ sagt er wehmütig.

„Wenn du willst, mach' ich das ...“

„Noch nicht. Trotzdem danke. Hörst du von ... den anderen?“

Ich denke fast immer an sie. Oft habe ich auf der Westmauer gestanden und meinen Geist bis nach Itsik hinausreichen lassen, um die gefangenen Schnitter zu sehen. Jethan Luntroy ist auch dort, und sein Schulterknochen wächst wieder zusammen; seine Freundin Cullo ist nie wieder eingefangen worden; seine Freundin Yann ist tot. Diese neuen Gefangenen machen sich alle still daran, die Anlage wiederaufzubauen, die Fabriken wieder in Gang zu bringen. Sie sind wie Schlafwandler; alles Feuer ist aus ihnen verschwunden.

„Sie werden nicht schlecht behandelt“, erzähle ich Mard.

Dort unten hat das Hochrufen aufgehört, die Zeremonie geht ihrem Ende zu. Wir hören, wie meine Großmutter ihre kurze Ansprache hält. Jedes Wort, das auf dem Thron gesprochen wird, hallt bis zur höchsten Windung des Pavillons.

„Aus dem Dunkel kommt Licht“, sagt Guno Gunroyan. „Die Stadt ist wiederaufgebaut und reingewaschen. Das Neue Zeitalter hat begonnen. Ich widme meinen Dienst dem ganzen Volk von Torin.“

Die Stadtgranden unter uns fangen an, ihr Gefieder zu spreizen, und verlassen den Pavillon.

„Du hast den neuen Treueeid geschworen“, sage ich zu Mard. „War es ... schwer?“

Er weiß, was ich meine.

„Jurans Lehren haben sich nicht bewahrheitet ...“ Er winkt ab. „Müßte der Alten Corrif dankbar sein, nehme ich an. Närrischer alter Vogel. Sie hat uns lächerlich gemacht, aber sie hat uns gerettet.“

Wir gehen wagemutig zusammen hinunter und durch den Haupteingang des Pavillons hinaus über die prächtigen Stufen, wo die Schnitter niedergemäht wurden. Zwei Wentroy-Vettern, unsere Verwandten, fallen sofort über uns her. Wela zerrt mich fort. Mards Mutter schimpft. Wela verzieht voll Besorgnis das Gesicht, läßt jedoch kein böses Wort hören.

Während wir auf die Eskorte der Großen Ältesten warten, sagt er: „Morgen fahre ich zurück nach Linlor. Mal sehen, wie die neuen Bäume den Frost vertragen haben.“

„Ich wünschte, ich könnte mitkommen ...“

„Du hast dies andere Band“, sagt er. „Wird nicht ewig dauern, alter Junge.“

Ich hatte ein anderes Band, eine andere Verpflichtung, die mir lästig war und mir Kraft gab. Sie gab mir Hoffnung. Fast täglich ging ich zum Ratsturm, um Fragen zu den „jüngsten Unruhen“ zu beantworten. Drei Personen waren an der Unterhaltung beteiligt. Ich kam so oft und blieb so lange, daß ich der vierte wurde. Wir waren alle seltsame Figuren. Da war der Alte Thune, ein Gelehrter wie eine Faltpuppe aus Weidenpapier, er war der Ratsschreiber; nach einigem Stöbern in den Runenbändern wurde ein passender friedfertiger Clan-Vertreter ausgewählt: Edril Novroyan, die kleine Bucklige, ebenfalls eine Schreiberin. Dann war da die Führerin Winn Debran, eine Stadtfreundin, Omor, groß und vergnügt; ihre Augen waren merkwürdig graubraun. Sie war, wie ihr Name sagte, eine Zeugin; tatsächlich war sie die oberste Zeugin der Wache von Rintoul. Sie hatte einen starken Geist, war zäh und zynisch. Keine Schwäche, kein Verbrechen, dessen die Moruianer fähig waren, war ihr unbekannt. Ich wurde soviel gefragt, weil ich in gewissen Gebieten der einzige war, der zum Sprechen bereit war, oder weil ich ganz einfach der einzige verfügbare Zeuge war. Wir gingen weit über die Bedingungen unserer Kommission hinaus. Eins hatten wir alle vier gemeinsam: Wir interessierten uns für die Wahrheit, für die Geschichte all dessen, was geschehen war.

Die moruianische Rechtsprechung gründet sich auf die Tradition oder die alten Fäden, auf den Ausgleich von Unrecht jeglicher Art und auf die Tatsache, daß die Wahrheit ein zweiseitiges Gewebe ist, daß verschiedene Personen die Dinge auf unterschiedliche Weise erfahren. „Sehr schön, aber auch sehr wolkig“, wie meine Großmutter einst zu Juran Veer gesagt hatte. Die moruianische Rechtsprechung wird von den Clan-Führern persönlich oder von den Oberhäuptern der Clanfamilien und von den Stadträten in Zusammenarbeit mit der Wache durchgeführt. In normalen Zeiten funktioniert sie gut, durch „die jüngsten Unruhen“ jedoch hatte sie eine schwere Probe zu bestehen.

Winn Debran und ihre Schreiber stürzten sich frohgemut in die Arbeit, nicht willens, sich durch die Ballen von Runenbändern einschüchtern zu lassen, die sich hinter ihrem luftigen Arbeitsraum im Turm des Rats stapelten. Ich kam gewöhnlich kurz nach Morgengrauen und fand sie alle bei der Arbeit, knüpfend, schreibend, lesend, Zeugenberichte anhörend bei Kerzenlicht. Ich wurde nie gemeinsam mit irgend jemand anderem befragt, und bestimmte Teile meiner Aussagen, zum Beispiel die den Todestanz betreffenden, wurden auf purpurnen Runenbändern, also unter Geheimhaltung, aufgenommen. Wir erlaubten uns etliche Abschweifungen und verbrachten viel Zeit damit, andere Runenbänder zu lesen, doch kehrten wir immer wieder zu dem hellen Faden von Orath Veers Streben zurück, seiner Vorbereitung für die Machtergreifung.

Der Grundsatz der Wahrheit war für mich ein Hoffnungsschimmer, daß Vernunft und Wohlwollen wieder die Oberhand gewinnen würden. Ich wollte die Art und Weise, in der die Schnitter im Tempel indoktriniert worden waren, so klar darlegen, daß man Verständnis für sie haben und ihnen vergeben konnte. Der Alte Thune, der Gelehrte, hatte meine Absicht bald erkannt.

„Lehre Hoffnungen“, bemerkte er eines Nachmittags. „Schlagt Euch aus dem Kopf, was Ihr Euch da zurechtgewebt habt, Hoheit. Das einzige, was dabei herauskäme ... es wäre viel schlimmer, viel schlimmer!“

„Was käme dabei heraus?“

„Eure Freunde würden für verrückt erklärt, ja verrückt, und noch länger eingesperrt. Schlagt Euch das aus dem Kopf!“

„Irgendwelche Vorschläge, Thune Ragan?“

„Keine. Laßt das Runenband fallen. Laßt das Blut sprechen. In ein, zwei Jahren wird man sie nach Hause schicken.“

Ich war so niedergeschlagen von diesem Ratschlag, daß ich in der folgenden Nacht vom Turm unseres Wolkenkratzers mit Nantgeeb sprach.

„Er hat recht“, sagte sie. *„Erinnere dich daran, was ich am Weißfelspferch gesagt habe.“*

„Die Clans haben gewonnen. Sie haben die Macht. Großmutter ist dort unten immer noch dabei, die Stadt wiederaufzubauen, das Elend im ganzen Land zu lindern. Aber die Jungen Schnitter ...“

„Guno hat sich bei dem, was sie getan hat, an einem langen, schweren Weg der Beschränkung orientiert, sich um ihrer Ehre willen so eng wie möglich an die alten Fäden gehalten. Sie wird das Amt der Großen Ältesten besser führen als irgend jemand in einer großen Fünf von Jahren. Laß ihr Schicksal sich entwickeln, Rovan.“

„Ich werde es sein, der verrückt wird“, sagte ich mürrisch. *„Ach, wenn ich doch nur wieder zu Euch kommen könnte!“*

„Warte ab! Folge deinem Band! Geh zu deiner neuen Runenbandschule! Ich weiß, es ist schwer.“

„Ich werde es tun.“

Also kämpfte ich mich jeden Morgen im Schutze meines Umhangs durch Regen und Wind über das Ratsgelände, um auszusagen. Wir wandten viel Zeit und Mühe auf die Brandgeschichte von Otolor. Wir prüften Aussagen über die Bildung von Astagweys Heer im Norden nach Beeth Ulgans Tod. Das meiste davon war wirres Zeug, Wirblerlegenden oder Behauptungen von enttäuschten Anhängern, die sich durch die Registrierstellen zu den Notlagern durchschlugen.

Der Rat von Otolor war ebenfalls bei der Arbeit – mit einem Band wie wir und mit Bergen von Runenbändern mit Schadenersatzforderungen. Woher sollte der Schadenersatz in Gütern oder Geld kommen? Tatsächlich gab es einen Schatz, der auf Verteilung wartete, und aus allen Ecken des Landes schielten gierige Augen darauf. Der Tempel am Windfelsen, der immer noch von dem Schwarzen Pentroy besetzt war und wo die Zauberin Mitje und ein paar Diener immer noch die Riten abhielten, war vollgestopft mit Reichtümern. Nur Veers Niedergang hatte den Gedanken aufkommen lassen können, dieses Vermögen aufzuteilen.

Für die Stadt von Otolor war es von Bedeutung zu beweisen, daß Veer durch Astagwey und ihr „Heer“ die Stadt vorsätzlich in Brand gesteckt hatte. Dies grenzte ans Unmögliche. Ich wußte, was ich gesehen hatte, und viele Runenbänder aus Otolor bestätigten dies: Das Feuer war in den nördlichen Außenbezirken der Stadt an mehreren Stellen zugleich ausgebrochen. Nicht eines dieser Feuer konnte mit Sicherheit vorsätzlicher Brandstiftung zugeschrieben werden; Astagweys Anwesenheit mit den Wirblern und das dadurch entstandene Durcheinander hätten unbeabsichtigte Feuerausbrüche zur Folge haben können. Wir waren ziemlich sicher, daß Cullo Dohtroy Astagwey nach Otolor und dann weiter südwärts geflogen hatte. Mein Verdacht in bezug auf den Schreiber Gemel konnte nicht bestätigt werden. Das Haus Girroyan in Otolor verweigerte jede Antwort auf Fragen; er war nach wie vor dort Schreiber.

Mehr Erfolg hatte Winn Debran in der Angelegenheit mit den Wentroy-Villen. In Veers Hauptquartier waren Runenbänder gefunden worden, in denen vom „Nesterverbrennen" die Rede war ... dem Verbrennen der Wentroy-Vogelnester. Sie sammelte die Aussagen vieler überlebender Vasallen des Curran Wentroy: Die erklärten schlichtweg, Astagweys Offiziere hätten die Villen abgefackelt.

An dem Tag, als ich von meinem langen Marsch mit Vantelar und Praad den Troon entlang berichtete, war ich kurz davor zu weinen. An der Stelle des Berichts, wo ich die Brücke betrat und um mein Zuhause fürchtete, konnte ich nicht sprechen. Winn Debran machte ein Zeichen, und der Alte Thune und Edril, die zu meinen beiden Seiten saßen und zuhörten, nahmen meine Hände; wir bildeten einen Kreis. Ich durchlebte im Geist jene schreckliche Entdeckung noch einmal und ließ diese drei anderen Seelen daran teilnehmen. Hinterher ließen sie mich gehen, tatsächlich traten wir alle aus dem Gebäude hinaus auf den Platz vor dem Turm und saßen im Freien, tranken heißen Wein und schauten auf das Meer, um unsere Gedanken zu beruhigen.

Das schwierige Runenband, das Otolor betraf, war schließlich fertiggestellt. Es war ein blumig kompliziertes Gewebe aus der Hand des Alten Thune, das in einfacher Sprache besagte, daß die Stadt Otolor ein Recht auf Schadenersatz habe. Der Brand der Stadt schien gut in Veers Plan gepaßt zu haben. Hätte Otolor nicht gebrannt, hätten Astagweys Anhänger sehr viel mehr Zeit mit Plündern verbracht, und das hätte den Vormarsch verzögert. Es war offensichtlich, daß Veer durch Astagwey den Brand als taktisches Mittel eingesetzt hatte. Die Wentroy-Villen waren nicht nur aus Boshaftigkeit angesteckt worden, sondern auch, um ihre Verwendung als Widerstandszentren zu verhindern.

Unser Wentroy-Wolkenkratzer war gereinigt und neu hergerichtet, und die anderen Verwandten waren hinausgebeten worden; mir wurde zum ersten Mal bewußt, wieviel Wert Guno auf ihre Privatsphäre legte. Als Große Älteste mußte sie sich sehr eng an ihre Audienzzeiten halten, und keinesfalls ließ sie die Bittsteller bei Tag und Nacht zu sich, so wie sie vorstellig wurden. Ein- oder zweimal sprang ich für sie ein, als sie nicht pünktlich von irgendeiner Zeremonie zurück war, ich ging in den Raum vor dem Sonnenraum und sprach mit den Besuchern. Das endete jedesmal auf die gleiche Weise: Meine Großmutter kam mit ihrer Eskorte hereingerauscht und ließ die Audienz noch einmal ganz von vorn beginnen. Ich blieb von da an im Sonnenraum und sprang nicht mehr stellvertretend für sie ein, egal wie sehr Guno sich verspätete. Einmal wurde ich gerufen, weil es Fragen zu einem Runenband wegen der Lieferung eines Vorhangs gab, das ich unterzeichnet hatte.

„Tu das nicht wieder, Kind", sagte Guno. „Laß Reth Ningan sich um solche Dinge kümmern."

„Großmutter, ich *habe* die Familie im Notfall vertreten!"

„Ach, tatsächlich? Meinst du jene Audienzen, die du angefangen hast? Es war gut gemeint, aber du bist zu jung."

Ich ging schaudernd fort. Konnte sie das vergessen haben? Wer war es, der das zerfetzte Banner auf dem Dach der Villa befestigt hatte und jeden Tag in die Trümmer ging? Wer war der Rovan, der die Curran-Vasallen beruhigte und *ein Heer führte* über den Troon nach Lanno? Jetzt mußte ich lachen, wenn ich an dieses Heer dachte. Ich fing an, daran zu zweifeln, daß ich überhaupt irgend etwas getan hatte. Vielleicht war das alles das Werk eines anderen Rovan. Ich merkte, daß ich jene vergangenen Tage mit einem Gefühl der Wärme und Freundschaft verband. Ich war sehr einsam ohne Wela, Mirin und Haddo, die alle auf dem Land waren. Ich wollte, daß Vantelar und Praad mich trösteten; ich wollte wieder mit Lisa Kind und Ablo lachen; ich wollte mit Jirineth Lieder singen. Aber all diese guten Freunde waren weit fort.

Ich benutzte den alten Schulraum unseres Wolkenkratzers für meine Runenbändersammlung und betrachtete ihn allmählich als meinen Arbeitsraum. Ich übte Jayarn und Weitsehen in diesem angenehmen Raum und beobachtete von den Fenstern aus die Schiffe. In meiner Vorstellung ging ich auf die Suche nach den geflohenen Cullo Dohtroy und Astagwey. Ich segelte davon und fand sie in den fernen Ländern im Süden unterhalb der Feuerinseln, wo die Sonner sich tummeln und das Eis blau ist, in den Ländern, wo die Seeweber wohnen, legendäre Geschöpfe.

Eines Abends gab es in unserem Haus einen Empfang für eine Ratsgesandtschaft, und ich sah, wie Vasallen mit den nassen Umhängen und Überstiefeln der Stadtgranden auf die Tür meines Arbeitsraumes zukamen. Wütend sprach ich im Geist mit meiner Großmutter:

„Großmutter, ich habe meine Tür verriegelt. Laß einen anderen Raum ausfindig machen als zusätzliche Garderobe ... nicht mein Arbeitszimmer!"

„Wie kannst du es wagen!" fauchte Guno Deg. *„Was soll dieser kindische Unsinn? Du weißt, wir haben wenig Platz."*

„Nimm Serets alten Schlafraum!" fuhr ich sie an. *„Sie kommt nicht nach Hause. Sie ist in Itsik und dient dem Vergnügen der Großen Ältesten."*

„Scheußlich und unverschämt! Megray!" fauchte Guno.

Ich ließ die Tür verriegelt, und die Umhänge wurden woanders hingebracht.

Diese Auseinandersetzung klärte die Atmosphäre ein wenig. Ich entschuldigte mich am nächsten Tag; Guno Deg machte es sich zur Gewohnheit, abends ein wenig mit mir im Sonnenraum zu sitzen. Wir fingen an, miteinander zu reden, eben gerade ein wenig. Doch wirkliche Verständigung würde langsam kommen müssen, und uns blieb nicht viel Zeit ... unsere Fäden liefen auf eine weitere kleinere Katastrophe zu.

Ich versuchte, das Beste aus der Situation zu machen. Ich hielt es für nicht der Mühe wert, meiner Großmutter von gewissen Vorkommnissen in der Stadt zu erzählen. Die Art und Weise, wie mein Name auf bestimmten Festlichkeitsrunenbändern ausgelassen wurde ... dieser frostige Frohsinn entsprach sowieso nicht meinem Stil. Als ich einmal ein paar kleinen Clankindern zuschaute, wie sie ihre neuen Kleider auf dem Platz der Freunde vorzeigten – das war anläßlich der Einweihung des Großen Kanals –, erhielt ich eine Warnung. Eine sanfte, klare Äußerung in Geistessprache kam aus einer großen Menge von Leuten; ich wandte den Kopf. Ich wußte, daß einer von den „verborgenen Zeugen" von den jüngsten Unruhen zu mir gesprochen hatte. Ich kannte die Stimme, hatte den Zeugen aber nie gesehen. *„Junges Licht, hüte dich vor dem Galtroy-Clan!"* Ich war mir sicher in bezug auf diese Botschaft, sprach aber mit niemandem darüber. Die Galtroys waren für meine Großmutter eine Behinderung, das wußte ich.

Zu dieser Zeit wurde unsere Arbeit im Ratsturm manchmal dem Rat der Hundert vorgelegt. Ein paar aus den Hunderten von Anfragen und Petitionen im Zusammenhang mit den Unruhen wurden auf einem Runenband festgehalten und zunächst vor den Rat der fünf Ältesten, dann vor den Stadtrat von Rintoul und schließlich zur formalen Bestätigung vor den Rat der Hundert gebracht. Oft handelte es sich um einen einfachen Antrag: eine Wiederaufbaugenehmigung in der Stadt, die Gründung eines Hauses der Heilung im Pentroy-Wolkenkratzer, ironischerweise als Tiaths Ruhe bekannt, bei diesem alten Zaubergeist. Die Leute nannten das Haus von Anfang an mit mehr oder weniger Ironie Krankenhaus Gargan.

Wir waren bald damit vertraut, diese Runenbänder vorzulegen. Edril und ich saßen „unter den Stufen" und hörten zu, während Winn Debran oder der Alte Thune die Angelegenheit vom Steinbalken aus vor die Ältestenthrone brachte. Wir kamen zu unserem Meisterstück, dem ersten großen Schadenersatzfall, nämlich dem der Stadt Otolor, der in dem langen, sorgfältig ausgearbeiteten Runenband niedergelegt war. Am Tag vor seiner Vorlage erklärte Guno formell, daß der Clan Wentroy keinen Ersatz für den Brand auch nur einer Villa beantragen werde. So mußte es sein, selbst Thorn verstand und billigte das. Der Wentroy mußte ein Beispiel der Beschränkung in dem langen, verwickelten Runenband geben, das die Teilung des Tempelschatzes betraf.

Es war ein sonniger Tag, kühl und klar, der Winterregen war vorüber, und das Goldene Netz besann sich wieder auf die Wärme des Frühlings. Die Hundert waren nicht vollzählig vertreten, einige Familien waren auf ihren Gütern, jedoch waren noch genügend für eine Sitzung anwesend. Jene Familien des Dohtroyclans, zum Beispiel, die die Dunklen Tage in Tsagul verbracht hatten, fühlten sich jetzt wieder zur Stadt hingezogen. Es waren nur wenige Zuschauer da. Ich spürte eine undeutliche Bedrücktheit, nicht mehr; Guno war unnahbar und reizbar vor Überarbeitung. Ich saß mit Edril, dem Glück mit der sanften Stimme, unter den Stufen und lugte auf die rosafarbenen Windungen des Pavillons. Der Alte Thune saß bei uns; Winn Debran las in angenehm rollendem Tonfall das Runenband vor. Ich dachte an das Meer, das Meer im Sommer ... wie es wäre, wieder einmal zu schwimmen oder mit einem kleinen Boot zu segeln.

Dann kam wie ein Blitzschlag ein Alarmsignal von Edril, sogar noch bevor sie meinen Ärmel packte. Die Lesung war beendet, und eine erste und zweite Frage von den Bänken der Hundert waren schlicht und geschickt von Winn Debran beantwortet worden. Jetzt kamen mehr Fragen: Ich erkannte die Stimme und spürte im gleichen Moment eine Welle von Spannung und Unruhe durch den Pavillon gehen. Trenna Foretroyan Galtroy sprach mit seiner sanften Stimme. Es war ein mildes Prüfen: Wer hatte an dem Runenband gearbeitet ... wer hatte die Beweise geliefert ... Angehörige welchen Clans hatten die Beweise geliefert ...

Ich wußte mit grauenvoller Gewißheit, worauf das hinauslief: Ich fühlte Edrils Unruhe, des Alten Thune gelehrte Ungehaltenheit, Winn Debrans mächtigen Zorn darüber, daß all die Arbeit einem persönlichen Angriff auf den Wentroy-Clan zum Opfer fallen sollte. Denn was hier aufgerollt wurde, war nicht mehr und nicht weniger als jene gemeine alte Schmähung, jene scheußliche Unverschämtheit, die Foret und ihr grauer Verwandter mir zum ersten Mal auf der Insel Curweth Beg an den Kopf geworfen hatten, an jenem Abend vor der Schlacht in Rintoul.

„Es wäre vielleicht besser", sagte Trenna, „wenn man uns diesen jungen Clan-Zeugen anhören ließe ... Rovan Welroyan Wentroy."

Ich sprang auf und ging hinaus auf den Balkon neben Winn Debran, deren schnellen Gedanken ich aufschnappen konnte.

„Ruhig bleiben! Halt dich ans Runenband. Persönliche Boshaftigkeit, sonst nichts."

„Tut mir leid ..." antwortete ich.

Ich blickte nicht auf die Ältestenthrone, aber das Bild der neuen Fünf blieb klar in meinem Geist haften. Orn Margan hatte mit lebhaftem Interesse zugehört, denn das Runenband bot einen Präzedenzfall für Tsagul; Guno Deg saß sehr gerade, starr vor Zorn; Foret Galtroy, hübsch und scharfzüngig, räkelte sich in ihrem karmesinroten Umhang; Seth Braunbär sah aus, als kaue er Blätter; Tewl Avran war damit beschäftigt, an ihren Trauerfäden zu zupfen.

„Rovan Welroyan", fuhr Trenna fort, „du warst beim Brand von Otolor anwesend."

„Das war ich."

„Dann bist du, wie wir gehört haben, den Troon entlang nach Süden gereist", sagte Trenna. „Die Villa von Thorn Thornroyan und die der Alten Corrif, die beide in der Gegend mit Namen Curran Den, Osttal, liegen, wurden durch Brand zerstört."

„So ist es."

„Und die Villa deiner Familie in Linlor wurde ebenfalls durch Brand zerstört."

„Wie das Runenband sagt."

„Runenbänder geben uns nur eine Seite des zweiseitigen Gewebes der Wahrheit", sagte Trenna. „Wir haben gehört, daß die Große Älteste, Guno, Oberhaupt des Wentroy-Clans, auf einen Schadenersatz für den Brand dieser Villen verzichtet hat. Warum dieser Verzicht, so frage ich mich?"

Die Galtroy-Vertreter der Hundert rührten sich, vielleicht ein wenig vor Unbehagen, die Zeit zog sich in die Länge. Trenna schleuderte mir die Frage ins Gesicht: *„Rovan Welroyan Wentroy, auf welcher Seite des Flusses bist du gewandert?"*

Also wurde mir dieses ungeheuerliche dumme Ding angelastet. Ich wurde des schändlichen Verbrechens des „Zeltverbrennens" beschuldigt, im besonderen der Zerstörung der Villen des Curran Wentroy am Ostufer des Troon. Und Gunos noble Geste des Verzichts auf Schadenersatz wurde als Zeichen großmütterlichen Schuldbewußtseins abgetan. Es herrschte tiefe Stille, sowohl in meinem Geist als auch außerhalb davon; kein Wort von Guno, keines von Orn Margan, die wahrscheinlich völlig überrascht waren von diesem Angriff.

Ich sah, welchen Weg ich gehen mußte; einmal ausgesprochen war es wie eine Überraschung für mich selbst und mehr noch für alle anderen. Es war jedoch ein sehr alter Faden, den Trenna mir mit seiner Boshaftigkeit und seiner Verleumdung Gunos nahelegte.

„Hoheit Trenna", sagte ich laut und deutlich, „ich kann diese Frage nicht beantworten. Es ist ein vergifteter Faden, eine versteckte Anschuldigung. Es rührt an meiner Ehre."

Die Hundert oder sechzig oder siebzig von ihnen, die für ihre Pflichterfüllung mit all dieser Aufregung belohnt wurden, raunten, zischten, riefen laut. Die neue Vertreterin des Herolds mußte mehrer Male ein Muschelhorn blasen, um wieder Ruhe herzustellen. Ich hatte das Wort, das war der zweite Teil dieses alten Fadens.

„Wer will meine Stimme verstärken?"

Das war ein alter Schutz gegen falsche Anschuldigung. Man konnte um Unterstützung bitten, um andere Stimmen, die mit einem übereinstimmten: Nein, dies ist eine ehrenhafte Person, diese Person sollte nicht in dieser Art über ein solches Verbrechen befragt werden. So stand ich jetzt also da und sah auf die Bänke des Corr-Pavillons und erkannte, daß der Zeitpunkt gut gewählt worden war. Noch bevor ein Pulsschlag vorbei war, wußte ich, daß keiner meine Stimme verstärken würde. Mirin und Wela waren abwesend, die Alte Noon und der Blinde Marl im Exil. Meiner Großmutter war es offiziell nicht gestattet zu sprechen, dasselbe galt für Orn Margan: Gemäß dem Protokoll waren sie nicht mehr Angehörige der Hundert.

Während ich mich den schweigenden Bänken der Hundert zuwandte, fragte ich mich, ob ich so gehandelt hätte, um meine Großmutter zu meiner Unterstützung zu zwingen. Sie hätte sich ein paar Zurufe „Machtbefugnisübertretung!" eingehandelt, wenn sie um meinetwillen die Fäden überzogen hätte. Das war etwas, das Tiath Gargan getan haben würde, ohne einen zweiten Gedanken daran zu verschwenden, das wußte ich. Sie jedoch schwieg. Vielleicht wünschte sie wirklich, daß ich die Frage beantwortete. Das weiß ich immer noch nicht. Meine Hoffnung schwand dahin. Keiner in dieser Versammlung wollte meine Stimme verstärken. Dann erhob sich Thorn Thornroyan, den ich aus seiner Gefängniszelle geholt hatte, und machte alles noch schlimmer.

„Ich war nicht dort", sagte er, „war nirgendwo in der Nähe der Villa, als sie abbrannte. Du tätest besser daran zu antworten, junger Rovan. Ich weiß nicht, woher du diese Flausen von ‚deiner angerührten Ehre' hast. Du bist nicht einmal sechzehn Jahre nach deinem Erscheinen ..."

Es gab Gelächter. Trenna ergriff die Gelegenheit und machte der Vertreterin des Herolds ein Zeichen. Aus dem Muschelhorn ertönte das vorgeschriebene Signal.

„Keine Stimme zur Unterstützung", brüllte der Herold, „die Frage muß beantwortet werden. Rovan Welroyan Wentroy, auf welcher Seite des Flusses bist du gewandert?"

Das war also der gähnende Abgrund. Mir war bis zu diesem Moment nie klar gewesen, wie nahe ich dem Abgrund gekommen war und wie leicht man hineinfallen konnte. Mein Gerede von Ehre war lächerlich. Trotzdem konnte ich nicht antworten. Ich konnte mich über diese traurige Zeit nicht befragen lassen, die mein Leben so völlig verändert hatte. Ich konnte nicht mein ganzes Leiden vor diesen gefühllosen Leuten ausbreiten, ich konnte es nicht ertragen, sie spotten und kichern zu sehen über meine Reise, meine Gefährten, meine dürftigen Unschuldsbeweise.

„Guter Herold", sagte ich, „ich werde die Frage nicht beantworten. Es ist ein vergifteter Faden."

Die Vertreterin des Herolds kannte das Protokoll. Auf eine imposante Geste hin ertönte aus mehreren Muschelhörnern eine Fanfare. Zum ersten Mal kamen Stadtfreundinnen und Vasallen, die unter den Bögen herumgesessen hatten, heraus auf den gemusterten Fußboden unterhalb von mir.

„Du mußt antworten", sagte der Herold. „Du mußt antworten, oder du verlierst deinen Platz und deine Ehre in dieser Versammlung."

Ich lachte laut auf.

„Guter Herold, Ihr habt gehört, was mein Vetter Thorn gesagt hat. Ich habe keine Ehre. Ich bin zu jung. Und ich bin zu jung, um einen Platz in dieser Versammlung zu haben. Zum Teufel mit dieser gehässigen Galtroy-Frage!"

Das war zuviel für die Hundert. Sie explodierten in „Antworte! Antworte!"-Rufen. Dann fingen die Wentroy-Mitglieder, die sich getäuscht fühlten, mit Zureden und Drohen an. Ich blickte sie an, ich kannte sie alle und kannte sie doch gar nicht. Die Galtroy waren die ersten – mit einem lauten Ruf *„Megray"* –, und die Kristallmuschel vibrierte und tönte von dem dummen alten Wort. Zum erstenmal ließ ich meinen Geist mit einem trotzigen Ausruf Widerstand bieten, der sie alle auf ihre Steinbänke zurückwarf. Eine ganze Reihe von ihnen wußten nicht, was sie damit anfangen sollten und woher es gekommen war.

„Megray duacharn?“ rief ich. „Wessen Schande? Ich habe den Clans Dienste erwiesen und habe der Stadt Dienste erwiesen. Ich habe getan, was ich konnte. Ich war nicht gut genug für euch. Ich trenne mich ab. Habt ihr es alle gehört? Ich trenne mich ab!“

Das Gerufe ging von neuem los. Die Hörner ertönten, und Winn Debran ergriff das Wort.

„Die erlauchte Versammlung ...“ sagte sie ruhig und unbeteiligt, obwohl sie immer noch verwirrt und erzürnt über dieses ganze Schauspiel von Clantemperament war.

„Die erlauchte Versammlung würde gut daran tun zu bedenken, daß Rovan Welroyan der Stadt bei ihren Untersuchungen der Unruhen Dienste erwiesen hat. Er hat mehr Stunden als sonst irgend jemand mit Aussagen verbracht. Er hat dies wegen seiner besonderen Fähigkeiten getan ... er ist ein Zeuge.“

Ich seufzte kurz um meiner armen „Runenbandschule“ im Ratsturm willen, die letzte jener „Familien“, jener freundschaftlichen Enklaven, die ich im letzten Jahr gefunden hatte. Im Geist sprach ich mit Winn Debran.

„Vergebt mir“, sagte ich, *„daß ich die Debatte noch hinausziehe.“* Laut sagte ich: „Winn Debran, ich habe gern mit Euch gearbeitet. Doch ich muß die Wahrheit sagen. Ich bin kein Zeuge. Ich bin ein Zauberer.“

Ich schwang mich so leicht über die Balkonbrüstung, als könnte ich fliegen. Einen Moment lang stand ich in der Mitte des Fliesenbodens auf Bein und Flossen der zwei kämpfenden Seesonner. Fünfmal fünf Muschelhörner, die unter einem Bogengang aufgeschichtet lagen, stürzten zusammen und zerbrachen, sich gegenseitig zermalmend, in Stücke. Ein Windstoß fuhr durch den Pavillon hoch und zauste an den fünf Clans von Torin; die Glocken schlugen, und ihre langen, gepolsterten Schlegel brachen entzwei. *Megray,* ja wirklich. Ich ging aus dem Pavillon, und kein Versall und keine Stadtfreundin rührte einen Finger, um mich aufzuhalten.

Ich kam hinaus in das fahle Sonnenlicht. Ich sah mich nicht um; ich wagte nicht, Guno Deg oder meinen armen Dohtroy-Verwandten Orn Margan anzusehen. Endlich war ich allein. Die Welt war erneuert. Nur ein paar Bürger blickten erstaunt über den Glockenlärm um sich. Alles, was sie sahen, war eine halbwüchsige Hoheit, die sich im Herauskommen ein braunes Stirnband anlegte. Als ich das Kanalufer erreichte, kam jemand über die Weiße Brücke gerannt.

„Rovan Welroyan!“

Er starrte mich an. Er war groß und – das mußte ich zugeben – sehr gutaussehend, sogar noch besser und auch kräftiger gebaut als Jirineth.

„Ich habe mich beeilt so sehr ich konnte“, sagte er. „Nantgeeb hat alles mit angesehen und ihre Gedanken ausgesandt ...“

Er fing zu lächeln an, und ich mußte zurücklächeln.

„Beim Feuer, junger Vogel“, sagte Schwarzlocke, „diesmal hast du es noch geschafft!“

Wir gingen zusammen über die Brücke.

„Ich wußte nicht, daß Ihr in der Stadt seid“, sagte ich.

„Oh ja, ich bin ein paarmal wieder hergekommen.“

Unten auf dem Kanal jubelten aus einem Boot die Kinder einer Kaufmannsschule dem Helden zu, und er winkte zurück.

„Vor zehn Jahren im Frühjahr hat Tiath Avran mich verstoßen“, sagte er, „weil ich den Dienst bei Nantgeeb nicht aufgeben wollte.“

„Werdet Ihr ... werdet Ihr in die Regierung zurückgehen, Murno Peran?“ fragte ich schüchtern.

„Wer weiß?“ Er grinste. „Es ist nicht mein Stil, Rovan Welroyan. Ich werde ein wenig bei den Hundert bleiben, bis das Abkommen von Tiath bekanntgegeben wird.“

Am Ende der Brücke angelangt sagte er: „Wohin willst du? Ich nehme dich in der *Tomarvan Zwei* mit. Sie ist auf Curweth Beg bereit. Du könntest nach Linlor gehen oder zu uns in die Zuflucht im Osten kommen.“

Ich wußte, es war eine grausame Entscheidung, die ich da traf, dennoch zögerte ich nicht.

„Ich kann jetzt nicht zur Villa gehen“, sagte ich. „Bitte, Schwarzlocke, nehmt mich mit zu Nantgeeb.“

Wir ließen uns Zeit. Die Sitzung im Pavillon würde noch Stunden dauern. Ich ging zum Wentroy-Wolkenkratzer und packte Runenbänder und dicke Kleidung zusammen. Ich ging in Serets Schlafraum und nahm mir ihren schönen goldbraunen Umhang mit der grauen Pelzeinfassung. Ich nahm ihn als Andenken mit und ließ einen Faden im Sack, der besagte, wo er war. Ich war überrascht, wie gut er paßte. Ich ließ sonst keine Runenbänder zurück und verabschiedete mich von niemandem.

Schwarzlocke wartete mit einem Mietboot, und wir fuhren schnell durch das Osttor davon und erreichten die Insel Curweth Beg. Mehr als vierzig Tage nach der Niederlage von Astagweys Heer war sie immer noch als Registrierstelle und Lager in Betrieb.

Während wir über das nasse Gras zwischen den Zelten zu der Flugmaschine in ihrer Absperrung gingen, sagte Schwarzlocke: „Wenn diese armen Leute wieder nach Hause geschickt worden sind, muß etwas mit dieser Insel geschehen.“

„Gehört sie der Stadt?“ fragte ich.

Schwarzlocke machte ein klägliches Gesicht.

„Um die Wahrheit zu sagen, junger Vogel, sie gehört mir. Sie war einmal Mitgift-Land des Galtroy-Clans, dann hat der alte Tiath Gargan sie bekommen. Und er hat sie mir überlassen, vorbehaltlos. Keine Bedingungen. In der Hoffnung, nehme ich an, daß ich in die Regierung zurückkehren würde.“

„Wir könnten sie vielleicht ... ein Galtroygeschenk nennen?“ sagte ich.

Schwarzlocke lachte so laut, daß die Menge von Nordvolk und Vasallen, die sich in respektvoller Entfernung hielten, alle ebenfalls lachten, klatschten und jubelten und ein paar feuchte Vögel aus den Bäumen aufflogen. Dann gelang es dem Helden, jenes arme Volk für kurze Zeit zu unterhalten. Er stellte mit seinen Vasallen einen Zauber- und Turnring zusammen, und ich ließ eine Handvoll Kerzendreiecke in der Luft tanzen. Dann flogen wir nach Osten davon.

10

Die große Welt wird gewoben

Bevor ich einschlafe oder wenn ich über den Runenbändern vergangener Zeiten vor mich hinträume, sehe ich Bilder aus jeder Zeit und Jahreszeit, Bilder, von denen ich manchmal glaube, daß sie aus anderen Leben als meinem eigenen stammen. Doch diejenigen aus meinem eigenen Leben sind seltsam genug.

Ich erwache in meinem Studierzimmer in der östlichen Zuflucht, in demselben braunen Raum mit einem Balkon, der nach Westen geht. Es ist in diesem Teil des Landes viel kälter, obwohl der Winter mild gewesen ist, ein Segen für das arme Nordvolk, das sich von den Lagern der Abrechnung aus zurück nach Hause durchschlägt.

In der Zuflucht ist es bereits angenehm warm, denn die Zentralheizung funktioniert hervorragend. Ich spüre etwas Neues, Sanftheit, Stille. Ich blicke aus dem Fenster, immer noch in meinen Schlafsack gewickelt, dann springe ich auf und stürme auf den Balkon. Ich rufe allen im Haushalt zu: *„Seht! Seht! Es schneit!“* Das Lachen der Geister von allen Seiten. Ich bin der einzige, der noch niemals zuvor Schnee gesehen hat.

Da ist sie, die weiße Decke des Nordwinds, die so sanft über dem armen Land liegt, alles so vollkommen bedeckt, so schön. Ich werde mich niemals an Schnee gewöhnen. Ich fange eine der großen federigen Flocken, die auf meinen Balkon herunterfallen, koste sie. Unten vor meinem Balkon befinden sich ein unberührtes, beschneites Feld und Reihen von Fußspuren auf dem Pfad zu den Scheunen. Eine große Gestalt, eingemummelt und mit Stiefeln, winkt mit einer Hand: Deem Baran hat den Weljin das heiße Frühstück gebracht. Ich lange hinaus bis zu dem unberührten Schnee und schreibe meinen Namen in großen Buchstaben, dann wische ich ihn wieder aus. *„Wir werden uns die Schneeblumenblätter mit den Linsen ansehen“*, sagt Nantgeeb

Der schneeige Tag hüllt uns alle in seine Decke ein. Für die östliche Zuflucht ist das ein besonderer Tag, Besucher werden erwartet. Sie kommen bei Einbruch der Nacht. Wir haben die Sonnen nicht gesehen. Wir alle gehen hinaus auf den Landeplatz, eingemummelt bis an die Ohren, alle tragen Masken und Handschuhe. Ein Licht taucht auf, hell wie eine kleine Sonne. Wir schreien auf, und unsere Schreie werden gedämpft, absorbiert von dem Weißen. Das kleine Silberschiff fliegt herab, und der Schnee, der jetzt weniger stark fällt, wird von ihm aufgewirbelt und verdampft. Ich bin ganz erfüllt von Staunen und von einer Art Traurigkeit. Und ich rufe im Geist Nantgeeb zu: *„Oh, so muß es gewesen sein ... beim ersten Mal ... am Hingstull-Berg, vor langer Zeit ...“* Aber ich weiß, daß es nicht dasselbe war.

Eine andere Jahreszeit. Endlich ist es doch Frühling geworden. Ich bin sechzehn Jahre nach meinem Erscheinen. Dies ist das Neue Jahr, in dem es keine Frühlingsmesse in Otolor gibt und zum erstenmal seit dreißig Jahren keinen Wettflug des Vogelclans. Das letzte Mal, als kein Wettflug im Kalender verzeichnet wurde, war während der Dunklen Tage der Trauer für den großen Relrin Pentroy. Ich arbeite in Nantgeebs Runenbandraum und im Druckraum. Es scheint auch ziemlich sicher zu sein, daß ich in nächster Zukunft fliegen kann. Als ich eines Tages vom Landeplatz zurückgehe, über das sanfte neue Grün der Wiesen, werde ich von meiner Großmutter gerufen. Es ist das erste Mal, daß wir miteinander reden seit meiner Abtrennung, obwohl ich mit Mirin regelmäßig Runenbänder ausgetauscht habe.

„Rovan, kannst du es sehen?“

Ich wende mich zur Seite und lehne mich gegen einen Zaun. Ich sehe Guno Deg auf dem Dach der Villa bei Linlor sitzen. Ihr Ausdruck ist sehr seltsam. Schließlich erkenne ich, was da über ihrem Schoß liegt: ein großer Schal, mit Wasserflecken, der immer noch die Feuermale trägt, schwarze verkohlte Verbrennungen. Ein Runenband liegt auf dem Schal, dazu ein schwarz angelaufener Silberkredit und ein Metallsplitter von einer Kette.

„Ich sehe es, Großmutter. Ich sandte das Boot des Bauern lange schon zurück, vor der Schlacht um Rintoul.“

„Ich weiß. Der Bauer fand das Runenband gerade erst gestern und brachte es mir. Ich gab ihm zwei neue Kredite. Rovan ...“

Guno Deg ist den Tränen nahe.

„Ich vermute, es ist ... ein Beweis ...“ sage ich voller Verlegenheit, *„daß ich das westliche Ufer hinuntergewandert bin.“*

„Ich brauche keinen Beweis!“ sagt meine Großmutter sanft.

Ich frage mich, warum sie der Schal und das Runenband dann so gewegt. Vielleicht beginnt sie zum ersten Mal zu verstehen, beginnt sie den törichten, halbverhungerten Rovan zu bedauern, der durch das Feuer gegangen war und der immer noch daran dachte, die Ehre seiner Familie zu wahren.

„Komm heim ... besuch' uns, wenn es dir deine Studien erlauben, Rovan Welroyan.“

„Das werde ich, Großmutter.“

Der Frühling geht in den Sommer über, und ich mache mich allein mit einem Korb voller Vorräte auf die Wanderschaft. Ich wende mich nach Südosten Richtung Salzhafen. Ich sehe die Marschen, eine Landschaft, die anders ist als alle Landschaften, die ich bis jetzt gesehen habe. Eines Morgens stoße ich auf lieblichen Strand, nicht weit von der Stadt Gaven. Hinter mir ragt ein einsames Landhaus auf am Rande der Marsch. Als ich auf den Sand hinuntertrete, bringen sie gerade eines der Boote an Land. Sie sehen mich und kommen gerannt. Thanar überholt die anderen, die schöne Thanar, die jetzt größer ist, mit ihren wild fliegenden Haaren.

„Rovan, Rovan, du bist groß wie ein Baum!“

Sie nimmt meine Hände. Da ist auch Valdin, dem wie einem Schauspieler oder Musiker kleine Haarbüschel auf den Wangen und am Kinn wachsen, und Heeth, sonnengebräunt, halb Omor, mit festen Muskeln. Wir umarmen einander alle zusammen und rufen und rollen über den Sand. All unsere Sommer sind auf einmal da. Schwimmen, segeln, fischen, das neue Boot bauen, Faldo Galtroy dabei helfen, seine Experimentierstrecke für die Landgleiter und die neuen Landfahrzeuge anzulegen.

Während wir im Sand sitzen, manchmal teure Freunde beklagen und an unsere armen Flachsblüten denken, die übriggebliebenen drei, Dru, Yod und Uyod, fällt uns auf, wie schrecklich gut alles zueinanderpaßt.

Heeth sagt zu mir allein: „Magst du mich?"

„Natürlich mag ich dich. Ich mag sogar Schwarzlocke, Euren Familienhelden."

Sie tritt mir gegen das Schienbein.

„Magst du mich *genug?* Ich glaube, ich bin am wenigsten liebenswert. Jeder würde Valdin und Thanar mögen."

„Ich mag dich mehr als genug. Und überhaupt, ich bin der am wenigsten liebenswerte."

„Spiel dich bloß nicht auf."

Wir sitzen nahe nebeneinander im Sand, die Arme umeinandergeschlungen, und ich bemerke, daß ich Heeth mag, mehr als genug, und Valdin und Thanar. Der Frühling kommt zu uns allen. Wir werden uns im Winter, im Frühjahr wiedertreffen. Wir werden in jeder Jahreszeit zusammenbleiben. Wir haben Zeit.

Der Herbst erreicht die östliche Zuflucht mit einer melancholischen Schnelligkeit, die mich an das Nahen der Dunklen Tage erinnert, ein Jahr ist vergangen. Dieses Jahr war die Ernte gut. Im Norden beginnen die Wunden zu verheilen. Nantgeeb ruft mich inmitten eines ganz gewöhnlichen Nachmittags in ihr Arbeitszimmer, und ich habe Angst. Irgend etwas ist geschehen. Jemand ist gestorben. Sie sieht mich an und schüttelt den Kopf.

„Nein. Nicht so schlimm. Sie sind ausgebrochen."

Ich setzte mich zitternd nieder und höre es in Geistessprache an. Die Zeit des Gehorsams und der Lethargie ist abgelaufen. Jethan Luntroy hat die Flucht aus Itsik angeführt. Seret, Froy, sieben der Schnitter sind mit ihm gegangen. Gewalt gab es nicht, sie haben ein Boot von entsprechender Größe gestohlen. Man glaubt, daß sie zu den Inseln gesegelt sind.

„Und jene, die nicht wieder eingefangen wurden?" frage ich vorsichtig. „Haben sie sich Astagwey und Cullo angeschlossen?"

„Nein", sagt Nantgeeb ganz unverblümt.

Ich gehe dieser Frage nicht weiter nach. Ich war mir immer sicher, daß sie, neben anderen Geheimnissen über Torin, den Verbleib dieser beiden Flüchtlinge kennt.

Statt dessen frage ich: „Wer schickt die Nachricht?"

„Die Große Älteste."

Es ist ein schändlicher Gedanke, aber ich hatte ihn nun mal gedacht: Guno Deg war darauf bedacht zu erfahren, ob ich sicher in der Zuflucht geblieben war.

„Sie konnten nicht warten. Sie konnten nicht zurückkommen", sagte ich traurig zu Nantgeeb.

„Der Weg war zu lang. Veers Lehre hatte vielleicht zu stark von ihnen Besitz ergriffen."

„Was wird aus ihnen werden?"

„Man wird sie nicht verfolgen", sagte Nantgeeb, „und den übriggebliebenen Schnittern ist verziehen worden. Man wird ihnen gestatten, zu ihren Familien zurückzukehren."

„Ach, all dieser Schmerz, all diese Veränderung und Unordnung ... war das alles umsonst? Wegen einer Laune des Orath Veer?"

„Seine Verrücktheit war nicht der einzige Grund. Schau in deine eigenen Runenbänder."

In meinen Tagträumen segele ich zu den Inseln, zusammen mit der von mir gewählten Familie in einem neuen Boot. Wir sehen ein Lager auf einer der Inseln im Süden, und ich rufe in der Geistessprache nach Seret ... nach so langer Zeit, nach Jahren. Doch selbst in meinen Tagträumen ist ihre Antwort immer die gleiche. Seret, meine Schwester, ist auf immer für mich verloren. Sie ist entschwunden wie meine Kindheit, wie unsere Träume von den Kriegern auf dem Gobelin.

Ich lege endlich die Runenbänder zur Seite. Dies war mein letztes Bild. Doch jetzt kommt dort noch ein weiteres. Der Vertrag Tiaths mit den Menschen ist von den Hundert schon seit langem ratifiziert. Die Neue Akademie ist auf der Insel Curweth Beg voll in Betrieb. Die Straßen werden vor Faldos und Landfahrzeugen langsam gefährlich.

Es ist sehr viel gebaut worden, viele Familien sind gegründet worden, und viele Kinder wurden gebeutelt. Taya Gbir hat ein Halbblut, Murnos Tochter, gebeutelt. Ablo Binigan hat zwei weibliche Vasallen aus Sarunin losgekauft, um mit ihnen eine Familie zu bilden, und hat eine Verleihungsurkunde für das erste Haus der beweglichen Bilder außerhalb von Sarunin bekommen – in der Stadt Otolor. Balkaveer schimpfte und spottete, doch Ablo hatte noch einen anderen Trick in der Hinterhand. Die Filme mit der hübschen Van und ihrem redenden Ameisenesser sind zu der beliebtesten Unterhaltung geworden, seit Schwarzlocke damit begann, Purzelbaum zu schlagen. Mein letztes Bild ist viel seltsamer als all dieser Tratsch ...

Der Schrei klingt durch die östliche Zuflucht in der ersten Nacht meines Frühlingsbesuchs. Ich bin beim Untergang der Großen Sonne von den Salzmarschen hierhergeflogen. Als Antho und ich aus dem Hangar in die kleine Dunkelheit treten, stößt Taya den Schrei aus: *Schaut nach Westen ... bei zehn Uhr!*" Wir sehen es, die ganze Welt sieht es. Nantgeebs Schrei ist ebenso laut wie irgendein anderer. Ich weiß, daß sie mit ihrem Enkelkind auf dem Dach der Zuflucht ist. Ein Feuerball geht im Westen herunter, blauweißlich und rot, heller als das Feuer Eenaths, heller als die beiden

Sonnen. Antho und ich rennen los, klettern hoch und stoßen auf dem Dach auf den gesamten Haushalt.

„Ein gigantischer Stein von den Sternen!" verkündet Nantgeeb.

„Oh, zur Hölle", sagt Schwarzlocke. „Es sah wie ein neues Sternenschiff aus. Ich dachte schon, jetzt käme eine weitere Rasse von Geisteskriegern."

„Er hat nie genug." Antho grinst.

Das Baby in Nantgeebs Armen, ein halbes Jahr nach seinem Erscheinen immer noch ohne Namen, jubelt und klatscht in die Hände. Es ist ein lustiges Kind mit einer Stirnlocke heller Haare und Murno Pentroys gelbbraunen Augen.

„Geh schon, du Baumgleiter", sagt Nantgeeb. „Breite deine Schwingen ..."

Sie balanciert das Kind auf ihrer Hand, es versteift seine Glieder. Jayarn fließt zwischen Nantgeeb und Taya, und das Kind „fliegt" in die Arme seiner Mutter. Schwarzlocke bedeckt sein Gesicht mit den Händen.

„Müßt ihr das auf dem Dachfirst machen?"

„Rovan", sagt Nantgeeb, „streck deine Geisteskräfte aus. Wir müssen den Ort finden, wo der Stein heruntergefallen ist."

Also konzentriere ich mich stark, lehne mich auf das niedrige Balkongeländer, lange hinaus in die Dunkelheit, weiter und weiter hinaus. Er muß außerhalb der Reichweite liegen – doch nein. Ich habe gesehen, wo er liegt, habe sogar seine Größe abgeschätzt. Als ich zurückkomme, bin ich allein mit Nantgeeb.

„Ungefähr zwei Tagesmärsche südwestlich von Wellin", berichte ich. „Mitten in der Wüste. Niemand, nicht einmal ein Einsiedler oder eine Familie von Buschwebern, ist in der Nähe der Grube. Es ist riesig. Größer als der Felsen an der Weißfelsbiegung – so groß wie der Brotlaibfelsen oberhalb von Linlor. Von den Lichtreflexen her zu urteilen, scheint er aus reinem Metall zu bestehen ... aus Rotmetall."

Nantgeeb seufzte.

„Also gibt es schließlich doch eine Große Ernte. Rotmetall haben wir niemals in großen Mengen gehabt. Zu schade, daß die Geister des Feuers Tsorl-U-Tsorl zu sich genommen haben; er wäre der Richtige gewesen, sich damit zu befassen. Ich habe nach Wellin und nach Sarunin weitgesprochen. Wenn die Ferne Sonne aufgeht, müssen wir eine Flugmaschine schicken."

„Und die Große Älteste?"

„Sie sendet an dieses Haus und fragt sehr viele Fragen."

„Man muß das Metall in der Wüste bearbeiten. Sie werden ein neues Lager brauchen."

„Eine neue Stadt", sagt Nantgeeb, „für dieses ‚Himmelskind'."

Also existiert die Stadt in diesem Augenblick in Nantgeebs Geist, und der Name der Stadt ist Voynar oder Himmelskind. Ich starre in die Dunkelheit, denke an die Welt und ihre Wunder.

„Wurde all dies vorhergesehen, Nantgeeb? Steht es irgendwo in den alten Runenbändern? So viele Besuche. Das Schiff *Heron* wird bald davonfliegen, wenn Lisa Kind Karen-ru geholfen hat, ihr Kind zur Welt zu bringen. Wir werden neue Städte bekommen, neue Straßen. Nach dem Mittjahrestag wird Guno zum erstenmal eine Zusammenkunft des Rates der Ältesten in Tsagul abhalten. Schon bald wird sie die Hundert in ganzen Flotten von Landfahrzeugen dorthin fahren lassen. Die Welt wird neu erschaffen sein."

„Die Runenbänder künden es sehr klar", sagt die Große Zauberin. „Die Welt wird immer wieder neu erschaffen ..."

Else Breen

Warte nicht auf einen Engel

Deutscher
Taschenbuch
Verlag

dtv

Aus dem Norwegischen von Gerda Neumann

Titel der Originalausgabe: ›I Stripete Genser‹, erschienen
1975 bei H. Aschehoug & Co. (W. Nygaard), Oslo

Ungekürzte Ausgabe
1. Auflage Dezember 1989
Deutscher Taschenbuch Verlag GmbH & Co. KG, München

ISBN 3-7026-5400-3
Umschlaggestaltung: Celestino Piatti
Umschlagbild: Reinhard Michl
Gesetzt aus der Garamond 10/11'
Gesamtherstellung: Ebner Ulm
Printed in Germany · ISBN 3-423-07898-7
2 3 4 5 6 · 94 93 92 91 90

1

Heute räume ich mit der Vergangenheit auf. Das heißt, ich werfe alten Kram fort, der mich viele Jahre lang begleitet hat. Ich leere meine Schubfächer und meinen Schrank aus und mache reinen Tisch.

Das Fenster steht offen. Der Wind weht von der Hecke Blütenduft ins Zimmer. Er bläht Gardinen auf und spielt mit den Papieren herum, die zu Boden geflattert sind. Ich wate buchstäblich in Erinnerungen, in Briefen, alten Eintrittskarten, in Postkarten und Souvenirs, in vergilbten Zeitungsausschnitten und ähnlichen Sachen.

Erinnerungen an Peter sind auch darunter. Aber ich treffe ihn ja täglich in der Schule. Deswegen brauche ich mich wirklich nicht an die Sachen zu klammern, die er mir irgendwann einmal gegeben hat.

Da ist auch etwas von Jens.

Mit ihm verhält es sich anders. Alles, was mit ihm zu tun hatte, war spannend. Manchmal waren es Enttäuschungen, manchmal aber auch freudige Überraschungen. Trotzdem zerreiße ich jetzt seine Briefe. Es sind ohnedies nur zwei.

Na ja, und nun kommt Ellen an die Reihe. Mit ihr war ich immer eng verbunden. Es ist ein merkwürdiges Gefühl, wenn man etwas wegwirft, was noch an die frühesten Kindertage erinnert, an die Zeiten, bevor einem die ersten Milchzähne ausfielen. Aber es hilft nichts. Aus! Vorbei! Fort damit!

Zu den Sachen, die ich aufbewahren will, gehören alle Zettel, die meine Mutter beschrieben hat, mein Tagebuch und ein Brief.

Diesen Brief hat Michael Holm geschrieben. Michael mit dem Augenlid. Den Brief mag ich nicht fortwerfen, jedenfalls jetzt noch nicht. Ich habe jedes Wort wieder und wieder überdacht, habe auf jeden Satz gestarrt und versucht, einen Sinn herauszulesen, der gar nicht darin steckt. »Liebe Mia ...« fängt der Brief an. Das sieht auf dem Papier so nackt aus.

Mutters Zettel habe ich nun so weit geordnet, daß sie in der richtigen Reihenfolge liegen. Im Grunde weiß ich nicht einmal, ob sie für mich allein bestimmt sind oder für die ganze Familie. Sie muß sie doch wohl mit Gedanken an uns geschrieben haben!

Es ist merkwürdig, daß ich hier sitze und auf Mamas Handschrift schaue, die so steil und ein wenig eckig aussieht. Mama hatte immer eine Vorliebe fürs Zettelschreiben. Ich meine nicht nur, wenn sie mit Vater verreiste. Dann bekamen wir immer eine ganz genaue Liste mit mindestens zwanzig Punkten, die von allem möglichen handelten: »Vergiß nicht, die Kochplatte abzustellen!« oder »Denk daran, die Post aus dem Kasten zu nehmen!« Im übrigen waren es kleine Ermahnungen, die überall in Form von Zetteln im Haus herumhingen, zum Beispiel an der Haustür »Nimmst du auch den Schlüssel mit?« oder in der Küche: »Hast du die Schnur vom Bügeleisen herausgezogen?« Im Wohnzimmer hing einer: »Vergiß nicht, die Blumen zu gießen! Sie verwelken so schnell!«

Wochentags hieß es zum Beispiel: »Liebe Mia! Das Essen steht im Rohr. Bitte, mach keine Wirtschaft in der Küche!« (Da war ich wieder einmal zu spät zum Essen heimgekommen, und die Eltern hielten Mittagsruhe oder waren ausgegangen.) Für Vater schrieb sie auf: »Lieber Karsten! Vergiß bitte nicht, den Boiler abzustellen! Heute morgen kochte er förmlich.« Die meisten Zettel hat wohl meine jüngere Schwester Mai bekommen: »Liebe Mai, achte bitte darauf, daß Per Schularbeiten macht! Wir brauchen übrigens noch Eier und Kaffee. Wenn du bitte so lieb sein wolltest ...« Natürlich war Mai so lieb. Das weiß man ja.

Aber die Zettel, die jetzt vor mir liegen, handeln nicht vom Essen, nicht vom Boiler und nicht von anderen Alltagsdingen. Sie geben eine Seite von Mutters wirklichem Wesen preis, die sie immer vor uns zu verbergen suchte. Ich glaube nicht, daß ich es lange aushalte, vor diesen Zetteln zu sitzen. Lieber werde ich sie mir irgendwann, ein anderes Mal vornehmen . . .

Und dann kommt der große Schock!

Genau in dem Augenblick, als ich die Vergangenheit fortpacken will, steht meine Schwester Mai, die kleine Mai, in der Tür und hat doch tatsächlich meinen gestreiften Pullover angezogen!

»Hej!« sagt sie ganz normal und alltagsmäßig. »Macht's dir was aus, wenn ich mir deinen Pulli ausborge?«

Da stürmt plötzlich wieder alles auf mich ein, was im letzten Winter geschehen ist.

»Nanu, Mia, was hast du denn?« fragt Mai erschrokken und geht auf mich zu. »Bist du etwa krank?«

Krank! Dieses Wort schmeckt so bitter, daß ich es einfach nicht mehr in den Mund nehmen mag. Ich schüttle nur den Kopf und starre den gestreiften Pullover an, der mich an so vieles erinnert . . .

»Ist's dir vielleicht nicht recht?« fährt Mai in ihrer wohlerzogenen Art fort. »Du trägst ihn doch gar nicht mehr, oder?«

Ich nicke. Schon lange habe ich ihn nicht mehr angezogen, und ginge es nach mir, dann läge dieser gestreifte Pullover unten im Wäschekeller, um dort still vor sich hin zu verrotten. Im übrigen hätte ich ihn schon längst wegwerfen sollen!

»Er ist so schick geworden, seit Mutter ihn angestrickt hat«, sagt Mai vergnügt, aber ich stelle fest, daß sie *Mutter* in einer gewissen Ehrerbietung ausspricht.

»Ach, nimm ihn nur!« antworte ich niedergedrückt und blicke dabei auf die hellen und dunklen Streifen, die sich abwechseln. Es ist komisch, aber dies ist wirklich der einzige Pullover, den ich in meinem ganzen Leben gestrickt habe.

»Du bist einfach prima, Mia!« sprudelt Mai hervor und verschwindet. Sie meint wohl, daß ich so nett bin, weil ich ihr den Pulli überlasse. Wenn sie wüßte!

Wieder sitze ich über dem alten Kram. Eins aber weiß ich nun wenigstens: ich bin noch lange nicht fertig mit alldem, was geschehen ist. Im Gegenteil! Deswegen kann ich ebensogut noch einmal alles durchgehen!

Begonnen hat es mit dem gestreiften Pullover; aber wann war das? Im Oktober oder im November? Ich kann mir Daten so schlecht merken, und mein Tagebuch schreibe ich fast immer ohne Datum, abgesehen von ganz besonderen Ereignissen. Außerdem schreibe ich gar nicht regelmäßig, sondern nur, wenn ich gerade Lust dazu habe oder das Bedürfnis verspüre, etwas auf Dauer festzuhalten.

Das war zum Beispiel so im Spätherbst. Längst hatten wir im Garten die Äpfel abgenommen, und in der Küche roch es tagelang nach Apfelmus. Lange, lange waren die Tage vorbei, an denen wir draußen unter den Bäumen gespielt und auf der Veranda Kaffee getrunken hatten.

Der Herbst hatte sich richtig ausgeglüht. Jedenfalls entdeckte ich eines Tages, daß ich die ganze Farbenpracht unter meinen Schuhsohlen zertrat, als ich im Nieselregen von der Schule heimkam.

Es war ein Tag, an dem ich besonders viel Hausaufgaben aufbekommen hatte. Wie üblich aß ich zu Mittag, wusch ab (dieses Mal waren mein kleiner Bruder Per und ich an der Reihe), und dann fing ich mit den Schularbeiten an; aber es wurde nichts Rechtes daraus. Ich kritzelte in meinen Heften herum, starrte aus dem Fenster und saß einfach nur so da.

Ich war in einer ganz miserablen Stimmung, ohne daß ich den Grund dafür ahnte. Aber schließlich kann man bei solch einem Nieselregen wohl die gute Laune verlieren! Ich stellte mich vor den Spiegel und schaute mich prüfend an, um festzustellen, ob etwas mit mir nicht in Ordnung war. Meine Zunge war nicht belegt. Ich konnte hüpfen, herumtanzen, laufen und meinen Mund verziehen. Also fehlte mir körperlich bestimmt nichts. Und dennoch ... Ein Gefühl des Ekels beschlich mich, eine Angst, eine Unruhe, die ich nicht näher beschreiben konnte.

»Versuch, es herauszubekommen!« sagt mein Vater immer, wenn irgend etwas nicht stimmt. Für ihn ist das ja nicht weiter schwierig, denn er ist Psychologe. Aber dieses Mal bediente ich mich doch lieber der Seelenmedizin, die meine Mutter verschrieb: Arbeit! Das ist wirklich das beste Mittel gegen schlechte Laune und Depressionen jeder Art.

Deswegen machte ich mich also an den gestreiften Pullover. Für mich ist so etwas eine äußerst schwierige Angelegenheit, denn ich habe zwei linke Hände und niemals gelernt, nach einem Muster zu stricken. Der Pullover war ein sommerlicher Einfall gewesen. Ich hatte einfach vier gestreifte Rechtecke gestrickt, und die mußten nun auf irgendeine geheimnisvolle Weise zusammengenäht werden. Aber wie?

Es hatte gar keinen Zweck, Mutter zu fragen, denn sie war auch nicht besonders geschickt in Handarbeiten. Mai kann zwar alles – auch stricken –, und sie hatte sogar meine Strickerei mit interessierter Herablassung verfolgt, aber ich wollte sie lieber aus dem Spiel lassen. Ich bekam es hin!

Das stimmte mich so froh, daß ich den Nieselregen ebenso vergaß wie das widerliche Gefühl, für das ich keinen Namen gefunden hatte. Im übrigen kommt es nicht gerade oft bei mir vor, daß ich auf eine Sache stolz bin, die ich mit den Händen gemacht habe.

Meine Handarbeitslehrerin hätte vermutlich über meine Leistung den Kopf geschüttelt. Aber schließlich sah man ja normalerweise den Pulli nur von außen. Und schon das Muster war so, daß man sich darüber freuen konnte: der Pulli bestand aus lauter lustigen bunten Streifen, Querstreifen.

Ich trug ihn probeweise vor dem Spiegel, als Mai ins Zimmer kam, um sich mein Lineal auszuborgen. Sie blieb einen Augenblick stehen, betrachtete mich kritisch und sagte nur: »Er ist zu kurz.«

Ich konnte ihr Gesicht im Spiegel beobachten. Nun, da sie es aussprach, wußte ich, daß sie recht hatte, und gerade darüber ärgerte ich mich. Aber ich versteckte meinen Ärger zunächst hinter einer vorgetäuschten Überlegenheit. »Willst du etwa behaupten, daß dieses unnachahmliche Kunstwerk zuwenig Streifen hat?« fragte ich sie.

Doch das machte auf Mai gar keinen Eindruck. Kritisch betrachtete sie mich. »Ich sage nur, was ich meine«, entgegnete sie unerschütterlich. »Der Pulli ist zu kurz.«

Ich blickte mich nach einem Gegenstand um, den ich ihr an den Kopf werfen konnte, aber ich hatte nichts anderes zur Hand als meine Haarbürste, und die war kaputt. Den Griff hatte ich bei irgendeiner Gelegenheit zerbrochen.

»Niemand hat dich um deine Meinung gebeten!« sagte ich. »Raus mit dir!« Mai verzog sich sofort – ohne Lineal. Aber meine gute Laune schwand auch dahin. War der Pulli wirklich zu kurz? Mir war das noch nicht aufgefallen. Wenn ich mich ein wenig reckte, war freilich zwischen dem unteren Pulloverrand und dem Hosenbund ein Stückchen von meinem Bauch zu sehen. Ich starrte geradezu erschrocken auf diesen Zwischenraum. Aber dann tröstete ich mich damit, daß Mai hausbacken war und nichts von Schick verstand. Sie hatte sich noch nie etwas daraus gemacht. In der Hinsicht hatte sie genausoviel Ahnung wie ein Kleiderbügel. Ich bürstete mein Haar vor dem Spiegel und versuchte meine gute

Laune zurückzugewinnen. »Pfeif drauf!« sagte ich mir. Ich wollte hinaus und die Welt mit meinem gestreiften Pullover erobern.

»Mi-a-a-a!« rief Mutter. Da wußte ich schon, daß es etwas für mich zu tun gab. Immer gibt es gerade dann Arbeit in diesem Haus, wenn man fort möchte. Es galt jetzt nur, so zu tun, als wollte ich ohnehin daheim bleiben, als steckte ich bis über die Ohren in Schularbeiten und hätte mich dazu entschlossen, eine gute Schülerin zu werden. Aber dazu mußte ich erst einmal den Pulli wieder ausziehen, denn sonst erregte ich doch nur Verdacht.

Zu spät! Per stand bereits in der Tür, Mutters ganz spezieller Sendbote.

»Mutter sagt, daß du deine Arbeit heute noch nicht gemacht hast«, sagte er und lächelte. Dabei blitzten seine leicht vorstehenden weißen Zähne.

»Grüß den Chef und sag ihm, ich bitte um Beurlaubung auf Grund starken Leistungsdrucks«, sagte ich.

»Du meinst wohl den neuen Pullover«, sagte Per und grinste. Per hat immer zu mir gehalten. Er hat auch etwas von meinem aufrührerischen Temperament. Man sieht es an seinen wachen Augen.

»Falls du es genau wissen willst, so denke ich über eine gar nicht so winzige Flucht nach«, sagte ich. »Ich will mich in meinem neuen Pullover aus dem Haus schleichen, aber dazu brauche ich einen Bundesgenossen, der die Arbeitsliste unten am Windfang kaputtreißt, während Mama nichtsahnend ihren Nachmittagskaffee trinkt.«

»Meinst du etwa *mich*?« Per schaute mich listig an.

»Vergiß es!« sagte ich. »Morgen hängt ja doch nur eine neue Liste unten. Es ist also ganz egal. Aber sag mal, welche Arbeit wäre denn heute an der Reihe?«

»Na hör mal! Du hast doch schon einen Vorschuß aufs Silberputzen gekriegt!«

Du liebe Zeit! Silberputzen! Und dabei steht man nun im neuen Pullover zum Ausgehen fertig!

»Wir können es doch zusammen machen!« schlug Per vor. »Du und ich!«

»Ach, Per, das wäre ja noch schlimmer! Ich hab' das Geld längst ausgegeben!«

»Darauf kommt's mir gar nicht an«, sagte Per.

»Und warum sonst willst du mir beim Silberputzen helfen?«

»Weil du so hübsch bist!«

Ich fühlte mich echt geschmeichelt und warf rasch einen Blick in den Spiegel: ein lang aufgeschossenes Mädchen in Blue jeans und gestreiftem Pullover. Haare, daß ich mich dahinter verstecken kann. Hübsch? Ich?

»Nun hör mal zu, Per«, sagte ich. »Ich muß mit einem Buch zu Jens. Hilf mir und gib mir Deckung, bis ich aus dem Haus bin. Denk dir irgend etwas aus! Dafür helfe ich dir das nächste Mal, wenn du in der Klemme sitzt. Omas Familiensilber kann ruhig noch ein paar Tage ungeputzt im Schrank liegenbleiben!«

Ich griff nach einem Buch auf dem Regal und machte die Tür auf.

Bei uns ist es immer spannend, wenn man sich aus dem Haus schleicht, ehe man seine Schularbeiten gemacht oder seine häuslichen Pflichten erledigt hat. Mit schlechtem Gewissen stiehlt man sich davon, verschwindet leise durch die Haustür und ist in raschem Lauf außer Hörweite. Dann kann man sich entspannen und wieder Luft holen.

2

Es regnete immer noch. Eigentlich hatte ich gar nichts Besonderes mit Jens abzumachen. Ich wollte ihm nur das Buch zeigen, von dem Peter so viel gesprochen hatte, ein Buch über die Schule. Peter ist der Schlaueste in meiner

Klasse, und er liest alles, was er in die Finger bekommt. Im Grunde wollte ich nichts anderes als Jens sehen. Es war nämlich schon ziemlich lange her, seitdem wir zum letzten Mal miteinander gesprochen hatten.

Als ich kam, saß Jens am Klavier und spielte. Seine Mutter ließ mich ein und machte ein etwas entsetztes Gesicht. Das konnte ich ihr gar nicht übelnehmen. Mein Anorak war nämlich klatschnaß vom Regen, die Hosen waren feucht, meine Schuhe total verdreckt. Ich zog sie gleich auf dem Flur aus, ehe ich mich auf Zehenspitzen ins Wohnzimmer schlich.

»Hej!« sagte Jens, aber er spielte weiter. »Setz dich inzwischen.« Ich tat's und kauerte mich auf den Fußboden mit dem Rücken zur Tür. Bei Jens ist es so vornehm, man traut sich gar nicht, sich auf einen Stuhl zu setzen, wenn man so naßgeregnet ankommt. Es könnten ja feuchte Spuren zurückbleiben! Deswegen setzte ich mich also auf den Fußboden und überlegte, ob die Tür nach innen oder nach außen geöffnet wurde. Falls jemand käme, fiele ich also entweder sofort rückwärts hin, oder ich bekam einen kräftigen Stoß gegen meine Rückseite.

Jens spielte.

Ich hörte auf, über die Tür nachzudenken, und stellte fest, daß Jens wirklich gut war am Klavier. Es lag nicht daran, daß er auf einem Flügel spielte und nicht auf einem solch alten Hackbrett wie unserem Klavier. Das haben wir von Oma geerbt, und es ist gerade gut genug für ›Freut euch des Lebens‹. Das spielt Vati meist, wenn wir Gäste haben.

»Gesunde Lebensphilosophie« nennt Vati das. Sein Schlüsselwort ist überhaupt »Gesundheit«, geistige und körperliche Gesundheit. Vielleicht ist auch das ein Grund dafür, daß ihn alle so gern haben. Wer wollte auch nicht gesund und frisch sein?

Mutter dagegen hat seit jeher immer von »Pflicht« und von »Verantwortung« gesprochen, und das machte einem deutlich, daß man eigentlich so gänzlich unzulänglich ist. Vater brachte uns dazu, daß wir uns die Zähne putzten, Lebertran nahmen, Sport trieben und alles heraussprudelten, was wir auf dem Herzen hatten. Mutter achtete darauf, daß wir aufräumten, unsere Pflicht taten und verständnisvoll und einsichtig waren, na und derlei mehr. Aber sie war es auch, die mit uns Konzerte besuchte.

Plötzlich mußte es Jens wohl eingefallen sein, daß ich immer noch vorhanden war.

Vielleicht hatte ich ihn mit meinen Gedanken durcheinandergebracht, denn er hörte auf zu spielen, kam zu mir, blieb vor mir stehen und schaute mich an.

»Mia«, sagte er einschmeichelnd, »sag mal, kommst du mit nach Kopenhagen?« Dabei hockte er sich vor mich hin und spielte mit seinen Fingern in meinem Haar herum.

»Nach Kopenhagen?« fragte ich und verstand gar nichts mehr.

»Rubinstein gibt dort ein Konzert«, erklärte Jens. »Das ist für mich vielleicht die einzige Gelegenheit, ihn jemals spielen zu hören.«

»Und warum soll ausgerechnet *ich* mitkommen?«

»Weil's zu zweit natürlich viel mehr Spaß macht.«

Ich überlegte. »Nein«, sagte ich. »Wie stellst du dir das vor? Ich will nicht nach Kopenhagen fahren, um Rubinstein zu hören. Meine Finanzen erlauben das nicht.«

Nun setzte Jens sich auch auf den Boden und fing an, mich zu überreden. »Ach, weißt du, so schrecklich teuer ist das gar nicht!« behauptete er. »Natürlich, die Konzertkarten kosten eine ganze Menge und die Reise auch. Aber wir können uns doch in dieser Notlage sicher etwas von Leo pumpen.«

»Wieso glaubst du eigentlich, daß dir Leo hilft?« fragte ich. »Ausgerechnet er, der jedesmal alles bis auf Heller und Pfennig zurückverlangt, wenn du dir etwas leihst!«

»Leo ist in Ordnung, man muß ihn nur richtig behandeln«, erklärte Jens. »Schließlich haben wir ihm doch angeboten, daß er in unserem Club mitmachen darf.«

»Ach, hör auf! Das ist ja die reinste Ausbeutung!« sagte ich. Aber Jens lachte nur.

»Wir denken uns etwas aus und tun ihm auch einen Gefallen«, sagte er.

»Du redest wie ein richtiger Kapitalist!« sagte ich. »Nach Kopenhagen fahren und für teures Geld ins Konzert gehen!«

Jens warf mir den Blick zu. »Du bist einfach nicht musikalisch genug, um zu kapieren, um was es geht«, sagte er. »Rubinstein!«

»Du bist wirklich ein Ekel!« sagte ich. »Du willst Leo einfach deswegen ausnützen, weil du weißt, daß er zu denen gehört, die sich Freundschaft mit Geld erkaufen.«

Wir gerieten in eine hitzige Diskussion. Ich betonte, daß die Kunst für alle da wäre, nicht bloß für eine kleine Gruppe von Auserwählten – und daß ein Konzert nicht so teuer sein dürfte, damit auch der gewöhnliche Sterbliche Nutzen davon hätte. Ich sagte, seine Art, Leo auszunützen, sei ein Beispiel für das, was sich in der ganzen Welt abspielte, wenn die reichen Nationen die armen ausbeuteten.

Jens wurde wütend. »Du quatschst schon genauso wie Peter«, sagte er. »Ihr seid alle beide verfluchte Maoisten. Ich mag diesen ganzen Stuß einfach nicht mehr hören!«

Ich kapierte den Wink, nahm Peters Buch und verzog mich in die Diele, wo ich nach meinen Schuhen griff. »Du findest niemanden, der mitfährt«, sagte ich, aber mein Herz tat mir dabei weh.

»Doch, ich werde Ellen mal fragen!« sagte er.

Hatte ich's nicht gewußt! Ellen wohnt zur Miete und hat ein eigenes Zimmer. Ihr Geld bekommt sie regelmäßig von daheim. Und wenn sie mal nicht auskommt, ist ihre Mutter lieb und schickt ihr mehr, freilich stets zugleich mit einem langen Brief mit vielen Ermahnungen.

Es ist niemand da, der Ellen beaufsichtigt. Sie kann ganz ruhig für zwei oder drei Tage fortfahren, ohne daß irgendwer deswegen Theater macht. Ihr Onkel, bei dem sie wohnt, ist Abgeordneter und reist viel umher. Und obwohl meine Mutter ein Auge auf sie haben soll, kontrolliert sie schließlich nicht jeden ihrer Schritte. Das hätte gerade noch gefehlt.

Jens und Ellen! Nein, ich feierte heute keine Triumphe in meinem gestreiften Pullover!

Ich ging heim und wünschte Ellen die Röteln an den Hals und viele, viele Pickel oder eine so starke Erkältung, daß sie nicht fahren konnte. Ja, ich wünschte ihr sogar, daß ihr ein Stück von einem Vorderzahn abbrechen möge. Dann würde ihr Gebiß nicht mehr ganz so tadellos aussehen, sondern eher so wie meines beispielsweise.

Meine Nase ist wirklich nicht so hübsch wie die von Ellen, und ein Eckzahn steht bei mir schief. Von der Seite sieht man es. Deswegen zeige ich lieber meine andere Gesichtshälfte – falls ich mich daran erinnere.

Als ich heimkam, sprach niemand vom Silberputzen. Ich ging in die Küche und schmierte mir vier Scheiben Brot, die ich mit einem Glas Milch auf einem Tablett zu mir hinübertrug.

Gerade zog ich meinen Pullover aus, als Per im Schlafanzug auf der Schwelle erschien.

»Heute putze ich kein Silber mehr!« erklärte ich zornig.

Per blinzelte mich verständnislos an. »Mutter ist krank«, sagte er nur.

Ich weiß nicht, wie es kam, aber ich hatte das Gefühl, ein Windstoß sei durchs Zimmer gefahren.

»Warum soll Mutter nicht auch einmal krank sein dürfen?« fragte ich Per. »Einmal kommt jeder an die Reihe!«

»Du und Mutter, ihr beiden seid fast nie krank«, stellte Per fest. Verlegen kratzte er sich den struppigen, blonden Schopf. »Weißt du, ich finde es scheußlich, wenn Mutter krank ist«, sagte er. »Sie ist auch gar nicht erkältet, noch nicht einmal Halsschmerzen hat sie.«

»Meinst du, ich sollte zu ihr hinaufgehen?« fragte ich.

»Nein, das ist nicht nötig«, antwortete er. »Vater ist bei ihr.«

»Geh und leg dich hin«, sagte ich zu ihm. »Mutter ist hart im Nehmen. Das weißt du ganz gut. Wenn sie sich heute abend krank fühlt, bedeutet das schlimmstenfalls, daß sie morgen nicht in die Schule gehen kann. Und dagegen hast du doch wohl nichts einzuwenden?«

Er blieb immer noch stehen. »Es ist so scheußlich«, wiederholte er.

»Heute abend ist alles scheußlich, Per«, sagte ich. »Es gibt eben solche Tage. Gute Nacht und schlaf schön! Morgen putzen wir beide zusammen das Silber.«

»Nacht, Mia«, sagte er und schlurfte hinaus. Er trug Wollsocken, die ihm viel zu groß waren. Man konnte deutlich sehen, wie er damit den Fußboden abstaubte.

Mutter krank – als wäre das ein Grund, Theater zu machen! Trotzdem spürte ich eine Kälte in mir aufsteigen, eine Verlassenheit, die mich dazu trieb, die Vorhänge zuzuziehen und alle Lampen anzuknipsen. Das unerklärliche, widerwärtige Gefühl vom Nachmittag stellte sich wieder ein.

Während ich mich auskleidete, überlegte ich, ob es nicht doch irgend etwas gab, was mir heute Freude machen konnte. Das hilft manchmal gegen schlechte Stimmungen; aber mir fiel nichts ein. Ich schaute meinen neuen Pulli noch einmal an, als ich ihn auszog und auf den Stuhl legte. Wenigstens der sah schön aus.

Und ich zieh ihn doch morgen an! dachte ich.

3

Am nächsten Tag blieb meine Mutter im Bett und konnte nicht in die Schule gehen. Allzu schlimm schien es allerdings auch wieder nicht zu sein, denn sie hatte einen Stapel mit Aufsatzheften vor sich liegen, die sie durchkorrigieren wollte. Und sie konnte es natürlich nicht unterlassen, mir einen guten Rat hinsichtlich meiner Bekleidung zu erteilen.

Inzwischen hat sie von Vater gelernt, wie man in solch einem Fall vorzugehen hat. Erst sagt man etwas Nettes und lächelt freundlich dabei, und dann tastet man sich vorsichtig, aber doch mit einer gewissen Direktheit an das peinliche Problem heran. In diesem Falle ging es also um meinen Pulli.

»Du siehst so farbenfroh aus, Mia!« sagte Mutter und lächelte bläßlich. »Schön, daß du den Pullover fertiggestrickt hast.« (Dies war die psychologische Einleitung.) »Aber ist er nicht ein bißchen zu . . .?«

Ich wette, daß sie gerade sagen wollte »kurz«, aber sie besann sich. »Du mußt dich wirklich wärmer anziehen«, sagte sie. »Draußen wird's jetzt schon recht kühl, und in diesem Pullover mußt du dich ja erkälten.«

Ich zeigte auf die Sonne, die durchs Fenster hereinschien. Der Himmel war nach dem gestrigen Regen wieder reingefegt, und der Asphalt draußen vor dem Gartentor trocken und sauber.

»Wenn der Winter kommt, ist noch genug Zeit, sich warm anzuziehen«, antwortete ich. »Im übrigen finde ich, du solltest dich lieber richtig ausruhen, jetzt, wo du krank bist, anstatt Hefte zu korrigieren.«

»Sie werden enttäuscht sein, wenn sie ihre Aufsätze nicht rechtzeitig zurückbekommen«, sagte Mama und griff nach dem nächsten Heft.

»Sie«, das sind ihre Schüler im Gymnasium.

Das konnte ich nicht verstehen. Ich zum Beispiel wäre

froh, wenn mein Lehrer meinen Aufsatz vierzehn Tage länger behielte.

An diesem Schultag landete ich nach der vierten Stunde in einem Café.

Peter hatte sein Geld gezählt und mich dann eingeladen. Zu einer »gesellschaftlichen Studie«, wie er es nannte: wir würden zusammen in ein bestimmtes besseres Lokal gehen und dort die Besucher beobachten. Peter wollte also wieder einmal »die kapitalistische Gesellschaft aus nächster Nähe studieren«.

Wir fanden einen Tisch am Fenster, und der Kellner schlängelte sich, die Serviette unter dem Arm, schlecht gelaunt zu uns herüber.

»Was soll's sein?«

»Ein kleines Bier«, sagte Peter.

Ohne mit der Wimper zu zucken, erwiderte er den Blick des Obers, der seine Augen abwandte und widerspruchslos die Bestellung notierte.

»Und hier?« erkundigte er sich nicht gerade höflich bei mir.

»Ein Glas Wasser, bitte!« sagte ich.

»Wasser servieren wir nicht«, entgegnete er sauer.

»Ich spendiere dir eine Cola«, schlug Peter vor, »oder ein kleines Bier, wenn dir das lieber ist.«

»Ich mag kein Bier«, sagte ich, »und ist Cola nicht ein kapitalistisches Getränk? Lieber möchte ich gar nichts haben.«

Nun begannen die Leute an den Nachbartischen uns anzustarren.

»Also, ich lade dich zu einer Fanta ein«, sagte Peter schnell. »Du kannst ja ein anderes Mal für mich bezahlen!« Der Kellner entfernte sich.

Peter erhielt sein kleines Bier und ich eine Fanta.

»Warum hast du dir Bier bestellt?« fragte ich ihn.

Peter probierte einen Schluck, ehe er antwortete: »Das gehört alles zu meinem Experiment. Hier bekommt also jeder ein Bier und wird gar nicht erst gefragt, wie alt er ist. Und dabei gibt es doch Gesetze! Jugendliche dürfen erst ab . . .«

Länger konnte er seine feinen Formulierungen nicht mehr von sich geben, denn er hatte jemanden entdeckt, den er kannte. Ich sah es seinem Gesicht an und drehte mich um. Da erblickte ich Jens' Mutter, Frau Bue, die direkt auf unseren Tisch zusteuerte. Mich wunderte es nicht, daß sie offenbar daran gewöhnt war, vormittags hierherzukommen. Aber was würde passieren, wenn sie Peters Bierglas bemerkte?

»Was macht ihr denn mitten in der Schulzeit hier?« fragte sie und setzte sich zu uns. Sie trug einen großen schwarzen Hut, der ziemlich eindrucksvoll aussah.

»Unserem Lehrer ist eine Gräte im Hals steckengeblieben, deswegen sitzen wir hier«, berichtete ich vergnügt. Das entsprach zwar der Wahrheit, klang aber nicht gerade überzeugend.

»Es war aber nur eine Heringsgräte«, erklärte Peter. »Sie saß quer in seiner Kehle und mußte unbedingt herausgeholt werden. Er ist beim Arzt, und wir sind hier gelandet.«

»Und darüber freut ihr euch?« fragte Frau Bue ganz erschöpft. Sie streifte ihre Handschuhe ab und schaute sich nach dem Kellner um.

Wenn Damen wie Frau Bue kommen, sind die Kellner immer in der Nähe. Unser eben noch so schlecht gelaunter Ober stand wie aus dem Boden geschossen neben unserem Tisch und setzte ein höfliches Lächeln auf. »Was darf's denn sein?«

»Einen Kaffee, bitte, und etwas Kuchen«, lächelte Jens' Mutter. Dann entdeckte sie Peters Bierglas. Sie sah von ihm zu mir und sagte langsam: »Vielleicht möchtet ihr auch Kuchen?« Ich nahm das Angebot dankend an, aber Peter lehnte ab. Bier und Kuchen, nein, das passe leider nicht zusammen.

»Das wäre alles.« Frau Bue entließ den Kellner mit einem Lächeln. Da saßen wir nun!

»Trinkt ihr etwa während der Schulzeit immer Bier?« fragte sie.

»Peter trinkt nicht«, erklärte ich ihr. »Er experimentiert.«

»Ich mag Bier gar nicht«, bestätigte Peter.

Der Ober kam mit Kaffee und Gebäck, und er war furchtbar freundlich, auch zu Peter und mir.

Kaum war er gegangen, sagte Frau Bue unvermittelt: »Jens hat einen scheußlichen alten Militäranorak aufgetrieben. Den zieht er sogar manchmal zur Schule an. Stellt euch vor, ein anständiger Junge aus gutem Hause! So was fällt doch nur auf die Eltern zurück!«

Ich merkte sofort, daß wir da in den Bereich einer Unwetterzone geraten waren. Aber Peter sagte unbeeindruckt: »Eigentlich sollte es bei uns so sein wie in China, wo alle die gleichen Arbeitskleider tragen. Übrigens finde ich, daß diese Militäranoraks eine praktische Bekleidung sind und außerdem garantiert wetterfest.«

»Ich hätte mir doch gleich denken können, daß ich bei euch kein Verständnis finden würde«, sagte Frau Bue steif.

Ich beschäftigte mich mit meinem Haar, das sich irgendwie im Pulli verhakt hatte. Jedenfalls mußte ich es aus dem Ausschnitt herausziehen. Da merkte ich, daß Frau Bue mich anstarrte. Wie besessen glotzte sie auf den Zwischenraum zwischen unterem Pulloverrand und Hosenbund. Ich bekam dort direkt eine Gänsehaut! Plötzlich beugte sie sich vor und flüsterte so leise, daß es alle hören konnten: »Zieh deinen Pullover runter, Mia! Man sieht ja deinen Nabel!«

Hat man so etwas schon erlebt! Noch nie zuvor hab' ich mich dermaßen verlegen und gekränkt gefühlt. Mein Nabel – was war denn schon Besonderes daran? Einen Augenblick saß ich stumm und mit knallrotem Kopf da.

Dann stopfte ich den Rest Kuchen in den Mund und stand auf. Ohne ein Wort zu sagen, verließ ich das Lokal. Sollte sie von mir aus ruhig sitzenbleiben, den Kopf mit Vorurteilen vollgestopft, und sich mit Peter über seine Experimente unterhalten!

Ich war in einer elenden Stimmung, als ich in die Schule zurückkam. Es hatte noch nicht zum Unterricht geläutet, und so setzte ich mich draußen vor die Mauer auf den Asphalt, wo die Sonne schien. Ich sonnte mich, bis plötzlich unser Religionslehrer Michael Holm vor mir stand und die Sonne verdeckte.

Michael unterrichtete eigentlich in der Oberstufe Religion und Französisch. Aber weil unsere Religionslehrerin, Fräulein Sörensen, krank war, hatte er ihre Stunden übernehmen müssen.

Eigentlich war Michael gar kein Lehrer, sondern eine Art Religionsphilosoph. Wir mochten ihn alle, obwohl niemand von uns das zugegeben hätte. Ja, wir fürchteten ihn sogar ein wenig, wenn er sich plötzlich an uns wandte und Antwort auf scheinbar ganz einfache Fragen verlangte. Im stillen hatte ich ihn den »Erzengel Michael« getauft. Das ist der, welcher die Seelen im Jenseits wiegt und über ihre weiteren Schicksale bestimmt.

Im übrigen aber erinnerte er mich eher an Odin, denn mit Michael Holms einem Augenlid stimmte etwas nicht. Es schloß sich, wenn sich das andere öffnete. Dann sah er so merkwürdig einäugig aus. Odin hatte auch nur ein Auge. Das andere hatte er opfern müssen, als er aus dem Brunnen der Weisheit trank. Michael muß aus vielen Weisheitsbrunnen getrunken haben, denn er ist sehr klug.

»Sitzt du hier ganz allein?« fragte er und blieb stehen. »Fehlt dir etwas?«

Selten habe ich einen Lehrer so freundlich fragen hören. Ich fühlte mich fast ein bißchen gerührt und blickte zu ihm auf. Er ist ziemlich groß.

»Mein Pullover ist zu kurz«, sagte ich.

»Dein Pullover?« fragte er und sah dabei ein bißchen unsicher aus.

»Ich trage ihn unter dem Anorak«, erklärte ich. »Er bedeckt nämlich nicht ganz, was er bedecken sollte.«

Er dachte nach und lächelte ein wenig mit den Augen. »Wenn dir kalt ist, kannst du ja heimgehen und dich umziehen«, riet er mir.

Dies war nun wirklich das Netteste, was ich seit langem von einem Lehrer gehört hatte.

»Mir ist nicht kalt«, sagte ich, »vor allem nicht, wenn ich nicht wie Diogenes zu Kaiser Alexander sagen muß: ›Geh mir doch aus der Sonne!‹ Könntest du vielleicht so nett sein und ein bißchen auf die Seite gehen, damit ich noch ein wenig Sonne abbekomme?«

Er lächelte und trat einen Schritt zur Seite. Er sieht wirklich hübsch aus, wenn er lächelt. Dann sind auch seine beiden Augenlider wieder am rechten Platz.

»Und ich dachte schon, du sitzt hier nur herum und bist schlecht gelaunt.«

Ich hatte schlechte Laune gehabt. Aber die war verschwunden. Wenn ich ihn von unten anschaute, hatte ich das Gefühl, daß ich doch wohl besser aufstehen sollte. Schließlich war er mein Lehrer. Meine gute Erziehung meldete sich und schrie förmlich danach, daß ich mich erheben sollte. Aber dann kamen die Einwände. Diogenes war auch in seiner Tonne geblieben, als Kaiser Alexander kam, um ihn zu besuchen. Und Peter sagt, daß man auf keinen Fall eine Autorität nur als solche respektieren solle. Also blieb ich sitzen, bis Michael wieder ging.

Kurz bevor es klingelte, tauchte Peter wieder auf. Er brachte mir einen Zettel. »Der ist für dich, Mia«, sagte er.

»Von wem denn?« –

»Na, von der Dame!« Er meinte Frau Bue.

Ich nahm den Zettel und las:

»Liebe Mia! Vermutlich bin ich nicht gerade besonders

modern und verstehe erst recht nichts von der Jugend. Versuche bitte zu begreifen, daß ich dich nicht kränken wollte. Ihr meint es ja gar nicht so, wenn ihr provozierend auftretet, das weiß ich ...«

Sie schrieb, daß sie Schwierigkeiten mit Jens und ihrer Tochter Stine hätte; deswegen sei sie so unfreundlich gewesen und hätte allergisch auf Peters und mein Benehmen reagiert, sie hoffe, wir würden das entschuldigen. Das alles hatte sie mit schräger Schrift auf die Seite eines Damenkalenders geschrieben, die sie herausgerissen hatte. Das Blatt begann auf der anderen Seite mit einem Montag und endete mit dem Sonntag der letzten Augustwoche. Ich schaute sie mir genauer an, denn Frau Bue hatte allerlei Notizen gemacht. Unter Montag stand: »Haarwäsche für Robert.« Du lieber Himmel! Dann: »Kleiderspitze nicht vergessen« (Aber doch wohl nicht fürs Haar?). Am Mittwoch »Damentee« und am Freitag: »Nicht vergessen: Jens' Hosen flicken!« Ja, es wäre wirklich traurig, wenn Jens an diesem Wochenende ohne Hose herumgelaufen wäre!

Der Zettel versetzte mich wieder in gute Laune. Ich rollte ihn um meinen Zeigefinger und band ihn mit einem Gummibändchen fest.

Wir hatten bei der Taube Gemeinschaftskunde. Sie heißt zwar »Taube«, aber »Habicht« hätte besser zu ihr gepaßt. Sie meint nämlich, daß ihre Arbeit an uns hauptsächlich im Überrumpeln bestehen müsse. Während sie da oben auf dem Katheder sitzt und mit allen Kräften unterrichtet, überwacht sie uns ständig und stößt wie ein Habicht aus der Höhe auf uns herunter, wenn sie der Meinung ist, daß wir uns vielleicht mit etwas anderem beschäftigen. Natürlich tun wir das ja auch immerzu, aber wir täuschen dabei äußerste Aufmerksamkeit vor.

Wir waren schon ein ganzes Stück vorangekommen, als sie plötzlich einen ganzen Satz verschluckte, auf mich zeigte und fragte. »Was hast du denn da an deinem Zeigefinger, Mia?«

»Einen Zettel«, sagte ich.

»Was für einen Zettel?«

»Einen Besserungszettel.« Das war natürlich Unsinn, mir gerade in der Eile eingefallen, aber für sie verwirrend.

»Was ist das, ein Besserungszettel?« fragte sie streng.

»Ein Zettel, auf dem was Nettes steht«, antwortete ich. »Eine Kalenderseite mit Notizen. Ich habe sie mir um den Finger gewickelt und festgebunden.«

»Du wirst von mir einen Besserungszettel bekommen«, sagte die Taube böse.

»Ja, bitte sehr. Die anderen Finger sind noch frei!« Die ganze Klasse lachte, aber die Taube trug mich ins Klassenbuch ein.

Nach der Stunde sah ich mir an, was sie geschrieben hatte. Da stand: »Mia antwortet vorlaut im Gemeinschaftskundeunterricht. M. Taube.«

Von einer vorlauten Frage der Taube stand natürlich nichts im Klassenbuch. Na, so groß sind deine Freiheiten wirklich nicht, dachte ich mir. Dein Pullover darf nicht zu kurz sein, und du darfst nicht einmal einen Zettel um den Zeigefinger rollen!

Aus meinem Tagebuch geht hervor, daß an jenem Tag noch mehr geschah. Es war windig, kalt und unfreundlich geworden, als ich heimging. Die Menschen standen in dichten Trauben an der Haltestelle und warteten ungeduldig auf die Tram. Als sie endlich kam, stürmten alle zusammen wie ein vielköpfiges Ungeheuer drauflos. Ich wurde beim Einsteigen gestoßen und gequetscht, aber es gelang mir schließlich doch, einen Platz neben dem Fahrer zu erobern. Wir redeten ein bißchen miteinander, denn wir kennen uns schon lange. Als wir das nächste Mal hielten, steckte ich den Kopf zur Tür hinaus und sagte: »Nun könnt ihr aufhören, draußen herumzustoßen und zu frieren! Herzlich willkommen an Bord!«

Diese Ansprache wurde gar nicht gut aufgenommen.

Alle warfen mir so böse Blicke zu, als hätte ich sie beleidigt. Nur eine Oma lachte. Sie hievte sich auf die Plattform hinauf und sagte: »Es ist doch tatsächlich das erstemal, daß mich jemand auf der Straßenbahn willkommen heißt!«

Meine eigene Oma hätte vielleicht so ähnlich geantwortet. Aber dann übertönte eine laute Männerstimme alle anderen. »Diese verdammten Jugendlichen!« Ich drehte mich um und blickte in ein verdrossenes Gesicht. Es gehörte einem Mann, der die Mittagszeitung über die Knie gebreitet hatte und mich mit zornigen Augen anstarrte.

Ich versuchte, so zu tun, als sei ich unsichtbar, aber er hob einen zittrigen Finger und wies im Gedränge auf mich: »Da, schaut sie euch an! Das ist auch so eine freche Type, wie man sie leider heutzutage überall antrifft!«

Plötzlich wurde es mäuschenstill im überfüllten Wagen, und alle folgten mit ihren Blicken dem Zeigefinger, der in meine Richtung wies. Es half nicht viel, daß mir der Fahrer zublinzelte. An der nächsten Haltestelle stieg ich aus. Ich war dem Heulen nahe.

»Na, stimmt was nicht?« hörte ich eine Stimme neben mir. Da stand doch wahrhaftig Michael Holm mit einer Stange Brot unter dem Arm, in der Hand eine prallgefüllte Plastiktüte. »Du hältst ja den ganzen Verkehr auf!«

Fing er etwa auch schon an? Wortlos trat ich beiseite, um ihm Platz zu machen. Aber er ging nicht. Er blieb vor mir stehen, und als ich zu ihm aufschaute, war er wieder zum einäugigen Odin geworden, der mich mit dem offenen Auge betrachtete.

»Kann ich dir irgendwie helfen?« fragte er. Ich wollte gerade sagen: »Du nicht, denn du gehörst ja auch zu diesen unfehlbaren Erwachsenen«, aber ich unterließ es. Michael sah so nett aus, wie er da vor mir stand. Ich erzählte ihm von dem Mann aus der Straßenbahn.

»Armer Bursche!« kam es ziemlich trocken heraus, als

ich mit meinem Bericht fertig war. Ich war ziemlich erstaunt, denn ich hätte eher geglaubt, selber das arme Wesen zu sein.

»Solche Menschen haben es mit sich selbst am schwersten!« sagte Michael. »Es gibt ja so wenig Freude in der Welt, daß du nicht um Entschuldigung zu bitten brauchst, wenn du das Leben mit Humor nimmst. Mach nur so weiter!«

Wie gebannt starrte ich auf das geschlossene Augenlid. Aber plötzlich öffnete es sich, und Michael sah wieder ganz normal aus. Ich nahm mich zusammen.

»Mein lieber weiblicher Kumpel«, sagte er lächelnd und klopfte mit seiner Brotstange freundschaftlich auf meinen Rücken. »Schüttle dein Haupt und pfeif auf den bösen Kerl! Komm, wir gehen weiter!«

Und wir gingen und sprachen von alltäglichen Dingen. Michael zeigte mir das Haus, in dem er wohnte. Um ehrlich zu sein: Ich ging einen ganzen Block weiter, als ich brauchte, nur um noch ein wenig mit ihm zusammen zu sein.

Als ich heimkam, zog ich den gestreiften Pullover aus und warf ihn in den Kleiderschrank. Dann grub ich meinen alten Sweater aus, zog ihn über und ging in die Küche, um dort meine Pflicht zu tun: heute hatte ich die Kartoffeln aufzusetzen.

4

Es muß ungefähr eine Woche später gewesen sein, als meine Freundin Ellen kam. Sie setzte sich auf mein Sofa und sah hübscher aus denn je zuvor. Meine bösen Wünsche waren also nicht in Erfüllung gegangen. Glücklicherweise. Ihre Zähne waren fehlerfrei wie eh und je, ihr Teint schimmerte makellos, und ihre Haare leuchteten nur so vor goldener Blondheit. Aber in ihren Augen lag ein wachsamer Ausdruck, der den Verdacht auf eine bestimmte Absicht aufkommen ließ. Sie war gewiß nicht ohne Grund gekommen! Ich verstehe das wechselnde Mienenspiel meiner ältesten Freundin zu deuten!

Als sie endlich gesprächiger wurde, erfuhr ich, daß sie fast jeden Tag mit Jens zusammen war. Das war mir auch schon vorher bekannt gewesen, denn schließlich gehen die beiden in die gleiche Schule, wenn auch Jens eine Klasse über Ellen.

Dann betrachtete sie eingehend die Spitzen ihrer Schuhe und berichtete, daß Jens sie aufgefordert hätte, mit ihm nach Kopenhagen zu fahren.

»So, dich hat er also auch gefragt?« sagte ich. Ellen warf mir einen blitzschnellen Blick zu, der mich beschämte. »Dann hat er *dich* wohl zuerst gefragt?« stellte sie fest. »Das hätte ich wirklich wissen sollen!« Dabei blickte sie durch mich hindurch auf die Wand hinter mir. Ich konnte mich, ehrlich gesagt, in diesem Augenblick selber nicht richtig leiden.

»Übrigens wird nichts draus«, sagte Ellen und versuchte das Ganze herunterzuspielen. »Seine Mutter hat Wind davon bekommen, und da hat es einen Aufstand gegeben! Das kannst du mir glauben!«

Das also hatte mir Ellen erzählen wollen! Deswegen war sie hier. Jens würde also nicht Rubinstein hören. Trotz allem tat er mir ein wenig leid.

Ellen stand auf, ging zu meinem Kleiderschrank und warf einen Blick hinein. Solche Freiheiten nimmt sie sich manchmal heraus.

»Hast du was Neues gekriegt?« fragte sie und entdeckte den gestreiften Pulli, der auf dem Boden lag. Sie bückte sich und hob ihn auf. »Wo hast du den denn her?« erkundigte sie sich und hielt ihn ein Stück von sich.

»Den habe ich selber gestrickt«, sagte ich nicht ohne Stolz.

»Was? Du? Nie im Leben!« Sie wendete ihn und schaute sich die Innenseite an. »Ach so«, sagte sie, »na ja, es stimmt! Aber dafür, daß du ihn selber gemacht hast, ist er wirklich gut. Darf ich ihn anprobieren?«

Ich nickte. Ellen stellte sich vor den Spiegel. Als sie sich wieder zu mir umdrehte, war der reservierte Ausdruck aus ihrem Gesicht verschwunden. Sie lächelte strahlend, und ich wußte, warum. Der Pullover stand ihr gut. Sie war, um es einmal ehrlich auszusprechen, unwahrscheinlich hübsch, wie sie da stand, das schimmernd blonde Haar über den Schultern und mit einem übermütigen Funkeln in ihren braunen Augen.

»Na, was meinst du?« sagte sie und reckte sich. Die Hände hielt sie im Nacken gefaltet. Ich sah ein Stück von ihrem Bauch, der noch schön goldbraun vom Sommer war.

Ich brauchte gar nicht zu sagen, was ich dachte. Ellen sah es mir auch so schon an. Sie riß den Pullover über den Kopf und zog ihre eigene Bluse wieder über. Während sie sie zuknöpfte, sagte sie: »Ich bin eigentlich wegen Leo gekommen.«

Das war eine Überraschung. Vermutlich mußte ich nun doch langsam aufhören, mir einzubilden, daß ich Ellens Gesichtsausdruck deuten konnte. »Jens sagt, du solltest jetzt wahrhaftig was für Leo tun!«

»Etwas tun? Ich?« Ich überlegte, ob ich richtig verstanden hätte. »Was bildet ihr euch eigentlich ein?« Plötzlich war Ellens Lächeln verschwunden. »Wir bilden uns nichts anderes ein, als was du selber gesagt hast, nämlich, daß du dich um Leo kümmern willst«, antwortete sie. »Jens und ich haben darüber gesprochen, wie wichtig es ist, daß etwas *getan* wird.«

Sie sagte *Jens und ich* auf eine irritierende Weise.

»Warum kommt Jens nicht zu mir und sagt es mir selber?« fragte ich.

»Er spielt«, entgegnete Ellen.

Natürlich, das hätte ich wissen sollen! Jung Mozart mußte natürlich Klavier üben, und ich durfte inzwischen einen Schlachtplan entwickeln, wie sein problematischer Freund Leo für die Gesellschaft zu retten wäre. Aber von mir aus konnte er darauf warten, bis er schwarz wurde.

»Ich habe nicht mehr Verantwortung Leo gegenüber als ihr«, sagte ich.

»Das stimmt nicht«, widersprach Ellen. »Soweit ich mich erinnere, hast du dich damals am stärksten dafür eingesetzt, daß Leo in unserem Club mitmachen sollte. Ich war schon immer der Meinung, daß er im Vergleich zu uns viel zu erwachsen ist.«

Ellen sagte die Wahrheit. Ich hatte mich für Leo stark gemacht, aber nicht etwa, weil er mir besonders sympathisch war, sondern weil ich wußte, daß Jens sich seinetwegen Gedanken machte, wenigstens in gewisser Hinsicht. Die Freundschaft zwischen den beiden war ohnehin kaum zu begreifen. Aber immerhin! Und außerdem hatte Frau Bue damals gemeint, daß Leo nicht gerade ein Prunkstück wäre. Ich wollte ihr beweisen, daß sie sich irrte.

Ellen stand bereit, fortzugehen.

»Ich soll dir einen Gruß von Jens bestellen und dir sagen, daß Leo dich heute besuchen kommt«, sagte sie und lächelte etwas ironisch. »Du kannst dich ja mit deinem Vater zusammentun, der ist schließlich Psychologe!«

Vermutlich hörte sie selber, wie boshaft das klang, denn sie fügte besänftigend hinzu: »Er versteht sich doch so gut auf solche Burschen!«

Sie bürstete sich seelenruhig die Hose ab und verschwand hinüber in die Küche zu Mutter und Per, wo sie etwas Gutes zum Mitnehmen bekam. Später stellte ich fest, daß es der Rest vom Apfelstrudel war, auf den ich selber ein Auge geworfen hatte.

Mich ergriff eine richtige Panik. Was sollte ich bloß mit Leo anfangen, mit einem erwachsenen Menschen, den ich kaum kannte?

Ich raste zum Telefon und rief Peter an, um ihn zu fragen, ob er nicht kommen könnte. Aber leider ... Peter mußte arbeiten.

Es dauerte gar nicht lange, bis Leo auftauchte. Kaum eine halbe Stunde, nachdem Ellen fort war, klingelte er schon an der Tür.

Wir begrüßten uns, und er hängte seinen Parka in der Garderobe auf. Er trug einen ganz unmöglichen Schlips mit lauter Hulamädchen als Muster. So etwas hatte ich noch nie gesehen. Ich konnte meine Augen von diesem Anblick gar nicht lösen.

»Wo stecken denn die anderen?« fragte Leo.

»Welche anderen?« fragte ich zögernd.

»Na die von der politischen Arbeitsgruppe!«

Das war einmal was Neues. »Wer hat denn von einer politischen Arbeitsgruppe gesprochen?« erkundigte ich mich.

»Peter«, antwortete Leo. »Glaubst du etwa, daß ich sonst gekommen wäre?«

»Wir haben nur einen Club, in dem wir uns verschiedene Themen vornehmen«, sagte ich. »Politik natürlich auch.« Dabei kam ich mir ein bißchen kindisch vor. »Magst du meinem Vater guten Tag sagen?« fragte ich ihn.

»Meine Güte, ist das auch noch nötig?« fragte Leo. Ich konnte ihn gut verstehen.

»Vater lernt gern meine Freunde kennen«, sagte ich und kam mir falsch wie eine Schlange vor.

Dieser Vorwand mit Vater führte nicht weit, es war ein einziger Fehlgriff. Die beiden betrachteten sich gegenseitig mit tief eingewurzeltem Mißtrauen, so daß sich die Vorstellung in Rekordzeit abwickelte. Um den Schaden wiedergutzumachen, führte ich Leo durchs Haus und machte ihn mit der übrigen Familie bekannt. Aber ich fand nur Mai und Per vor. Schließlich lotste ich ihn ins Wohnzimmer, wo es ungemütlich leer war, denn zu dieser Tageszeit ist jeder von uns mit seinen eigenen Sachen beschäftigt.

Vater kam herein und tat so, als suche er etwas und als fiele es ihm plötzlich auf, daß er mich hier vorfand. Das war nicht gerade gut gespielt. »Kann ich ein Wort mit dir reden, Mia?« fragte er, und ich folgte ihm in die Küche.

»Was hast du mit ihm vor?« fragte er mich, als er die Küchentür hinter sich zugezogen hatte. Du liebe Güte! Das war also die Hilfe, die ich von unserem Psychologen bekam!

»Was hat man mit Menschen vor, die einen besuchen?« fragte ich zurück.

»Na ja, er unterscheidet sich doch erheblich von deinen anderen Freunden. Deswegen frage ich«, sagte Vater. »Wer ist das überhaupt?«

»Ein Junge, der keine Angehörigen hat und irgendwo zur Miete wohnt. Er arbeitet in einer Tankstelle. Willst du noch mehr wissen?« Ich dürfte nicht gerade sehr freundlich geklungen haben.

»Versteh mich nicht falsch«, sagte Vater. »*Ich* gehöre nicht zu denen, die ...« Aber er wurde unterbrochen, denn nun kam Mutter in die Küche. Ja, nun würde es heiter werden.

»Was hat das zu bedeuten?« fragte sie mit ihrer strengsten Oberlehrerinnenstimme. »Warum sitzt der arme Bursche da drinnen allein, während ihr beiden hier herumsteht und die Köpfe zusammensteckt?«

»Ach!« sagte ich. »Was kann ich denn dafür, daß Leo hier hereingeschneit kommt, wenn ich's am wenigsten erwartet habe?«

»Und gewünscht«, ergänzte Mutter. »Ich fange langsam an zu begreifen. Der arme Kerl, der da drinnen vor Verlegenheit ins Schwitzen kommt, ist Mias Versuchskaninchen. Ein Experiment!« Mutters Augen funkelten. »Man spielt nicht mit Menschen, Mia!«

»Aber Anne-Cathrin, so hör doch!« sagte Vater. »Ich

glaube, du mißverstehst die ganze Situation. Mia hat den allerbesten Willen . . .«

Mutter unterbrach ihn. »Hier geht's nicht um Willen, sondern um ganz allgemeinen Herzenstakt«, sagte sie. »Ich geh jetzt hinein und trinke eine Tasse Kaffee mit Leo. Ihr zwei könnt von mir aus hier stehenbleiben und weiter eure psychologischen und soziologischen Probleme erörtern.«

Diese Szene war wieder ganz typisch für unser Familienleben. Mutter konnte sich manchmal richtig ereifern und hitzig werden, während Vater zu vermitteln suchte. Aber er durchschaute die Dinge nun einmal nicht so schnell wie Mutter.

Die Familie trank also Kaffee. Das heißt, Vater nahm sich eine Tasse mit hinauf ins Arbeitszimmer, denn wie er sagte, hatte er dort noch zu tun. Wir anderen versammelten uns um den Kamin. Es war kalt im Zimmer, und deswegen steckte Per ihn an. Mai kam mit Keksen und reichte sie herum; Mutter schenkte Kaffee ein. Ich hielt mich heraus. Leo hatte nämlich schon seine Aufmerksamkeit auf meine Mutter und meine Geschwister konzentriert.

Mutter saß in ihrem Sessel, mit hochgezogenen Füßen, und blickte Leo an. Sie schwatzte mit ihm. Er saß ihr gegenüber und taute langsam auf, ja er wurde eigentlich ganz nett und unterhaltsam. Aber ich ärgerte mich über Mutter. Mit anderen jungen Leuten geht sie viel geschickter um als mit ihren eigenen Kindern! dachte ich bitter.

Plötzlich fragte Per: »Sag mal, Leo, du hast da auf deinem Schlips lauter Mädchen, wo hast du den denn her?«

Leo erzählte, daß er zur See gefahren wäre und diesen Schlips im Ausland gekauft hätte. Mutter foppte ihn und fragte, ob das etwa eine feine Art sei, sich des weiblichen Geschlechts zu bedienen? Aber Leo gab zu, daß er darüber noch nicht nachgedacht hätte. Es endete damit, daß er den Schlips herumreichte, damit wir ihn uns genauer anschauen konnten. Dann stopfte er ihn in die Tasche. Das ging alles ganz gemütlich vor sich. Er erzählte allerlei Geschichten aus seiner Matrosenzeit.

Ich nahm mir ein Keks und ging zu Vater hinauf.

Er saß an seinem Schreibtisch und arbeitete, die Kaffeetasse stand vor ihm. Als ich eintrat, blickte er rasch auf. Der Ausdruck seiner Augen machte mich etwas unsicher. Wenn ich mich nicht irrte, lag eine Art Angst oder Ratlosigkeit darin, aber sie verschwand sogleich.

»Was habe ich denn falsch gemacht?« erkundigte ich mich.

Vater schwieg einen Augenblick. »Frag lieber, was *ich* falsch gemacht habe!« antwortete er. »Ich habe keinen Zugang zu diesem Burschen bekommen.«

»Mutter hat's geschafft«, berichtete ich. »Da unten entwickelt sich das reinste Familienidyll. Du solltest dir das ansehen!«

»Mutter ist eben daran gewöhnt, auch mit ausgefallenen jungen Menschen umzugehen«, gab er zu.

»Und du?«

Er lächelte. »Vielleicht hat Mutter recht, wenn sie sagt, daß oft psychologische Fälle draus werden, obwohl man es ja mit Menschen zu tun hat, die Hilfe brauchen. Du solltest aber wirklich nicht auf Mutter böse sein, Mia! Sie hat im Augenblick nicht gerade ... überschüssige Kräfte.«

»Na, zum Bösewerden reicht's noch!«

Da schaute mich Vater durchdringend an und lächelte. »Weißt du, woran wir beide gescheitert sind, Mia?« fragte er. »Wir haben Vorurteile!«

»Vorurteile? Aber wogegen denn?« wollte ich wissen.

»Gegen den Schlips!« sagte Vater. »Mutter hat tiefer gesehen. Sie hat den Menschen hinter dem Schlips erkannt.«

Ich fand ein Vorurteil gegen einen Schlips nicht so

schlimm. Wenn's weiter nichts gewesen wäre! Das Problem war doch, daß ich Vorurteile gegen Leo hatte. Ich konnte ihn nicht ausstehen. Ich wußte einfach nicht, was ich mit ihm anfangen sollte. Es grauste mir förmlich, wenn ich daran dachte, daß ich wieder hinuntergehen müßte. Das gestand ich Vater.

»Ach, laß Mutter nur machen!« sagte er. »Sie ist geschickter als wir. Mußt du übrigens nicht an deine Schulaufgaben denken?«

Als ich mich wieder ins Wohnzimmer wagte, war Leo fort. Mutter saß und korrigierte Hefte. Sie schaute mich an, als wäre ich ein Ungeheuer, und sagte: »Sei so nett und mach die Tür zu! Es wird kalt hier herinnen!«

Ich drehte mich also um, zog die Tür hinter mir zu und verschwand in meinem Zimmer. Dort saß ich herum und wartete auf einen Anruf von Jens. Er mußte mich doch anrufen und sich erkundigen, wie Leos Besuch bei uns ausgefallen wäre. Aber nein, das Telefon blieb stumm. Schließlich machte ich mir selber Mut und rief bei Bues an.

Seine Schwester Stine war am Apparat.

»Hej, hier ist Mia. Ist Jens da?«

»Nein.«

»Wo ist er denn?«

»Weg.«

»Weißt du, wo er steckt?«

»Ja.« (Nun fing's an, in mir zu kochen!)

»Dann sag's mir bitte!«

»Im Konzert.« (Natürlich, Mozart war ins Konzert gegangen.)

»Warum sagst du das nicht gleich?«

»Wieso denn?« (Um diese Schwester beneide ich Jens nicht. Sie ist widerlich, widerlicher, am widerlichsten.)

Plötzlich wurde Stine mitteilsam. »Willst du vielleicht noch mehr wissen?« fragte sie. »Er hat Ellen mitgenommen.«

Ich legte den Hörer auf. Ich sollte mich also Leos erbarmen, während die zwei sich im Konzert amüsierten!

»Warum machst du denn so ein böses Gesicht?« fragte Mutter, als sie durchs Wohnzimmer auf den Flur ging. Und danach mußte ausgerechnet *sie* mich fragen?

Mütter stellen wirklich manchmal die blödesten Fragen.

5

Ellen hatte keine Entschuldigung für die Art und Weise, wie sie mich hinters Licht geführt hatte.

»Sag mal, was bildest du dir eigentlich ein?« fragte sie. »Muß ich dir etwa jedesmal, wenn ich mit Jens ausgehe, Rechenschaft ablegen? Es geht dich doch überhaupt nichts an, Mia? Die Zeiten sind vorbei, in denen du mich herumkommandieren konntest«, erklärte sie.

Als hätte ich jemals versucht, Ellen herumzukommandieren, die Ellen, die in diesem Augenblick vor mir stand! Mit dem ängstlichen kleinen Mädchen, das sich buchstäblich während unserer ganzen Kindheit immer wieder hinter meinem Rücken versteckte, war das ganz anders gewesen. Aber nun hatte Ellen vollkommen vergessen, welch sicheren Rückhalt ich ihr immer geboten hatte.

Ich trat einen Schritt zurück, um ein wenig Abstand von Ellen zu gewinnen. »Nun aber hinaus!« brüllte ich. »Du brauchst unser Haus nicht wieder zu betreten, nicht wieder in meinem Kleiderschrank herumzuschnüffeln und unseren Apfelstrudel mit heimzunehmen. Du denkst wohl, du brauchst die Leute nur mit deinen braunen treuen Hundeaugen wie ein bettelnder Spaniel anzuschauen, und schon schmelzen die Herzen! Raus mit dir, aber ein bißchen dalli!«

»Ja gerne, wenn du's so haben willst!« antwortete Ellen.

Sie schüttelte ihre blonden Locken und warf den Kopf zurück. »Ich passe wohl nicht mehr zu dir und deiner Sippschaft?«

Tatsache! Das wagte sie zu sagen: *Sippschaft!* Ich mußte mich setzen.

»Würdest du bitte so freundlich sein und mir erklären, was du unter meiner *Sippschaft* verstehst?« fragte ich würdevoll.

»Peter«, entgegnete Ellen. »Der ist genauso superschlau und hochgestochen, wie du verrückt bist!«

»Dann gehört wohl Jens zu *deiner* Sippschaft, wie?« fragte ich. »Kauf ihm ein Hundehalsband, damit er dir nicht davonläuft!«

Da setzte sich Ellen in die Sofaecke und fing an zu heulen. Mutter kam herein. Sie ist mit einer Antenne ausgestattet, die die geringsten Verstimmungen sofort anzeigt.

»Was ist hier los?« fragte sie und sah, daß Ellen weinte. »Was hat Mia denn wieder angestellt?« Mutter konnte sich natürlich gar nicht vorstellen, daß Ellen *mir* etwas angetan hatte.

»Nichts«, erwiderte Ellen.

»Frag sie doch, dann wirst du schon eine Antwort bekommen!« sagte ich. »Und dann füttere sie nur mit Apfelstrudel und schreibe an ihre Mutter und jammere darüber, daß *ich* nicht so edel bin wie *sie*!«

»Unsinn, Mia!« sagte Mutter.

»Ich geh wohl besser«, sagte Ellen und erhob sich.

»Du bleibst«, ordnete Mutter an. »Und ihr seht zu, wie ihr schnellstens wieder ins reine kommt!« Es war deutlich zu merken, daß Mutter die Grenzen ihrer Geduld erreicht hatte. Da war es schon am besten, wenn man nicht weiter widersprach.

Mutter ging. Da saßen wir nun.

Aber es geschah etwas, was uns die sofortige Aussöhnung ersparte: Leo kam uns besuchen! Er brachte eine Begonie für Mutter mit! Sie freute sich mächtig und schien ihm sehr dankbar zu sein. Leo stand mit nassen Haaren in der Tür, denn draußen regnete es. Ich fragte mich, wieso ich eigentlich noch nie gemerkt hatte, daß er ein bißchen kümmerlich aussah.

»Willst du nicht hereinkommen?« fragte Mutter.

Er zögerte. Als er Ellen und mich erblickte, wurde er fast verlegen und lehnte ab. »Ich komme lieber ein anderes Mal wieder«, sagte er.

Mutter trug die Pflanze so vorsichtig vor sich her, als sei sie ein kleines Kind. Sie stellte die Begonie auf die Fensterbank vor das westliche Fenster und bat Ellen und mich, das Abendbrot fertigzumachen. Wir gingen in die Küche. Ich hatte schon die ganze Zeit den Verdacht gehabt, daß Ellens Tränen nicht allein auf mein Benehmen zurückzuführen waren. Und tatsächlich bekam ich auch gleich die ganze Wahrheit zu hören: Jens war mit einem anderen Mädchen aus seiner Klasse in die Diskothek gegangen, einer gewissen Annika. Nun fing ich an zu begreifen, warum Jens keine Zeit mehr für Leo hatte: Es reichte wohl bestenfalls noch zu einem Konzert mit Ellen.

Wir machten Käsebrote fertig. Mutter kam in die Küche und sagte: »Gut, daß ihr euch wieder vertragt!« Sie hatte offenbar keine Zeit, uns genauer anzuschauen. Ich hatte nicht die geringste Lust, mit Ellen Frieden zu schließen, denn ich spürte deutlich den Riß, den unsere Freundschaft bekommen hatte. Und aus Ellens Blick erkannte ich, daß auch sie mich gern losgeworden wäre.

»Was habt ihr eigentlich mit Leo vor?« fragte Mutter plötzlich. Merkwürdigerweise bediente sie sich in diesem Zusammenhang der gleichen Wörter wie Vater.

»Mit ihm zusammen sein, uns um ihn kümmern. Das ist doch nichts Schlechtes?«

»Ich will nichts mit ihm zu tun haben!« sagte Ellen kurz. »Falls du mich gefragt haben solltest.«

»Unser Club ist nicht bloß zu unserem Vergnügen gegründet«, sagte ich. »Wir finden, daß man sich auch anderer annehmen muß.«

»Na, hoffentlich stimmt das, was du sagst!« erwiderte Mutter. Ellen kicherte und hatte Mühe, sich zu beherrschen.

Als Ellen fort war, sagte Mutter: »Wie fändest du es denn, wenn jemand auf die Idee käme, sich *deiner* anzunehmen?«

»Wenn ich's nötig hätte, wäre ich froh darüber!« sagte ich. »Aber es hat im Augenblick wirklich keinen Sinn, mit dir darüber zu reden; du begreifst es ja doch nicht.« Ich stellte den Teller, den ich gerade abgewaschen hatte, in den Schrank und ging hinaus, um ihr zu zeigen, wie unmöglich ich dieses Gespräch fand.

Später am Abend hörte ich, wie Mutter Vater fragte: »Sag mal, Karsten, kann ich morgen das Auto haben? Ich muß nämlich ins Krankenhaus. Sie wollen die Blutproben machen, von denen ich dir erzählt habe.«

Dies alles geschah etwa drei oder vier Tage vor unserem Clubtreffen bei Peter. Aber zwischendurch kam Leo noch einmal zu uns; dieses Mal mit einem braun eingewickelten Paket.

Ich machte ihm auf und sah ihm an, wie enttäuscht er war, *mich* zu sehen. Eigentlich bin ich daran gewöhnt, daß mich die Leute mögen, und deswegen bemühte ich mich doppelt, recht freundlich zu ihm zu sein. »Komm doch rein!« sagte ich.

»Ist deine Mutter da?« fragte er mich abweisend.

»Mu-hut-ter!« schrie ich durchs Haus. »Leo ist da.«

Mutter kam, und er überreichte ihr das Paket. Eine Flasche Blumendünger war darin!

»Pflanzen und Blumen brauchen Nahrung!« erklärte er. »Damit können Sie die Begonie und Ihre anderen Dinger begießen.«

»Vielen Dank!« sagte Mutter. »Du bist wirklich ein sehr fürsorglicher Mensch.« Sie machte ein Gesicht, als wäre es das Allernormalste von der Welt, Blumendünger als Mitbringsel von einem Verehrer entgegenzunehmen. »Komm doch herein!«

Leo schaute mich an.

»Ich gehe fort«, sagte ich. »Du kannst also getrost hereinkommen!«

Mutter warf mir einen warnenden Blick zu, aber Leo antwortete nicht einmal. Er folgte Mutter wie ein treuer Hund, dicht auf den Fersen, ins Haus.

Na, dieser Blumendünger! Der würde einen netten Gesprächsstoff bei Peter abgeben!

Aber es war merkwürdig! Ich brachte es gar nicht fertig, darüber zu reden. Irgend etwas zwischen Mutter und Leo verwirrte mich. Ich begriff überhaupt nicht, wie Leo dazu kam, meine Mutter in diesem Maße zu verwöhnen. Aber das war schließlich seine eigene Angelegenheit. Nur: warum *sie* so von Leo angetan war, konnte ich überhaupt nicht kapieren.

Leo überraschte uns noch auf ganz andere Weise. Als wir ihn zu unserem Treffen einluden, sah er uns an, als wolle er Maß von uns nehmen. Und dann erklärte er glatt, daß er keine Lust dazu hätte!

Tja, die Situation war nun doch erheblich anders, als wir sie uns ausgemalt hatten! Wir hatten uns darauf geeinigt, etwas für Leo zu tun, uns um ihn zu kümmern – und nun wollte er selber gar nichts mehr mit uns zu tun haben! Während wir unseren Clubabend bei Peter hatten, saß er bei uns daheim und sah mit Mai und Per fern.

»Was wollen wir uns heute vornehmen?« erkundigte sich Peter, als wir uns genügend lange über Leo ausgesprochen hatten.

»Na, nun hör mal!« rief Jens. »Was tut man denn in einem Club? Da macht man sich's gemütlich!«

»Dies ist kein Club zum Schmusen!« sagte Peter.

»Sondern eine politische Arbeitsgruppe. Das hattest du doch wohl Leo erzählt?« fragte ich.

»Vielleicht hat ihn das abgeschreckt«, meinte Ellen. Aber Peter überlegte und fragte: »Er wird uns doch wohl nicht für zu unreif halten?« Er schaute uns der Reihe nach an, als wären wir eine Ladung Äpfel, die nach Reifegraden aussortiert werden sollten. Dann griff er nach einem Bogen Papier und fing an, uns sein Programm vorzulesen.

Er mußte in der Schule ein Referat über den Alkohol und seine Wirkung auf den menschlichen Organismus halten. Deswegen schlug er vor, daß wir darüber diskutieren sollten.

»Fein!« sagte Jens. »Da müssen wir zuerst ausprobieren, wie der Alkohol auf uns selber wirkt. Her mit der Flasche!«

»Wir können natürlich experimentieren«, sagte Peter zögernd.

»Wie stellst du dir das vor?« fragte Jens gespannt. Nun fing es an, auch für ihn interessant zu werden.

Peter überlegte. »Wir könnten erst einmal Bier trinken und dann maschineschreiben, damit wir feststellen, welche unterschiedlichen Reaktionen sich bei jedem von uns dabei ergeben.«

»Na, das ist wirklich das Irrste, was ich je gehört habe!« lachte Jens. »Bier trinken und tippen! Also los, mach die Flasche auf!«

Peter hatte tatsächlich ein paar Bierflaschen bereitgestellt. Er erklärte uns, daß seine Mutter sie für ihn besorgt hätte. Das Experiment war also bestens vorbereitet.

Jens blieb der Mund vor Verwunderung offen. »Soll das etwa heißen, daß deine eigene Mutter losgeht und für dich Bier holt, damit du's trinken kannst?«

»Sie weiß ja, daß ich keinen Mißbrauch damit treibe«, antwortete Peter. »Im übrigen sind wir uns völlig darüber einig, daß wir, wenn wir lernen wollen, Alkohol mit Maß zu trinken, dies zu Haus üben müssen – und in der Schule.«

»Meinst du wirklich, daß sie uns das in der Schule beibringen sollten?« fragte Jens erstaunt.

»Na ja, wenigstens so was in dieser Richtung«, gab Peter zu.

Nach einer ziemlich langen Diskussion ließen wir die Schreibmaschine stehen und konzentrierten uns mit gutem Gewissen auf das Bier. Ausschweifungen konnten wir uns freilich nicht hingeben, denn der Vorrat war begrenzt, dafür hatte Peters Mutter schon gesorgt, die vermutlich auch wußte, was sie tat. Ich mag kein Bier, deswegen erlaubte ich Jens, meinen Anteil zu übernehmen.

Wir saßen im Kreis auf dem Fußboden, tranken Bier und hörten Platten, dabei stieg die Stimmung nach und nach. Ellen saß mit rotem Gesicht neben Jens und hielt Händchen mit ihm. Peter trug wie üblich seine merkwürdigen Ansichten vor.

Je länger ich die Munterkeit der anderen beobachtete, um so trübsinniger wurde ich selber. Insbesondere Ellens Anblick stimmte mich schwermütig. Das Zusammenspiel zwischen ihr und Jens war einfach nicht zu mißdeuten. Da saß ich nun, verspürte im Mund noch den bitteren Geschmack vom Bier und sah zu, wie Peter sich zum Intelligenznarren machte.

Was würde wohl Leo dazu sagen? dachte ich. Höchstwahrscheinlich würde er uns verachten, wenn er uns hier sähe. Ich ging früher als die anderen. Draußen war es ziemlich kalt und sternenklar. Ich reckte mich und sog die frische Abendluft tief ein.

Als ich an dem Haus vorbeiging, in dem Michael wohnte, sah ich drinnen einen grünen Lampenschirm leuchten. Ich bildete mir ein, Michaels Kopf über einem Buch zu entdecken. Ein feiner Kopf! dachte ich, auch wenn er der einzige Mensch auf der Welt ist, dessen eines Augenlid sich nicht programmgemäß verhält.

Obwohl ich als erste unseren Club verlassen hatte, war

ich doch die letzte, die heimkam. Alle lagen bei uns schon im Bett, nur auf dem Flur brannte noch Licht. Ach, dachte ich, nun braucht aber wirklich nur noch der Mond zu leuchten! Es war in der Tat besser, daß niemand mehr auf war, sie hätten sonst doch nur gerochen, daß ich Bier getrunken hatte.

Aber es ist praktisch unmöglich, sich in unser Haus hineinzuschleichen, ohne dabei entdeckt zu werden! Sobald man nämlich nur eine Tür etwas fester zudrückt, springen sofort zwei andere auf, und alle quietschen oder knirschen in den Angeln.

Immerhin habe ich ausprobiert, wie es am besten geht. Die Haustür muß man rasch schließen, damit sie gar nicht erst quietschen kann. Die Windfangtür knarrt, also muß man sie recht behutsam anfassen. Durch die Diele schleicht man am besten auf der linken Seite, weil der Fußboden dort weniger knackt, aber dann kommt meine eigene Tür, und die ist am schlimmsten.

Fast immer bin ich erwischt worden, wenn ich mich schon bis zu meinem Zimmer durchgemogelt hatte. So war es auch an diesem Abend.

Gerade als ich mich durch die Tür stehlen wollte, rief mich Mutter von oben an. Über das Treppengeländer des oberen Stockwerks gebeugt, sagte sie: »Du kommst aber spät, Mia!«

»Wieso denn?« fragte ich.

»Na, wir reden morgen noch mal drüber«, sagte sie.

Das hab' ich gern! Wie mir dies Gemecker auf die Nerven ging!

Deswegen stellte ich mich unten vor die Treppe und schaute zu ihr hinauf.

»Können wir nicht damit aufhören, alles am nächsten Tag noch einmal zu bereden, Mutter? Sag doch bitte gleich, was du willst, und dann haben wir's hinter uns!«

Mutter blieb buchstäblich die Spucke weg. Sie starrte mich so an, daß ich größte Lust verspürte, in diesem Stil fortzufahren. »Das Leben ist schön und kurz«, sagte ich. »Wenn ich du wäre, würde ich meine Zeit für etwas Besseres verwenden als darauf, mich jedesmal zu erwischen, wenn ich gegen die Hausregeln verstoße. Ich bin doch schon ein bißchen zu groß dafür, daß du dich ständig als mein schlechtes Gewissen fühlst. Ist es dir nicht leid um die vergeudete Zeit?«

Ich hielt inne.

Mutters Gesicht nahm einen ganz merkwürdigen Ausdruck an. Sie trat vom Geländer zurück. »Was redest du nur!« sagte sie und zog sich den Morgenrock enger um den Hals, als fröre sie. »Im übrigen hast du recht. Das Leben ist kurz, zu kurz, als daß man sich noch mit Gerede über Sachen aufhalten sollte, die vorbei sind. Gute Nacht, Mia. Schlaf gut!« Damit verschwand sie im Schlafzimmer.

»Was ist denn jetzt mit ihr los?« fragte ich mich. »Fängt sie etwa an, in sich zu gehen?«

Aus irgendeinem Grunde sind mir Veränderungen nicht besonders angenehm. Hinter dem, was Mutter gesagt hatte, steckte noch etwas . . .

Aber als ich die Augen schloß, dachte ich lieber an den grünen Lampenschirm in Michaels Wohnung. Das beruhigte mich.

6

November

Es war die Zeit, als Jens mit Ellen und Annika ausging und Leo anfing, uns regelmäßig zu besuchen. Mutter hatte vom Doktor ein paar schulfreie Tage verordnet bekommen und nahm Medikamente, um den Hämoglobingehalt ihres Blutes aufzubessern. So hatte sie reichlich Gelegenheit, mit Leo zusammenzuhocken, der so oft wie möglich kam. Nachdem er Mutter erst mit der Begonie und dann mit dem Blumendünger beglückt hatte, tauchte er mit etwas Neuem auf, einem rundlichen Paket, das er auf den Tisch in der Diele legte. Dann ging er ins Wohnzimmer und setzte sich vor den Fernsehapparat, aber leider ausgerechnet in Vaters Sessel, den großen Ohrensessel, in dem es sich so behaglich sitzt. Vater wanderte ruhelos im Zimmer hin und her und zeigte auf alle erdenkliche Art, daß er mit dem Stand der Dinge keineswegs zufrieden war. Gespannt verfolgten wir anderen ihn mit unseren Blicken.

Schließlich konnte sich Per nicht mehr zurückhalten. »Leo, du sitzt in Vaters Sessel!« sagte er. »Deswegen rennt er immerzu hin und her.«

Leo sprang, wie von einer Tarantel gestochen, hoch. Aber Vater sagte: »Was für ein Unsinn! Als ob der Sessel mir allein gehörte!«

Wir trauten unseren Ohren nicht.

Nun hat Vater sich allerdings nie irgendwelche Privilegien vorbehalten, auch nie behauptet, daß niemand anders in diesem Sessel sitzen dürfte. Es hatte sich einfach so ergeben. Nein, *autoritär* war wirklich das letzte, was er sein wollte. Einmal hatte er uns sogar vorgeschlagen, daß wir Karsten zu ihm sagen sollten. Er meinte, das würde die Kluft zwischen ihm und uns Kindern verringern. Aber Mutter war anderer Meinung.

»Dann sollen sie mich wohl Anne-Cathrin nennen?« fragte sie und blickte in ihre Kaffeetasse. Vater nickte. »Sag das noch einmal!« drohte sie. »Dann zieh ich ins Hotel und komme erst zurück, wenn wir wieder Vater, Mutter und Kinder geworden sind.«

Damit hatte es sich.

Also nein, Vater hatte zwar wirklich keinen »eigenen« Sessel, aber in diesem da saß eben niemals jemand anderer als er.

Leo hockte sich doch lieber aufs Sofa, um Fehler zu vermeiden. Vater warf einen langen Blick auf seinen Sessel, dann ging er in die Diele hinaus, um zu telephonieren.

Er kam aber bald zurück und steckte den Kopf zur Tür herein. »Was ist denn mit dem Telephon los?« fragte er. »Es ist tot. Bist du etwa drangewesen, Mia?«

»Warum glaubt ihr eigentlich immer, daß *ich* hier diejenige bin, die alles kaputtmacht?« fragte ich.

»Vater glaubt, daß du es kaputtgeredet hast«, sagte Per.

»Nein, aber du zerrst immer an der Strippe, wenn du telephonierst«, sagte Vater. »Jedenfalls habe ich das beobachtet.«

Leo amüsierte sich über uns. Man sah es ihm an. »Gebt mir einen Schraubenzieher!« sagte er. Per schoß wie ein Pfeil in die Küche und kam sogleich mit dem Gewünschten zurück.

Leo begab sich zum Telephon, und die ganze Familie folgte ihm. Nur Mutter lag oben und ruhte sich aus. Leo schraubte den Deckel vom Stecker ab. »Kein Wunder, daß das Ding tot ist!« sagte er. »Der Kontakt ist unterbrochen.« Er zeigte Vater die schadhafte Stelle.

»Was nun?« fragte Vater.

Leo lächelte. »Kein Problem! Wir fügen die beiden Stellen wieder schön zusammen«, erklärte er, »und kleben sie fest, so!« Er nahm den Hörer ab und wartete auf das Zeichen vom Amt. Sobald das ertönte, übergab er Vater den Hörer: »Da, bitte sehr!«

»Du bist wirklich ein anstelliger Bursche«, sagte Vater und wählte sofort die Nummer, die er haben wollte. Aber Leo tippte mit dem Finger an seine Schulter: »Das war nicht Mias Schuld«, sagte er.

Da fiel Pers Blick auf das Paket.

»Was ist denn das?« erkundigte er sich.

»Etwas fürs Haus«, antwortete Leo. Ich sah, wie über Vaters Gesicht ein Schatten glitt, aber dann drehte er sich wieder um und konzentrierte sich auf sein Telephonat.

Das Paket wurde erst geöffnet, als Mutter herunterkam. Leo hatte Mutter einmal sagen gehört, wie gerne sie eine Wäscheleine hätte. Das Ding, das Leo mitgebracht hatte, schnellte nach dem Gebrauch wieder zurück in eine Rolle und konnte an einem Schrank angebracht werden. Mutter war hingerissen und zeigte Leo gleich, wo er das Zeug befestigen sollte. Er tat das auch sofort.

»Was kommt nun an die Reihe?« murmelte Vater mir zu, als er in sein Arbeitszimmer zurückging.

Während Leo mit dem Anbringen der Leine beschäftigt war, machten sich Mai und Per gemeinsam daran, etwas Extragutes zum Abendessen vorzubereiten. Aber als es dann soweit war, wollte Leo gehen. Er behauptete, er hätte keinen Hunger.

»Nanu, warum ist denn Leo nicht zum Essen geblieben?« erkundigte sich Vater, als er sich vergeblich nach ihm umgeschaut hatte.

Aber Mutter sah uns an. »Ja, ist es denn ein Wunder, daß er lieber geht? So herzlich, wie er hier immer empfangen wird?« fragte sie.

Vater ließ Messer und Gabel sinken. »So geht's nicht weiter!« sagte er. »Erst die Begonie, dann der Blumendünger und heute eine Wäscheleine! Warum tut er das eigentlich?«

»Es dürfte die Aufgabe eines Psychologen sein, das herauszufinden«, sagte Mutter heiter und schenkte Vater ein kleines, spitzbübisches Extralächeln. Aber Mai sagte unerwartet heftig: »Stellt euch doch vor, daß er das ganz schlicht und einfach deswegen tut, weil er nett ist!«

Vaters Sorge war unbegründet; Leo kam nicht mehr mit neuen Geschenken. Statt dessen fing er an, in unserem Hause herumzuwerken. Das zeigte, daß er begann, sich bei uns heimisch zu fühlen. Klemmende Schranktüren wurden repariert, ausgeleierte Fensterangeln ausgewechselt, die vier zerbrochenen Zaunpfähle durch neue ersetzt. Alles welke Laub, das sonst bis zum Frühjahr liegenblieb, harkte er zusammen und trug es auf einen Komposthaufen in der hintersten Ecke des Gartens. Er räumte die Garage auf, sah das Werkzeug durch und ordnete es. Leo sprudelte nur so vor Unternehmungslust.

»Sag mal, sollten wir ihm das nicht bezahlen?« fragte Vater. – »Wenn du ihm den Spaß daran nehmen willst, dann tu es nur!« sagte Mutter.

Eines Tages standen plötzlich zwei Autowracks im hinteren Garten, und da sah die Sache auf einmal anders aus.

»Was hat das zu bedeuten?« fragte Vater. Er kam zum Essen heim und vergaß über dieser Neuigkeit, den Mantel auszuziehen. »Wer hat die alten Autos auf mein Grundstück gestellt?«

»Auf unser Grundstück«, verbesserte ihn Mutter. Sie hantierte noch in der Küche. Da sie ja von der Schule beurlaubt war, nahm sie sich in diesen Tagen mehr Zeit mit der Vorbereitung des Essens.

»Na ja, dann auf unser Grundstück«, sagte Vater verwirrt. »Wie sind die hierhergekommen?«

»Sie sind abgeschleppt worden«, erklärte Mutter.

»Das sehe ich selber«, antwortete Vater. »Aber was steckt dahinter? Du hast dir diese Wracks doch wohl nicht zugelegt?« wandte er sich an mich. Alles, was in diesem Hause faul war, ging auf mein Konto!

»Ich würde mich nicht wundern, wenn sie Leo gehörten«, sagte ich, und ich hatte recht.

An dieses Essen sollten wir noch lange denken. Vater aß im Mantel, bis Mai ihn daran erinnerte, daß er ihn vielleicht doch besser ausziehen solle. Mutter bedachte Vater mit einem hintergründigen Lächeln. Beide bemühten sich um einen freundlichen und verträglichen Umgangston, aber sie verrieten sich trotzdem.

»Du hast also, ohne mich zu fragen, Leo erlaubt, diese beiden Autowracks draußen in unserem Garten abzustellen«, begann Vater schließlich. »Ich finde, es sieht schauderhaft aus, Anne-Cathrin.«

»Ja, findest du?« fragte Mutter. »*Ich* finde, Leo hat so viel für uns getan, daß wir uns auch einmal erkenntlich zeigen müssen. Wie soll er sein eigenes Auto zusammenbauen, wenn er nirgends einen Platz hat.«

»Glaubst du etwa wirklich, daß selbst ein technisches Genie aus den beiden Schrotthaufen da draußen noch ein Auto machen kann?« fragte Vater.

»Das eine *fährt* tatsächlich noch«, entgegnete Mutter. »Es sieht nur ein wenig ramponiert aus. Deshalb braucht er ja vom anderen die Ersatzteile.«

»Und wie lange werden diese Wracks unseren Garten verzieren?«

»Es kommt drauf an, wie lange er braucht.«

Vater sagte nichts mehr. Er schob seinen Stuhl zurück und stand auf.

»Geh noch nicht, Karsten!« sagte Mutter. »Ausnahmsweise hab' ich heute endlich einmal einen Nachtisch fabrizieren können.«

»Ich bin satt, danke!« sagte Vater. Wir verstanden ihn und fingen an einzusehen, welche Folgen sich für uns daraus ergaben, daß ich Leo in unsere Familie eingeführt hatte.

Als Leo am Nachmittag kam, um mit der Arbeit an seinem Auto anzufangen, zeigte sich Vater aber von seiner allerbesten Seite. Er erlaubte Leo, den Wagen in die Garage zu schieben, und montierte eigenhändig ein extra Licht für ihn, damit er besser sehen konnte. Außerdem bot er ihm sein eigenes Werkzeug an und schlug vor, daß wir über das andere Wrack eine Plane legen sollten. Jedenfalls war Vater so großmütig, daß die Hälfte ausgereicht hätte. Ich konnte wirklich nicht begreifen, warum er das alles machte.

Dies war die Einleitung zu einer hitzigen Arbeitsperiode. Per fühlte sich wie im siebten Himmel. Nun durfte er doch einmal miterleben, wie ein Auto zustande kam. Er legte sich neben den Motor auf den Boden, beschmierte sich die Hände mit Öl und hinterließ seine Spuren an allen Türen des Hauses. Schließlich war es fast Pers, nicht Leos Auto, und das Ganze artete praktisch in ein Familienunternehmen aus.

Es waren schöne Abende mit Sternenschein und Mond, mit einem kalten, klaren und hohen Himmel, über den bleiche Wolkentupfer zogen. Es raschelte im fallenden Laub, und die Lampe, die Vater in der Garage aufgehängt hatte, schwankte sacht im Wind. Blaugefroren kamen Per und Leo dann ins Haus und wärmten sich die klammen Hände an den kochendheißen Teetassen auf. Dabei saßen sie in der Küche und sprachen über das Auto.

Es ist wirklich eine hübsche Erinnerung, wie Leos Auto so nach und nach fertig wurde. Das alles geschah ja noch *vor* der Katastrophe. In glücklicher Unwissenheit dessen, was auf uns zukam, lebte ich nur für den Augenblick.

Damals lernten wir ständig neue Seiten an Leo kennen. Nicht alle waren gleich angenehm. Vater wenigstens hatte Schwierigkeiten, sich mit seinen Manieren abzufinden. »Gutes Benehmen« hatte man Leo wohl nie beigebracht, und deswegen wirkte er manchmal herausfordernd, manchmal überraschend auf uns.

Worte wie »danke« oder »bitte« schien er nicht zu kennen. Er lehnte sich weit über den Tisch, wenn er etwas Bestimmtes haben wollte, er aß mit dem Messer und unterbrach uns mitten im Gespräch, um selber das Wort zu ergreifen, wenn er es für richtig hielt. Wir nahmen es hin, denn er hatte nun einmal andere Maßstäbe als wir.

Wenn wir gegessen hatten, konnte er sagen: »Was für ein gutes Essen ihr wieder gekocht habt!« Das kam ganz schlicht und natürlich heraus. Er konnte eine Tasse bewundern, die er schön fand, oder ein Tablett, wenn ihm das Muster darauf besonders gut gefiel. Er achtete auf Einzelheiten beim Tischdecken, interessierte sich für neue Gerichte und Gewürzkombinationen. Er wollte gern lernen und war immer bereit, etwas zu bewundern, was gut zubereitet und nett angerichtet war.

Mit anderen Worten: Leo konnte *ohne* Phrasen mehr sagen als wir mit unseren anerzogenen Manieren. Daran lag es also nicht, daß es nicht ganz einfach war, mit Leo umzugehen, auch nicht daran, daß er auch richtig ordinär werden konnte. Dieses Problem nahmen wir ziemlich gelassen hin: Wenn Erziehung Selbstzweck geworden ist, tut es einem recht gut, einen Menschen ohne diese Politur zu erleben. Nein, viel schlimmer war, daß er niemals an eine Tür klopfte, sondern immer gleich ins Zimmer stürmte, sogar in Vaters Arbeitszimmer. Vater wurde dann sauer und fühlte sich gestört, aber merkwürdigerweise unterließ er es, Leo zu ermahnen. Er kam damit zu Mutter.

»Wie weit darf dieser Bengel eigentlich gehen?« fragte er sie eines Tages.

»Wen meinst du mit ›Bengel‹?« fragte Mutter unbeirrt.

»Du weißt ganz gut, wer gemeint ist«, entgegnete Vater.

»Dann nenn ihn beim Namen!« verlangte Mutter.

Aber nun hatte Vater die Nase voll. »Ich darf doch wohl in meinem eigenen Haus noch sagen, was ich will! Dieser Bengel taucht einfach überall auf, wo man ihn am wenigsten erwartet. Langsam geht er mir auf die Nerven!«

»Das verstehe ich«, sagte Mutter, jedoch ohne größere Anteilnahme.

»Heute war er zum Beispiel in der Küche und hat den ganzen Zimt stibitzt«, fuhr Vater fort.

»Du meine Güte!« sagte Mutter. »Ißt er etwa auch noch Zimt?«

»Halt mich nicht zum Narren!« sagte Vater. »Er hat damit ein Loch in seinem Radiator abgedichtet.«

Mutter sah geistesabwesend aus. »Wie interessant!« sagte sie. »Ich wußte gar nicht, daß man das auch mit Zimt machen kann.«

»Sag einmal, was ist eigentlich mit dir los?« fragte Vater. In seiner Stimme lagen Unsicherheit und Erstaunen.

Mutter wandte sich ab und schaute zum Fenster hinaus. »Wir können ja eine neue Büchse mit Zimt kaufen«, sagte sie.

Aber da platzte Vater aufs neue los. »Herrje noch mal! Um den Zimt geht es doch hier gar nicht!« Seine Stimme überschlug sich.

Mutter schien erst jetzt richtig aufzuwachen. »Ja, Karsten, ich weiß das. Aber bist du denn wirklich so kleinlich, daß du dich über so etwas aufregst? Siehst du denn nicht, wie Leo sich macht? Er verändert sich ja von Tag zu Tag!«

Vater strich sich über die Stirn und seufzte. Es war, als ginge einem Ballon die Luft aus. »Weißt du«, sagte er langsam, »ich komme mir schon richtig wie ein Clown vor. Wie ein alberner, lächerlicher Clown.« Und damit ging er aus dem Zimmer.

Ich hatte das Gespräch durch die halbgeöffnete Badezimmertür mit angehört. Als ich dann am Schlafzimmer vorbeiging, sah ich, daß Mutter wieder auf dem Bett saß. Sie war allein. Sie saß da, hatte die Hände auf den Schoß gelegt und rührte sich nicht. Ich glaube, sie merkte nicht einmal, daß ich vorbeiging. Sie war weit weg.

Zwischen Vater und Mutter war etwas anders als sonst. Es gab etwas, das sie voreinander verbargen. Etwas, worüber sie nicht sprechen konnten. Vielleicht waren sie so mit Leo beschäftigt? Ich hätte es gern herausbekommen, wußte aber nicht, wie ich es anfangen sollte. Mutters zusammengesunkene und abwesend wirkende Gestalt war nicht gerade dazu angetan, Fragen an sie zu stellen. Deswegen ging ich zu Vater hinein.

Er fuhr zusammen, aber er machte auch gleich Platz, und ich setzte mich auf die Schreibtischkante. »Ich habe gehört, daß du böse mit Mutter warst«, sagte ich. »Wegen Leo? Was ist eigentlich mit euch beiden los? Stimmt was nicht?«

Vater blickte hastig auf. »Ach, es ist nichts Besonderes!« entgegnete er. »Wir wundern uns nur manchmal gegenseitig übereinander.«

Er schaute sofort wieder auf seine Papiere, und es entstand eine längere Pause, obwohl ich nicht wußte, warum. Er hat die blauesten Augen, die man sich vorstellen kann. Augen, die nicht fähig sind zur Lüge. Deswegen verbirgt er sie ja auch so oft hinter seinen Papieren, damit man seine Gedanken nicht lesen kann.

Ich verließ Vater, ohne die Antwort auf meine Frage bekommen zu haben, die ich mir gewünscht hatte. Eine Weile blieb ich noch vor dem elterlichen Schlafzimmer stehen. Sollte ich – oder sollte ich nicht?

Aber als ich die Tür leise öffnete, saß Mutter wieder mit Lehrerinnenmiene am Schreibtisch und korrigierte aus Leibeskräften Hefte.

»Was ist denn, Mia?« fragte sie mit spürbarer Ungeduld in der Stimme. Ich wollte schon sagen: »Ach, gar nichts!« Aber dann unterdrückte ich es. Statt dessen drehte ich mich um und dachte: Eigentlich eine ganze Menge, aber was hilft es denn, wenn die Leute doch niemals Zeit haben?

7

An den Tag der Katastrophe, Mittwoch, den 4. Dezember, werde ich mich erinnern, solange ich lebe. Draußen war es trocken und schneidend kalt. Als ich morgens zur Schule ging, trug ich Fausthandschuhe und hatte den Schal zweimal um den Hals gewickelt. Aber ich fror am Kopf. Der Himmel war auf eine andere Art blau als bisher, er war von einem tieferen, winterlichen Blau, und ein paar Sterne waren übriggeblieben, die das Tageslicht noch nicht verschluckt hatte.

Wie gewöhnlich ging ich in den Pausen mit Peter auf

dem Schulhof herum. Gerade an diesem bewußten Tage hatte er eine neue, strahlende Idee: sobald wir mit der Schule fertig wären, würden wir ein Kollektiv gründen, er und ich mit Jens und Ellen. Wir könnten einen stillgelegten landwirtschaftlichen Betrieb übernehmen und uns für biodynamische Ernährung einsetzen. Keine Maschine würde bei uns gebraucht werden, keine Chemikalie den Boden verunreinigen. Wir würden ganz naturgemäß leben, einfach und billig. Ellen und ich sollten buttern und Käse herstellen, und wir würden nur noch selbstgewebte Kleidung tragen.

Ich protestierte sofort gegen diese Arbeitsteilung, denn ich wollte lieber hinter dem Pflug hergehen. Von mir aus konnte Peter weben. Aber merkwürdigerweise war das wohl nicht nach seinem Geschmack. Wir stritten heftig darüber. Mir kam es auch äußerst unwahrscheinlich vor, daß Jung Mozart für einen kleinen Bauernhof von Nutzen wäre, denn er war ja nur daran gewöhnt, viel Klavier zu spielen.

»Jens kann mehr, als du glaubst«, versicherte mir Peter. »Und wenn er unbedingt musizieren will, kann er sich ja eine Flöte kaufen. Ihr beiden Mädchen werdet euch schon an eure Arbeit gewöhnen. Schließlich muß ja auch jemand im Haus sein.«

Da erklärte ich Peter, er möge gefälligst seinen Käse selber fabrizieren und seine eigene Butter auch, falls er das Bedürfnis nach naturnaher Nahrung verspüre. Außerdem solle er sich nach einem Mädchen umsehen, das dazu bereit wäre, seine Hosen zu weben. Ich jedenfalls würde es nicht tun.

Unsere letzte Stunde fiel aus, weil die Heizung in der Turnhalle nicht in Ordnung war. Ich eilte also früher heim als gewöhnlich, das Gesicht tief im Schal vergraben, aus dem mein Atem wie eine weiße Wolke hervorquoll.

Wie immer, wenn ich mit Peter diskutiert hatte, verspürte ich den Drang, mir auch einmal etwas vorzunehmen. Es fiel mir auch etwas Vernünftiges ein. Ich könnte meinen gestreiften Pullover verlängern, indem ich die unteren Maschen auf einer Rundnadel aufnahm, und einen Bund anstricken, dann würde er wenigstens lang genug werden.

Plötzlich konnte ich gar nicht schnell genug heimkommen und lief los. Unterwegs versuchte ich, mich daran zu erinnern, wohin ich den Pulli gelegt hatte. Schon seit längerer Zeit hatte ich ihn nicht mehr gesehen. Ich vermutete, daß er im Wäschekeller gelandet war.

Anstatt wie sonst den Vordereingang zu benutzen, ging ich dieses Mal durch den hinteren, legte die Schultasche auf den Gang und stieg in den Keller hinunter, um nach dem Pullover Ausschau zu halten.

Hier sah es ja wirklich reizend aus! Ich war ganz erschrocken über das Durcheinander. Mutter hatte nicht, wie gewöhnlich, die verschiedenen Teile sortiert. Sie war sonst sehr genau darin, Kochwäsche, Baumwolle und Synthetisches voneinander zu trennen. Aber nun lag alles drunter und drüber. Die Behälter quollen über von lauter ungewaschenem Zeug.

Ich hatte mich über Peters Arbeitsverteilung im geplanten Kollektiv ehrlich aufgeregt, aber es war mir bisher nicht eingefallen, daß es bei uns daheim damit vielleicht auch haperte. Selbst wenn wir die verschiedenen Arbeiten unter uns aufgeteilt hatten, so war doch Mutter immer die ganze Wäsche zugefallen.

Ich begann nach dem Pullover zu suchen und hatte ihn gerade unter einem Kissenbezug entdeckt, als ich Schritte die Treppe herunterkommen hörte. Meine alte Lust am Verstecken überkam mich plötzlich wieder, und ich schlich mich in den Vorratskeller, der neben dem Wäschekeller liegt. Hier blieb ich stehen und spähte durch den Türspalt, um zu sehen, wen ich durch mein plötzliches Erscheinen erschrecken würde.

Es waren meine Eltern, Vater ging voran und trug ein paar Sachen, die er in die Waschmaschine stopfte. Dann wandte er sich zu Mutter um und sagte: »Hör mal, Anne-Cathrin, in Zukunft geben wir die Wäsche aus dem Haus. Ich will nicht, daß du dich weiter damit herumplagst.«

»Die Arbeit macht doch die Waschmaschine«, antwortete Mutter und fing an, die Sachen zu sortieren.

Aber Vater ging zu ihr hinüber und faßte sie an den Armen. »Ich erlaube es nicht mehr!« sagte er. »Verstehst du nicht: ich möchte, daß du so lange wie möglich bei uns bleibst!«

Von meinem Standort konnte ich Vater genau ins Gesicht schauen, aber nicht meiner Mutter.

»Ach, du warst also beim Professor?« fragte sie. Ihre Stimme war kaum zu hören. Ich sah nur ihren Rücken.

»Ich mußte einfach!« sagte Vater.

»Ich hatte dich doch gebeten, es nicht zu tun!« Mutters Worte klangen erregt. Es war also nicht der richtige Augenblick für mich, plötzlich aus meinem Versteck hervorzutreten und die beiden zu erschrecken.

»Ich konnte diese Ungewißheit nicht länger ertragen«, sagte Vater. »Du mußt mich verstehen . . .«

Seine Stimme versagte, und es fuhr mir wie ein Pfeil durchs Herz, als ich ihn leise fragen hörte: »Warum, Anne-Cathrin, warum muß es gerade uns treffen?«

Er nahm Mutter in die Arme, und sie lehnten sich eng aneinander. Mutter hob den Kopf und sagte laut: »Und warum sollte es gerade uns *nicht* treffen? Es sterben ja so viele Menschen an der gleichen Krankheit!«

Lieber Gott! Ich hatte das Gefühl, mit den Füßen am Kellerfußboden angefroren zu sein, während mein Herz dermaßen hämmerte, daß ich sicher war, die beiden müßten es hören.

»Warum sollte ich es nicht wissen?« murmelte Vater in Mutters Haar.

Sie richtete sich auf. »Ich mache mir nichts aus Mitleid«, sagte sie. »Ich wollte, daß zwischen uns alles so bleibt wie bisher. Jedenfalls noch eine Weile, bis ...«

»Glaubst du denn, daß sich dadurch etwas ändert?« fragte Vater.

»Ja«, sagte Mutter mit der gleichen Heftigkeit wie vorher. »Noch eine Zeitlang kann ich so tun, als wäre ich gesund. Verstehst du das denn gar nicht ...« und dabei bohrte sie den Kopf in Vaters Schulter. »Ich wollte nicht, daß du mich weniger lieb hättest als vorher. Ich will nicht, daß du mich bedauerst. Und die Kinder – ich ertrage es nicht, daß sie herumgehen und denken ... Karsten, ich mag nicht so dahinwelken! Ich *will* leben, bis ich sterbe. Begreifst du das?«

Vaters Antwort darauf war nicht zu verstehen. Ich sah nur, daß er die Augen schloß und ununterbrochen etwas in Mutters Haar hineinflüsterte. Sie standen dort, als seien sie zusammengewachsen.

»Aber wir müssen doch die Kinder vorbereiten«, sagte Vater nach einer Weile. »Sie werden dich ganz gewiß nicht weniger lieben, wenn sie erfahren ...«

Aber Mutter winkte nur ab. »Na ja«, sagte sie, »falls sie mich lieben. Aber in einigen Monaten, wenn ich anfange zu verfallen, wenn ich ihnen zur Last fallen werde, dann wünschen sie sich vielleicht, daß es schneller geht ...«

Und dann warf sie sich Vater in die Arme und schluchzte richtig los. »Das ist viel schlimmer als das ganze Sterben«, sagte sie. »Das akzeptiert man, so schwer's einem auch fallen mag. Ich habe es schon akzeptiert. Nein, nein, das andere ist viel, viel schwerer!«

Da fing auch Vater an zu weinen. »So darfst du nicht reden«, sagte er. »Die letzte Zeit, die uns zusammen gegönnt ist, soll für uns alle gut und reich sein. Aber komm, Anne-Cathrin! Laß uns hinaufgehen!«

Eng umschlungen verließen sie den Wäschekeller.

Ich stand da mit hämmerndem Herzen und mit einem Hals, so rauh wie Sandpapier. Ich hatte ungewollt gelauscht und etwas gehört, das ich besser nicht erfahren hätte. Und das veränderte plötzlich alles.

Wie lange ich noch dagestanden bin und durch den Türspalt auf eine Packung Waschpulver gestarrt habe, weiß ich selber nicht mehr. Aber schließlich sah ich nur noch Punkte, und meine Beine waren steif wie Stöcke. Da riß ich mich los und ging in den Wäschekeller, wo ich mich auf einen dreibeinigen Schemel sinken ließ. Da saß ich nun, konnte nichts denken, nichts tun. Ich hörte, wie meine Eltern über mir herumgingen, wie Per heimkam und sein Fahrrad gegen die Wand feuerte, wie Mai freundlich »Hej!« rief, als sie ins Haus kam. Wie würden meine Geschwister die Nachricht aufnehmen, daß unsere Mutter sterben würde? Sie durften nichts erfahren, wenigstens jetzt noch nicht!

Endlich erhob ich mich und schlich hinauf. Ich hatte eine Todesangst, daß irgend jemand merken könnte, wo ich gesteckt hatte. Deswegen trampelte ich laut durch den Kücheneingang und ließ die Schultasche baumeln. »Hej!« rief ich vornehmlich und stürzte mit Karacho in mein Zimmer. Dort setzte ich mich an meinen Sekretär und nahm mir ein Buch vor. Nach einer Weile entdeckte ich, daß es verkehrt herum vor mir lag. Ich zitterte am ganzen Körper, daß meine Zähne aufeinanderschlugen, aber meine Backen waren glühend heiß. »Lieber Gott«, betete ich, »laß mich sofort sterben! Und, bitte, mach es recht schnell!« Aber da saß ich und war auf eine quälende Art vollkommen lebendig.

Bald darauf kam Mai und holte mich zum Essen. Sie sah nicht anders aus als sonst. Ihr Gesicht war hübsch und freundlich wie immer.

Was wir an jenem Tag zu Mittag aßen, weiß ich nicht. Ich kaute nur und würgte, ohne die anderen anzuschauen. Plötzlich fragte Mutter: »Was ist mir dir los, Mia? Bist du krank?«

Ich fuhr zusammen und spürte, daß ich glutrot wurde. Dann aber wurde ich wieder blaß – und frech. »Hat man denn in diesem Haus nicht einmal das Recht, schlecht gelaunt zu sein?« fragte ich.

Ich merkte, wie Vaters Augen über den Tisch herüber nach meinen suchten, aber ich verbarg sie vor ihm.

»Du brauchst uns mit deiner schlechten Laune nicht anzustecken«, sagte Mai böse.

»Wieso denn? Ich hab' doch keinen Pieps gesagt!« verteidigte ich mich. »Aber ich darf doch wohl noch zu erkennen geben, daß ich auf Verhöre keinen Wert lege.«

Da fing Per an, mit beiden Fäusten auf den Tisch zu trommeln, während seine Augen nur so funkelten. Er hatte eine Vorliebe für dramatische Szenen.

»Hör auf damit, Per!« sagte Mutter. »Für einen Krieg bin ich heute zu müde.«

»Dann nehm' ich dir gern den Aufwasch ab«, sagte ich schnell. Die anderen sahen mich erstaunt an. Es war, als hätte ich mich verraten. »Nicht, daß ich so schrecklich nett geworden wäre«, setzte ich erklärend hinzu, »sondern weil ich finde, daß jemand, der zu müde ist, entlastet werden muß.«

Mutter betrachtete mich prüfend. Aber Per rief: »Klasse, Mia! Ich trockne ab!« Das war nun wieder ein Strich durch meine Rechnung. Ich war wirklich nicht in der Lage, freundliche Gespräche zu führen, und außerdem fürchtete ich, daß Per merken könnte, daß etwas nicht stimmte. Aber glücklicherweise war es dieses Mal *er*, der ein Publikum brauchte. Er schwatzte ununterbrochen von Leos Auto, wie weit sie schon damit gekommen seien und wieviel noch zu machen war.

»Aber Mia, du hörst ja gar nicht zu!« sagte er nach einer Weile, »und du machst so ein komisches Gesicht.«

»Wieso komisch?«

»Du bist heute ganz anders als sonst!«

»Ist mir vielleicht meine Nase abhanden gekommen?« fragte ich. Per lachte. »Unsinn!« sagte er. »Aber du hast den Teller, den du in der Hand hast, nun schon zum drittenmal abgewaschen.«

Danach ging ich in mein Zimmer zurück und starrte aus dem Fenster, ohne etwas zu sehen. Ich zitterte immer noch wie im Fieber, und meine Gedanken irrten im Kreise herum. Wieder und wieder erlebte ich die makabre Szene da unten im Wäschekeller, und zwischendurch sprang ich auf und stellte mich vor den Spiegel – aber nicht um mich zu bewundern, sondern um zu prüfen, ob mein Gesicht vielleicht etwas verriete. Niemand durfte mir etwas anmerken, niemand durfte entdecken, daß ich etwas erfahren hatte!

Ich blieb in meinem Zimmer, ohne mir etwas vorzunehmen, bis es im Haus ganz still wurde. Dann schlich ich mich hinaus. Ich wußte nicht, wohin ich gehen, was ich machen sollte. Am liebsten hätte ich mich irgendwo versteckt, einen Platz gefunden, wo es still und dunkel war und wo ich weinen konnte. Aber so einfach war das gar nicht – zu wem konnte ich denn gehen?

Draußen war es kalt und dunkel. Ich schlug den Mantelkragen hoch und verbarg mein Gesicht im Schal. So wanderte ich umher und weinte, bis meine Fausthandschuhe klatschnaß waren. Allmählich wurde ich ruhiger. Ich fing wieder an zu denken und begann nach und nach das eine oder andere zu begreifen: Mutter war im Herbst beim Arzt gewesen und mußte mehrmals zu verschiedenen Tests ins Krankenhaus fahren. Sie war müder als sonst und geistig manchmal abwesend gewesen, aber auch ungeduldiger, und ließ sich leichter aus der Fassung bringen. Und Vater . . . Auch er war anders geworden. Nun verstand ich seinen gequälten Gesichtsausdruck, den er manchmal hatte, und ich begriff, warum ihm Leo so auf die Nerven ging. Er fürchtete wohl, daß Mutter alles zuviel würde, und vielleicht wollte er sie auch für sich alleine haben – während der kurzen Zeit, die ihnen noch blieb. Denn auch er mußte schon etwas geahnt haben.

Ich ging und dachte, wie oft ich böse und mit rebellischen Gedanken gegen die Hausregeln, gegen Pflichten und Aufgaben von daheim fortgelaufen war. Nun kam es mir so vor, als sei jede Hausregel, jede Pflicht lieb und teuer – zumal ich als Kind zu Recht gegen alles protestieren durfte, um heimlich meine Kräfte mit denen meiner Mutter zu messen. Von jetzt ab war Schluß damit!

Auch über die Ehe meiner Eltern mußte ich nachdenken. War es eine sogenannte »glückliche« Ehe? Jedenfalls mochten sie einander, auch wenn nicht immer eitel Sonnenschein geherrscht hatte. Einmal war Mutter sogar fortgefahren. Ich habe nie erfahren, warum sie es tat. Vater sagte, daß sie auch einmal Urlaub von daheim brauche, und wir glaubten, daß sie irgendwo Ferien machte, bis Mai herausbekam, daß sie sich ganz in der Nähe, in einer Pension, aufhielt.

Eines Tages rief sie uns an. Sie wollte aber weder mit Großmutter noch mit Vater sprechen, sondern nur mit uns Kindern. »Wie geht es euch?« fragte sie mich. »Da kümmerst *du* dich doch nicht drum!« sagte ich. Mutter überhörte es. »Hör mal, Mia«, sagte sie ganz nüchtern. »Kümmere dich bitte darum, daß die Wäsche aussortiert wird, ehe ihr die Waschmaschine anstellt. Neulich hat Vater einen Pantoffel in der weißen Wäsche gekocht. Und paß auf, daß Per sich nicht wieder erkältet! Er läuft hoffentlich nicht mit nassen Füßen herum.«

»Der«, sagte ich, »steht im Augenblick im oberen Stockwerk am offenen Fenster und läßt seinen Drachen steigen.«

»Wirklich?« fragte Mutter. »Dann ist es das beste, wenn ich sofort komme.«

Ich legte die Hand auf den Hörer und schrie: »Mutter kommt heim!«

Vater schoß herbei, riß mir den Hörer aus der Hand und sagte: »Komm nicht, wenn du dich dazu nur verpflichtet fühlst! Komm nur, wenn dir genauso miserabel ist wie mir!«

Mutter war kurz darauf wieder da. Sie fiel Vater um den Hals. Es konnte sich also nicht nur um die Wäsche gehandelt haben, daß sie heimgekommen war. Großmutter verschwand in der Küche und backte einen Kuchen, aber der mißglückte.

Doch, sie waren schon glücklich miteinander – auf ihre Weise. Und nun sollte Mutter also ... Das war ungerecht! Warum mußte denn ausgerechnet uns so etwas geschehen? Wenn man dagegen an all die vielen Ehepaare dachte, die sich scheiden ließen!

Ich konnte nicht länger draußen herumlaufen; meine Füße waren eiskalt geworden, und meine Zehen starben ab. Aber zu wem sollte ich denn nur gehen? Ich dachte an Peter und seine Experimente, an Ellen, die sich von mir frei machen wollte, und an Jens, der sich nicht zwischen Ellen und Annika entscheiden konnte, mich aber für alle Fälle gern in Reserve behielt. Zu keinem von ihnen konnte ich jetzt. Keiner von ihnen hatte eine Mutter, die ... Die hatten alle nicht einmal Sorgen, höchstens ein bißchen Ärger und anderen Kleinkram. Leo dagegen ... Ich konnte ja mal bei der Tankstelle vorbeigehen oder, falls er dort nicht mehr war, zu ihm nach Hause – wenn er nicht ohnedies bei uns daheim war. Nur: Warum sollte ausgerechnet *ich* diejenige sein, die ihm mitteilte, daß seine Beschützerin in Kürze sterben mußte?

Da sah ich vor mir die grüne Lampe, die bei Michael schien, und nun wußte ich, zu wem ich gehen konnte.

Ich fand bald das Haus, in dem er wohnte, und drückte mit klammen Fingern auf die Klingel.

Es sah so aus, als freue er sich über meinen Besuch. Jedenfalls strahlte er und sagte: »Aber nein, Mia! Bist du's! Das ist aber nett!« Dann entdeckte er mein verheultes Gesicht, und er sagte nichts mehr, sondern bat mich herein und nahm mir den Mantel ab.

»Ich hoffe, daß ich dich nicht allzusehr störe«, sagte ich.

»Im Gegenteil! Zufällig ist es gerade eine sehr angenehme Störung für mich«, sagte er. »Aber es sieht ja so aus, als ginge es dir nicht gerade besonders gut!«

Wie recht er hatte! Verfroren und verzweifelt, wie ich war, hatte ich außerdem nicht einmal ein Taschentuch bei mir und erst recht keinen Kamm. Deswegen bat ich ihn, mir die Toilette zu zeigen. Dort strich ich mir das Haar mit den Händen glatt und benutzte das Toilettenpapier als Taschentuch.

Michael stand mit untergeschlagenen Armen in der Stube und wartete auf mich. »Willkommen in meinem Tohuwabohu!« lächelte er und hatte auch einen guten Grund für seine Worte, denn der Fußboden im Wohnzimmer war über und über mit Papier bedeckt. Es war ein altmodisches Eckzimmer, und es sah so aus, als hätte gerade jemand viele Hefte zerrissen. Und alle waren beschrieben oder sahen wenigstens so aus.

»Das ist meine Arbeitsweise«, erklärte Michael. »Ich werfe alles, was mißglückt ist, auf den Fußboden und kehre es auf. Paß auf, wie schnell wir hier die schönste Ordnung haben!«

Mit langen Schritten stelzte er über das Papier in die Ecke, wo ein Besen stand, und fing an, die Blätter zusammenzukehren und in einen Papierkorb zu stecken. Zum Schluß mußte er noch einmal kräftig drauftreten, damit auch alles hineinging.

Ich wollte ihm gern helfen und nahm ein Bündel Papier auf, das vor dem Kamin lag. Aber Michael sagte, ich solle es liegenlassen. »Das muß ich noch aussortieren«, erklärte er. »Setz dich lieber. Ich koche uns inzwischen eine Tasse Tee.«

Er stellte mir einen Stuhl vors Feuer und pustete kräftig auf die Glut, um es wieder in Gang zu bringen. Es lag schon eine dicke Schicht Asche darauf. Vermutlich hatte er schon einen Haufen Papier verbrannt. Als das Feuer wieder aufloderte, schnürte er meine Stiefel auf und zog sie mir aus. »Na, geht's dir schon ein wenig besser?« fragte er, ohne mich dabei anzuschauen.

Ich nickte. Alles fing an, besser zu werden.

Als Michael hinausgegangen war, sah ich mich im Zimmer um. Es war ein altmodischer Raum mit hoher Decke und drei Fenstern zur Straße. Die Gardinen waren nicht zugezogen, und so konnte ich den türkisfarbenen Himmelsrand sehen, der sich im Westen zwischen den Eiskristallen auf den Scheiben abzeichnete. Die grüne Lampe, die ich von draußen gesehen hatte, stand wirklich auf dem Schreibtisch, und die Wände waren alle mit Bücherregalen bedeckt. Es war gemütlich hier drinnen, halb dunkel, angenehm und warm. Ich kroch auf meinem Stuhl in mich zusammen und schloß die Augen.

Bald darauf kam Michael mit dem Tee. »Da, nimm!« sagte er. »Trink, solange er noch warm ist. Du siehst aus, als könntest du's brauchen!« Dann schob er seinen Stuhl näher zu mir heran.

Nun saßen wir nebeneinander, jeder mit einer Teetasse in der Hand, und schauten aufs Feuer. Ich warf einen Blick auf Michael und stellte fest, daß er ernst und einäugig aussah. Ein bißchen überwältigte mich seine Nähe schon. Schließlich war ich daran gewöhnt, ihn vor mir auf dem Katheder zu sehen.

Plötzlich wandte er sich zu mir. »Darf ich nun erfahren, welch ein Kummer die feuchten Streifen auf deinen Wangen verursacht hat?« fragte er und fuhr mit dem Zeigefinger über mein Gesicht. Ich hielt den Atem an, als er das tat. Dann lehnte er sich wieder zurück. »Erzähle!«

sagte er, aber ich brachte es nicht fertig. Es war so schwierig, den Anfang zu finden.

»Ich weiß nicht, ob ich darüber sprechen darf!« flüsterte ich.

»Keine Angst«, sagte er.

»Es ist . . . es handelt sich um . . . meine Mutter«, sagte ich. Aber weiter kam ich nicht, denn ich hatte Angst, daß ich wieder weinen müßte.

»Was ist mit deiner Mutter, Mia?«

»Sie . . .«

»Will sie sich vielleicht scheiden lassen?« fragte Michael. Ich war ganz erschrocken, denn plötzlich ging mir auf, daß dies wohl der Kummer vieler Kinder war.

»Nein«, sagte ich. »Sie muß sterben.«

Nun, als ich es herausgebracht hatte, kam eine Art Frieden über mich. Jetzt konnte ich ihm auch von dem Gespräch im Wäschekeller erzählen, dessen Zeuge ich unfreiwillig geworden war.

»Das war zuviel auf einmal!« sagte Michael. »Erst diese furchtbare Nachricht und dann die Belastung, daß du herumgehen und tun sollst, als wärst du völlig ahnungslos. Gut, daß du hergekommen bist!« Er klopfte mir freundschaftlich auf die Schulter. »Du frierst doch wohl nicht mehr? Magst du noch ein bißchen Tee?«

»Ja, bitte!« sagte ich, denn mir graute davor, heimzugehen. Wir tranken noch eine Tasse Tee zusammen und sprachen über den Tod.

»Ich glaube, daß es ganz normal ist, wenn todkranke Patienten im Anfang so reagieren wie deine Mutter«, sagte Michael. »Die nächsten Angehörigen sollen nichts davon wissen. Du mußt ihr Zeit lassen, Mia, und zwischendurch kommst du hierher und sprichst dich aus.«

»Danke!« sagte ich. »Du redest schon fast wie mein Vater.« Und dann erzählte ich ihm mehr von unserem Zuhause.

So half mir Michael über das Ende dieses schrecklichen

Tages hinweg. Aber warm und gemütlich in Michaels Eckzimmer sitzen und getröstet werden, war eine Sache, nach Haus gehen und den Schwierigkeiten ins Auge sehen, eine andere.

Als das Feuer heruntergebrannt war und die Dezembernacht finster und kalt vor den Fenstern stand, graute es mir mehr und mehr vor der Heimkehr.

Als nur noch ein paar Fünkchen glommen, fing Michael an, die Glut mit den Papieren zu schüren, die vor dem Kamin lagen. Ich wollte ihn zurückhalten: »Sagtest du nicht, du müßtest dies erst aussortieren?« fragte ich ihn. Er schaute aufs Feuer. Wieder glitt das eine Lid über das Auge. Nun sah er streng, fern und würdig aus.

»Die Wahrheit ist, daß ich sie verbrennen wollte«, sagte er. »Ich hatte nur eine Pause eingelegt.«

Mit diesem Papierhaufen mußte es wohl eine besondere Bewandtnis haben, denn Michael nahm Bogen für Bogen auf, schaute darauf und legte einen jeden aufs Feuer. Er schien meine Anwesenheit total vergessen zu haben.

»Was verbrennst du da eigentlich?« fragte ich ihn.

»Eine Art Lebenswerk«, sagte er, lachte kurz auf und hielt einen Bogen hoch, um zu sehen, was daraufstand. Dann legte er den Kopf in den Nacken und lachte wieder. Mit Schwung warf er das Papier in den Kamin.

»Nun darf ich *dir* wohl auch etwas anvertrauen«, sagte er. »Für diese Arbeit habe ich drei Jahre gebraucht. Ich habe in meiner kleinen Nische in der Universitätsbibliothek gesessen und an einem philosophischen Thema gearbeitet, das nur für einen ganz kleinen Kreis von Lesern wichtig gewesen wäre. Ich habe mich nicht um Armut und Not gekümmert, nicht um die Leiden in der dritten Welt, ich habe die Augen vor Ungerechtigkeit und Ausbeutung geschlossen. Ich war froh, aus einer kleinen Elite zu stammen, aus einem Land, in dem man satt wird, vom Essen wie von geistiger Nahrung. Aber nun brenne ich alle Brücken hinter mir ab.«

»Hat man dich denn nicht für deine Arbeit bezahlt?« fragte ich.

Er blickte auf. »Das ist eine vernünftige Frage«, sagte er. »Die Arbeit, für die ich bezahlt wurde, steckt in einem Buch, das in populärwissenschaftlicher Form herauskommt. Dies hier«, er zeigte auf die Bögen, »dies war mein ganzer Ehrgeiz. Brennt ganz schön, wie?« Und er fuhr fort, die Flammen mit den dichtbeschriebenen Bögen zu füttern. Ja, es sah aus, als mache ihm das großen Spaß.

Nach einer Weile fuhr er fort: »Vielleicht hat mir die Arbeit in der Schule die Augen geöffnet. Jedenfalls habe ich begriffen, daß es Zeit für mich ist, etwas anderes zu tun. Sieh mal, Mia, damit füllt man keine hungrigen Mägen, damit sättigt man niemanden! Schluß!« lachte er und stopfte die letzten Bögen ins Feuer. »Nun haben wir beide einander geholfen, nicht wahr?« Er sah mich lächelnd an.

Dann stand er auf und klopfte sich die Hände ab. Dabei schaute er auf mich herunter. Nun war er wieder mein Lehrer – Michael Holm mit dem Augenlid.

»Meinst du nicht, daß sie sich bei dir daheim Sorgen um dich machen?« fragte er. »Es ist spät geworden.«

Dies war eine vornehme Art, anzudeuten, daß es Zeit für mich sei, heimzugehen.

»Ich begleite dich«, sagte er. »Ich glaube, wir haben genügend Gesprächsstoff für den Weg.«

Als ich die Haustür hinter mir schloß, hörte ich Pers Stimme durchs Haus gellen: »Mia wird von einem erwachsenen Mann nach Haus gebracht.«

Mutter kam und fragte mich, wo ich gesteckt hätte, und ich erzählte ihr, daß ich einen meiner Lehrer besucht und mit ihm etwas Wichtiges besprochen hätte.

»Nächstes Mal sagst du bitte Bescheid, wenn und wohin du gehst«, sagte sie.

Daß sie immer noch nicht damit aufhören kann, wo sie

doch weiß, daß . . ., dachte ich. Aber dann ging mir auf, daß dies eben Mutters Art war, sich abzuschirmen. Sie tat, als setze sie sich noch immer energisch für die Hausregeln ein, aber in ihrer Stimme schwang doch etwas mit, das vermuten ließ, sie sage das alles nur, um überhaupt zu reden. Sie hatte mich ja auch kaum dabei angesehen. Vielleicht war sie gar nicht wirklich daran interessiert, zu wissen, wo ich gewesen war. Sie mußte ja auch an anderes denken. Vermutlich war sie völlig damit ausgefüllt, alles so weiter zu machen wie bisher, damit niemand mißtrauisch wurde.

Maskerade! dachte ich.

8

Es war auch im Dezember, als ich mit dem Tagträumen anfing. Bis dahin hatte ich nicht einmal gewußt, daß es so etwas gibt.

Meine Tagträume handelten immer von der gleichen Sache: ich träumte, daß ich Zeitung las. Eine Überschrift ließ mein Herz vor Freude hüpfen: »Neues Mittel gegen Blutkrankheiten.« Ein Professor in der Sowjetunion oder in Amerika hatte ein Medikament entwickelt, das sofort wirkte und völlige Genesung garantierte.

Den Traum gab es aber auch in einer anderen Fassung: »Stell dir vor, die Diagnose war falsch«, sagte Mutter zu Vater. »Sie haben meine Unterlagen mit denen eines anderen Patienten vertauscht.«

Diese Lösung gefiel mir nicht so gut. Selbst im Tagtraum fand ich sie unwahrscheinlich.

Die dritte Version war die beste: Mutters Krankheit kam aus irgendeinem Grund zum Stillstand. »So etwas gibt es«, sagte uns der Professor. »Vielleicht liegt es daran, daß gewisse Menschen über einen unwahrscheinlichen Lebenswillen verfügen, der die Krankheit besiegt und der zusammen mit einer guten körperlichen Verfassung einen starken Einfluß ausübt.« Das Resultat dieses Tagtraumes bestand bei mir in ganz realistischen Tränen.

Immer, wenn ich mich abends hinlegte, hörte ich meine Uhr ticken. Ich hätte sie gerne abgestellt und die Zeit aufgehalten. Denn mir schien, sie liefe zu schnell weiter. Sie maß Mutters Leben in Stunden, Minuten und Sekunden, und ich sah vor mir ihr Leben zerrinnen wie Sand aus einem Stundenglas. Es kam vor, daß ich um das Wunder betete, daß meine Mutter gesund werden möge. Aber dann erinnerte ich mich wieder an ihre Worte: »Warum sollte es uns *nicht* treffen?«

Michaels Eckzimmer war in dieser Zeit meine Zuflucht – aber daheim war Leo der Lichtblick.

Wenn mir das jemand noch vor zwei Monaten gesagt hätte, hätte ich es nicht glauben können. Der »arme Kerl«, dem Peter, Jens, Ellen und ich hatten helfen wollen, war es, der uns durch seine Anwesenheit half. Wenn er auftauchte – ohne an die Türen zu klopfen –, mit ölverschmierten Händen und von Benzingeruch umgeben, strahlten wir alle nur so.

»Du darfst dich nicht total kaputtmachen«, sagte Vater. »Du arbeitest ja rund um die Uhr! Komm doch und setz dich!« Und wir rückten auf dem Sofa zusammen, um ihm Platz zu machen.

Im übrigen spielten Vater und Mutter ihre Rollen ganz ausgezeichnet. Mutter sagte, daß sie auf Grund niedriger Blutprozente weniger Unterrichtsstunden geben könne. »Deswegen mache ich nur noch das, wozu ich Lust habe, und wehe dem, der hier seine Arbeit nicht tut!« Das waren wohlbekannte Töne, und meine Geschwister nahmen das ohne Mißtrauen auf. Aber Vater verbarg seine Blicke. Sie wichen in letzter Zeit besonders flink und geschickt aus.

Ich war auch sehr tüchtig geworden im Lügen – wenigstens glaubte ich das, bis ich eines Tages Jens traf.

»Du hast dich aber verändert«, stellte er fest und starrte mich an. Ich spürte, wie ich rot wurde, und hätte mich am liebsten ganz hinter meinen Haaren versteckt. »Ich glaube, du bist dünner geworden«, fuhr er fort. »Und dann hast du einen anderen Blick bekommen!«

»Und das fällt *dir* auf?« fragte ich.

»Ja«, sagte er, »so ist es. Bist du etwa krank?«

»Meinst du, daß ich so aussehe?«

»Nein, du siehst hübsch aus.«

»Und wie vielen Mädchen hast du das schon gesagt?«

»Einer ganzen Menge«, gab er ehrlich zu. »Warum soll ich es ihnen denn nicht sagen, wenn es stimmt?«

Wir gingen zusammen weiter. »Ich muß gestehen, daß ich euch alle drei liebe, dich, Ellen und Annika«, sagte er. »Dich übrigens am meisten, aber du machst dir ja nichts aus mir.«

»Doch, wenn ich dich sehe«, antwortete ich. Und das stimmte. Es ist einfach unmöglich, nichts für Jens zu empfinden, wenn man mit ihm zusammen ist.

»Dann müssen wir uns eben öfters sehen!« sagte er und blinzelte mir zu. »Aus unserem Club ist ja nichts Rechtes geworden, abgesehen von dem Abend bei Peter, und Leo steckt ja meistens bei euch.«

»Das bedauerst du wohl kaum«, stellte ich fest, »du hattest ja genug Ärger mit ihm.«

»Aber manchmal haben wir uns sehr gut verstanden«, sagte Jens. »Aber meine Mutter wollte nicht, daß ich mit ihm zusammen war.«

Wir gingen nebeneinander und sagten nichts mehr. Aber Jens gehört zu den Menschen, mit denen man auch schweigen kann.

»Weißt du, was ich am liebsten täte?« fragte er nach einer Weile. »Einfach weglaufen! Hinaus in den Wald. Den Geruch von altem Laub und von Neuschnee schnuppern. Große Vögel aufschrecken . . .«

»Geht's *dir* auch so?« fragte ich. »Wenn ich in meiner

allerschlimmsten Laune bin, laufe ich in den Straßen umher.«

»Allein?« fragte Jens.

Ich nickte.

»Darf ich nächstes Mal mitkommen?«

Jens hatte sein feines, blasses Lächeln aufgesetzt, dieses Lächeln, das einem besonders weh tut, wenn man weiß, daß es einer anderen gilt.

»Wenn du Lust hast!«

»Bei uns daheim gibt's nichts als Krach!« seufzte Jens. »Stine benimmt sich wieder wie der letzte Mensch. Sie belügt Mutter und macht lauter krumme Touren, und ich krieg' dann die Schuld, weil ich's gewesen bin, der damit angefangen hat, sagt Mutter. Und so geht es Tag für Tag.« Er stieß wütend mit seinem Fuß gegen einen Stein. »Mutter sollte sich wirklich nach einem Job umsehen. Sie lebt doch bloß für Stine und mich. Immerzu hat sie Angst, daß wir auf dumme Gedanken kommen und alles mögliche anstellen.«

Er blieb stehen und schaute mich an. »Du kannst wirklich froh sein, Mia. Deine Mutter ist berufstätig. Das ist viel besser.«

Mir steckte etwas im Halse. Ich mußte husten.

»Sieh dir Peter und seine Mutter an«, fuhr Jens fort. »Wie schön machen sich's die beiden! Sie hat noch anderes zu tun, als ihren Sohn zu bewachen. Manchmal kauft sie sogar Bier für ihn.«

Nun war Jens so richtig in Fahrt gekommen. Er war einfach nicht mehr zu bremsen. »Nicht einmal richtig üben kann ich mehr«, klagte er. »Meine Mutter ist nämlich auf die Idee gekommen, mir dabei zu helfen! ›Das hast du wirklich fein gespielt‹, sagt sie, ›aber du solltest noch ein wenig mehr Gefühl hineinlegen.‹ Als ob sie etwas davon verstünde! Ich hab' die Freude am Spielen ganz verloren, ich werde einfach mißmutig und sauer, und dann tut es ihr wieder schrecklich leid.«

Mir kam's so vor, als sähe ich das alles vor mir. Sie bat ihn vermutlich genauso um Entschuldigung, wie sie es bei mir schon ein paarmal gemacht hatte – mit Zetteln.

»Am liebsten ging ich überhaupt für immer fort von daheim«, sagte Jens. »Aber dann hätte ich natürlich kein Instrument mehr, und spielen muß ich doch . . .«

Ich hörte mir das alles an und vergaß für eine Weile meine eigenen Sorgen.

»Musik ist eben das einzig Wichtige in meinem Leben«, erklärte Jens.

»Und Mädchen«, fügte ich hinzu.

Da blieb er stehen und schaute mich an. »Du bist wirklich kindisch, Mia!« sagte er nur.

Es war, als hätte er mir eine Ohrfeige gegeben. »Du bist einfach noch nicht in dem Stadium, in dem man das Gefühl hat, alles ist kaputtgegangen«, sagte er leise. »Da helfen auch gute Vorsätze nicht mehr. Daheim gibt's Ärger und in der Schule Krach, denn ehrlich gesagt, ich schwänze so oft wie möglich . . .«

Wieder setzte er sich in Bewegung. »Alles ist so – so mistig! Dann fängt man an, sich mit Mädchen und mit Bier zu trösten, und hinterher fühlt man sich doppelt jämmerlich.«

Seine Stimme war so leise geworden, daß ich sie kaum noch verstand.

»An diesem Abend damals, bei Peter . . . da kam mir alles wie ein Spiel vor. Was weißt du eigentlich vom Leben, Mia?«

Wieder blieb er stehen und schaute mich an.

»Vielleicht hab' ich mehr Ahnung davon, als du denkst«, antwortete ich, als ich mich wieder unter Kontrolle hatte.

»Na ja, es kommt natürlich drauf an, was du unter ›Leben‹ verstehst!«

»Ich meine das wirkliche Leben«, sagte ich. Aber darüber lachte Jens nur. »Du bist wirklich süß«, sagte er und griff in meine Haare. »Zwischen uns beiden, Mia, ist doch nichts kaputtgegangen?«

»Nicht in deinem Sinne«, erwiderte ich und brachte Jens damit wieder auf Abstand. Das war die sicherste Art, ihn als Freund zu behalten.

»Du *hast* dich wirklich verändert, Mia!« wiederholte Jens. »Wenn ich bloß wüßte, was dahintersteckt!«

Als ich an jenem Tag heimkam, versuchte ich, meine übliche Schau weiter abzuziehen: Mia kommt wie ein Unwetter ins Haus gestürmt, trocknet sich nicht die Füße ab, hängt ihre Sachen nicht auf, sondern feuert sie in die Gegend und ruft: »Wo ist Mutter?« Schließlich landet sie bei Vater und bettelt ihm zusätzliches Taschengeld ab.

Das muß ich ganz gut hingekriegt haben, denn Mai ärgerte sich über mich, weil Mutter schlief und ich die Hausruhe störte. Vater rückte widerspruchslos die Börse heraus. Aber danach? Ich saß in meinem Zimmer und stürzte den Kopf in die Hände. Was sollte ich eigentlich mit dem Geld? Mir kam's so vor, als hielte keine Freude bei mir vor. Da überkam mich das Bedürfnis, nett zu sein, und ich ging mit dem Zehner zu Mai.

Sie schaute mich nur mißtrauisch an.

»Da, nimm ihn schon!« sagte ich. »Du wirst ihn wohl für irgendwas gebrauchen können!«

»Tausend Dank«, sagte Mai mit ihrer nörgeligen Stimme. Sie wirkte weder froh noch dankbar. Mit gesenktem Kopf hockte sie auf ihrem Stuhl und hielt den Schein in der Hand. »Wozu gibst du mir eigentlich das Geld, Mia?«

Ich zuckte mit den Schultern. Da warf sie mir einen raschen Blick zu – sie hat die gleiche Augenfarbe wie Vater – und sagte: »Hör mal, Mia, was ist eigentlich mit Mutter los?«

Es kam so unerwartet für mich, daß ich knallrot wurde.

»Eine Halsentzündung von drei Tagen ist es jedenfalls nicht«, sagte ich munter.

»Red nicht in diesem Ton!« sagte Mai tadelnd. »Es kann ernst sein, damit du Bescheid weißt!«

Per wurde noch eindringlicher. Er kam am gleichen Abend in mein Zimmer geschlichen und setzte sich auf mein Sofa.

»Du kannst dir was von mir wünschen, wenn du mir dafür ehrlich sagst, warum du immer so schlechte Laune hast«, erklärte er.

Ich sagte irgendwelchen Unsinn, um zu vertuschen, daß er mich total überrumpelt hatte.

»Na, ich sehe doch sofort, wenn du in einer miesen Stimmung bist«, sagte er. »Es gibt nämlich ein sicheres Zeichen dafür.«

»Was für ein Zeichen?«

»Wenn du deine linke Augenbraue hochziehst«, sagte Per.

Ich ging zum Spiegel, um mich kritisch zu betrachten.

»Unsinn!« sagte ich. »Meine linke Augenbraue ist nicht anders als meine rechte.«

»Na gut, dann kriegst du eben den Anspitzer nicht«, entgegnete er, öffnete seine Faust und zeigte mir das Wunderding.

Per hat eine Vorliebe für winzige Sächelchen. Je kleiner sie sind, um so schöner findet er sie, und vor allem sind es technische Finessen, die ihm imponieren. Dieser Anspitzer war ein Miniglobus. Das Komische an der Sache ist, daß Per meint, mir läge ebensoviel an solchen Spielereien wie ihm.

»Der Anspitzer ist wirklich eine Wucht!« sagte ich.

»Siehst du? Eben hast du's wieder gemacht! Du hast deine linke Augenbraue hochgezogen. So hast du auch heute bei Tisch ausgesehen. Dabei warst du früher immer so nett!« seufzte er.

»Wenn ich meine linke Augenbraue hochziehe, so vermutlich deswegen, weil ich den Schnee vermisse«, sagte ich. »In diesem Jahr bin ich noch kein einziges Mal mit den Skiern unterwegs gewesen.«

»Das ist nicht der wahre Grund! Denn eigentlich bist du schon seit Wochen schlechter Laune.«

»Ach je, meine arme Augenbraue!« sagte ich bedauernd. »Es muß doch recht anstrengend für sie sein, den ganzen Tag hochgezogen zu werden.«

Ich versuchte, recht munter zu tun, aber das prallte an Per ab. Er beobachtete mich mit wachen Blicken und starrte mich so durchdringend an, als wolle er unbedingt die Wahrheit aus mir herauspressen. Seine Haare waren struppig wie immer und standen nach allen Seiten ab, denn mitten auf dem Kopf hat er zwei Wirbel.

»Ist es wegen Mutter?« fragte er plötzlich.

»Auch deswegen«, sagte ich leichthin. »Es ist wirklich nicht schön, daß sie krank ist.«

»Ist es was Ernstes?«

»Da mußt du schon Vater fragen!«

»Sag mal, muß sie etwa sterben?« Er hatte wirklich vor, der Sache auf den Grund zu gehen.

»Sieh doch!« lenkte ich ihn ab, »draußen fängt's an zu schneien!«

Wir stellten uns ans Fenster und schauten hinaus.

»Na, nun kriegst du dein Skivergnügen!« sagte Per und wies nach draußen. »Nun wird wohl alles wieder gut, oder?«

Ich antwortete nicht, sondern fing an, auf die angehauchte Scheibe zu schreiben.

»Was schreibst du denn da?« fragte Per. Er bog seinen Kopf zurück und las: »ICH VERTRAUE AUF DICH. ABER ICH VERSTEHE DICH NICHT. Was soll denn das heißen?«

Ich war über mich selber erstaunt – als ich sah, was ich geschrieben hatte. Doch Per wurde richtig ungeduldig: »Was schreibst du da, Mia?«

»Vielleicht ein Briefchen an den lieben Gott«, sagte ich und wischte es wieder aus.

»Und was, glaubst du wohl, wird Mutter sagen, wenn du so auf den Fensterscheiben herumschmierst?«

Darauf schwiegen wir beide, und ich glaube, daß wir an das gleiche dachten: es war schon ziemlich lange her, seit Mutter sich das letztemal ums Fensterputzen oder um die Hausregeln gekümmert hatte . . .

Als Per ging, blieb der Anspitzer auf meinem Tisch liegen.

Da begriff ich, daß Per wohl doch eine Art Antwort bekommen hatte. Ich lief mit dem Miniglobus in der Hand hinter ihm her.

»Ich brauche ihn im Augenblick eigentlich nicht«, sagte ich. »Behalt ihn lieber zunächst.«

Er lächelte und steckte ihn in seine Hosentasche. Dann fuhr er sich mit der Hand über seinen widerspenstigen Schopf und sagte: »*Du* bist doch wohl vollkommen gesund, Mia?«

»Da kannst du sicher sein!« sagte ich. »Frisch wie ein Fisch und stark wie ein Pferd, trotz meiner linken Augenbraue, die manchmal in die Höhe geht.«

»Ja, es ist widerlich, wenn Menschen krank sind, findest du das nicht auch?«

Ich griff in seinen Schopf und schüttelte ihn. Hinterher preßte ich in meinem Zimmer meine Stirn gegen die kalte, feuchte Fensterscheibe und dachte: Wie lange wirst du diese Komödie noch weiterspielen können?

9

Der erste Zettel, den ich in Mutters Nachlaß fand, ist vom 22. Dezember. Er enthält nur ein paar Zeilen: FRÜHER GLAUBTE ICH IMMER, DASS GOTT, FALLS ES IHN GIBT, IM GUTEN UND SCHÖNEN SEI. NUN

WEISS ICH, DASS ER AUCH IM SCHWIERIGEN UND IM SCHLIMMEN IST. JA, BESONDERS DORT ...

Warum hat sie nie darüber sprechen können? Warum mußte sie immer herumgehen und *schweigen – schweigen?*

Es kam vor, daß ich nachts von Mutter träumte.

Einmal stand ich in solch einem Traum am Fuße eines hohen Berges vor einem offenen Tor. Die ganze Gegend ringsherum war braun, und nirgends war eine Menschenseele zu erblicken. Nichts war zu sehen, als diese merkwürdig braune Landschaft um mich. Da das Tor offenstand, ging ich hindurch. Mit einem Male fühlte ich mich erleichtert und fröhlich.

Mir war, als hätte ich eine schwere Last abgeworfen. Ich begann zu laufen. Meine Füße berührten den Boden nur leicht, und ich konnte wieder lachen. Ich lachte und lachte, und es war herrlich, das eigene Gelächter zu hören.

Dann fing ich an, den Hang hinaufzusteigen. Das ging spielend einfach. Aber plötzlich sah ich Mutter vor mir. Da wurden meine Füße schwer wie Blei, und sie ging viel schneller als ich. Sie schwebte, und die ganze braune Landschaft vor ihr wurde von einem hellen Schein erleuchtet.

Sie blieb stehen und wies den Hang hinauf. Lächelnd sagte sie: »Jetzt gehe ich, Mia.« Da erwachte ich an meinem eigenen Weinen.

Ich ging in die Stadt, um Weihnachtseinkäufe zu machen, und betrat eines der großen Kaufhäuser, wo der Weihnachtsrummel sich unter anderem über den Lautsprecher mit Weihnachtsliedern bemerkbar machte. Ich stand unter der Rolltreppe und sah all die Menschen auf und nieder gleiten – ich spürte Abstand von diesem ganzen Trubel. Plötzlich gab's ein Durcheinander, weil ein kleiner Bub auf dem Boden hockte und sich dort zu schaffen machte. Ich bückte mich, aber er hatte keine Zeit für mich – er war dabei, seine Schnürsenkel zu binden.

»Soll ich dir nicht helfen?« fragte ich ihn. Aber er schüttelte den Kopf. »Ich kann's allein!« sagte er stolz, »seit gestern!«

Plötzlich fiel mir wieder ein, wie es war, als ich selber noch so klein war, und wie man sich fühlte, als man gelernt hatte, seine Schuhbänder selber zu knoten.

Ich leistete mir ein Eis und setzte mich damit auf einen Hocker an die Kaffeebar. Von dort aus konnte ich zum Fenster hinausschauen: Draußen war Matsch, und die Leute hasteten, mit großen und mit kleinen Paketen beladen, vorbei. Seltsamerweise wirkten die meisten so, als bedrückten sie heimliche Sorgen oder ein Kummer.

Plötzlich entdeckte ich, daß Frau Bue neben mir saß. Sie beugte sich über ihre Kaffeetasse und weinte. Ich wollte mich davonschleichen, ehe sie mich entdeckte, aber da drehte sie sich zu mir um. »Bleib ruhig sitzen, Mia«, sagte sie, »ich hab' dich doch gesehen!« Sie wischte die Tränen fort und putzte sich die Nase. »Im übrigen weißt du ja selbst, wie ungeschickt ich mich benehme; deswegen brauche ich vor dir nichts zu verbergen.«

Mir wurde ganz komisch, und ich wußte wirklich nicht, was ich dazu sagen sollte.

»Was ist eigentlich an mir nicht in Ordnung?« fragte sie und schaute mich forschend an.

»Ach, gar nichts«, sagte ich verlegen.

»Nun versuch bloß nicht, höflich zu sein und mir auszuweichen, Mia!« sagte sie. »Sag deine ehrliche Meinung!«

Das war wirklich ein starkes Stück! Sie konnte doch wohl kaum von mir verlangen, daß ich ihr offen ins Gesicht sagte, was ich von ihr hielt!

»Na, nun fang schon an!«

»Sie werden wohl so sein, wie Sie sein müssen«, druckste ich herum und dachte an alles, was Jens mir erzählt hatte. »Aber Sie wollen alles perfekt haben . . . oder wenigstens so, wie Sie sich's wünschen!«

»Ach so, meinst du wirklich?« Sie blickte mich an, ohne mich zu sehen. Ich war fast sicher, daß ich sie beleidigt hatte.

»Ich versuche doch nur, meinen Kindern so gut zu helfen, wie ich eben kann«, fuhr sie wie im Selbstgespräch fort. »Aber alles, was ich tue, scheint verkehrt zu sein.«

»Na ja«, sagte ich und versuchte teilnahmsvoll auszusehen. Aber sie schaute mich mißtrauisch an und holte ihre Puderdose aus der Tasche hervor.

»Immer das gleiche, Tag für Tag«, sagte sie klagend, »ich halte das alles einfach nicht mehr aus! Wir streiten uns ewig um die gleichen Dinge. Tausend Kleinigkeiten! Eine wirklich große Sorge, *die* könnte ich verkraften. Wirklich, ich bin überzeugt, daß ich die besser verkraften könnte!«

Da stand ich schnell auf und verabschiedete mich. Eine Sorge, dachte ich. Wie leicht sich das sagt! Von jemandem, der selbst keine hat – wie ein fünfjähriges Kind, das gerade gelernt hat, seine Schnürsenkel zu binden!

Weihnachten kam und ging vorüber.

Ich war richtig froh, als die Schule wieder anfing und ich mich auf meine Hausaufgaben stürzen konnte. So fleißig war ich während meiner ganzen Schulzeit nicht gewesen!

An einem Tag, Ende Januar, geschah etwas, was mir fast den Atem nahm: Mutter kam wie in alten Zeiten zum Frühstück herunter! Sie wirkte ausgeruht, hatte ihr Haar hübsch frisiert, lächelte und schien in guter Verfassung zu sein.

»Ich hatte das Gefühl, daß euch das Schmieren der Schulbrote schon lange keinen Spaß mehr macht«, sagte sie. »Deswegen finde ich es besser, wenn ich aufstehe und ein Auge auf euch hier unten habe.«

Das durfte doch nicht wahr sein! Ich starrte mißtrauisch auf das gutgelaunte Wesen am Küchentisch. Über ihrer langen Hose trug sie eine neue Bluse, und mir schien, als blitze die alte Energie wieder in ihren Augen. War dies ein neues Täuschungsmanöver für uns? Oder war ihre Krankheit tatsächlich zum Stillstand gekommen? Hatte sich mein Tagtraum erfüllt und zufällig in dieser, der schönsten Version?

Doch Vater machte eine strenge Miene. »Du sollst dich ausruhen, Anne-Cathrin!« sagte er. »So gut du nur kannst!« Aber auch in seiner Stimme lag etwas Hoffnung. Per dagegen protestierte lautstark: »Es ist doch viel schöner, wenn Mutter mit uns frühstückt!« sagte er. Mai unterstützte ihn: »Ja, es ist wirklich fast so wie früher.«

Ich warf Vater einen Blick zu, aber er schaute auf seinen Teller.

Wenn sie uns alle täuscht, dann ist das grausam, dachte ich, einfach grausam. Aber Mutter belegte gerade Käsebrote und sagte mit ganz normaler Stimme: »Ich kann doch nicht so weitermachen und den Rest meines Lebens verschlafen! Seht ihr das nicht ein?«

Sie sagte: »Den Rest meines Lebens! . . .«

An einem Abend im Januar saßen wir in der Küche. Es war draußen bitter kalt. Leo war gekommen; er saß mit Vater und mir auf der einen Seite, gegenüber saßen Mutter, Mai und Per. Mai hatte Kerzenstummel gesammelt und auf einen schmalen hellroten Tischläufer gestellt. Sie brannten alle dicht nebeneinander; es sah schön aus, aufregend und stimmungsvoll. Per kaute im Takt dazu, und wir fanden es herrlich gemütlich.

Plötzlich sagte Mutter: »Wir haben doch oben den Abstellraum. Könnte man daraus nicht ein Zimmer machen?«

»Ach, du meinst die alte Rumpelkammer!« sagte Vater. »Für die haben wir doch genügend Verwendung!«

»Aber es könnte ein hübsches Zimmer draus werden«, meinte Mutter.

»Für wen denn?«

»Vielleicht für Leo?« fragte Mutter. Wir griffen diesen Vorschlag sofort auf. Es war nur noch nicht ganz klar, wie Vater darauf reagierte.

»Zuerst müßten wir wissen, ob Leo auch in *Zukunft* . . .« begann er.

Aber er wurde von Leo unterbrochen. Der sagte, er würde sehr gern das Zimmer nehmen, sofort oder später. Aber ich begriff, was Vater meinte: Wenn Mutter nicht mehr da war, was dann?

»Also war Mutters Besserung doch nur eine Komödie gewesen, die sie aufführte, um uns zu trösten . . .

Die anderen gingen hinauf, um den Raum zu begutachten. Ich blieb unten. Als sie zurückkamen, redeten sie alle durcheinander, und Vater besprach mit Leo das Geschäftliche und das Praktische. Leo wollte sich das Zimmer selber zurechtmachen. Er saß neben mir, die Ellenbogen auf den Tisch gestemmt, das helle Haar fiel ihm in die Stirn; er war in bester Laune. Seine Augen hatte er fest auf Mutter gerichtet. Ich wagte kaum, ihn anzuschauen.

Per war so eifrig bei der Sache, daß er das Glas mit der Margerite umstieß, als er Leo erklären wollte, wie er sich die Tapete dachte.

»Mias Blume«, sagte Per und hob sie von der Tischplatte auf. »Nun verwelkt sie.«

»Ist *das* Mias Blume?« fragte Leo.

Ich schwieg. Diese armselige kleine Margerite war wirklich zum Heulen, der letzte Rest von einem bunten Strauß.

»Mia könnte selber eine Margerite sein«, sagte Mutter, »eine kühne Blume, die mutig emporragt.«

Wörter, dachte ich, nichts als Wörter! Wie geschickt wir mit Wörtern umzugehen verstanden, wenn wir uns abschirmen oder etwas umschreiben wollten. Ich war schon ziemlich empfindlich gegen die feineren Nuancen geworden und hatte gelernt, die jeweiligen Bedeutungen zu unterscheiden.

Mir kam Mutters Vergleich eher tragikomisch, wenn auch auf eine traurige Weise aktuell vor.

Die Lichter brannten herunter; das Gespräch verstummte. Wir achteten jetzt alle auf das kleine Lichterdrama, das sich vor uns auf dem Tischläufer abspielte.

»Das Tuch wird ja ganz verdorben«, sagte Leo.

»Macht doch nichts!« erwiderte Mai. »Es ist doch nur zum einmaligen Gebrauch da, weißt du.«

Dann verloschen plötzlich mehrere Lichter auf einmal. In der Küche wurde es erheblich finsterer.

»Wie dunkel es wird!« sagte Per. Niemand stand auf, um das elektrische Licht anzuknipsen.

Nur noch zwei Kerzen brannten auf dem Tisch. Auch sie waren schon tief heruntergebrannt und kämpften um ihr Leben. Nun erlosch die eine. Ich verfolgte die andere mit Spannung. Wie lange würde sie noch leuchten?

»Erst sah's aus, als würden sie ganz lange brennen«, sagte Per. »Aber jetzt geht auf einmal alles so schnell.« Seine Stimme blieb im Raum hängen und klang so eigenartig. Die Stille war direkt zu spüren.

Wir starrten alle auf das letzte Licht.

Laß es sich erholen, dachte ich. Laß es nicht ausgehen. Aber dann bog sich der Docht und schien im flüssigen Stearin zu ertrinken. Gleichzeitig flackerte die Flamme im Zugwind, loderte noch einmal auf. In diesem Flackern begegnete mein Blick dem Mutters. Sie beobachtete mich. Ich hatte das Gefühl, daß sie mir ins Herz schaute, um zu erfahren, ob ich wußte ...

»Nein, nun mag ich aber nicht mehr hier im Dunkeln herumsitzen«, sagte Vater. »Vielen Dank für eine so schöne Mahlzeit!« Er stand auf und knipste das Licht an.

Die Verzauberung war fort, und wir waren so wie immer: mit unseren Alltagsgesichtern und unserer Alltagssprache. Per pustete das letzte Licht aus und beschmierte sich die Hände mit Stearin. Wir räumten den Tisch ab. Leo brach den Stiel der Margerite ab und steckte sie mir ins Haar. »Wir können sie doch nicht fortwerfen«, sagte er. »Mias Margerite!« Das hörte sich nun wieder nicht so alltagsmäßig an.

Ich begleitete ihn zur Tür, als er ging. Er war aufgeregt und recht gesprächig in der Vorfreude auf sein Zimmer. Es fiel mir auf, daß die Unterschiede zwischen ihm und mir immer geringer wurden.

Wer von uns beiden hatte sich verändert, Leo oder ich?

Als Leo fort war, blieb ich noch einen Augenblick draußen stehen und schaute mir unser Haus an. Da lag es zwischen den Bäumen, ein altmodisches Monstrum, mühsam in der Haltung, aber gemütlich zum Wohnen. Ein Platz für Freuden und für Sorgen – insbesondere für Sorgen.

Das Licht fiel durch die Fenster auf die schneebedeckten Tannen, die wie eine hohe Mauer vor dem Haus standen. Der Wind rührte an den Zweigen und bewegte sie ein wenig, so daß pulvriger Schnee über die graue Fassade stob.

Erst hatte uns Großmutter verlassen. Dann war Leo gekommen. Nun würde unsere Mutter von uns gehen. Das Haus aber würde weiterleben und konnte mehr als eine Familie beherbergen. Mutter hatte das begriffen.

Der Schnee blies mir ins Gesicht, und als ich aufschaute, verbargen sich die Sterne schon hinter dicken Schneewolken. Zitternd lief ich hinein.

Es sah so aus, als hätte Mutter einen neuen Weg gefunden, mit dem Tod vor Augen zu leben. Sie, die es immer so eilig gehabt hatte, verfügte nun über Ewigkeiten an Zeit. Sie hatte Zeit für sich selbst, Zeit für uns. Sie ging abends mit Vater fort und gab sich Mühe mit ihrem Aussehen, ja sie kleidete sich hübscher. Vater behauptete, daß Mutter »kleiderbewußt« geworden wäre. Es schien auch so, als mache ihr die Arbeit in der Schule mehr Freude.

Daheim fand sie Bücher, die wir Kinder lesen, Platten, die wir hören mußten, Dinge, die wir lernen sollten. Ich begriff, daß sie uns noch manches mitgeben wollte, ehe sie uns verließ. Aber sie versteckte sich immer hinter ihren Redensarten: »Jetzt, wo ich so viel Zeit für mich habe . . .« oder: »Jetzt, wo ich weniger Stunden gebe . . .«

Wenn sie statt dessen gesagt hätte: »Nun, wo ich krank bin und sterben muß?«

Eines Morgens, als ich zur Schule gehen wollte, stellte ich fest, daß die Hausregeln verschwunden waren. Ein leeres Viereck kennzeichnete die Stelle an der Wand, an der sie gehangen hatten.

»Revolution!« schrie ich und stürzte hinauf zu Mutter. »Irgendwer hat die Hausregeln geklaut!«

Aber Mutter lächelte matt. »*Ich* habe sie fortgenommen!« erklärte sie. Das verschlug mir fast den Atem. Nun gab es ja nichts mehr, wogegen ich rebellieren konnte!

»Na?« sagte Mutter, »das hast du dir doch immer gewünscht, oder?«

Ich hatte *geglaubt*, daß ich mir's wünschte. Aber doch nicht gerade so! Alles kam mir plötzlich so schlaff, so langweilig, so unnatürlich vor. Was hatte sich Mutter eigentlich dabei gedacht?

Die Erklärung habe ich inzwischen gefunden. Am 4. Januar schrieb Mutter:

DIE HAUSREGELN! WAS WOLLTE ICH EIGENTLICH DAMIT? ICH WERDE SIE HEUTE DURCHSTREICHEN UND MIT DEM WORT ERSETZEN: SEI DANKBAR FÜR DAS LEBEN!

Auf einem anderen Zettel stand:

WAS ZÄHLT, IST DIE ZEIT, DIE DU HEUTE HAST, NICHT DIE VON MORGEN. DIE ZEIT IST DIR ZUGEMESSEN UND UNWIEDERBRINGLICH. DESWEGEN: NÜTZE SIE!

10

Die Wendung kam ganz plötzlich. Mutter erschien nicht mehr zum Frühstück. Als sie dann in der Schule aufhörte, blieb sie auch dem Mittagessen fern. Es zeigte sich, daß sie merklich abwesend war. Sie schien immerzu über etwas nachzugrübeln. Ihr Interesse für den Haushalt nahm ständig ab. Wenn wir abends zusammensaßen, schrieb sie schnell auf, was wir einkaufen sollten, aber es stellte sich dann heraus, daß sie eine ganze Menge vergessen hatte. Deswegen übernahmen wir abwechselnd die Verantwortung für die Einkäufe und kochten auch, Per und ich, oder Vater und Mai.

Das einzige, was Mutter in dieser Zeit weiterhin zu interessieren schien, war Leos Arbeit an seinem Zimmer. Vater war es gar nicht recht, daß Leo damit so schnell begann. Kaum war sein Dienst in der Tankstelle zu Ende, fing er oben bei uns an zu klopfen und zu hämmern. Vater meinte, daß es Mutter stören könnte, aber sie stritt es ab. Lange konnte sie in der Tür stehen und Leo zuschauen. Die Wolljacke über den Schultern, die frierenden Arme über der Brust gekreuzt, stand sie an den Türpfosten gelehnt. Manchmal kam dann Vater und holte sie. »Du wirst noch krank, wenn du hier im Zug herumstehst«, sagte er. Einmal hörte ich, wie Mutter antwortete: »Kränker als ich bin, kann ich nicht mehr werden.«

Im Febraur mußte sie für ein paar Tage ins Krankenhaus. Als sie zurückkam, nahm sie ihren Schuldienst wieder auf. Vater versuchte ihr das auszureden, aber sie protestierte: »Ich kann nun einmal nicht ohne Arbeit leben«, sagte sie. »Die Arbeit hält mich hoch.«

Nun fing sie auch an, sich äußerlich zu verändern. Sie wurde sehr bleich und bekam tiefe Schatten unter den Augen. Manchmal war ich froh, wenn ich sie morgens nicht anzuschauen brauchte.

Es machte mich ganz nervös, wenn ich sie herumgehen und planlos Gegenstände hin- und herrücken sah, oder wenn sie mit einer Sache anfing, diese dann liegenließ und mit irgendeiner anderen fortfuhr. Oft dachte ich: »Wenn es doch nur überstanden wäre!« Aber dann war ich wieder ganz verzweifelt und machte mir Vorwürfe: ich hatte es ja nicht so gemeint! Um nichts in der Welt hätte ich das Leben meiner Mutter verkürzen wollen!

Am 14. Februar notierte sie:

DER PROFESSOR HAT MICH GANZ VERWIRRT, ALS ER SAGTE, DASS SICH DIE KRANKHEIT HINZIEHEN KANN. ANDERE WÄREN WOHL GLÜCKLICH DARÜBER, ZU ERFAHREN, DASS SICH IHRE FRIST VERLÄNGERT HABE. ABER BEI MIR IST DAS ANDERS. ICH HATTE GEGLAUBT, ES GINGE SCHNELLER, UND WOLLTE BALD MIT DEN KINDERN DARÜBER SPRECHEN. ABER WAS NUN? SIE SOLLEN AUF KEINEN FALL LÄNGER LEIDEN, ALS UNBEDINGT NÖTIG IST. WENN ICH NUR NICHT SO SCHRECKLICH MÜDE WÄRE ...

Das Leben mußte weitergehen. Ich mußte jeden Tag essen, Schulaufgaben machen, im Haushalt helfen und meine Rolle so gut spielen, wie ich konnte. Manchmal kam ich mir vor wie eine Maschine, und ich achtete streng darauf, daß ich nicht einen Augenblick zum Nachdenken kam.

Eines Abends fiel ich aus der Rolle. Ich ging mit Peter ins Kino. Wir sahen uns einen lustigen Film an, und ich amüsierte mich königlich. Hinterher hatte ich ein schlechtes Gewissen: Wie hatte ich das tun können, nachdem ich wußte, daß meine Mutter unheilbar krank war und sterben mußte? Ich verspürte das Bedürfnis, mit Michael zu reden, also verabschiedete ich mich von Peter und ging zu meinem Lehrer. Michael war immer zu einem Gespräch mit mir bereit.

Als ich klingelte, öffnete mir jedoch nicht Michael, sondern eine junge Dame in weißem Kittel. Sie trug die Haare hochgekämmt, und ihre Augen waren von einem strahlenden Blau, ihre Blicke streng.

»Wie schade!« sagte sie. »Holm ist nicht zu sprechen. Komm ein anderes Mal wieder.« Und damit schlug sie mir die Tür vor der Nase so schnell zu, daß sie mir fast die Finger zerquetscht hätte. Als ich vor dem Haus stand, sah ich Michaels grüne Lampe auf dem Schreibtisch leuchten und hätte wetten können, daß er dort saß und arbeitete.

Langsam ging ich heim und überlegte, wer diese Person wohl war. Eine Verwandte? Hoffentlich machte sie es sich nicht zur Gewohnheit, Michaels Türhüter zu spielen. Denn dann würde ich ihn wohl kaum noch sprechen können.

Am nächsten Morgen stand ich zeitig auf und ließ die kalte Winterluft in mein Zimmer herein. Es war ein frischer, schneidend kalter Tag. Ich steckte die Nase zum Fenster hinaus und sog tief den Winter in mich ein, der langsam in den Frühling überging. Einen Augenblick lang erinnerte ich mich daran, wie schön es war, ein kleines Kind zu sein. Ellen hatte damals nur ein paar Häuser weiter gewohnt. Jeden Morgen blieb sie unter meinem Fenster stehen und rief: »Mi-a-a-a!«, denn sie war immer besorgt, wir könnten zu spät kommen. Dann trabten wir mit wackelnden Ranzen auf den Rücken zur Schule.

Plötzlich verspürte ich größte Lust, die Zeit zurückzudrehen und noch einmal mit Ellen zur Schule zu gehen. Ein Stückchen gemeinsamen Weg hatten wir auch heute noch, obwohl wir in verschiedene Schulen gingen.

Ich war frisch und putzmunter, als ich bei Ellen klingelte. Was ich ihr sagen wollte, hatte ich eingeübt; aber ich kam gar nicht so weit. Ellen machte mir nämlich nicht auf, sondern öffnete nur einen ganz schmalen Spalt, durch den ich unmöglich in die Wohnung schlüpfen konnte.

Sie sagte abweisend: »Um Gottes willen, was willst *du* denn hier?«

»Können wir nicht zusammen zur Schule gehen?« fragte ich und kam mir richtig verlegen und blöd vor.

Da hörte ich, daß Ellen nicht allein war. Sie flüsterte mit jemandem hinter der Tür. Plötzlich wurde ich böse. Wie konnte Ellen nur so gemein zu mir sein? Wenn ich an all die vielen Male dachte, die ich sie an gefährlichen Straßenkreuzungen hinter mir hergezogen hatte, ihr meine Fausthandschuhe lieh, wenn sie fror, sie gegen große Buben verteidigte, die uns den Weg versperrten, dann kam's mir vor, als hätte sie eigentlich keinen Grund, sich so aufzuführen.

Ich lehnte mich gegen die Tür und drückte sie auf. Nun stand ich in der Diele – Auge in Auge mit Ellen und – *Jens*! »Ach, du bist's, Mia?« sagte er nur und lächelte etwas verlegen, während er sein Hemd zuknöpfte. Wir starrten uns alle drei an, bis ich endlich kapierte.

»Na, hast du nun zu sehen bekommen, was du wolltest?« fragte Ellen giftig.

Ich versuchte etwas zu sagen, aber mir war meine Stimme abhanden gekommen. Als ich sie endlich wiederfand, klang sie, als hätte ich Sand auf den Stimmbändern.

»Ich wollte doch nur . . .«, begann ich.

»Ein bißchen schnüffeln, was?« sagte Ellen.

»Nun laß doch Mia erst mal ausreden«, mischte sich Jens verlegen ein.

Aber ich lehnte mich nur gegen die Wand und schaute die beiden an. Irgendwie hatte mich Ellen nun doch mächtig überholt. Ich war ihr in der Entwicklung einfach nicht gefolgt. Selbst wenn die beiden jetzt sechzehn waren, so . . .!

»Nein, es war nichts weiter!« sagte ich und ging hinaus.

Ellen folgte mir und erwischte mich unten an der Haustür.

»Kannst du schwören, daß du nicht hierhergekommen bist, um zu spionieren?« fragte sie. Ich zuckte mit den Schultern.

»Und du wirst daheim nicht petzen?« Ich schüttelte den Kopf. Warum sollte ich? »Du bist wohl groß genug, um auf dich und deine Angelegenheiten selber aufzupassen«, sagte ich. »Ich hab' genug mit meinen eigenen zu tun.«

Aber Ellen ließ mich nicht los. »Warum bist du dann gekommen?« fragte sie. Sie hatte keinen Mantel an und zitterte vor Kälte. Ihre Nase war rot.

»Ich wäre gern mit dir zur Schule gegangen«, sagte ich. »Ich hatte nämlich geglaubt, ich könnte die Zeit zurückdrehen.«

Ellen schaute mich prüfend an. »Es ist nicht so, wie du denkst«, sagte sie. »Aber darüber müssen wir später reden.« Sie wandte sich um und lief zurück, während ich zur Schule ging.

In der ersten Stunde hatten wir Religion. Aber heute saß nicht Michael Holm mit dem Augenlid auf dem Katheder, sondern das alte Fräulein Sörensen! Meine Enttäuschung war grenzenlos, und ich teilte sie mit der ganzen Klasse. Alle erkundigten sich nach Michael, aber Fräulein Sörensen meinte nur, daß sie ja nun wieder gesund und auf ihrem Posten sei.

Wir baten sie, den Unterricht wieder an Michael abzugeben, aber sie sah uns mit beleidigten Augen an und sagte, wie sehr sie sich auf den Tag gefreut hätte, an dem sie uns wieder unterrichten könne.

»Schwatzen meinen Sie wohl«, rutschte es mir heraus.

Sie wandte mir ein entsetztes Gesicht zu. »Verzeihung! Ich habe wohl nicht richtig verstanden, was du gesagt hast?«

Ich schämte mich zwar schon meiner Worte, aber ich blieb dabei. Ob sie denn gar nicht verstehen könne, daß bei ihrem Unterricht für uns nichts herauskam? Michael hätte nie versucht, uns durch Gerede einzulullen und zu überzeugen. Er hatte auf uns gehört, mit uns diskutiert und uns wie gleichwertige denkende Menschen behandelt.

Es war kein Problem, einen richtigen Aufstand zu machen. In Null Komma nichts war die ganze Klasse am Brodeln. Wir stampften und trampelten auf den Fußboden, warfen Papierkugeln aufs Katheder und riefen rhythmisch im Chor: »Michael Holm! Wir wollen Michael Holm wiederhaben!« Der Lärm war unbeschreiblich. Frau Sörensen starrte verzweifelt auf die wildgewordene Schar und versuchte immer wieder, den Mund aufzumachen und etwas zu sagen. Aber sie drang nicht durch.

Ich fühlte mich im Zwiespalt. Einerseits bejahte ich den Aufruhr und wollte, daß Michael zurückkam. Andererseits aber tat mir die alte Sörensen leid, die erst kürzlich krank gewesen war, ein runzliges Gesicht und blaue Adern an der Stirn hatte, graues Haar und blasse, hilflos blikkende Augen.

»Zum Kuckuck, haltet den Mund!«

Peter war auf sein Pult gesprungen. Das Haar fiel ihm in die Stirn, seine Augen funkelten. »Frau Sörensen ist zurückgekommen, um ihre Pflicht zu tun«, rief er. »Hört auf, jetzt deshalb Krach zu schlagen!«

Beinahe augenblicklich trat Stille ein.

Frau Sörensen vergrub sich förmlich in der Mappe. Sie suchte nach einem Taschentuch. Ich war gespannt, ob sie damit die Tränen trocknen wollte, aber sie rieb sich nur den Schweiß von der Stirn. Zwei feuerrote Flecken traten auf ihre Backenknochen. »Vielleicht können wir jetzt anfangen?« fragte sie matt. »Es kann sein, daß ich zuviel rede, aber das hättet ihr mir schon früher sagen können.«

Darauf antwortete niemand.

Peter setzte sich, doch zuvor hatte er mir einen langen Blick zugeworfen, der mich dazu brachte, auf meinen Pultdeckel zu starren.

Frau Sörensen nahm den Unterricht wieder auf. Aber so richtig schien sie nicht bei der Sache zu sein. Es war, als hätten wir etwas in ihr zerbrochen. Früher hatte sie uns mit ihren Reden ständig ihre Überlegenheit beweisen wollen. Nun murmelte sie unsicher herum, saß immer wieder längere Zeit schweigend da und blickte aus dem Fenster, wenn sie eine Frage gestellt hatte, die keiner von uns beantwortete.

Nach der Schule ging ich zu Michael. Aber auch an diesem Tag war er nicht zu sprechen. Die gleiche Dame öffnete mir und war genauso abweisend wie das letztemal. Aber die Lampe auf dem Schreibtisch war eingeschaltet, und ich glaubte auch, Michaels Kopf über der Schreibmaschine zu erkennen.

Als ich heimging, war ich dem Weinen nahe. Mit wem konnte ich nun noch reden? Ich fühlte mich so einsam auf der Welt mit meinem Geheimnis, das ich herumschleppte und dessen Last mich zu Boden drückte.

Daß Leo daheim war, war für mich ein richtiger Lichtblick. Er hatte uns sogar mit einem Fertigessen überrascht – Spaghetti. Er hatte an diesem Tag frei und brauchte erst am Abend zu seiner Tankstelle zu gehen.

Mutter sah aus, als hätte sie einen guten Tag. Sie hatte sich nett frisiert und einen neuen Pullover angezogen. Vater redete wie immer, freundlich und aufmunternd, aber er wandte die Augen nicht von seinem Teller. Mai und Per konzentrierten sich auf die Spaghetti, ihr Lieblingsessen, und Leo zählte auf, was er bis zum Abend noch zustande bringen wollte. Ich tat so, als hörte ich zu.

Im Laufe des Nachmittags traf ich Vater auf dem Flur. Er griff freundschaftlich in meine Haare und schaute mir prüfend ins Gesicht. »Na, wie ist's denn mit dir, mein Mädchen?« fragte er. Ich spürte einen Kloß im Halse. »Meinst du in der Schule?« wich ich aus. »Da geht's prima.«

»Ja, da geht es wohl«, sagte Vater, seufzte und ließ mein Haar wieder los. Er streichelte mir die Wange und ging in sein Zimmer.

Am Abend rief Jens von einem Kiosk aus an. »Sag mal, Mia, weißt du, wo Leo steckt? Ich wollte bei ihm übernachten. Ich bin nämlich von daheim abgehauen!«

»Leo ist in der Tat für jeden von uns eine wichtige Person geworden«, stellte ich fest. »Er arbeitet in der Tankstelle. Da kannst du ihn erreichen.«

»Hast du schon mit Ellen gesprochen?«

»Nicht mehr seit heute morgen.«

Es folgte eine lange Pause. Dann kam: »Mia, du weißt wirklich nicht alles.«

Ich verspürte einen unwiderstehlichen Drang, loszulachen. Aber ich fürchtete mich davor, statt dessen plötzlich in Tränen auszubrechen. Als ob ich nicht wüßte . . .

»Du weißt doch, wie . . . na ja, wie's bei uns ist«, sagte Jens. »Ein Wort kommt zum anderen . . .«

O ja, so etwas kannte ich. Es war nur schon zu lange her, daß es bei uns solch ein Theater gegeben hatte. Was Jens mir da erzählte, erweckte förmlich Sehnsucht nach den guten alten Zeiten in mir.

»Hörst du, Mia?« fragte Jens. »Du bist so still.«

»Doch, ich höre«, sagte ich. »Erzähl weiter!«

»Also ging ich wütend weg«, berichtete Jens, »zuerst zu Leo, aber der war nicht daheim. Dann zu Peter, aber den traf ich auch nicht an. Schließlich landete ich bei Ellen.«

»Wie schön, daß du *sie* angetroffen hast!«

»Ihr Onkel war verreist, und da hab' ich eben dort übernachtet«, sagte Jens. »Irgendwo mußte ich ja schließlich bleiben, oder?«

»Na klar!« sagte ich. »Irgendwo muß der Mensch ja bleiben über Nacht.«

»Ich sag' dir doch: es ist anders, als du glaubst!« versicherte Jens. »Wir haben bis um sechs Uhr in der Frühe miteinander gesprochen. Weißt du, Mia, Ellen ist eine unwahrscheinlich klare Gesprächspartnerin.«

»Ja«, sagte ich.

»Aber wenn ihr Onkel erfährt, daß ich bei ihr sozusagen eingezogen bin, wird er natürlich glauben, daß wir . . .«

»Ja, ich verstehe. Davor hat Ellen auch Angst.«

»Jetzt geht's nur darum, daß ich für heute nacht eine Unterkunft finde«, sagte Jens. »Ich muß es noch einmal bei Leo oder bei Peter versuchen.«

»Du solltest nach Hause gehen!« sagte ich. »Früher oder später bleibt dir sowieso nichts anderes übrig. Ich spreche aus Erfahrung.«

Es langweilte mich allmählich, am Telefon herumzuhängen und für Jens die kluge Else zu spielen.

»Wart noch einen Moment!« bat Jens. »Ich muß noch ein paar Münzen hineinstecken, wenn ich welche finde . . .«

Aber der Apparat machte »klick!«, und die Verbindung war abgebrochen.

»Ellen ist eine unwahrscheinlich klare Gesprächspartnerin« hatte er gesagt. Ich versuchte nicht mehr daran zu denken und stürzte mich auf meine Hausaufgaben. Meine Güte, in diesem Jahr wurde ich geradezu eine Musterschülerin!

Am nächsten Tag versuchte ich wieder, Michael zu sehen, aber auch dieses Mal glückte es nicht. Die gleiche Dame öffnete, blitzte mich scharf mit ihren leuchtendblauen Augen an und sagte: »Wie schade! Holm ist eben fortgegangen. Kann ich vielleicht etwas ausrichten?«

Was sollte ich ihr sagen? Vielleicht: »SOS bei Mia! Ich brauch' dich?« – Nein! Ich kam auch ohne Michael zurecht.

»Aber du kannst mir ja auf jeden Fall sagen, wie du heißt«, meinte die Türhüterin.

»Constanze Marietta«, erwiderte ich. Diese Namen fielen mir zufällig ein.

»Und weswegen bist du gekommen?«

Ich starrte ihr in die Augen: »Wegen der Sozialhilfe für Einäugige«, sagte ich. Erstaunt öffnete sie den Mund, schloß ihn aber wieder. »Jawohl«, sagte sie, nichts weiter.

Ich schritt die Treppe echt Constanze-Marietta-mäßig hinunter, blieb aber auf der untersten Stufe stehen. »Wir können wirklich nicht erwarten, daß sich die Behörden um alles kümmern«, sagte ich. »Obwohl wir auf dem sozialen Sektor schon ziemlich weit gekommen sind.«

Sie nickte stumm. Ich wandte ihr den Rücken zu und wanderte langsam heimwärts. Ein ganz wenig Befriedigung hatte mir dieser Scherz doch bereitet. Aber sie war nicht von Dauer.

Michael! dachte ich verzweifelt. Warum läßt du mich nur so im Stich. Du warst doch der einzige, mit dem ich über alles sprechen konnte!

Mitten in diese Verzweiflung platzte Peter quasi als Ersatz hinein. Er rief mich an und erkundigte sich, ob ich ihn in einen Club begleiten wollte, in dem nur Erwachsene ab achtzehn zugelassen seien. Er hatte Beziehungen und meinte, man würde uns schon hineinlassen.

11

Wir hatten keine Schwierigkeiten, in den Club hineinzukommen, wohl aber, den Eintritt zu bezahlen.

Die Luft war total verqualmt, der Raum voll von Leuten, die ich alle nicht kannte. Ich hoffte nur, daß mir niemand meine fünfzehneinhalb Jahre ansah. Aber ich brauchte deswegen keine Angst zu haben. Niemand achtete auf mich, denn alle waren mit sich selbst beschäftigt, auch Peter. Er entdeckte eine Clique, die er kannte, und setzte sich zu ihnen an den Tisch. Ich blieb am äußersten Rand des Kreises und hörte ihnen zu. Sie diskutierten über Politik, Kultur und die Bedeutung der Arbeit für die Gesellschaft. Elegante und schwierige Formulierungen schwirrten durch die Luft.

Ich schaute Peter an und wußte, was er dachte: hier sitze ich mit erwachsenen Menschen und diskutiere über Dinge, die wirklich wichtig sind! Ich benutzte lieber die Zeit, um mich umzuschauen.

Es war ein hübscher Raum, und sie hatten eine ganz ausgezeichnete Band. Die Leute tanzten oder saßen an den Tischen und unterhielten sich und hatten ihren Spaß dabei. Mir hatte es hier sofort gut gefallen, aber was half mir das, wenn ich dem Club nicht gefiel? Man kann unmöglich einen ganzen Abend lang auf einem Stuhl hokken und sich einbilden, daß man sich amüsiert.

Um mir die Zeit etwas zu vertreiben, ging ich hinaus zur Toilette. Als ich zurückkam, setzte ich mich an einen anderen Tisch, damit Peter nicht das Gefühl hatte, ich wäre völlig abhängig von ihm.

Peter hatte wohl das Gefühl, daß er mich im Stich gelassen hatte, denn er signalisierte mir durch Gesten: »Ich komme gleich!« Aber ich antwortete mit Gegenzeichen: »Reg dich nicht auf, bleib, wo du bist!« Dies schien ja wirklich ein flotter Abend zu werden!

Plötzlich bekam ich Gesellschaft. Ein dicker Mann setzte sich zu mir. Er war alt, auf alle Fälle schon über vierzig. Und er schien nicht gerade wenig getrunken zu haben. Ich wollte aufstehen, als er sich an meinen Tisch setzte, aber er griff nach meinem Handgelenk und zog mich wieder auf meinen Stuhl.

»Warum wollen bloß alle fort, wenn ich komme?« schnaufte er. »Bin ich etwa kein Mensch?«

Ich schaute ihn genauer an. Beim näheren Hinsehen war in der Tat nicht allzuviel Menschliches an ihm zu entdecken. Er machte einen aufgelösten Eindruck. Er tat mir leid.

»Hej!« sagte ich zu ihm. »Ich heiße Mia. Und wie heißt du?«

»Andreas!« antwortete er. Nun hatten wir uns wenigstens bekannt gemacht. Mia und Andreas. Ich mußte kichern.

Rülpsend und schnaufend begann Andreas, mich über den Club und seine Mitglieder aufzuklären. Dabei ging er nicht gerade schonend vor. Unentwegt schwatzte er, als sei der Teufel sein ganz persönlicher und intimer Freund und die Hölle unser aller Ziel.

Ich saß und ärgerte mich mehr und mehr. Nein, deswegen war ich nicht hierhergekommen!

»Möchtest du etwas trinken?« fragte er mich plötzlich. »Meine Güte, du bist ja noch ein Kind!« sagte er, als wäre er sich plötzlich darüber klargeworden, wer neben ihm saß. »Vielleicht hättest du Lust zu tanzen?«

Mit ihm tanzen! Die Vorstellung war derartig komisch, daß ich schnell die Hand auf den Mund legte, damit er nicht merkte, wie ich grinsen mußte. Irgend etwas in seinen Augen warnte mich davor, ihn auszulachen. Man macht sich nicht über Leute lustig, die unglücklich sind. Auch nicht über Betrunkene. Vielleicht war er, genau wie ich, hierhergekommen, um sich zu amüsieren, und nun fand er keinen, der mit ihm zusammen sein mochte.

»Ja, bitte«, sagte ich. »Ich möchte gern etwas trinken.«

Er sah plötzlich sehr erstaunt drein, aber dann hatte er es mächtig eilig. Er rülpste und schnüffelte, sabbelte und lachte und fragte mich, ob ich ahne, wie nett er sein könne, wenn er die Witterung von Unschuldslämmern wie mir in die Nase bekäme. Und er weinte ein paar Tränen vor Rührung, denn es sei etwas Wunderbares mit der Jugend, überhaupt mit den Pussykätzchen. Er wurde so weichherzig, daß mir wieder Zurückhaltung geboten schien.

»Also ein Bier«, sagte ich.

»Was, *du* willst Bier trinken?« fragte er und glotzte.

»Ja klar«, antwortete ich. »Wenn du mir aber keines spendieren willst: da drüben sitzt ein Freund von mir!« Ich nickte zu Peter hinüber und unternahm gleichzeitig den Versuch, von meinem Kavalier loszukommen; aber das mißglückte. Er blies sich auf wie ein Ballon, wurde krebsrot, und ich fürchtete, er würde vor meinen Augen zerplatzen. Aber das tat er nicht, sondern er ging und holte mir ein Glas Cola.

Nun hatte ich wenigstens etwas, womit ich mich beschäftigen konnte: Cola trinken! Peter winkte mir lebhaft von seinem Tisch zu, was bedeuten sollte: »Ich komme gleich!« Man konnte ihm ansehen, daß er sich großartig fühlte. Seinem Gesicht nach zu urteilen, waren sie gerade bei Marx und Lenin, vielleicht auch bei Mao. Nun lernte er eine ganze Menge, und hinterher würde er versuchen, das alles in meinen Schädel hineinzutrichtern. Na warte nur! dachte ich.

So saßen wir da, Andreas und ich, er mit einem neuen Glas Bier, ich mit meiner Cola. Es war nett von ihm, daß er mir die Cola spendiert hatte, fand ich.

Aber ich hatte mich gründlich geirrt.

Irgend etwas muß in diesem Glas gewesen sein. Kaum hatte ich es ausgetrunken, fühlte ich mich ungefähr wie der große, böse Ballon neben mir, nur daß ich anfing zu schweben. Eine Weile hing ich unter der Decke und hatte eine tolle Aussicht über die ganze Versammlung. Mein Kopf war federleicht, ich dachte schnell und scharf nach – wenigstens kam's mir so vor. Aber dann fing alles um mich herum an zu schwanken. Ich schaute mich nach Peter um, aber der war verschwunden. Da sagte ich zu Andreas: »Ich muß jetzt gehen.«

Er blinzelte mich an. »Hat das Zeug dich endlich munter gemacht?« Man konnte deutlich merken, daß er mich nicht länger mehr für ein Unschuldslamm hielt, auch nicht mehr für eine Pussykatze. Er lachte mir höhnisch ins Gesicht und nannte mich eine Herumtreiberin. Mein Fehler sei, daß ich keinen Respekt vor Erwachsenen hätte. Deshalb sei es nur gerecht, wenn ich einmal Lehrgeld zahlen müsse.

Nach dieser Predigt hatte er sich total verausgabt. Er saß nur noch herum und glotzte mich an, den Mund geöffnet, den er zu schließen vergaß. Aber das war nun auch nicht mehr so wichtig. Nichts war mehr wichtig.

»Geht's dir nicht gut? Soll ich dich hinausbegleiten?« fragte ein junger Mann, der am Nebentisch saß und uns beobachtet hatte. Er kam zu mir. Ich lehnte mich zurück und sah ihn an, wagte aber nicht, den Mund aufzutun, denn ich hatte Angst, daß mir meine Zunge nicht gehorchen würde. Es war ein ziemlich handfester Bursche. Er sah gut aus und hatte freundliche, hellbraune Augen.

Ich nickte nur und stand auf. Er reichte mir seine Hand, sie war zuverlässig und fest, angenehm zu halten. Gerade als ich zur Tür hinausging, sah ich Peter, der mir zuwinkte, und ich dachte . . . Aber nein, meine Gedanken waren nur noch ein einziges Durcheinander.

Später sagte mir Peter, er habe geglaubt, daß ich Anschluß gefunden hätte. Da habe er natürlich nicht im Wege sein wollen.

Draußen trennte sich mein braunäugiger Helfer von mir und riet mir, mit der nächsten Straßenbahn heimzufahren. »Ich würde dich gern begleiten«, sagte er. »Aber ich bin im Club angestellt.« Aufmunternd lächelte er mir zu. »Mach dir nichts aus Andreas! Er ist nicht so schlimm, wie er wirkt. Aber es tut mir doch leid, daß du heute abend bei ihm an der Reihe warst.«

Damit verschwand er wieder im Club, und ich stand da und wühlte in meiner Tasche nach meinem Fahrschein herum.

Ich konnte ihn absolut nicht finden und wußte nicht, ob ich gehen oder stehenbleiben sollte. Also wartete ich erst einmal ab und lehnte mich mit dem Rücken gegen eine Mauer, bis ich mich stumpfsinnig zu Fuß auf den Heimweg machte.

So schwierig ist es ja gar nicht! dachte ich. Setz doch einfach Fuß vor Fuß! Zum Gehen braucht man schließlich keinen Fahrschein.

Eine Weile irrte ich in den Straßen umher und fand mich nicht mehr zurecht. Ein paar Erwachsene gingen vorbei, lachten über mich und sagten: »Da, seht mal, die ist ja total betrunken!« Aber ich protestierte. »Ich hab' nur eine Cola getrunken!« sagte ich. Da lachten sie nur noch mehr.

Ich versuchte nachzudenken. Wenn ich nicht betrunken war, was mochte dann sein? Mein Kopf fühlte sich so merkwürdig an, wenn ich ihn schüttelte, als wäre er locker. Ich nahm alles wahr, was um mich herum geschah. Aber es war so, als spiele es sich in weiter Ferne ab, als ginge mich das nichts mehr an, als sei alles vollkommen egal. Mein Körper war träge und leistete Widerstand, sobald ich mich bewegen wollte.

Plötzlich wurde mir speiübel. Ich mußte brechen. Vor einer geschlossenen Würstchenbude setzte ich mich auf den Asphalt. Vielleicht war in der Cola gar nichts Besonderes gewesen? dachte ich. Vielleicht hatte ich nur die gleiche Krankheit wie Mutter!

Schreckstöße durchpulsten mich. Ich wollte nicht krank sein. Ich wollte leben und mein Leben genießen. Ich wollte ...

Ein Auto kam und hielt neben mir am Rinnstein. Ein Fenster wurde heruntergekurbelt. »Sie sieht richtig verkommen aus«, ertönte eine kalte Frauenstimme. »Dabei ist sie noch ein halbes Kind. Das beste, wir bringen sie heim.«

Ich versteckte meinen Kopf im Ausschnitt meines Mantels. Ob ich nun krank war oder nicht, diese Stimme hatte sich nicht einzumischen! Sie war genauso unpersönlich wie die junge Frau bei Michael.

»Mia!« rief er, ganz erschrocken. »Mia!«

Sie stiegen beide aus und schüttelten mich.

»Aber das ist ja Constanze Marietta!« erklang es triumphierend über meinem Kopf. Das machte mich wieder völlig nüchtern.

»Unsinn! Das ist Mia!« Diese Stimme sollte ich wohl kennen! Michael Holm mit dem Augenlid!

»Na ja, *mir* hat sie gesagt, daß sie Constanze Marietta heißt. Sie wollte dich besuchen. Sie arbeitet nämlich bei der Sozialhilfe für Einäugige«, sagte die Frau, denn Rache ist nun einmal süß.

Ich versuchte wieder auf die Beine zu kommen. Nun hatte ich genügend Wut in mir, um es zu schaffen. Aber Michael zog mich mit einem einzigen Ruck hoch. »Wie du bloß aussiehst!« sagte er, zugleich ärgerlich und erstaunt.

»Kümmere dich um deine eigenen Probleme!« sagte ich. »Ich bin groß genug, auf mich selber aufzupassen. Fahrt nur ruhig weiter!«

»Wir bringen dich natürlich heim!« sagte das Mädchen edelmütig. Ich schloß die Augen, um sie nicht mehr sehen zu müssen, denn ihre Augen funkelten abwechselnd vor Abscheu und sozialer Mildtätigkeit.

»Aber herzlichen Dank auf jeden Fall«, sagte ich.

»Woher kennst du sie?« fragte das Mädchen Michael.

»Ich hab' sie in der Schule unterrichtet«, antwortete er.

Na so etwas! Er hatte mich in der Schule unterrichtet, und nun standen diese beiden Prachtmenschen da und beschauten sich das armselige Wesen, das Schiffbruch erlitten hatte und das sie mit Vergnügen in den sicheren Hafen steuern wollten. So etwas Rührendes!

»Was schauen Sie mich so an?« fragte ich. »Ja, so sieht man eben aus, wenn man von hoch oben tief herunterfällt. Aber das hat Michael auf dem Gewissen, der Erzengel und Herr der bösen Mächte . . . Ich habe tatsächlich in einem Buch darüber gelesen«, murmelte ich, als ich in Michaels Gesicht schaute, und meine Stimme wurde langsam leiser.

»Ist sie . . . tut sie . . . benimmt sie sich immer so merkwürdig?« fragte das Mädchen, aber Michael antwortete nicht darauf. Er war wieder einäugig und nachdenklich geworden, der Arme! Aber er hielt mein Handgelenk fest im Griff.

»Laß mich los!« rief ich und versuchte freizukommen. »Ich bin groß genug, allein fertig zu werden! Hast du nicht gehört! Los, fahrt nach Haus und vergeßt, daß ihr mir begegnet seid! Und noch eins: Wascht euch die Hände, putzt euch die Zähne und vergeßt nicht, euch inwendig mit dem Neuen Testament zu reinigen!«

»So hör doch endlich mit diesem Blödsinn auf!« sagte Michael.

Er packte mich unsanft bei den Schultern und schob mich einfach ins Auto. Ich wehrte mich so kräftig, wie ich konnte. Aber es half mir nichts. Ich wurde auf den hinteren Sitz gedrückt. Michael setzte sich neben mich. Das Mädchen schob sich hinter das Steuer. Es war ihr Auto.

Als wir vor Michaels Haus hielten, fingen die beiden an, darüber zu diskutieren, ob sie noch mit hineinkommen solle oder nicht. Schließlich waren sie es wohl leid. Es endete damit, daß sie sich ins Auto setzte und wegfuhr.

»Warst du schon öfters hier und hast nach mir gefragt?« erkundigte sich Michael, als er die Tür aufschloß.

Ich nickte.

»Schade«, sagte er. »Ich saß an einer Arbeit, die ziemlich eilig war, deswegen wollte ich möglichst ungestört bleiben.«

»Dann willst du also weiterhin der Welt den Rücken zudrehen?«

Michael sah mich mit einem Auge an. »Damit ist es jetzt vorbei«, sagte er. »Glaub's mir!« Ich stand auf dem halbdunklen Flur und schaute ihn an. Mein Kopf war ganz leer, und ich dachte: Was will ich denn von ihm, und was will eigentlich er von mir?

»Erst koche ich dir mal eine Tasse Tee«, sagte Michael. »Du kannst dich inzwischen ein bißchen zurechtmachen.« Das war eine feine Art, mir klarzumachen, daß ich schlimm aussah. Ich ging ins Badezimmer, wusch mich und kämmte mir die Haare, entfernte die Flecken aus dem Mantel und fühlte mich gleich viel wohler. Aber als Michael mir eine dampfende Tasse Tee ins Eckzimmer brachte, wobei das bewußte Augenlid wieder geschlossen war, wußte ich nicht, was ich sagen sollte. Im Zimmer war es halb dunkel und kalt. Kein Feuer brannte im Kamin.

»Trink!« sagte Michael. Ich war brav und gehorchte. Der Tee war kochend heiß und sehr stark. Er machte mich hellwach. Langsam gerieten die Dinge wieder dahin, wo sie hingehörten, und ich bekam wieder ein normales Verhältnis zu meiner Umgebung.

Michael trat ans Fenster und stellte sich mit dem Rükken davor.

»Was ist eigentlich passiert?« fragte er. »Hat sich bei deiner Mutter irgend etwas verändert?«

Ich war ganz perplex, daß er danach fragte. Mutter ... dachte ich und überlegte. Mutter? Ich hatte alle Gedanken an sie so vollständig verdrängt, daß ich fast ihre Existenz vergessen hatte.

Damit hatte ich zwar erreicht, was ich wollte, aber war irgend etwas dadurch besser geworden?

»Mutter hat wohl augenblicklich eine ganz gute Phase«, sagte ich. »Deswegen dachte ich auch, ich dürfte ruhig einmal ausgehen und mich ein bißchen amüsieren.« Ich erzählte ihm, was dabei herausgekommen war.

Michael drehte sich um und schaute mich an. »Ist das alles?« fragte er. Nein, natürlich war das nicht alles. Es war viel, viel mehr. Aber womit sollte ich denn anfangen? Etwa mit Frau Sörensen?

»Komm her und schau dir den Sternenhimmel an!« sagte Michael. »Von hier aus sieht man ein ganzes Stück.«

»Warum fängst du denn jetzt auch noch an, über Sterne zu schwätzen?« fragte ich. »Möchtest du mir vielleicht ein paar vom Himmel holen? Willst du sie mir zum Trost überreichen?«

»Entschuldige, Mia«, sagte er gelassen. »Es ist wirklich eine ziemlich tapsige Ausflucht. Aber ich wollte dir doch nur helfen, zu . . .«

Eine ganze Weile schwiegen wir beide. Ich hörte nur, wie die Standuhr unentwegt tickte. Wenn es still ist, wird man in qualvoller Weise auf Uhren und damit auf das Verrinnen der Zeit aufmerksam.

»Warum ist Frau Sörensen eigentlich zu uns zurückgekommen?« fragte ich. »Konnte sie dir die Klasse nicht bis zum Ende des Schuljahres überlassen?«

»Nein«, sagte Michael. »Ich hatte ja nur Vertretungsstunden übernommen. Weil ich ausprobieren wollte, wie mir die Arbeit in der Schule gefällt und ob ich auf gleicher Wellenlänge mit euch sein konnte.«

»Warst du's etwa nicht?«

Michael lächelte. »Das wirst du wohl selber am besten beantworten können. Also gut, ich war's. Aber ich sehe ein, daß ich etwas falsch gemacht habe: ich hätte Frau Sörensen den Weg ebnen sollen. Sie hätte es nötig gehabt. Und noch etwas: ich habe dich in einer schwierigen Situation in meine Abhängigkeit gebracht. Du hättest deinem Vater sagen müssen, was du schon lange weißt.«

»Ach so, ich verstehe«, sagte ich langsam. »Erst ermuntert man die Leute, daß sie sich anderen anvertrauen, und dann, wenn es brenzlig wird, schiebt man sie ab. So etwas nennt sich dann Seelsorge, nicht wahr? Vielen Dank für die Hilfe!«

Aber Michael ging nicht darauf ein.

»Mia«, sagte er und legte seinen Arm um meine Schultern. »Hör mal, mein Mädchen, ich möchte dir doch so gerne helfen!«

Dann tu's doch! dachte ich. Tu etwas! Steh hier nicht herum! Hör auf zu reden!

Ich spürte Michaels Hand auf meinem Kopf. »Ich glaube wirklich, daß dein Vater der einzige ist, der dir in dieser Situation helfen kann, Mia!« sagte er. »Geh heim und sag ihm alles.«

Es war so, als wenn man vom Himmel herunterstürzt und im Fallen gleich drei oder vier Sterne mitreißt. Ich senkte den Kopf und fing an zu weinen.

»Wein doch nicht!« sagte Michael. Es klang ziemlich hilflos.

Ach, wie leicht sagt sich so etwas für einen Erwachsenen, der zu einem jüngeren Menschen spricht! »Wein doch nicht!« Und das sagen sie meistens, wenn sie dir eine Herrlichkeit gezeigt haben, die nicht für dich bestimmt ist, die du aber so lange anschauen darfst, bis es heißt: »Nichts für dich!« So dürfen wir teilnehmen am Leben der Erwachsenen, an ihren Freuden, an ihren Sorgen! Sie öffnen die Tür, daß man einen Spaltbreit hineinschauen darf, und dann schlagen sie sie wieder zu. Und wir müssen draußen stehen bleiben.

Immerhin hatte Michael die Vernunft auf seiner Seite. Ich mußte heim. Es war Mitternacht vorbei. Wie das erste Mal, begleitete er mich auch jetzt.

Die Straßen waren leer, und unsere Schritte hallten zwischen den Häuserzeilen. Ich versuchte eine Art Konversation zu machen.

»Warum hat *sie* denn ein Auto und nicht du?«

»Sie?« fragte Michael.

»Du weißt schon, wen ich meine.«

»Sie braucht das Auto, weil sie Patienten besuchen muß«, sagte Michael. »Sie ist Ärztin.«

»Wer ist sie?«

»Meine Frau.«

Ich dachte erst, ich hätte mich verhört. »Aber ihr wohnt doch gar nicht zusammen!«

»Nein«, sagte Michael. »Nicht alle schaffen es wie deine Eltern: zusammen zu leben und einander zu lieben. Unsere Ehe ist nicht geschieden. Wir haben versucht, noch einmal von vorn anzufangen, wie man so sagt. Aber es wird wohl nicht gutgehen.«

Lange gingen wir nebeneinander her, ohne ein Wort zu sagen.

»Es liegt wohl an mir«, sagte Michael. »Ich bin ein einseitiger und schwieriger Mensch, mit dem es sich nicht so einfach lebt. Außerdem habe ich einen gewissen Horror davor – na ja, etabliert zu sein.«

»Dann hast du also auch deine Probleme?« fragte ich ihn. Bisher hatte ich ihn für eine Art Übermenschen gehalten. Für einen Allvater mit dem großen Durchblick, der deswegen nicht so leicht in Verstrickungen gerät wie unsereins. Nun sah ich das anders.

»Alle haben ihre Probleme«, sagte er. »Wenn du älter wirst, wirst du feststellen, daß jedes Ding auch seine Schattenseite hat.« Seine Stimme hörte sich traurig an.

»Ach, mach dir nichts aus den Schattenseiten«, sagte ich, um ihn zu trösten. Plötzlich hatten wir zwei unsere Rollen vertauscht.

»Wenn ich aber nun derjenige bin, der die Schatten wirft?« fragte er.

Er lächelte etwas schief. »Erinnerst du dich noch, was du bei unserem ersten Gespräch gesagt hast?«

Und ob ich mich erinnern konnte. Ich war auf dem Schulhof gesessen, im Anorak und gestreiften Pullover, war frech gewesen und hatte gesagt: »Könntest du ein bißchen zur Seite gehen? – Damit ich noch ein bißchen Sonne bekomme!«

Vater machte uns auf. Sein Gesicht war grau und zerfurcht von Müdigkeit. Er legte den Finger auf die Lippen, damit wir ja recht leise sprachen, und flüsterte: »Wo bist du gewesen? Ich habe oben auf dich gewartet. Mutter ist glücklicherweise eingeschlafen.« Fragend blickte er Michael an, der mit mir hereingekommen war und neben mir stand.

Ich machte die beiden miteinander bekannt und erzählte flüsternd, was passiert war. Vater sah so aus, als verstünde er kein einziges Wort. Da trat ich zu ihm und legte meinen Kopf an seine Schulter. »Ich weiß alles«, sagte ich. »Ich hab' alles über Mutters Krankheit gewußt, seitdem ihr zwei im Wäschekeller darüber gesprochen habt.«

Kaum hatte ich das ausgesprochen, da fühlte ich etwas ganz Sonderbares: mir wurde plötzlich leicht.

»Mein Mädchen!« sagte Vater in mein Haar hinein. »Warum bist du denn nicht zu mir gekommen?«

Ich wandte mich zu Michael um und spürte, daß auch er schuld daran war. Zu Vater hätte ich gehen sollen, nicht zu ihm. Das wurde mir plötzlich klar.

Mitten in der Nacht wachte ich noch einmal auf. Da saß Vater auf meinem Bettrand, den Kopf in die Hände gestützt. Sein graues Haar schimmerte silbern im Lichte der Straßenlaterne.

»Warum gehst du nicht ins Bett?« flüsterte ich.

Er blickte auf. »Ich wollte sicher sein, daß alles mit dir in Ordnung ist!«

»Geh und leg dich hin! Sonst schaffst du morgen deine Arbeit nicht!«

»Du bist ganz sicher, daß dir nichts fehlt?« fragte er.

Ich nickte. »Jetzt nicht mehr – weil wir offen miteinander reden können.«

12

Am nächsten Tag konnte ich nicht aufstehen und zur Schule gehen. Zwar tat mir nichts weh. Aber ich hatte überhaupt keine Kraft mehr. Sobald ich aufstand, kippte ich um, und in meinen Ohren rauschte und klingelte es. Es tat mir gut, still zu liegen, zur Decke zu schauen und die Gedanken einfach laufen zu lassen. Ich versank in eine matte Gleichgültigkeit und fühlte mich darin fast glücklich.

Mutter blieb an diesem Tag auch liegen. Aber die anderen gingen wie gewöhnlich gegen acht Uhr aus dem Haus. Später am Tage hörte ich Leo kommen und in seinem Zimmer herumhämmern. Bald darauf tauchte auch Ellen auf, die Leo hereingelassen hatte.

Sie ließ ihre Mappe zu Boden fallen und legte gleich los: »Ich hab' einen Brief von zu Haus bekommen. Meine Mutter schreibt, daß deine Mutter ernstlich krank ist. Stimmt das?«

Ihre braunen Augen schauten mich prüfend an.

Ich nickte.

»Warum hast du mir das nicht erzählt?« fragte Ellen. »Dann hätte ich mich doch dir gegenüber anders benommen.«

Und damit warf sich dieses große Mädchen mir um den Hals und schluchzte in meine Haare hinein. Lange hatte ich es nicht so gut gehabt.

»Laß nur!« sagte ich. »Trockne dir die Augen und putz dir die Nase, aber bitte nicht in meinen Haaren, wenn's geht!«

Ellen tat brav, wie befohlen, und setzte sich dann auf den Bettrand. »Wie lange weißt du's schon?«

»Seit dem 4. Dezember. Zufällig habe ich ein Gespräch meiner Eltern gehört. Niemand sollte davon wissen, alles sollte ein Geheimnis bleiben.«

Ellen sah mich an. »Deswegen warst du so verändert«,

sagte sie. »Ich hab' mit Jens darüber gesprochen. Hast du ihn übrigens kürzlich gesehen?«

Bei Ellen drehte sich wirklich alles um *Jens.* »Ich hab' an anderes zu denken«, sagte ich.

»Ja, das stimmt«, gab Ellen schnell zu. »Aber Jens ist wieder daheim, nachdem er eine Nacht bei Leo und eine bei Peter geschlafen hat.«

»Und eine bei dir«, fügte ich hinzu.

»Hm, na ja«, sagte Ellen und schaute auf ihre Hände. Also wollte sie nicht darüber sprechen.

Ich schaute wieder zur Decke hinauf. Es ist eine gute Methode, Dinge beiseite zu schieben: einfach liegenbleiben und nach oben blicken.

»Soll ich lieber gehen?« fragte Ellen.

»Es war sehr nett, daß du gekommen bist«, sagte ich. »Jedenfalls sind wir nun wieder gute Freunde.«

»Klar«, sagte Ellen schlicht. Dann runzelte sie die Brauen und blickte mich prüfend an. »Sag mal, bist du wirklich krank?«

Das war ja gerade der Grund dafür, daß ich liegenblieb und darauf wartete, daß Ellen ging.

Vater war gar nicht erfreut darüber, daß ich noch im Bett lag, als er mittags heimkam. Er rief den Arzt an und bat ihn, zu kommen. Inzwischen gingen Leo, Mai und Per ein und aus, brachten mir etwas zu essen und fragten mich, ob mir irgend etwas weh täte.

Aber ich hatte keine Schmerzen. Endlich hatte ich es gut! Ich war in eine glückliche Mattigkeit eingebettet, und die Mühe des Atemholens reichte mir. Nun mußten die anderen sehen, wie sie ohne mich fertig wurden.

Der Arzt kam spät am Nachmittag. »Eigentlich kann ich's nicht begreifen«, sagte er. »Du bist frisch wie ein Fisch«, und damit machte er seine Tasche zu. »Na ja, wir werden ja sehen, wie die Senkung ausfällt.«

»Es kann die Reaktion sein«, meinte Vater, als der Arzt fort war. Er stand am Fenster und blickte hinaus.

»Nun hast du sozusagen deine Last abgeworfen, nicht wahr?«

Ja, genauso fühlte ich mich. Vater seufzte, und ich drehte mich zu ihm um. Ich betrachtete ihn, wie er da am Fenster stand. Er hatte wohl noch das Schlimmste vor sich: er mußte es den anderen sagen.

Solange der Arzt da war, hatte Mutter sich nicht blikken lassen. Aber am Abend kam sie leise herein und blieb an der Tür stehen. »Schläfst du, Mia?« flüsterte sie. Ich schlug die Augen auf und sah, daß sie die gleichen Sachen trug wie damals im Wäschekeller.

Unsere Blicke trafen sich. Obwohl es halb dunkel war, konnte ich ihren Blick deuten. Sie wußte, daß ich wußte ... Vater hatte mit ihr gesprochen.

Sie kam leise zu mir und setzte sich auf den Bettrand. Dann legte sie sich neben mich, und wir unmarmten uns. Eine große, von Liebe erfüllte Stille umgab mich.

Ich rückte zur Seite und machte Mutter Platz, damit sie sich bequem auf den Rücken legen konnte.

»Hast du Schmerzen?« fragte ich nach einer Weile.

»Nein«, antwortete sie.

»Liegst du gut?«

»So gut habe ich schon lange nicht mehr gelegen«, antwortete sie. »Deine Blutsenkung ist übrigens in Ordnung«, fuhr sie fort. »Der Arzt hat gerade angerufen.«

»Das ist gut«, sagte ich. Bisher hatte ich überhaupt noch nicht darüber nachgedacht.

So lagen wir nun nebeneinander und schauten an die Decke. In den Ecken spielten die Schatten.

»Wir brauchen doch nichts zu sagen?« flüsterte ich.

»Nein«, erwiderte Mutter. »Wir haben früher soviel geredet, Mia.« Ich spürte, wie sie im Halbdunkeln lächelte.

»Wir brauchen jetzt auch nicht weiter nachzudenken, nicht?« flüsterte ich. »Wir brauchen nur zusammen zu sein, jetzt und hier.«

»Es ist schön, daß du das sagst«, stimmte Mutter zu. »In meiner Lage sammelt man glückliche Augenblicke.«

»Und dies ist einer?« fragte ich.

»Ja, Mia, für uns zwei ist dies ein glücklicher Augenblick«, sagte sie.

Nach einer Weile flüsterte ich: »Was machen die anderen?«

Mutter faltete die Hände unter dem Nacken und seufzte. »Sie reden miteinander.« Ich begriff, was sie meinte.

»Vater wird's schon schaffen«, sagte ich.

»Ich hätte es selber tun sollen«, meinte Mutter. »Ich hätte sie nicht länger im ungewissen lassen dürfen. Aber ich dachte, es wäre das beste für uns alle. – Ich bin ja so froh darüber, daß Karsten dich hat!« Ich lächelte und sagte: »Es ist gut, daß wir Vater haben.«

Ich schlief ein und wachte gegen Mitternacht wieder auf. Alle schliefen. Ich war wie in Schweiß gebadet und hatte das Gefühl, ganz allein auf der Welt zu sein. Neben meinem Bett auf dem Nachttisch stand ein Glas Saft, und daneben lag eine Tablette. Ich trank ganz mechanisch und schluckte das Medikament. Ich fühlte mich ganz merkwürdig, richtig leergepustet. Wieder legte ich mich auf den Rücken und starrte ins Mondlicht, dabei dachte ich: Nun wissen sie es alle! – Gleich danach schlief ich wieder ein.

Aber auch am nächsten Tag konnte ich nicht aufstehen.

»Versuch's doch wenigstens, Mia«, sagte Vater. »Du bist doch nicht krank.«

Ich spürte, daß er recht hatte. Krank war ich nicht, ich hatte keine Schmerzen. Aber ich fühlte mich so furchtbar schwach, sobald ich versuchte aufzustehen. Deswegen kroch ich schnell wieder ins Bett zurück.

»Vielleicht hat sie sich seelisch überanstrengt«, meinte Mutter. Sie stand in der Tür und schaute mich an. »Laß sie doch liegen!«

So lagen wir denn alle zwei, sie oben, ich unten. Mutter stand am Nachmittag auf, aber ich blieb im Bett.

Ich rollte mich zusammen und dachte an alles mögliche, aber wenn Mai und Per zu mir hereinschauten, tat ich, als sei ich sehr krank und schloß die Augen. Ich fühlte mich wie ein kleines Kind, aber das war sehr angenehm. Vater kam und brachte mir Obst. Er redete freundlich und aufmunternd mit mir. Mutter brachte mir Tee und Bücher, sie setzte sich zu mir aufs Bett und unterhielt sich mit mir. Leo jedoch war plötzlich verschwunden. Aber ich war so gleichgültig, daß ich mich darum nicht weiter kümmerte.

Am Tage lag ich zusammengerollt im Bett und zählte die Unebenheiten in der Wand. Oder ich schaute zum Fenster hinaus, vor dem der Ahorn bereits Knospen trug, die sich jeden Tag öffnen konnten. Abends lag ich da und spielte mit den Schatten und verbarg mich in der großen, klingenden Stille, die die Dämmerung mit sich brachte.

Eines Tages kam Michael und besuchte mich. Zuerst sprach er mit den Eltern. Danach kam er zu mir. Meine Mutter hatte ihn offenbar stark beeindruckt, denn er fragte mich nach ihrem Alter.

»Sie ist achtunddreißig«, sagte ich.

»Da sieht sie aber jünger aus.«

Ich war daran gewöhnt, so etwas zu hören. Er schüttelte den Kopf. »Es ist wirklich furchtbar traurig«, sagte er. Aber dann merkte er wohl selber, daß dies nicht gerade ein Trost für mich war, und er wollte mich doch aufmuntern.

Er setzte sich an den Rand meines Bettes und erkundigte sich nach meinem Befinden.

»Ich weiß selber nicht, wie's mir geht!« sagte ich.

Lange blieb er so sitzen und starrte mich an, Michael Holm mit dem Augenlid. Außer mir ist in der Klasse wohl noch nie jemand von einem Lehrer besucht worden.

Ich schaute ihm in die Augen und blickte auf das Augenlid, das nicht in Ordnung war, auf die Augenbrauen, die so dicht und schwarz waren. »Du bist Odin«, sagte ich, »der Allvater, der voll Weisheit die Erde von Walhall aus überblickt.«

»Letztes Mal hast du mich etwas anders genannt«, sagte Michael. »Da war ich für dich der Herr und Meister der bösen Mächte. Aber das hast du vielleicht vergessen?«

Ich und vergessen! Überhaupt nichts hatte ich vergessen! »Ach, das ist schon lange her«, sagte ich ausweichend.

Michael schaute mich ernst an. »Nun muß ich dir etwas sagen. Ich werde wohl nicht immer hierbleiben.«

»*Immer* ist ein blödes Wort«, entgegnete ich. »Es reicht in die Zukunft, und deswegen habe ich es für mich gerade abgeschafft. Ich denke nicht mehr weiter als bis zum nächsten Nachtessen.«

»Du bist ja eine kleine Lebenskünstlerin geworden«, stellte er fest.

»Es ist der Augenblick, der zählt«, antwortete ich. »Das ist hier bei uns im Hause nötig. Es sollte übrigens überall und immer so sein.«

»Na, da hast du ja wieder dein *immer*«, lachte Michael. Er fuhr fort: »Falls du mich einmal brauchen solltest und ich nicht da bin . . .«

Ich unterbrach ihn: »Wünsch mir lieber etwas Gutes! Das ist besser als deine Erklärungen.«

»Meinst du?« fragte er und schwieg.

»Vielleicht hast du keine guten Wünsche für mich?« fragte ich.

Er wartete einen Augenblick, dann begann er zögernd: »Ich wünsche dir alles Gute«, aber dann machte er eine Pause. »Ach, wozu soll ich das sagen? Du weißt es doch sowieso schon.«

»Sag's trotzdem!« bat ich.

»Möge dir die Sonne scheinen«, antwortete er. »Was machst du denn für ein erstauntes Gesicht?«

»Na ja, mit einer Wettermeldung hatte ich eigentlich nicht gerechnet!«

Da schüttelte Michael den Kopf. »Du weißt schon, was ich meine: nach diesen Tagen kommen andere, gute mit viel Sonnenschein. Ich wünsche dir, daß niemand unnötigerweise einen Schatten auf dein Leben wirft. – Ist das jetzt deutlich genug?«

Ich nickte. »Vielen Dank, Michael! Das war wirklich ein sehr guter Wunsch. Wer weiß, vielleicht bist *du* es einmal, der gute Wünsche von mir brauchen kann. Wenn du dich mit deinen Schatten herumschlagen mußt, kannst du sagen: Mia, wünsch mir was Gutes!«

Michael stand auf. »Ich möchte, daß du nichts anderes für mich hegst als gute Wünsche«, sagte er. »Gute Besserung!«

In der Tür blieb er noch einmal stehen und schaute mich mit einem Auge an. »Vergiß nicht, Mia, daß wir im selben Boot sitzen – und unter derselben Sonne«, sagte er und lächelte. Dann zog er die Tür hinter sich zu.

Als Michael fort war, hielt ich es plötzlich nicht mehr im Bett aus. Ich konnte nicht mehr herumliegen und versuchen, die Zeit festzuhalten. So stand ich auf, zur Freude aller, und ging in die Küche, wo ich drei große Scheiben Brot verzehrte und ein riesiges Glas Milch leertrank. »Mann, du ißt ja vielleicht!« sagte Per und lächelte hoffnungsvoll. »Du bist ja wieder in Ordnung!«

13

Am 15. März schrieb Mutter:

EINMAL IM HERBST SAGTE ICH ZU DEN KINDERN, DASS GOTT DER FRIEDEN SEI. ICH MEINTE DEN INNEREN FRIEDEN. GERADE DA-

MALS SPÜRTE ICH, DASS ETWAS MIT MIR NICHT IN ORDNUNG WAR. DER KÖRPER SANDTE WARNSIGNALE AUS, ABER ICH WOLLTE IHNEN NICHT GLAUBEN, DENN WIR ALLE MEINEN JA, EIN RECHT AUF LEBEN ZU HABEN.

ABER WER VON UNS HAT DENN EIN RECHT AUF LEBEN? UND WAS FANGEN WIR DAMIT AN? WIR VERSCHMUTZEN DIE ATMOSPHÄRE, WIR VERUNREINIGEN DIE NATUR, WIR ZERSTÖREN UNS SELBER MIT STRESS, WIR MISSBRAUCHEN UNSERE KÖRPER UND VERNICHTEN DIE LIEBE ZWISCHEN UNS, UND DANN SPRECHEN WIR VOM RECHT AUF LEBEN!

GOTT IST FRIEDEN!

DIESE WORTE SIND ZU MIR ZURÜCKGEKEHRT, ABER NUN WEISS ICH, DASS FRIEDEN NICHT DAS GLEICHE BEDEUTET WIE WOLKENFREIER HIMMEL, GUTE GESUNDHEIT UND EIN HARMONISCHES INNENLEBEN! FRIEDEN HEISST, SICH MIT DEM LEBEN IM GUTEN WIE IM BÖSEN AUSSÖHNEN UND GOTT IN DEM ERKENNEN, WAS IMMER MIT UNS GESCHIEHT.

Auf diese Worte habe ich gestarrt, bis es mir vor den Augen flimmerte, und wenn ich sie auch noch nicht ganz verstehe, so ahne ich doch, was sie mir sagen wollen. Mutter konnte über solche Probleme nie sprechen. Immer waren es die einfachen Dinge, die sie mit uns besprach. Aber vielleicht verfolgte sie mit diesen Zetteln eine Absicht. Solche Wörter nimmt man ja auch nicht so leicht in den Mund.

Als ich eines Nachmittags in Pers Zimmer kam, saß er am Tisch und machte Pläne für die Sommerferien. Wir wollten hinauf ins Gebirge, und er hatte schon eine Route auf der Karte gefunden; nun überlegte er, was wir alles mitnehmen müßten.

»Wie schwer darf Mutters Rucksack werden?« fragte er.

Der Blick, mit dem er mich anschaute, war so unschuldig, als hätte er nie davon gehört, daß Mutter ernstlich krank war. Gern hätte ich gewußt, was Vater eigentlich den beiden erzählt hatte. Oder war für Per die Wahrheit einfach zu schwer und spielte er deswegen Theater?

»Im Sommer sind wir vielleicht nur noch zu viert«, sagte ich.

»Na hör mal!« rief er empört und warf zornig seinen Bleistift auf den Tisch. »Wir können doch trotzdem planen! Und schließlich kommt's ja auch mal vor, daß Leute wieder gesund werden.«

Ich schaute auf meinen kleinen Bruder, der da so mager und so blond am Tisch saß und auf seinem Bleistift herumkaute. Warum mußte ausgerechnet für ihn das Leben so tragisch sein?

»Recht hast du!« sagte ich und griff in seinen Schopf. »Hoffen können wir auf jeden Fall und planen auch. Fein, daß du dich darum kümmerst.«

Per sah mich dankbar an. »Also wieviel Kilo wird Mutter denn wohl tragen können?« fragte er.

Ich nahm die Frage ernst, legte mein Gesicht in Falten und dachte so angestrengt nach, daß man es sah. »Ach, so etwas weißt du doch viel besser als ich. Zwölf Kilo wird sie wohl tragen?«

Per nickte.

Gerade als ich hinausgehen wollte, hielt er mich mit einer weiteren Frage auf. »Warum kommt eigentlich Leo gar nicht mehr zu uns?«

Das wußte ich auch nicht. Niemand von uns kannte Leos Gründe. Niemand wußte, warum er verschwunden war. Sein Zimmer stand halbfertig da. Seine Arbeitskleider und sein Werkzeug lagen oben herum. Er ließ sich bei uns nicht mehr blicken, seitdem er die Wahrheit über Mutters Krankheit erfahren hatte. Und seither rief er auch nicht mehr an. In der ersten Zeit waren wir so mit uns selber beschäftigt, daß wir Leo nicht weiter vermißt hatten, aber allmählich begann er uns zu fehlen, und wir machten uns darüber Gedanken, wo er wohl geblieben sein mochte.

Eines Nachts wachte ich plötzlich von Geräuschen auf. Nun ist es passiert! dachte ich und suchte schnell im Dunkeln meine Sachen zusammen. Vielleicht mußte ich mit ins Krankenhaus! Also zog ich meine lange Hose und meinen Pullover an und ging auf den Flur hinaus, um zu sehen, was los war. Aber ich war auf etwas ganz anderes vorbereitet als auf das, was ich nun erblickte.

Auf der untersten Treppenstufe hockte Leo und war sternhagelvoll.

»Hej, Mia!« lallte er, als er mich sah. »Nett, dich mal wieder schu schehen!«

Vater stand vor ihm und redete auf ihn ein: »Du mußt jetzt heimgehen, Leo! Sieh mal, es ist schon nach eins, und du weißt, daß wir eine Patientin im Haus haben, die Ruhe braucht!«

Leo nickte. »Dscha, die Liebschten müschen immer schuerscht fort«, murmelte er, und sein Kopf sank tief auf seine Brust. »Dasch ischa scho schrecklisch traurisch . . .«

»Hier kannst du nicht sitzen bleiben!« sagte Vater und rüttelte ihn. »Geh nach Haus, Leo! Morgen reden wir weiter!«

Aber Leo riß sich los. »Isch will aber jetzt mein Schimmer schehen!« sagte er beharrlich.

»Nicht jetzt!« bestimmte Vater. Langsam mußte er strengere Töne anschlagen.

»Isch dasch nun mein Schimmer oder nicht?« fragte Leo und schüttelte den Kopf. »Hab' isch den Schlüschel oder nicht?«

Ja, genau das war's! Leo besaß einen Hausschlüssel, seitdem er angefangen hatte, an dem Zimmer zu arbeiten, und nun saßen wir schön in der Patsche.

Es sah so aus, als könnte Vater Verstärkung gebrauchen. Deswegen mischte ich mich ein und faßte Leo am Arm. »Per hat nach dir gesucht«, sagte ich. »Und wir anderen haben dich sehr vermißt. Komm morgen wieder, aber mach jetzt bitte keinen Lärm! Du weckst sonst womöglich noch Mutter auf!«

Leo legte den Kopf zurück und schaute mich an. Er nickte und sagte: »Esch isch schade, Mia, mächtig schade . . .«

»Um dich auch, Leo, natürlich!« sagte Vater. »Komm, wir gehen jetzt!« Mit vereinten Kräften bekamen wir Leo wieder auf die Füße. Vater brachte ihn heim. Ich schaute hinter ihnen her, wie sie einträchtig fortgingen. Vater hatte seinen Arm um Leos Schultern gelegt, während ich drinnen angespannt auf Geräusche lauschte. Aber die anderen hatten nichts gehört. Mutter nahm ja Schlafmittel, und Mai und Per schliefen auf der anderen Seite des Hauses.

Ein paar Tage danach erschien Leo bei uns in einer schikken neuen Cordhose und mit einem Geschenk für Mutter, das uns jedoch zum Verstummen brachte. Ich weiß natürlich nicht genau, was die anderen dachten, aber Per ging's wie mir, denn er verriet sich bald.

Leo hatte Zwiebeln in einen schmalen, langen Kasten gesteckt und sie dort selber gezogen: Hyazinthen, Krokusse und Tulpen, alles durcheinander, vor allem aber Hyazinthen. Sie dufteten geradezu überwältigend stark. Mutter blickte zwischen den Blumen und Leo hin und her und begriff wohl ebensogut wie wir, daß dieses Geschenk schon seit langem geplant und vorbereitet war. Aber bisher hatte er sich damit wohl noch nicht zu uns getraut. Vermutlich wußte er selber nicht, wie er mit der neuen Situation fertig werden sollte.

»So viele Hyazinthen hab' ich noch nie zu Ostern gehabt«, sagte Mutter. »Komm, laß uns doch mal hinaufgehen und sehen, wie weit du mit deinem Zimmer gekommen bist!« Sie ging mit Vater und Leo hinauf, wir blieben unten und betrachteten Leos Geschenk.

»Großmutters Grab«, murmelte Per. »Es sieht genauso aus wie auf Großmutters Grab.«

»Red keinen Blödsinn!« fuhr ihn Mai ungewöhnlich heftig an. Aber sie drehte sich gleich zu mir um und erkundigte sich: »Meinst du, wir könnten sie umpflanzen?«

Ich wünschte die Blumen dahin, wo der Pfeffer wächst. Aber wir durften doch Leo nicht kränken! »Das ist eine gute Idee!« sagte ich. »Wir pflanzen sie schnell um, ehe die anderen herunterkommen.«

Sofort fingen wir damit an und verteilten die Blumen auf verschiedene Töpfe, Kupfergefäße und was wir sonst noch fanden. Es wah wirklich herrlich aus. Das ganze Haus war zum Fest geschmückt. Mai blieb am Westfenster stehen. »Da, schaut mal, da steht immer noch Leos Begonie, sein erstes Geschenk für Mutter. Aber schön sieht sie nicht mehr aus«, sagte sie.

Per murmelte: »War's schlimm, was ich gesagt habe?«

»Was denn?« fragte Mai abwesend. »Ach so, das ...! Aber nein! Niemand läßt sich gern an Gräber erinnern!«

Sie strich die Blumenerde von ihren Fingern und ließ sie einfach auf den Teppich rieseln, was bei ihr wirklich ungewöhnlich wirkte. Sie sah kindlich und klein aus, aber was sie sagte, klang doch ziemlich altklug: »Dies Osterfest wird was Besonderes!«

Über Ostern schrieb Mutter nichts weiter auf, abgesehen von einer Zeile am zweiten Ostertag: LEO IST GOTT SEI DANK ZU UNS ZURÜCKGEKEHRT.

Ja, Leo war zurückgekommen, aber das ging nicht ohne neue Probleme ab. Er hatte mit Mädchen angefangen und zwar mit einem Typ, den wir nicht so besonders schätzten, schon gar nicht als Gast in unserem Haus. Was sollten wir tun?

Mutter war besorgt, das sahen wir ihr an, aber sie sagte nichts. Auch Vater schwieg dazu, wenigstens so lange, bis er Leos Damenbekanntschaft im Badezimmer traf, wo sie sich gerade die Haare mit unserem Shampoon wusch.

Mai kam eines Tages in die Küche, als dort ein wildfremdes Wesen stand und ein Steak für Leo briet. Sie bat Mai um Salz und Pfeffer. Mai erfüllte ihr den Wunsch, aber innerlich kochte sie nur so, und das einzige, was sie herausbrachte, war: »Das ist *unsere* Bratpfanne!«

Mit einem Wort: einfach ist es nicht, B zu sagen, wenn man A gesagt hat.

14

Nachdem Ellen erfahren hatte, was meiner Mutter fehlte, war sie furchtbar nett und höflich geworden und hielt sich von uns fern. Mit Jens war es das gleiche, und die beiden hielten zusammen. Gegen mich. Plötzlich war ich die »arme« Mia geworden, die man mit Abstand und einer gewissen Ehrerbietung betrachtete. Vielleicht hatten sie Angst, sich mit unserem Kummer zu belasten. Vielleicht waren sie auch schwerfällig. Aber ich fing an, Mutters Überlegungen damals im Wäschekeller zu verstehen: sie wollte nicht, daß wir von ihrer Krankheit erfuhren, denn sie fürchtete sich vor Mitleid. Mir ging es genauso. Die Leute haben eben immer noch nicht gelernt, wie man sich kranken Menschen und ihren Angehörigen gegenüber verhält. Ist es denn wirklich so schwierig, sich natürlich zu benehmen?

Nur Michael verhielt sich natürlich. Er rief ein paarmal an und erkundigte sich, wie's bei uns stand. Er schrieb uns dann eine Karte aus Bergen, wo er Gastvorlesungen an der Uni hielt. Ich hatte ihn seit meiner Krankheit noch nicht wiedergesehen und freute mich auf seine Rückkehr, denn ich hatte ja so viel mit ihm zu besprechen.

Auch Leo benahm sich ganz natürlich, nachdem er die erste Scheu überwunden hatte. Aber dann tauchten die Mädchen auf, und er veränderte sich.

Wir veränderten uns ja vielleicht auch. Ich konnte beobachten, wie Mutters Gesicht sich immer wieder verschattete, und wußte, daß sie dachte: wie kommen sie nur ohne mich zurecht?

Eines Tages fand ich, als ich heimkam, Mutter unter einem Baum im Garten sitzend vor. Zu meiner großen Überraschung hatte sie sich eine Handarbeit vorgenommen. Meinen gestreiften Pullover! »Ich hab' ihn gewaschen«, sagte sie. »Und nun stricke ich unten ein Stück an, denn er ist wirklich zu kurz. Findest du nicht?«

Der Anblick des Pullovers versetzte mich in eine elende Stimmung. »Mach damit, was du willst«, sagte ich. »Ich ziehe ihn nie wieder an. Warum legst du dich nicht lieber in die Sonne oder liest ein bißchen, statt zu arbeiten?«

»Weil ich gerade Lust dazu hatte«, entgegnete Mutter. In Wahrheit verhielt es sich vielleicht so, daß sie die Sonne nicht gut vertrug oder daß sie zum Lesen zu müde war. Schön war es draußen. Richtiger Frühling. Die Bäume trugen einen leichten grünen Schleier. Auch der Rasen war grün – leider vom Moos, und an der Mauer wuchsen Narzissen und Tulpen zwischen noch nicht aufgeblühten Stengeln. Es duftete nach Erde, nach Feldern und nach Keimen, und mittendrin saß Mutter, mager und blaß, über meinen Pullover gebeugt.

»Kannst du überhaupt stricken?« fragte ich.

»Das wird sich zeigen«, antwortete sie.

In der Küche deckten Mai und Per bereits den Tisch. Die Kartoffeln kochten, und der Fischauflauf stand im Backherd. Wir warteten nur noch auf Vater.

Ich ging ins Wohnzimmer und merkte plötzlich, wie unordentlich es dort war: Staub auf den Tischen, schmutzige Gardinen, ungeputzte Fenster. Wie ich so stand und mich umsah, ging mir auf, wieviel sich bei uns in den letzten Wochen verändert hatte. Ich begriff, daß wir uns einen Arbeitsplan machen mußten. Wir mußten die Pflichten möglichst bald unter uns aufteilen, sonst würde es Frau Iversen, unserer Putzfrau, noch zuviel. Aber erst hieß es, das Gröbste zu beseitigen. Hilfe! Ich war auch schon eine Art »Hausmutter« geworden!

Beim Essen sagte Per plötzlich: »Du, Mia, sag mal, kann ich deine Briefmarken bekommen? Ich meine die auf dem Brief, der heute gekommen ist.«

»Von was für einem Brief?« Ich legte Messer und Gabel beiseite und blickte mich fragend um.

»Du hast ihn wohl noch nicht gesehen«, sagte Mai. »Ich hab' ihn in dein Zimmer gelegt. Es sind wirklich tolle Marken drauf.«

»Iß erst auf«, sagte Mutter, als ich hinausstürzen wollte. »Dein Essen wird ja kalt.«

»Der Brief läuft dir nicht weg!« fügte Vater hinzu.

So schnell ich konnte, stopfte ich den Fischauflauf in mich hinein, trank meinen Saft aus und stürmte hinaus. Ein Brief für mich mit ausländischen Marken?

Mai hatte den Brief aufs Bücherregal gelegt. Ich erkannte die Schrift mit einem Blick, es war Michaels. Nein! dachte ich, auch das noch! Lieber Gott, laß Michael nicht fortgereist sein! Lieber Gott, laß es nicht wahr sein!

Es *war* wahr!

Als ich den Brief gelesen hatte, mußte ich mich setzen. Ich fühlte mich kein bißchen mehr mutig oder gar keck. Die Tränen saßen mir im Halse. Ich ließ den Brief zu Boden gleiten.

Michael! dachte ich. Lieber Michael, wie konntest du mir das antun? Hättest du nicht warten können, bis alles vorüber ist? Wenigstens hättest du noch einmal kommen und dich verabschieden sollen!

Dann nahm ich den Brief noch einmal auf und las ihn:

Liebe Mia!

Nun bin ich also abgesprungen. Aus dem Universitätslehrer ist eine Art Sozialarbeiter in Ecuador geworden. Das sieht nach plötzlichem Aufbruch aus, ist es aber nicht. Es hat lange Überlegungen gegeben, ehe ich hierhergereist bin und die Arbeit übernahm. Lange habe ich nach einer Arbeit gesucht, bei der ich Worte mit Taten verbinden konnte. Nun habe ich sie gefunden. Hier geht es um die Ärmsten der Armen. Du weißt, daß wir früher über dieses Problem gesprochen haben. Man kann nicht Barmherzigkeit anstelle von Gerechtigkeit setzen, aber man kann für beide gleichzeitig arbeiten.

Ich wohne in einem Indianerdorf hoch oben im Gebirge, zirka 3000 m über dem Meer. Die Leute sind arm, das Analphabetentum ist erschreckend. Diese Menschen hier brauchen nicht nur materielle Hilfe, sie müssen lernen, ihre eigene Situation zu überdenken, ihre Rechte und die Möglichkeiten, davon Gebrauch zu machen. Hier kann ich Gott dienen, unter seinen Elendsten und Armseligsten, indem ich ihre Sache zu meiner eigenen mache.

Meine Frau hat in meiner alten Wohnung eine Praxis eröffnet und braucht sich keine Sorgen um Räumlichkeiten zu machen, solange ich hier bin.

Es tut mir weh, daran zu denken, was Ihr durchmachen müßt. Ich denke an Euch. Du gehörst auf eine ganz besondere Weise zu den freundlichen Erinnerungen, die ich habe, wenn ich zurückdenke. Es war schön, daß ich Dich kennengelernt habe, das Schulmädchen Mia. Wünsch mir auch was Gutes, falls ich mich wieder mit meinen Schatten herumschlagen muß. Ich kann's gebrauchen.

Michael

Als ich den Brief zum zweitenmal durchgelesen hatte, packte mich der Zorn. War Michael denn eigentlich immer noch nicht richtig erwachsen? Konnte er für seine Ideale nicht auch hier arbeiten, anstatt sich bei den Indianern auf der anderen Seite der Erde niederzulassen? Hier hätte er unterrichten können, Bücher schreiben, Vorträge halten ... Aber dort? Mit Entsetzen fielen mir all die Gefahren ein, die ihm da drüben drohten: er konnte im Gebirge abstürzen, in einem reißenden Fluß ertrinken oder eines Tages verhaftet werden, von irgendwem, dem seine Arbeit nicht paßte.

»Na, wie ist's mit den Marken?« erkundigte sich Per, der in der Tür stand. Ich fuhr zusammen, zerknüllte den Brief in meiner Hand und bückte mich nach dem Umschlag, der auf dem Boden lag. So hatte ich Zeit, meine Fassung wiederzugewinnen.

»Da!« sagte ich. »Sie sind aus Lateinamerika.«

Aber Per schaute gar nicht auf die Marken, sondern in mein Gesicht. »War's ein trauriger Brief, Mia?« fragte er teilnehmend.

»Ach nein. Wieso interessiert dich das?« antwortete ich. »Er ist von Michael Holm. Der ist nämlich nach Südamerika gefahren und tut sich dort mit den Indianern zusammen.«

»Klasse!« sagte Per. »Das ist wirklich aufregend! Siehst du, jetzt geht sie wieder hoch!« Doch gleich vergaß er meine linke Augenbraue über den Marken. »Hurra!« rief er begeistert und stürmte in sein Zimmer, um die Marken schleunigst in sein Album zu stecken.

Wie gut, daß es Briefmarken und andere Sachen gibt, die Per auch in Zukunft beschäftigen werden.

Eigentlich war es merkwürdig, daß mich Michaels Brief so überraschte und unglücklich machte, denn seit seinem Besuch hatte ich eine leise Ahnung mit mir herumgetragen, daß er sich bereits damals von mir verabschieden wollte. Aber ich hatte ihn ja nicht ausreden lassen.

Später suchte ich Michaels Brief noch einmal hervor, strich ihn glatt und setzte mich hin, um ihn zu beantworten. Ich versuchte es ein paarmal, aber ich gab es auf, denn ich kriegte nichts Gescheites zustande. Statt dessen ging ich in die Küche.

Dort saß die ganze Familie um den Tisch versammelt, alle, außer Mutter. Sie sahen recht bekümmert aus und waren offenbar ebenso niedergeschlagen wie ich.

»Was ist denn mit dir los?« fragte Vater mit hochgezogenen Augenbrauen.

»Ich wollte gerade euch fragen, was ihr habt?« erkundigte ich mich. »Und du«, sagte ich zu Per, »du hast doch vorhin so schöne Marken von mir bekommen . . .«

»Ja, die sind toll, aber . . .«, er blickte zu den anderen hinüber.

Ich griff nach einem Schemel und setzte mich. »Hier stimmt doch irgendwas nicht?«

»Genau wie bei dir!« sagte Mai. »Ich finde, Mia ist in letzter Zeit so aggressiv geworden . . .«

»Mit mir ist gar nichts«, begann ich. Aber dann stockte ich. Warum konnte ich nicht wenigstens ein einziges Mal ehrlich zugeben, daß mich etwas bedrückte? »Michael Holm mit dem Augenlid ist nach Ecuador gefahren«, sagte ich. »Das ist weit weg.«

Vater blickte mich an. »Ich kann gut verstehen, daß er dir fehlt.«

»Fehlen« war ein schwaches Wort, aber es tat doch wohl, es von Vater zu hören. Es bewirkte, daß ich Michael schon etwas weniger vermißte.

»Und ihr? Was ist bei euch los?«

»Leo hatte heute nachmittag wieder Besuch von einem Mädchen«, sagte Per. »Die ist vielleicht blöd!«

Vater blickte von einem zum anderen. »Nun hört mal!« sagte er. »Ihr habt euch am Anfang dermaßen stark für Leo gemacht. Ihr mußtet damit rechnen, daß er sein eigenes Leben auch bei uns führen würde, oder?«

»Noch ist er ja nicht eingezogen!« sagte Mai. »Und trotzdem nimmt er sich schon soviel heraus. Ich warte nur darauf, wie's weitergeht, wenn er erst richtig bei uns wohnt.«

»Er nimmt sich nur die Freiheit, die wir ihm gegeben haben«, sagte Vater. »Können wir das etwa nicht verkraften?«

Aber da wurde es Mai zu bunt. »Heißt das, daß wir alles hinnehmen sollen?« fuhr sie los. Sie warf sich laut weinend über den Tisch.

»Aber liebe Mai«, sagte Vater. Seine Stimme war belegt und versagte.

Eigentlich hatte Mai ja nur ausgesprochen, was wir alle dachten: es gibt einfach eine Grenze des Erträglichen, und wir hatten das Gefühl, daß diese Grenze erreicht, wenn nicht überschritten war. Für mich war es Michaels Reise nach Südamerika. Für die anderen waren es die Mädchen, die Leo ins Haus schleppte. Verglichen mit Mutters Krankheit, war das alles nur Kleinkram, aber trotzdem . . .

Per stellte sich ans Fenster, schob die Gardine zur Seite und schaute hinaus. »Ich wollte, ich wäre alt genug und könnte zur See gehen«, sagte er. Dabei war er doch noch nicht einmal zwölf.

»Zur See?« Ich lachte ihn aus. »Glaubst du, das ist ein reiner Spaß?«

»Aber immer noch besser, als hier herumzugehen und zu warten!«

»Sei still!« sagte Vater, der sonst nie ein hartes Wort zu uns sagt. Er war schneeweiß im Gesicht. Nun waren wir uns schon so nahe gekommen, daß wir gegenseitig spürten, was wir dachten. Und wir dachten alle das gleiche. Das brauchte man wirklich nicht auszusprechen.

Per drehte sich um. Sein Gesicht war trotzig und

bleich, sein Mund verkniffen, und sein Atem ging so laut, daß wir ihn hörten.

So sag doch etwas, Vater! flehte ich innerlich. Aber Vater schwieg. Mein lieber Vater, der so gern und so viel redete! Müde saß er auf seinem Stuhl und blickte auf seine lose gefalteten Hände.

»Vater?« sagte ich. Er blickte mich nur fragend an. Seine Augen waren traurig, glanzlos, leer.

Ich weiß selber nicht, wie es kam, aber da packte mich plötzlich eine Art wilder Auflehnung. So konnte doch nicht einfach alles kaputtgehen! Was jammerten wir denn eigentlich hier herum? Oben lag unsere Mutter, und ihr kostbares Leben floß langsam aus ihr heraus, aber wir saßen hier unten und schwelgten in unserem eigenen Unglück!

»Nun hört mal alle zu!« sagte ich und sprang von meinem Hocker auf. »Jetzt ist es eben endlich so weit, daß es sich zeigen wird, ob unser Zusammenhalten echt ist!«

Sie sahen mich mit leisem Befremden an. Aber sie schienen zu begreifen, daß ich mich nicht bloß vor ihnen wichtig machen wollte.

»Erstens: Wir haben alles, was wir brauchen – im Gegensatz zu vielen anderen, die sich um jede Kleinigkeit herumschlagen müssen. Wollen wir nicht damit aufhören, immer wieder zu beteuern: dies gehört uns? – Zweitens: Wenn unsere Kameradschaft nicht einmal für Leo und seine Freundinnen ausreicht, dann ist wohl nicht viel damit los!«

Vater nickte aufmunternd.

»Schließlich soll eine Familie nicht nur für sich selber dasein und daran Genüge finden, vor allem aber sollte sie sich nicht mit den eigenen Sorgen gegen andere abschirmen.«

Da blickte Mai auf: »Aber Mutter, Mia?« fragte sie.

»Mutter *lebt*«, sagte ich. »Das ist das einzige, was im Augenblick wichtig ist. Und *sie* hat durchaus einkalkuliert, was es heißt, Leo im Haus zu haben. Es fragt sich nur: Haben *wir* es denn getan?«

Ich schaute mich um, und wir starrten einander an.

»Okay, Mia«, sagte Per schließlich und richtete sich auf. Er kratzte sich seinen struppigen Kopf. »Was sollen wir tun?«

»Was wir tun sollen, Per?« fragte ich zurück und sah auf die blühenden Kastanien vor dem Küchenfenster. »Komm und laß uns leben!«

15

Der Rest ist schnell erzählt. Mutter starb am 3. Mai, und ihr Tod trat völlig anders ein, als ich erwartet hatte.

Wir saßen zusammen und hörten Musik, Mutter und ich, während die anderen draußen im Garten arbeiteten. Sie harkten Laub, brannten Unkraut ab, säuberten und jäteten die Beete. Jedes Jahr veranstalten wir im Garten eine richtige Generalüberholung.

Mutter stand plötzlich auf und blickte aus dem Fenster. »Es war wirklich ein schöner Tag«, sagte sie. »Aber wenn ich morgen wieder in die Schule gehen will, muß ich mich jetzt hinlegen. Mir tut plötzlich der Kopf so weh. Gute Nacht, Mia!«

»Gute Nacht, Mutter, schlaf gut!« sagte ich.

An diesem Abend schloß Mutter ihre Augen zum letzten Mal. Am nächsten Morgen war sie bewußtlos, und am Abend starb sie.

Vater und ich saßen die ganze Nacht zusammen und sprachen über Mutter und über unsere Zukunft. Schließlich setzten wir gemeinsam eine Anzeige auf, die am nächsten Tag in den Zeitungen erschien. Mit dem Text gaben wir uns ganz große Mühe, denn er sollte in Mutters Sinn abgefaßt sein, wie Vater sagte. Außerdem unterschrieb ich nicht mit »Mia«, sondern mit meinem vollen Namen, Marianne, denn bei besonderen Anlässen pflegte mich Mutter damit anzureden.

Hinterher fanden wir die Zettel, die Mutter beschrieben hatte, und bekamen allerlei zum Nachdenken. Einer enthielt einen Vers aus dem Gesangbuch:

»ICH STERBE, WENN MEIN AUG' DIE
VOLLENDUNG ERBLICKT.
ICH STERBE, WENN MICH DER TOD
NICHT MEHR BEDRÜCKT,
WENN ICH DAS EWIGE LEBEN
GEFUNDEN.«

Das alles ist nun schon wieder einen Monat her.

Inzwischen hat Leo sein Zimmer bezogen. Wir haben ihm beim Umzug geholfen und dabei Gelegenheit gehabt, auch einmal wieder an etwas anderes zu denken. Heute bekam er seinen Führerschein. Das wurde gebührend gefeiert. Er zog sofort die Plane vom Auto, denn er wollte doch gleich eine erste Probefahrt machen. Mai, Per und ich sollten mitkommen. Aber ich konnte nicht; ich wollte doch hier aufräumen.

Deswegen kam Mai und fragte, ob sie meinen Pullover anziehen könnte. Und nun bin ich tatsächlich genau wieder da, wo ich angefangen habe. Für mich ist damit ein langes und schwieriges Kapitel abgeschlossen. Nun kann ich Mutters Zettel und Michaels Brief fortlegen und mein Tagebuch dazu, denn ich muß doch anfangen, wieder nach vorn zu schauen. Ich habe große Lust, barfuß im Garten herumzulaufen und den Blütenduft von der Hecke zu schnuppern und die Schwalben zu beobachten, die mit vollen Schnäbeln unter dem Dachvorsprung verschwinden.

Aber jetzt kommt Vater! Wir beide wollen nämlich gemeinsam unsere Ferienreise planen . . .